普通高等教育国际经济与贸易专业系列教材

国际服务贸易

主　编　蔡宏波
副主编　孔海洋
参　编　陈家利　余建西
　　　　臧　雪　赵振威
　　　　（排名不分先后）

机 械 工 业 出 版 社

本书共4篇13章。第1篇服务贸易导论，主要介绍了基本概念、服务贸易分类与统计。第2篇服务贸易理论，主要介绍了劳动价值理论与服务经济、传统贸易理论与国际服务贸易、新贸易理论与国际服务贸易、新新贸易理论与国际服务贸易。第3篇服务贸易政策，主要介绍了服务贸易竞争力、服务贸易政策工具、服务贸易协议。第4篇世界服务贸易，主要介绍了国际服务贸易发展、服务业跨国直接投资、国际服务外包、中国服务贸易。

本书各章设计了学习目标、引导案例、专栏、重要概念、思考题、课后阅读材料，方便教师授课和学生学习。本书可作为高等学校国际经济与贸易等专业的教学用书，也可作为社会读者的自学用书。

图书在版编目（CIP）数据

国际服务贸易 / 蔡宏波主编. —北京：机械工业出版社，2023.1（2025.1重印）

普通高等教育国际经济与贸易专业系列教材

ISBN 978-7-111-72242-7

Ⅰ. ①国… Ⅱ. ①蔡… Ⅲ. ①国际贸易－服务贸易－高等学校－教材 Ⅳ. ①F746.18

中国版本图书馆CIP数据核字（2022）第252562号

机械工业出版社（北京市百万庄大街22号 邮政编码100037）

策划编辑：常爱艳　　责任编辑：常爱艳　马新娟

责任校对：张亚楠　梁　静　　封面设计：鞠　杨

责任印制：邓　博

北京盛通数码印刷有限公司印刷

2025年1月第1版第2次印刷

184mm×260mm · 16.5印张 · 406千字

标准书号：ISBN 978-7-111-72242-7

定价：59.80元

电话服务　　网络服务

客服电话：010-88361066　　机　工　官　网：www.cmpbook.com

010-88379833　　机　工　官　博：weibo.com/cmp1952

010-68326294　　金　书　网：www.golden-book.com

机工教育服务网：www.cmpedu.com

前　言
PREFACE

过去5年多来，国际服务贸易在中国对外贸易乃至整个国民经济和社会发展中的地位进一步提高，服务业扩大开放成为中国新时代加快形成全面开放新格局的重中之重，而服务贸易竞争力提升也已是贸易大国迈向贸易强国的关键动能。现实发展的日新月异势必要求理论和政策研究加快脚步，当然也需要更多拥有国际服务贸易基本知识和技能的人才投入其中，这为我们持续进行国际服务贸易教学的改革与创新提供了原始动力和方向。

本书相比市面上其他版本，特色如下：

第1篇，特别设计数字服务贸易相关概念、特点和统计制度，引入国家统计局关于服务业和第三产业的最新界定，介绍服务业四部门分类法以及基于产业战略的分类方法。

第2篇，特别设计"新新贸易理论与国际服务贸易"一章。

第3篇，特别设计服务贸易竞争力评价指标体系，从服务贸易规模、服务贸易结构、服务贸易地位、服务贸易产业基础和服务贸易综合环境5个方面进行综合评价，全面概述中国和其他国家服务贸易发展现状，具体比较中国和其他国家服务贸易竞争力；在"服务贸易壁垒的度量"中设计经济合作与发展组织（OECD）的服务贸易限制性指数（STRI）等内容；在"服务贸易壁垒的影响"中，介绍基于局部均衡、一般均衡两种框架的近年研究成果；简要介绍多边服务贸易协议《服务贸易总协定》（GATS）的相关内容；介绍世界贸易组织（WTO）改革方案中服务贸易的相关内容；介绍《美加墨协定》，侧重介绍服务贸易自由化政策安排及其主要特征和对国际服务贸易规则的突破方面的内容；对《中国－东盟全面经济合作框架协议》服务贸易安排的升级部分进行了说明；介绍《全面与进步跨太平洋伙伴关系协定》（CPTPP）的产生背景、基本框架和服务贸易安排；介绍《区域全面经济伙伴关系协定》（RCEP）的产生背景、谈判历程、服务贸易规则及承诺的主要构成和自由化方式与水平等。

第4篇，在第10章"国际服务贸易发展"中介绍了世界服务贸易发展新形态——数字服务贸易、中国服务业外商直接投资发展的政策建议、数字服务外包等内容。

各章的引导案例、重要概念、思考题和课后阅读材料，重点涉及当前世界服务贸易和中国服务贸易的发展现状、数字服务贸易、区域服务贸易自由化及其规则、服务业负面清单管理等。

在此，衷心感谢实施本次编写的作者团队。感谢北京师范大学经济与工商管理学院和机械工业出版社给予我们的大力支持，还要特别感谢本书的策划编辑常爱艳女士，正是有了她的督促以及专业而耐心细致的工作，本书才能顺利问世。

需要说明的是，本书的编写是作者团队在繁忙的教学、科研工作和学习之余完成的，因精力和水平有限，书中仍然可能存在不当之处，欢迎各位读者批评指正。

蔡宏波
2023 年 2 月于北京

目　录
CONTENTS

第 3 篇 服务贸易政策

第4篇 世界服务贸易

第 1 篇

服务贸易导论

第 1 章

基本概念

【学习目标】

1. 熟悉服务的定义、特征及分类
2. 了解服务业的含义和现代服务业分类方法
3. 掌握服务贸易的定义和特点

【引导案例】

2021 年星巴克受疫情冲击和原料价格上涨的影响，销售规模扩张遇阻，利润空间被蚕食。

2 月 1 日，星巴克发布的 2022 财年第一季度（2021 年 10 月 4 日—2022 年 1 月 2 日）财报显示，季度内中国市场同店销售额下降 14%、平均客单价下滑 9%、交易额下滑 6%。

在门店数量上，星巴克也失去了中国市场第一的位置。截至 2022 年 1 月 2 日，星巴克在中国的门店总数达到了 5557 家，略少于本土品牌瑞幸。（瑞幸季度财报显示，2021 年三季度门店总数已经达到 5671 家。）

同店销售额持续下降，正在困扰星巴克。2021 财年第四季度，星巴克在中国的同店销售额下降 7%，而 2022 财年第一季度财报显示下降幅度扩大至 14%。星巴克更大的焦虑来自客单价，在宏观因素影响下，2021 财年星巴克在中国市场平均客单价下降 2%。

“以星巴克的体量，它具备资本优势、品牌势能优势、原料优势、人才优势，利用疫情带来的点位空白，迅速扩张可以提高渗透率并压制住崛起中的本土对手。从财报分析角度，新增门店确实给星巴克带来了收入增量，但从整体运营效率和利润结构上看，星巴克尚有优化空间。”刘彬表示，星巴克实际上没有完成既定策略（门店量突破 6000 家），有两个关键因素限制了星巴克：其一是星巴克本身的效率所限，部分新店的投资回报周期比预期要长，而一些老店亟待优化；其二是咖啡新势力在关键市场对星巴克的阻击。

值得注意的是，星巴克新店主要分布在两类区域。一类位于传统势力范围区域内，一线城市中以写字楼区域、核心商圈、新兴地标等业态为主的“流量红利区”。另一类是新兴下沉市场的潜在流量洼地，据悉 2021 年星巴克在二线及以下城市的门店占比已经达到三成。

但这两类区域，恰恰是本土咖啡连锁品牌的发力焦点。Manner 咖啡、M Stand、Seesaw 咖啡均以上海、北京、深圳等城市为核心市场。熟悉上述品牌的人士称，在选择点位时，一些品牌甚至会“瞄着星巴克开店”——在星巴克选中的点位附近开店。而在下沉市场，瑞幸采取“加盟”模式后开启了一轮下沉扩张潮。瑞幸的数据显示，下沉加盟店正在成为瑞幸新的收入增长点，2021 年第三季度报告显示，瑞幸加盟店季度收入达到 4.16 亿元，同比增长 355%。

更直接的竞争是围绕人群：争夺中国年轻一代咖啡消费者。值得注意的是，今天“Z 世代”和“00 后”消费者对星巴克的认知和前代消费者略有不同。

关于“最受中国年轻人欢迎咖啡品牌”的调研显示，2018—2019年，国际品牌占据了榜单前十中的绝大部分，而2021年榜单前十中本土品牌已经占了一半以上。在最受欢迎的品牌中，2018年前后，星巴克的得分远远领先于其他品牌，但是到了2021年星巴克和本土品牌的得分已经非常接近。

2022年，围绕中国年轻人，星巴克和本土咖啡群雄，或将上演一场恶战。

（资料来源：2022年2月16日，留给星巴克的时间不多了，https://mp.weixin.qq.com/s/RyiaBWOY3T2XmA0x6vnN2Q，有改动。）

1.1 服务

1.1.1 服务的概念

人们对于服务的认识经历了两个阶段：古典经济学家对服务内涵的争议和现代西方经济学家对服务的界定。

1. 古典经济学家的观点

亚当·斯密于1776年在其所著《国民财富的性质和原因的研究》一书中指出：“服务是非生产性的，只有工业和商业才是生产性的，家仆的劳动……不能使价值有所增加……某些社会上层阶级人士的劳动与家仆的劳动一样，不生产价值，既不固定或实现在耐久物品或可卖商品上，也不能储存起来供日后雇佣等量劳动之用。”[一] 服务的生产具有易消失性，在其发挥职能的短时间内便消失。这个非物质特点使得它既不能储存，也不能进一步交易。生产与消费的同时性使从事的服务型工作失去价值，很少留下什么痕迹。

针对斯密对服务的非生产性定义，法国古典经济学家萨伊于1803年在《政治经济学概论》一书中指出，无形产品（服务）同样是人类劳动的果实，是资本的产物。“医生、公教人员、律师、法官的劳动（这些劳动属于同一种类）所满足的需要是那么重要，以至于这些职业如果不存在，社会便不能存在。”[二] “大部分无形产品都是这种或那种技能的产物，获得一种技能，总须先作一番钻研，而从事钻研就非预付资本不可”[三]。

法国另一位古典经济学家巴斯夏的服务价值论对服务经济的研究做出了重要贡献。他在《和谐经济论》中指出，“这（劳务）是一种努力，对于甲来说，劳务是他付出的努力；对于乙来说，劳务则是需要和满足。”“劳务必须含有转让的意思，因为劳务不被人接受也就不可能提供，而且劳务同样包含努力的意思，但不去判断价值同努力是否成比例。”[四] 巴斯夏的服务价值论借用了萨伊理论中的“服务”概念，他认为服务也是资本，是物，劳动可以归纳为人们彼此提供服务，因此劳动交换就是服务的交换。按照萨伊的观点，服务是指对效用的创造，而按照巴斯夏的观点，服务是指为服务接受者所节约的努力，巴斯夏比萨伊更进一步地强调了服务的“商品性”。

[一] 斯密．国民财富的性质和原因的研究：下卷［M］．郭大力，王亚南，译．北京：商务印书馆，1974：303-306.

[二] 萨伊．政治经济学概论［M］．陈福生，陈振骅，译．北京：商务印书馆，1997：127.

[三] 萨伊．政治经济学概论［M］．陈福生，陈振骅，译．北京：商务印书馆，1997：129.

[四] 巴斯夏．和谐经济论［M］．王家宝，译．北京：中国社会科学出版社，1995：76；160.

与巴斯夏同处于古典经济学发展末期的约翰·斯图亚特·穆勒于1848年在其名著《政治经济学原理及其在社会哲学上的若干应用》中也对服务做了界定。他指出，劳动可以直接产生一种效用，而不是通过提供某种别的东西来给予效用。比如，给予一种快乐，消除不便或痛苦，时间可长可短，但不会使人或物的性质得到永久性改善。劳动生产的不是物品而是效用，此效用分为三种情况：其一，固定和体现在外界物体中的效用，即运用劳动使外物具有能使它们对人有用的性质；其二，固定和体现在人身上的效用，即劳动用于使人具备能使他们对自己和别人有用的品质，所有与教育有关的人的劳动均属此类；其三，就是这里界定的服务。㊀

马克思认为，服务有使用价值，是劳动产品，也是社会财富，可以投入市场进行交换，服务同其他商品的差别只是形式上的，商品具有实物的形式，而服务则体现为一种活的劳动。他曾有论述："服务这个名词，一般地说，不过是指这种劳动所提供的特殊使用价值，就像其他一切商品也提供自己的使用价值一样。但是，这种特殊的使用价值在这里取得了'服务'这个特殊名称，是因为劳动不是作为物，而是作为活动提供服务的。"㊁

2. 现代西方经济学家的观点

富克斯于1968年在《服务经济》中对第二次世界大战之后的美国服务经济进行了研究。他的观点是，服务在生产的一刹那消失，它是在消费者在场参与的情况下提供的，它不能运输、积累和储存，缺少实质性。富克斯的定义实际上是一种特征性定义。

1977年，希尔从服务生产入手来解释什么是服务："服务是人或隶属于一定经济单位的物在事先合意的前提下，由于其他经济单位的活动所发生的变化。""服务的生产和消费同时进行，即消费者单位的变化和生产者单位的变化同时发生，这种变化是同一的。服务一旦生产出来必须由消费者获得而不能储存，这与其物理特性无关，而只是逻辑上的不可能。"希尔从"变化"入手，接近服务的本质，避免单纯描述服务的特征，强调服务生产与服务产出的区别，服务产出是相应的个体或商品状态的变化，不应与服务生产过程相混淆。但希尔的定义仍存在一些问题。比如，在特定条件下某些服务（如保安）的目的并不是寻求变化，而是避免变化。

瑞德尔和佩蒂特在20世纪80年代分别提出了两个具有代表性的服务的定义。瑞德尔关注到服务所带来的时间、地点和形态方面的效用，他于1986年在《服务引致的增长——服务部门在世界发展中的作用》一书中指出，"在为服务接受者带来一种变化时，服务是提供时间、地点和形态效用的经济活动"。根据《新帕尔格雷夫经济学大辞典》的叙述，佩蒂特于1987年提出，新古典经济学关于商品与服务的区分无任何理论意义的见解并不令人满意，因为关于商品的一些命题难以扩展应用到服务上。他认为，服务表示使用者的变形（在个人服务的场合）或使用者的商品的变形（在涉及商品的场合），所以享用服务并不含有任何可以转移的获得物，只是改变人或其商品的特征。

1990年，芬兰服务营销学家格鲁诺斯在总结前人研究的基础上，提出了服务的定义，"服

㊀ 穆勒．政治经济学原理及其在社会哲学上的若干应用［M］．胡企林，朱泱，译．北京：商务印书馆，1991：62-63.

㊁ 马克思，恩格斯．马克思恩格斯全集：第二十六卷　第一册［M］．中共中央马克思恩格斯列宁斯大林著作编译局，译．北京：人民出版社，1972：435.

务一般是以无形的方式，在顾客与服务职员、有形资源、商品或服务系统之间发生的，可以解决顾客问题的一种或一系列行为”。格鲁诺斯的定义产生了较大的影响，其不但指出了服务的无形性，同时明确了服务的本质在于解决顾客面临的问题，而且构成服务的因素包括顾客、服务人员、服务产品和有形资源等，在一定程度上概括出服务营销的诸多要素。类似的，国际标准化组织把服务定义为“为满足顾客的需要，供方与顾客接触的活动和供方内部活动所产生的结果”。

我国学者主要从价值增值过程考察服务的基本概念，“服务会对其他经济单位的个人、商品或服务增加价值，并且主要以活动形式来表现其使用价值”。薛荣久、陈宪等国内学者在相关著述中对服务曾有科学、系统的阐释。概括起来，一个普遍接受的定义是，“服务是对其他法人机构（具有法人资格的企事业单位和政府部门等）和自然人、商品或服务增加价值，并主要以活动形式表现的使用价值或效用”。例如，邮电通信、文化教育和商务会展等以活动形式表现的服务可以直接为政府部门、企事业单位和个人增加价值和效用，而保险、再保险服务则可以为金融服务、运输服务和保险服务增加价值和效用。

1.1.2　服务的特征

1. 无形性

服务是无形的，其使用价值不能脱离生产者和消费者，不能独立地固定在某种具体的实物形态上。服务的无形性是指顾客与服务提供者之间抽象化的、个体化的互动关系。同有形商品不同，服务在很大程度上是不可感知的。这包括两层含义：一方面，服务提供者通常无法向顾客介绍空间形态确定的服务样品；另一方面，服务消费者在购买服务之前，往往不能感知服务，在购买之后也只能觉察到服务的结果而不是服务产品本身。

服务的无形性是相对的，它和有形商品紧密联系，但是无形性是主要的，它是服务的核心和本质。随着科学技术的发展，有些无形的服务逐渐变得“有形化”。1989 年，加拿大经济学家格鲁伯和沃克提出物化服务（Embodied Service）的概念。例如，唱片和光盘作为服务的载体，本身的价值相对其提供的整个价值来说可以忽略不计，其价值主体是服务，这就是无形服务的“有形化”和服务的物化。

2. 不可分离性

服务的不可分离性是指服务的生产与消费同时进行。如果服务是由人提供的，那么这个人就是服务的一部分，因为当服务正在生产时顾客也在场，顾客与生产者的直接接触构成了产品的一部分。比如，在中医院问诊时，医生为患者把脉并做出诊断，进而对症下药。

商品一旦进入市场体系或流通过程便成为独立的交易对象，而服务或者同其提供来源不可分，或者同其消费者不可分。这种不可分离性要求服务提供者或（和）服务消费者不能与服务在时间或（和）空间上分开。例如，理发师不可能远离他的顾客，而买了电影票又想看电影的消费者不会不到电影院。

有时在物化服务的情况下，服务的生产和消费可以不同时发生。远程教育行业中，教师在录影教室中制作好视频课程后上传至网络服务端，然后由学员们缴费、注册、下载和学习。

3. 异质性

同一种商品的消费效果和品质通常是均质的，而同一种服务的消费效果和品质往往存在显著差异。服务的主体和对象是人，人是服务的中心，而人又具有个性，涉及服务提供方和接受服务的顾客两个方面。这种差异主要来自以下两个方面：

第一，服务提供者的技术水平和服务态度往往因人、因时、因地而异，比如两位老师如果教授同一门课，同一个学生会有不同的评价。

第二，服务消费者时常会存在特殊的服务要求，所以服务会受到顾客本身个性特点的影响，比如同一位老师向同一个班级教授同一门课，不同的学生也会有不同的评价。

由于服务产品具有很强的异质性，统一的服务质量标准只能规定一般要求，难以满足特殊的、个别的需要。因此，服务质量及其管理就带有很大的弹性和随意性，这既可以为服务行业创造优质服务开辟广阔的空间，也可能给劣质服务留下活动的余地。所以，与能够执行统一标准的商品质量管理相比，服务产品的质量管理要困难得多。同一企业的若干分店，如果销售商品，易于统一企业形象；如果销售服务，则易出现各分店服务质量优劣不等的局面。

4. 不可储存性

服务的不可储存性是由其不可感知性和服务的生产与消费不可分离性决定的。不可储存性表明服务无须储存费用和运输费用，但随之产生一个问题：服务企业必须应对缺乏库存引致的产品供求不平衡。服务的不可储存性也为加速服务产品的生产、扩大服务的规模制造了障碍。服务业只有在加大服务营销力度、推广优质服务示范上积极开发服务资源，才能转化被动的服务需求状态。

不可储存性是服务区别于商品的重要特征，商品可以在被生产之后和进入消费之前这段时间处于库存状态而不一定会给商品所有者造成损失，但服务一般不能像商品那样在时间上储存或者在空间上转移。服务如果不被使用，既不会给购买者带来效用，也不会给提供者带来收益，服务的不及时消费会造成服务的损失。例如，餐馆、商店等如果没有顾客光顾就会亏损，火车、飞机、电影院里的空位也不会产生服务收入。

随着科学技术的发展，服务有时也是可以储存的。实际上，储存既包括空间上的储存，也包括时间上的储存，或者时空两方面的储存。服务是否可以储存主要是指时间上的储存，也就是服务是购买时就消费还是在购买以后的某一时点消费。

服务与商品的特征差异见表 1–1。

表 1–1　服务与商品的特征差异

服　务	商　品
无形	有形
生产和消费相结合	生产和消费相分离
异质性	同质性
难以储存	容易储存

1.1.3　服务的分类

1. 按照服务的有形程度划分

（1）纯商品状态。产品本身没有附带服务，如香皂、牙膏、盐、钢笔等。

（2）附有服务的商品状态。附有服务以提高商品的吸引力，如计算机、家电产品、家用轿车等。

（3）附有少部分商品的服务状态。如空中旅行的头等舱，除提供服务外，还附有食品和报刊等。

（4）纯服务状态。如法律咨询、心理咨询、家政服务等直接为顾客提供相关服务。

服务和商品的区别之一在于有形程度的不同，而从高度无形到高度有形之间存在着一个连续谱。

2. 按照顾客的参与程度划分

（1）高接触性服务。顾客全部参与或大部分参与服务的过程，如电影院、娱乐场所、公共交通、图书馆、学校等提供的服务。

（2）中接触性服务。顾客只是局部地在部分时间内参与其中的活动，如银行、律师事务所、地产中介等提供的服务。

（3）低接触性服务。在服务的推广过程中顾客与服务的提供者接触较少的服务，其主要通过仪器设备进行，如信息、邮电业等提供的服务。

3. 按照服务的实际效用划分

（1）追加服务。追加服务通常是伴随商品生产和交易所提供的补充服务，本身并不向消费者提供独立的服务，而是作为产品核心效用的派生效用，因此其并不是独立的市场交易对象。然而，在现代科技革命的推动下，这种追加服务却往往在很大程度上左右着消费者对所需核心效用的选择。

在上游阶段，有先行追加服务的投入，包括可行性研究、风险资本筹集、市场调研、产品构思和设计等服务。

在中游阶段，有与商品融为一体的追加服务，包括质量控制与检验、设备租赁、后期供给以及设备保养与维修等；有与有形商品生产平行的追加服务，包括财务会计、人员聘用和培训、情报和图书资料等的搜集整理和应用、不动产管理、法律、保险、通信、卫生安全保障以及职工后勤供应等。

在下游阶段，追加服务项目包括广告、运输、商品使用指导、退货索赔保证以及供应替换零件等一系列售后服务。

（2）核心服务。核心服务通常是与商品的生产和交易无关的，作为消费者单独购买的，作为独立市场交易对象的，能为消费者提供核心效用的服务。核心服务又可细分为面对面服务（Face to Face Service）和远距离服务（Long Distance Service）。前者需要通过服务提供者和服务消费者实际接触才能实现，如旅游服务；后者一般无须服务提供者和服务消费者的实际接触，但要借助一定的媒介，如银行服务可以通过通信、网络等技术实现，没有人员的移动和实际接触。

4. 按照服务的功能特征划分

（1）集体服务。政府服务于社会的福利服务等。

（2）金融服务。银行和其他金融机构服务、保险与再保险服务、经纪人服务和信托服务。

（3）分销服务。货物运输与储存、旅客运输以及批发零售服务。

（4）专业服务。会计、法律、广告、翻译和咨询等专业和经济支持服务。

（5）电信与信息服务。电报、电话、电子数据处理服务等。

（6）建筑服务。建筑工程策划、咨询、管理与培训服务等。

（7）其他服务。自动租赁服务，不动产服务，修理、保养与清洁服务，新闻出版与印刷服务，旅馆与娱乐服务，医疗与保健服务，影视艺术服务等。

5. 按照营销管理的战略划分

（1）按照服务活动的本质分为四类：①作用于人的有形服务，如民航、理发服务等；②作用于物的有形服务，如航空货运、草坪修剪等；③作用于人的无形服务，如教育、广播等；④作用于物的无形服务，如咨询、保险等。

（2）按照顾客与服务组织的联系分为四类：①连续性、会员关系的服务，如银行、保险、汽车协会等；②连续性、非正式关系的服务，如广播电台、警察保护等；③间断的、会员关系的服务，如电话购买服务、担保、维修等；④间断的、非正式关系的服务，如邮购、街头收费电话等。

（3）按照服务方式及满足程度分为四类：①标准化服务选择自由度小，难以满足顾客的个性化需求，如公共汽车载客服务等；②易于满足需求但服务方式选择自由度小，如电话服务、旅馆服务等；③提供者选择余地大，但难以满足个性化需求，如教师授课等；④需求能满足且服务提供者有发挥空间，如美容、建筑设计、律师、医疗保健等。

（4）按照服务供求关系分为三类：①需求波动小的服务，如保险、银行、法律服务等；②需求波动大而能够保证基本供应的服务，如电力、天然气、电话等；③需求波动大并会超出供应能力的服务，如交通运输、饭店、宾馆等。

（5）按照服务推广的方法分为六类：①在单一服务地点顾客主动接触服务组织，如电影院、烧烤店等；②在单一服务地点服务组织主动接触顾客，如出租汽车等；③在单一服务地点顾客与服务组织远距离交易，如信用卡公司等；④在多个服务地点顾客主动接触服务组织，如汽车维修服务、快餐店等；⑤在多个服务地点服务组织主动接触顾客，如邮寄服务；⑥在多个服务地点顾客和服务组织远距离交易，如广播站、电话公司等。

1.1.4 可数字化的服务

关于数字服务，2018 年，美国劳工部劳工统计局在《数字经济的定义与衡量》中使用数字支持的服务来衡量数字服务，将其定义为“主要或大部分由 ICT 技术支持的服务”，包括商业服务、专业技术服务、版税和许可费、保险服务、金融服务及信息通信服务等五大类。

联合国贸易和发展会议（UNCTAD）于 2018 年最终提出了可数字化交付的服务概念，并列出包含在内的六大服务类别：保险与养老金服务，金融服务，知识产权使用费，电信、计算机和信息服务，其他商业服务，以及视听相关服务。

信息通信技术（ICT）的指数级进步为新的金融服务和商业模式开辟了道路，这些服务和商业模式显示出金融包容性的巨大潜力。创新的数字金融服务，如移动和数字支付以及移动和数字银行，大大减少了阻碍金融获取的物理和经济障碍，特别是对于那些生活在偏远和农村地区的人而言[㊀]。

UNCTAD 于 2019 年 4 月 4 日组织的关于数字经济的知识产权与发展的小组讨论中提到基础设施发展对促进电子商务发展的重要性，同时认为需要支持发展中国家的数字化企业和产

㊀ 联合国贸易和发展会议 . 普惠金融促进发展：妇女、穷人和农民工更易获得金融服务，2020.

业的发展，以及在非数字化部门中采用ICT，以支持当地企业参与数字经济的发展。国内知识产权框架在建立数字身份和作为全球价值链的一部分方面可以发挥作用。这次讨论还强调，许多发展中国家正在努力调整其知识产权法，以适应数字经济的快速发展㊀。

信息通信技术和数字技术的快速发展使教育和培训服务能够在线提供，使人们能够按照自己的节奏，通过选择地点和模式来获得新的学习方式。例如，中国大学通过大规模开放在线课程（MOOC）扩大了不同学习者接受高等教育的机会（Li，2013）。南非采用了基于技术的“通往未来之桥”倡议［The Bridges to the Future Initiative（BFI）］，通过母语扫盲学习来增加语言包容性（Castillo等，2015）。在新冠疫情期间学校关闭时，在线教育服务的发展速度加快。领先的MOOC提供商在2020年的注册量经历了显著增长。在线教育服务对学习者的优势在于，他们可以按照自己的节奏享受具有成本效益的学习，而不受地理边界的限制（Sigama和Kalema，2018）。

新冠疫情加速了数字工具在医疗和卫生保健服务中的采用，包括远程诊断、医疗培训和治疗服务（Chamola等，2020；王春亭等，2021）。数字医疗咨询避免了直接的身体接触，并最大限度地降低了接触潜在传染性疾病的风险，确保了医疗服务的连续性（UNCTAD，2021；王春亭等，2021）。高效的在线诊疗，借助5G技术，实现医学影像数据的高速传输和共享，可以缓解医疗资源向偏远和欠发达地区分配的不足（宋璇等，2020；博科洛，2020）。在新冠疫情期间，数字医疗服务已在欧洲、北美和亚洲的许多地区迅速采用。

中国通过5G双千兆网络远程医疗团队为新冠肺炎重症和急性病患者提供了远程会诊（新华网，2020）。虚拟咨询、在线自查、远程医疗指导等医疗服务的数字化交付，可以比传统的面对面服务更及时地为患者和医疗团队提供解决方案。数字化医疗服务还可以为家中患有其他慢性病的患者提供远程护理，从而增加医疗服务的覆盖范围和可及性。微医是一家提供线上线下医疗服务的中国数字健康平台，积极与中国各地的医院建立医疗合作伙伴关系。

日益改善的ICT和数字连接直接影响农业生产力、农民的经济福祉以及适应气候变化的影响（Duncombe，2016）。ICT的技术进步为农业推广服务的数字交付在提供和共享农业信息方面的日益普及铺平了道路（Nakasone和Torero，2016；Omulo和Kumeh，2020）。对互联网和其他通信网络的访问彻底改变了某地区农业部门的推广、营销和金融服务（Williams和Agbo，2013；阿松古，2018）。农民可以通过各种数字平台与更多的信息来源进行接触，例如肯尼亚的WeFarm、加纳的Farmerline、乌干达的“市场主导、用户拥有的ICT4Ag支持的信息服务平台”（MUIIS）和马拉维的非洲农产品交易所（ACE）（世界银行，2017；阿松古，2018）。全球最大的农民对农民数字网络“WeFarm”使肯尼亚的农民能够获得知识并与同行交流想法，并获得不同服务提供商的定制支持（Kolk和Ciulli，2020）。它建立在机器学习算法之上，允许在平台注册的人获得生产系统的知识，并通过短信服务（SMS）与在线聊天服务接收反馈（Munene和Kasamani，2018）㊁。

㊀ 联合国贸易和发展会议．知识产权与数字经济的发展，2019.

㊁ 联合国贸易和发展会议．服务数字化：它对贸易和发展意味着什么？2021.

1.2 服务业

1.2.1 服务业的定义

理论界对于服务业至今尚没有公认的定义，但就服务业的内涵或其所包含的内容来说，人们大多认同服务业是生产或提供各种服务产品的经济部门或企业的集合。

历史上，服务业的产生及发展与第一产业、第二产业尤其是制造业的发展密不可分，并且常常与第三产业的概念相提并论。现代社会对国民经济产业结构的三次产业分类是根据20世纪30年代英国经济学家费希尔和克拉克提出的经济增长阶段论划分的。费希尔于1935年在《安全与进步的冲突》一书中，提出了三次产业的分类方法。他认为，第一产业为人类提供满足其基本需求的食品；第二产业满足其他更进一步的物质需求；第三产业满足人类除物质需求以外的更高级的需求，如生活上的便利舒适、娱乐休闲等各种精神上的需要。克拉克在《经济进步的条件》一书中也提出，以初级产品生产为主的农业是第一产业，当它在国民经济中的比重最大时为农业经济社会；以初级产品加工为主的工业是第二产业，当它在国民经济中的比重最大时为工业经济社会；两者之外的其他所有产业部门都归属第三产业，服务业作为第三产业，当它在国民经济中的比重最大时就是服务经济社会。

第三产业具体包括哪些项目？根据国家统计局的界定，我国第三产业包括流通和服务两大部门，具体分为四个层次：一是流通部门，包括交通运输业、邮电通信业、商业饮食业、物资供销和仓储业；二是为生产和生活服务的部门，包括金融业、保险业、地质普查业、房地产管理业、公用事业、居民服务业、旅游业、信息咨询服务业和各类技术服务业；三是为提高科学文化水平和居民素质服务的部门，包括教育、文化、广播、电视、科学研究、卫生、体育和社会福利事业；四是国家机关、政党机关、社会团体、警察、军队等，不计入第三产业产值和国民生产总值。

服务业的口径、范围不统一，既不利于服务业统计和服务业核算，也不利于贯彻执行国务院对于加快发展服务业的意见和开展国家统计局的相关工作。2013年，国家统计局根据《国民经济行业分类》（GB/T 4754—2011）以及《关于修订〈三次产业划分规定（2012）〉的通知》，明确第三产业即为服务业。将A门类“农、林、牧、渔业”中的“05农、林、牧、渔服务业”、B门类“采矿业”中的“11开采辅助活动”、C门类“制造业”中的“43金属制品、机械和设备修理业”等三个大类一并调入第三产业。调整后第三产业为15个门类和3个大类。此后，国家统计局又在2018年根据《国民经济行业分类》（GB/T 4754—2017）对第三产业做出了相应的调整[㊀]。

1.2.2 服务业的分类方法

1. 二部门分类

一种简单而常见的分类依据是，针对服务对象的不同将服务业分为生产性服务业和消费性服务业两大类。生产性服务是指应用现代科技和满足生产中间需求的各项服务，如现代物流、电子商务、金融保险、信息服务、技术研究与开发、企业经营管理服务等。消费性服务

㊀ 国家统计局．关于修订《三次产业划分规定（2012）》的通知，2018.

是指为满足个人提高生活质量和能力扩展所需要的服务，如旅游、房地产、教育、医疗、娱乐、社区服务等。这接近于马克思分析实现价值补偿和实物补偿时提出的“两大部类”分类法，即第一部类是生产资料的生产，第二部类是消费资料的生产。

2. 三部门分类

1993 年，美国经济学家格鲁伯和沃克在其著作《服务业的增长：原因及影响》中从服务的对象出发，将服务业分为三个部门：为个人服务的消费者服务业、为企业服务的生产者服务业和为社会服务的政府（社会）服务业。

3. 四部门分类

1975 年，美国经济学家布朗宁和辛格曼在《服务社会的兴起：美国劳动力的部门转换的人口与社会特征》中指出，根据联合国标准产业分类（SIC）把服务业分为四个部门：生产者服务业（包括商业和专业服务业、金融服务业、保险业、房地产业等）、流通型服务业（分销或分配服务业，包括批发零售业、交通运输业、通信业等）、消费者服务业（个人服务业，包括旅馆业、餐饮业、旅游业、文化娱乐业等）和社会服务业（政府部门服务业，包括医疗、健康、教育、国防等）。这种分类方法得到联合国标准产业分类的支持。

4. 基于产业战略的分类

哈佛大学教授迈克尔·波特把产业组织理论融入竞争战略理论，提出了基于产业战略研究的分类法，如分散型产业、集中型产业、向成熟期过渡的产业和国际型产业等。产业战略的分析和制定所要考虑的主要因素，可以归纳为时间、空间、位置、（产业组织）结构、产业行为、政府管制、基本要素、关键要素八个维度。但这种分类法不是基于统计目的，而是基于产业战略和企业战略意义上的，是由市场需求特性、产业结构特征、产业竞争结构、产业内外部环境等因素决定的。

还有一些产业划分方式较为常见，但严格来说它们只是对产业的一些外部特性加以描述，并非真正的分类方法，例如依据要素密集度可分为劳动密集型产业、资本密集型产业、土地密集型产业、技术密集型产业、知识密集型产业等。

值得注意的是，迄今为止国内外国民经济核算中的服务业分类都与理论界定不完全吻合。特别是消费者服务和生产者服务的统计常常出现交叉，比如餐饮消费如果是为商务人士提供的，则为生产者服务；如果是为一般人士提供的，则为消费者服务。但是，这两种划分标准很容易混淆，说明实际统计操作与概念界定很难同步。

1.3 服务贸易

1.3.1 服务贸易的定义

1. 传统定义

服务贸易的传统定义是服务定义的延伸，是指当一国（地区）的服务提供者向另一国（地区）的服务需求者（包括自然人、法人或其他组织等）提供服务时，按照自愿有偿的原则取得外汇收入的过程，即服务的出口；一国（地区）的服务消费者购买另一国（地区）服务提供者的有效服务，即服务的进口。

传统定义从进出口的角度界定服务贸易，涉及国籍、国界、居民、非居民等问题，即人员移动与否、服务过境与否以及异国居民之间的服务交换等。

2.《服务贸易总协定》中的定义

在 1947 年关税与贸易总协定（General Agreement on Tariffs and Trade，GATT）成立以后相当长的时间里，服务贸易都未作为一个单独的领域列入其管辖范围，而多被涵盖在其他贸易项下。虽然之前有关服务贸易是否可列为单独领域的问题已经在以发达国家为主的特定范围内展开讨论，但直到"乌拉圭回合"谈判，这种情况才得到了根本改观。《服务贸易总协定》（General Agreement on Trade in Services，GATS）把服务贸易定义为：

（1）从一成员方境内向任何其他成员方提供服务。

（2）在一成员方境内向任何其他成员方的服务消费者提供服务。

（3）一成员方的服务提供者在任何其他成员方境内以商业存在形式提供服务。

（4）一成员方的服务提供者在任何其他成员方境内以自然人提供服务。

第一类，跨境交付（Cross-border Supply）。"跨境"的是服务，一般不涉及资金或人员的过境流动，所以服务提供者和服务消费者都不移动，如电信服务、信息咨询、卫星影视等。这种方式特别强调买方和卖方在地理上的界限，跨越国境或边界的只是服务本身。

第二类，境外消费（Consumption Abroad）。由于服务的内容是在服务提供者所在地产生的，需要通过服务消费者（购买者）的过境移动才能实现，如旅游服务、为外国患者提供医疗服务、为外国学生提供教育服务等。

第三类，商业存在（Commercial Presence）。在一成员方境内设立机构，通过提供服务取得收入，从而形成贸易活动，主要涉及市场准入和对外直接投资。服务人员可以来自母国，也可以在东道国雇用；服务对象可以是东道国的消费者，也可以是来自第三国的消费者。与第二类不同的是，它强调通过生产要素流动到服务消费者所在地提供服务。这一类包括在境外设立的金融服务分支机构、律师、会计师事务所、维修服务站等。

第四类，自然人移动（Movement of Personnel）。一成员方的自然人（服务提供者）过境移动，在其他成员方境内提供服务。这里，服务消费者往往不是所在国的消费者，如建筑设计与工程承包及所带动的服务人员输出，即通过雇用他国的服务人员，向第三国的消费者提供服务。

服务的提供有时不是一种方式能够完成的，而由几种方式联合完成。GATS 指出，服务贸易的判别标准一般要符合以下四个方面：服务和交付的过境移动性（Cross-border Movement of Services and Payments）、目的具体性（Specificity of Purpose）、交易连续性（Discreteness of Transactions）、时间有限性（Limited Duration）。

3.《美加自由贸易协定》中的定义

1989 年，美国和加拿大签署了《美加自由贸易协定》。作为世界上第一个在国家间贸易协议上正式定义服务贸易的法律文件，其基本表述为：服务贸易是指由代表其他缔约方的一个人（包括自然人和法人），在其境内或进入另一缔约方境内提供所指定的一项服务。这里的"指定"包括以下内容：

（1）生产、分配、销售、营销及传递一项服务及其进行的采购活动。基本类型为：农业和森林服务（Agriculture and Forestry Services）、矿业开采服务（Mining Services）、建筑服务（Construction Services）、分销交易（Distributive Trade Services）、保险和不动产服务（Insurance and Real Estate Services）、商业服务（Commercial Services）和其他服务（Other Services）。

（2）进入或利用国内的分配系统，受到缔约方国内分配制度的约束。

（3）形成或确定一个商业存在，为分配、营销、传递或促进一项服务，这里的商业存在并非是一项投资，而是综合的过程。

（4）任何为提供服务而进行的投资及任何为提供服务而进行的相关活动。比如，公司、分公司、代理机构、代表处和其他商业经营机构的组织、管理、保养和转让活动，各类财产的接管、使用、保护及转让，以及资金的借贷等。

4. 国际收支平衡表中的定义

国际收支平衡表中，一成员方的“居民”通常被理解为在该成员方境内居住一年以上的自然人和设有营业场所并提供货物或服务的企业法人。国际收支平衡表经常项目下居民和非居民之间服务的跨境交易即国际服务贸易。

将国际收支平衡表中国际服务贸易的定义与GATS中的定义进行对比，后者把国际服务贸易由前者的居民和非居民之间的跨境交易延伸到作为东道国居民的外国商业存在与东道国其他居民之间的交易，即居民和居民之间的交易。

1.3.2　国际服务贸易的特点

1. 交易标的的无形性

国际服务贸易的交易对象——服务产品具有无形性，这就决定了服务贸易的无形性特征。当然，服务贸易有时是以有形商品为依托提供服务的，在物化服务的条件下，服务贸易也可表现为直观的、实实在在的商品交易。

2. 生产和消费的同步性和国际性

服务贸易具有生产和消费的不可分离性，服务贸易产品使用价值的生产、交换和消费是同时完成的。在国际市场上服务产品的提供和消费同样不可分离，服务提供的过程就是服务消费的过程。这一同步进行、无法分离的特性，使参与贸易的服务产品的生产、交换与消费过程具有更加明显的国际性。

3. 保护方式的隐蔽性和灵活性

关税具有较高的透明度，可以通过贸易双方或多方的谈判达到减少限制的目的，而服务贸易较为特殊，传统的关税壁垒不起作用，只能转而采取非关税壁垒，使得国际服务贸易的保护通常采用市场准入和国内立法的形式，具有更高的刚性和隐蔽性。非关税壁垒措施也多种多样，可以针对某种具体产品特别制定实施，如技术标准、资格认证等，同时其涉及许多部门和行业，任何一种局部调整都可能影响服务贸易的发展。

4. 国际服务贸易管理的复杂性

服务的无形性、交易的同时性，服务提供者和服务消费者之间信息的不完全和不对称，造成了服务贸易管理具有更高的复杂性。其一，国际服务贸易的对象十分繁杂，涉及的行业众多，服务产品又以无形产品为主，传统的管理方式并不适用；其二，国际服务贸易的生产者和消费者跨界移动，其影响规模、性质和范围与有形贸易不同，直接增加了管理的难度；其三，国际服务贸易往往涉及不同国家的法律法规，适应多国规则也对贸易管理提出了挑战。

1.3.3　数字服务贸易

数据作为当今时代最重要的生产要素之一，给我们的生产、生活与生态带来全方位而深刻的影响。以数据为生产要素，以信息通信技术和人工智能有效使用为载体的一系列经济活动——数字经济给各国、各地区带来了新一轮经济发展契机，为缩小国家和地区间的发展鸿沟创造了条件。

联合国贸易和发展会议发布的《2019 年数字经济发展报告》指出，数字经济没有呈现传统的南北鸿沟，而是由一个发达国家和一个发展中国家共同领导：美国与中国。尤以中国而言，数字经济的兴起、发展与广泛应用为推动经济高质量发展带来了机遇，数字经济逐渐渗透于创新、绿色、协调、共享和发展之中，成为中国经济高质量发展的核心驱动。

《中国数字经济发展白皮书（2020 年）》指出，数字经济是以数字化的知识和信息作为关键生产要素，以数字技术为核心驱动力，以现代信息网络作为重要载体，通过数字技术与实体经济深度融合，不断提高数字化、网络化、智能化水平，加速重构经济发展与治理模式的新兴经济形态。

根据中国信息通信研究院（简称中国信通院）发布的《数字贸易发展与影响白皮书（2019 年）》，数字贸易不仅包括基于信息通信技术开展的线上宣传、交易、结算等促成的实物商品贸易，还包括通过信息通信网络（语音和数据网络等）传输的数字服务贸易，如数据、数字产品、数字化服务等贸易。

数字贸易两大特征分别是贸易方式数字化和贸易对象数字化。其中，贸易方式数字化是指信息技术与传统贸易开展过程中各个环节深入融合渗透；贸易对象数字化是指数据和以数据形式存在的产品和服务贸易。

关于数字服务贸易，联合国贸易和发展会议于 2015 年发布的《ICT 服务贸易与 ICT 支持的服务贸易：衡量 ICT 促进发展的拟议指标》提出了数字交付服务或 ICT 支持服务的概念，是指通过 ICT 网络远程交付的服务产品。但由于没有可获得的数据表示这些服务是否确实通过 ICT 网络进行交付，联合国贸易和发展会议又提出了潜在 ICT 支持服务这一概念，是指具有通过 ICT 网络远程交付可能性的服务产品。

经济合作与发展组织将数字服务贸易定义为“通过 ICT 技术远程传输交付的服务”，包括软件、电子图书、数据和数据库服务等。中国信通院将其定义为“通过信息通信网络跨境传输交付的贸易”，并指出数字服务贸易应同时包含数字化产品和服务的贸易以及数据的贸易。

1.3.4 数字服务贸易的特点

1. 全球可数字化交付的服务贸易规模飞速增长

20 世纪 90 年代以来，数字化技术大幅提升，信息传播速度极大提高。据 UNCTAD 的数据，1992 年全球每天数据流量只有 1100GB，2017 年全球每秒数据流量达到了 46 000GB。世界正在进入数字经济时代，这为数字服务贸易的发展奠定了基础。

数字技术对服务贸易具有两方面的显著影响：一方面，传统服务贸易正在实现数字化升级，服务的数字化程度大幅提升，一些原来必须依赖实物媒介的服务，现在也可通过数字贸易的形式在网上直接交易。统计显示，全球 50% 以上的服务贸易已经实现数字化。另一方面，数字技术使越来越多的服务变得可贸易，一些服务贸易新模式、新业态，如搜索引擎、社交媒体、卫星定位、远程医疗、远程教育等，纷纷涌现并蓬勃发展。数据已成为全球重要的贸易品和生产要素。

2. 信息通信技术、云计算、数字内容服务等业态发展较快

在全球数字服务贸易规模中，有三大类业态所占比重较大：一是围绕数据存储、计算和传输的相关业态，如电信、计算机、信息等业态，占比达20%；二是围绕数字内容的相关业态，如知识产权、文化娱乐等业态，占比也接近20%；三是与数字信息技术结合紧密的相关服务业，如保险金融、管理咨询、工程研发等业态的数字服务贸易，占比达60%左右。一些细分业态发展速度较快，如ICT服务贸易，据UNCTAD统计，2005年全球ICT服务出口规模为1750亿美元，2020年增至5680亿美元，年均增速达9%，美国、中国、日本、德国、韩国是主要的ICT服务供应方。

3. 美欧在全球数字服务贸易占主导地位

从规模上看，2019年，发达经济体数字服务出口规模达24 310.0亿美元，在全球数字服务出口中的占比达76.1%，超过其在服务贸易和货物贸易中的占比。参与全球数字传输服务贸易的经济体可以分为四个梯队：第一梯队是欧盟和美国，约占全球数字传输服务贸易出口总额的65%，其中仅美国占比就达到了16.7%，达到了5341.8亿美元；第二梯队是中国、日本、印度，三国2019年数字传输服务贸易出口额均登上1000亿美元台阶；第三梯队是俄罗斯、巴西、澳大利亚、韩国等国家，其数字传输服务贸易也具有一定规模和优势；第四梯队是其他一些新兴经济体、发展中国家和欠发达经济体，这些国家数字传输服务贸易或者规模较小，或者尚处于起步发展阶段，产业基础较为薄弱。

近年来，中国数字贸易发展较快。目前，中国已成为数字贸易发展潜力最大的国家和全球最大的数字技术应用市场，在移动支付和社交网络等一些细分领域已形成突出优势，在云服务等领域正在快速追赶，阿里巴巴、腾讯等已成为全球顶尖的数字服务企业。

4. 发展中国家与发达国家的数字鸿沟逐渐缩小

在全球数字服务贸易蓬勃发展的同时，数字鸿沟问题依然突出。据UNCTAD的数据，截至2021年，全球约有50%的人还难以上网，在不发达国家，平均每5个人中只有1个人能够上网。从数字服务贸易的全球市场分布来看，发达国家数字传输服务贸易规模远远大于发展中国家。但与此同时，发展中国家数字传输服务贸易规模占全球比重有所上升，从2005年的15.3%逐步上升到2018年的22.8%，从规模上看，发展中国家与发达国家的数字鸿沟有所缩小。在发展中国家，“金砖国家”和东盟发展较快，数字传输服务贸易出口规模与占全球比重相对实现了较快增长。

5. 数字服务贸易国际规则标准尚未统一

目前，国际上推动数字服务贸易构建的主要力量是美国和欧盟，这与美欧数字服务贸易发展水平领先有关。美、欧均希望通过积极推动国际规则制定，维护自己的竞争优势和利益关切，相应地就形成了当前国际数字服务贸易规则的“美式模板”和“欧式模板”，二者有一些共性，但在一些核心利益关切方面又有所不同。

“美式模板”的核心目标是推动国际数字服务市场的自由和开放，主要的关切点是数字服务市场准入、非歧视性待遇、跨境数据自由流动、数据非强制性本地化存储、源代码保护等。美国推进“美式模板”主要通过双边和多边经贸谈判：一是在世界贸易组织（WTO）抛出能够反映美国在数字贸易领域立场的“美国议案”；二是在推动与约旦、新加坡、智利、韩国、秘鲁、澳大利亚、巴拿马、危地马拉、萨尔瓦多、洪都拉斯、尼加拉瓜、哥斯达黎加等国家的双边自贸区谈判中加入了与数字贸易相关的规则；三是通过区域协定，与墨西哥、加拿大

完成了北美自贸区升级谈判，并于2018年10月1日达成了《美国－墨西哥－加拿大协定》（USMCA）。USMCA在数字服务细分市场开放、数据存储非本地化与安全监管、源代码及算法保护、知识产权保护、政府数据公开等方面制定了较跨太平洋伙伴关系协定（TPP）更高标准的规则。可以说，USMCA在数字服务贸易领域的相关规则已成为“美式模板”的新范本，集中反映了美国在全球数字贸易治理领域的关切和意图。

欧盟总体上也认同跨境数据流动、数字服务市场开放等，但在规则设计上，“欧式模板”更加注重隐私保护。这集中反映出“美式模板”和“欧式模板”对数据属性的认知不同。美国认为数据具有“全球属性”，因此数据应跨越各国边界，实现全球自由流动；欧盟认为数据具有“国家属性”，涉及国家和个人的信息安全，因而规制的保护性更强。2018年，欧盟正式实施《通用数据保护条例》（GDPR），使“欧式模板”正式成形。该模板建立了高标准的个人信息隐私保护规则，未来在欧盟对外双边和多边谈判中，GDPR相关规则有可能成为范本。

广大发展中国家在数字服务贸易规则制定中处于弱势和防御地位，一些国家甚至对相关国际规则的制定持消极态度。比如，印度、印度尼西亚、南非等国对全球开展相关规则的谈判持反对意见，印度、巴西等国主张数据存储本地化，土耳其等国禁止个人数据跨境自由流动，印度尼西亚等国禁止国外互联网服务商向其提供服务。中国与美、欧在数字贸易领域的关注点不同，美、欧较为关注数字服务贸易，中国较为关注数字货物贸易，这和中国与美、欧在数字贸易领域不同的产业优势有关。

目前全球还未形成统一的数字服务贸易规则。究其原因，各国因商业惯例、文化传统、产业基础、发展阶段差异较大，对数字服务贸易的规制方式差别也极大，远远超出货物贸易，这就意味着在全球多边层面达成数字服务贸易一致性规则的难度也远远超出货物贸易。尽管在WTO框架下，各国已就电子签名、无纸化贸易、透明度、电子传输免关税等相关内容达成了共识，但目前还没有形成关于数字服务贸易的专门性、综合性协定，相关规则多散见于WTO框架下及其他的一些协定文本及其附件中，如《服务贸易总协定》（GATS）、《信息技术协定》（ITA）、《与贸易有关的知识产权协定》（TRIPs）、《全球电子商务宣言》（DGEC）、《国际服务贸易协定》（TISA）等。在全球数字贸易规则制定滞后于发展实践的情况下，各国相互间开展数字服务贸易面临诸多障碍和壁垒，促使很多国家放弃多边WTO平台，转向区域贸易协定来摸索数字服务贸易规则。TPP、跨大西洋贸易与投资伙伴协议（TTIP）、全面与进步跨太平洋伙伴关系协定（CPTPP）等大型区域贸易协定，美国和欧盟的一些双边经贸协定，均包括数字服务贸易的相关内容。在二十国集团（G20）、亚太经济合作组织（APEC）、经济合作与发展组织（OECD）等国际合作机制中，各国也围绕数字服务贸易的相关规则进行了讨论。截至2018年底，已经有75个区域贸易协定涵盖了有关数字贸易的具体规定，占向WTO通报的所有区域贸易协定的27%。

【专栏1–1】

《服务贸易总协定》的服务贸易定义——提供方式的视角

《服务贸易总协定》（GATS）对服务贸易下的定义是基于服务贸易的四种提供方式：①跨境交付；②境外消费；③商业存在；④自然人移动。

跨境交付：在一个成员方境内向任何其他成员方提供服务。在这种方式下，服务的提供者与服务的消费者都不发生移动，分别在各自境内，只有服务本身发生了跨界移动。根据WTO的统计，以跨境交付方式发生的服务贸易在全球服务贸易总额中占25%～30%，在四种方式中位列第二。

境外消费：在一个成员方境内向任何其他成员方的服务消费者提供服务。在这种方式下，服务消费者必须过境移动，服务发生在提供者所处的国家或地区。例如，A国的服务消费者到其他国家旅游、留学（接受教育服务）或者接受医疗服务等。WTO的研究报告表明，以境外消费方式发生的服务贸易在全球服务贸易总额中的份额为10%～15%，在四种方式中位列第三。

商业存在：一个成员方在其他成员方境内设立商业实体来提供服务。例如，外资企业在A国设立分支机构、子公司或办事处，向服务消费者提供金融、保险、法律、建筑、维修、广告、咨询等服务，该商业实体服务的对象可以是A国的消费者，也可以是第三国的消费者，其雇员可以是东道国（A国）的居民，也可以是来自其他国家（包括母国）的服务人员。WTO的研究报告表明，以商业存在方式发生的服务贸易在四种服务贸易方式中位列第一，占全球服务贸易总额的55%～60%。这类服务贸易大多伴随外国直接投资（Foreign Direct Investment，FDI），并涉及市场准入问题。

自然人移动：一个成员方的自然人在其他成员方境内提供服务，要求成员方允许其他成员方的自然人进入境内提供服务。自然人移动可以独立实现，比如一个外国人作为服务的提供者，在A国独立提供咨询、医疗服务等。这种方式是通过服务提供者（自然人）的跨境移动实现的，而服务消费者不一定是东道国的居民，比如B国的医生到A国治疗C国的患者，为其提供医疗服务。自然人移动也可以和商业存在共同实现。例如，一个外国人在A国（东道国）提供服务（自然人移动），而且其是某个境外服务提供商的雇员，该服务提供商以商业存在的形式（方式③）在A国设立分支机构。比如，B国的某家银行在A国开设分行，并雇用来自A国的自然人。WTO的研究报告表明，自然人移动占全球服务贸易总额的比重不到5%，在四种服务贸易提供方式中位列最末。这与劳动力（自然人）的跨界流动壁垒有关，法律、语言、文化等多方面因素，特别是东道国的签证制度和移民制度对自然人的国际自由流动构成了阻碍。

GATS对服务贸易的定义基于上述四种方式。这种定义相比国际收支平衡表的定义内容更多，而且GATS定义的服务贸易范围要比GATT定义的货物贸易范围更加宽泛，因为GATT定义的货物贸易只包括跨境交易，而GATS定义的服务贸易不仅包括跨境交易（即跨境交付），还包括境外消费、商业存在和自然人移动。

服务贸易的四种提供方式经常联系在一起。例如，某一外资企业以商业存在到A国（东道国）设立分支机构，雇用来自B国的雇员，并向C国出口服务。要想严格区分上述四种服务贸易提供方式，有时相当困难。在电子传输领域，很难区分某项服务是跨境交付还是境外消费。如果某软件公司在一个成员方境内向任何其他成员方提供软件服务，则可视为跨境交付。反之，如果消费者登录该软件公司的主页下载软件，则其通过互联网实现了境外消费。

［引自：Mattoo，A.，Stern，R. M.，Zanini，G.，A Handbook of International Trade in Services，Oxford University Press Inc.，New York，2008.］

【专栏 1-2】

服务贸易提供方式交互影响的经验证据

服务贸易的四种提供方式之间存在相互影响，而且技术进步使得这种相互影响大大增强。在服务贸易自由化过程中，如果服务业开放（或保护）只考虑其中一种提供方式，那么政策的实施结果将是无效或不可预知的。四种提供方式交互影响的研究有助于为服务贸易政策的制定和企业市场进入策略的选择提供理论依据。

目前，美国是服务贸易数据较完备的国家，是进行该领域经验研究的最佳样本。针对1986—2006年美国四种服务贸易提供方式的交互影响进行实证分析，结果表明：跨境交付和商业存在同时对境外消费产生明显影响；跨境交付和商业存在的相互影响也非常明显；商业存在和自然人移动的相互影响比较微弱；跨境交付和自然人移动之间以及自然人移动和境外消费之间没有直接影响（见图1–1）。

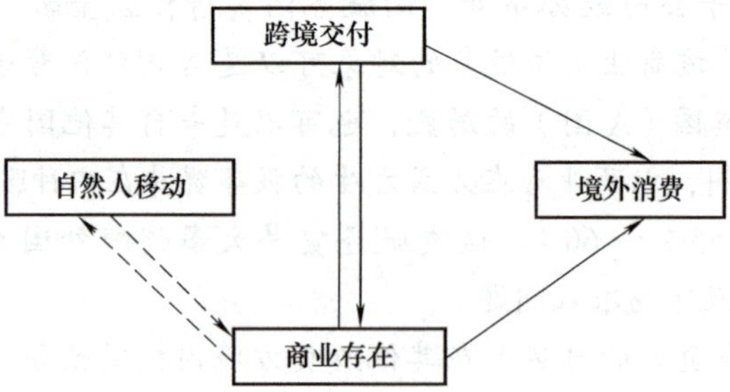

图1–1　服务贸易的四种提供方式之间的因果关系

注：箭头为存在因果关系，箭头指向是从因到果。其中，实线箭头为在0.05水平上显著，是强因果关系；虚线箭头为接近0.10水平上显著，是弱因果关系。

协整关系检验表明，服务贸易提供方式之间具有长期稳定的因果关系。采用脉冲响应、方差分解对服务贸易提供方式交互影响的变化规律和贡献率进行分析：在短期，跨境交付（或商业存在）冲击对境外消费的影响不大，但中长期商业存在对境外消费影响的贡献率逐渐上升。因此，政府制定服务贸易政策时，应关注商业存在对境外消费的影响，可以忽略跨境交付对境外消费的影响。例如，允许外国教育机构在本国设立商业存在，长期也会促进外国消费者到本国进行学习（境外消费）；如果外国禁止消费者进行远程教育（跨境交付），对外国消费者到本国学习（境外消费）的影响并不明显。另外，商业存在冲击对跨境交付产生的影响不大。例如，外国教育机构在本国设立商业存在，对外国消费者通过网络进行远程教育（跨境交付）的影响不大。在短期，跨境交付冲击对商业存在的影响不大，但长期而言，这种冲击造成的正面影响逐渐扩大。例如，外国开放网络远程教育市场，在长期将会促使本国教育机构在外国设立商业存在。

［引自：蒙英华、黄建忠，服务贸易提供四模式交互影响的实证研究——基于美国服务贸易出口数据的考察，《财贸经济》，2008年第9期。］

【专栏1–3】

世界各国高度重视数字服务贸易发展

数字经济正在引领全球经济革命性发展，数字服务贸易未来将成为全球服务贸易的重要形态。为抢占战略制高点，很多国家高度重视数字服务贸易发展，这其中既包括美、欧、日等发达国家和地区，也包括很多新兴经济体和发展中国家，均出台了与数字服务贸易相关的发展战略或发展规划。美国是最早开展数字经济战略布局的国家，从20世纪90年代的“信息高速公路”战略、《浮现中的数字经济》到连续13部数字经济报告，再到《美国将主导未来产业》，较为清晰、详尽地设计了美国数字经济发展战略。特别是2013年美国国际贸易委员会（USITC）发布的《美国和全球经济中的数字贸易》首次提出数字贸易概念以后，数字贸易逐渐成为美国数字经济战略的重点。美国正在以战略手段积极推动数据跨境流动、数字服务市场开放等，为其数字服务贸易发展创造更好的外部条件。

欧盟也十分重视数字经济和数字贸易发展。2009 年，欧盟发布了《数字红利战略》。2010 年出台的《欧洲 2020 战略》将数字化议程列为七大配套旗舰计划之一。2015 年，欧委会启动了《数字化单一市场战略》，数字服务贸易是其关注重点，旨在消除欧盟成员国之间开展数字经济合作的壁垒，为数字经济、数字贸易发展创造更好的市场环境。欧盟各成员国也将数字经济、数字贸易发展提升到战略高度，各自出台了数字战略或数字议程等。

日本也制定了一系列推动数字经济、数字贸易发展的战略。2001 年，日本提出“e-Japan”战略，加强数字基础设施建设。2004 年，日本再次提出“u-Japan”战略，提升公众上网的便利性。2009 年，日本又提出“i-Japan”战略，推动公共部门的数字化水平。美国退出 TPP 后，日本主导推动 CPTPP，在数字经济和数字贸易领域，CPTPP 基本延续了 TPP 的高标准，旨在为日本数字贸易发展创造有利环境。

此外，一些新兴经济体和发展中国家也将数字服务贸易作为引领发展、推动转型的重要机遇。如韩国提出“u-Korea”战略，印度提出“数字印度”战略，巴西提出“智慧巴西”战略，印度尼西亚提出“迈向数字化愿景”战略，孟加拉国提出“数字孟加拉 2021”战略，中国也提出了一系列战略规划和政策方针。

［引自：梅冠群，全球数字服务贸易发展现状及趋势展望，《全球化》，2020 年第 4 期。］

【专栏 1–4】

加快服务贸易数字化进程

顺应经济社会数字化发展新趋势，抢抓数字经济和数字贸易发展机遇，发挥新型服务外包创新引领作用，加快推进服务贸易数字化进程。

（一）大力发展数字贸易

完善数字贸易促进政策，加强制度供给和法律保障。积极支持数字产品贸易，为数字产品“走出去”营造良好环境。持续优化数字服务贸易，进一步促进专业服务、社交媒体、搜索引擎等数字服务贸易业态创新发展。稳步推进数字技术贸易，提升云计算服务、通信技术服务等数字技术贸易业态关键核心技术的自主权和创新能力。积极探索数据贸易，建立数据资源产权、交易流通等基础制度和标准规范，逐步形成较为成熟的数据贸易模式。提升数字贸易公共服务能力。建立数字贸易统计监测体系。加强国家数字服务出口基地建设。布局数字贸易示范区。加强数字领域多双边合作。

数字贸易示范区

依托国家数字服务出口基地，打造数字贸易示范区。在数字服务市场准入、国际规制对接、跨境数据流动、数据规范化采集和分级分类监管等方面先行先试，开展压力测试，培育科技、制度双创新的数字贸易集聚区。开展数字营商环境评价，复制推广先进经验和做法，充分发挥示范区的辐射带动作用，引领我国数字贸易蓬勃发展。

（二）推进服务外包数字化高端化

实施服务外包转型升级行动，培育龙头企业，加强对外发包，助力构建稳定的国际产业链供应链。加大技术创新力度，推动云外包企业积极拓展国际市场，提升国际市场份额，为我国“走出去”企业提供云服务。扶持众包众创、平台分包等服务外包新模式做大做强，推动零工经济发展，扩大就业空间。积极发展研发、设计、检测、维修、租赁等生产性服务外包。大力发展生物医药研发外包。加快服务外包与制造业融合发展，加速制造业服务化进程，推动制造业数字化转型，利用 5G、物联网等新兴技术发展数字制造外包。

服务外包转型升级行动

培育一批信息技术外包和制造业融合发展示范企业，提升服务外包数字化发展水平。建设一批国家级服务设计中心，大力发展设计、会计、法律等重点服务外包业务领域。加强服务外包人才培养。鼓励对外发包，支持中国技术和标准“走出去”。高标准建设服务外包示范城市，开展服务外包示范城市综合评价和动态调整，有序开展扩围工作，鼓励更多中西部地区城市创建示范城市。发挥示范城市先行先试和制度创新的平台作用，推广一批示范城市经验和最佳实践案例。

（三）促进传统服务贸易数字化转型

推动数字技术与服务贸易深度融合，运用数字化手段，创新服务供给方式，打破传统服务贸易限制，降低交易成本，提升交易效率和服务可贸易性。大力发展智慧物流、线上支付、在线教育、线上办展、远程医疗、数字金融与保险、智能体育等领域，积极支持旅游、运输、建筑等行业开展数字化改造，支持签发区块链电子提单。

服务贸易企业数字赋能行动

支持信息服务企业开发稳定、便捷、安全、先进的数字化转型解决方案，鼓励构建服务贸易数字化转型生态系统，为企业“数字赋能”提供强有力支撑。架好“赋能 – 使用”桥梁，利用服务贸易公共平台，整合数字化转型资源，为中小企业提供低价高质、获取便捷的战略咨询、人才培训、技术支持等数字化转型服务。

（四）建立健全数字贸易治理体系

加强数字贸易治理，在数字贸易主体监管、个人信息保护、数据跨境流动、重要数据出境、数据产权保护利用等领域，及时出台符合我国数字贸易发展特点的政策法规。加强各部门协调联动，推出系统性综合举措。充分利用区块链、云计算等技术手段，加强风险防范，提升数字贸易治理能力和水平。

［引自：商务部.《“十四五”服务贸易发展规划》，2021 年 10 月 13 日。］

【重要概念】

服务；服务业；第三产业；服务贸易；数字服务贸易

【思考题】

1. 服务具有怎样的特点？
2. 现代服务业包括哪些种类？
3. 试举例说明不同类型服务的特定服务价值。
4. 试述《服务贸易总协定》对服务贸易的定义。
5. 试述数字经济下服务贸易发展的新特点。

【课后阅读材料】

［1］陈宪、程大中,《国际服务贸易（第二版）》，立信会计出版社，2008 年。

[2] 李慧中，服务业、服务贸易及其部门的特征研究——兼对欧盟国家的实证分析，《国际金融研究》，2000 年第 3 期。
[3] 黄宁、蒙英华，跨境交付与商业存在的互补性研究——基于美国双边服务贸易出口数据的考察，《国际贸易问题》，2010 年第 10 期。
[4] 梅冠群，全球数字服务贸易发展现状及趋势展望，《全球化》，2020 年第 4 期。
[5] 蒙英华，《服务贸易提供模式研究》，中国经济出版社，2011 年。
[6] 杨锦权、王迎新，国际服务贸易提供方式：一个理论的研究视角，《财贸经济》，2007 年第 5 期。
[7] 褚峻、杨绰、王雷，现代服务产业分类方法研究，《统计与决策》，2021 年第 1 期。
[8] GATT，General Agreement on Trade in Services，The Uruguay Round，MTN.TNC/W/35，1994.
[9] Sauvé P.，and Roy M.，Research Handbook on Trade in Services，Edward Elgar Publishing，2018.

第 2 章

服务贸易分类与统计

【学习目标】

1. 了解服务贸易的分类
2. 理解国际服务贸易的 BOP 和 FATS 统计
3. 熟悉服务贸易统计数据的来源
4. 了解数字服务贸易的统计

【引导案例】

2016 年 2 月 18 日上午，宁夏人力资源和社会保障厅外国专家局为宁夏兽药饲料监察所聘请的新西兰梅西大学畜牧养殖专家 Timothy Graham Harvey 教授签发了宁夏第一份《外国专家来华邀请函》，这标志着宁夏《外国专家来华邀请函》签发工作正式展开。

据悉，根据国家外国专家局、外交部、公安部和人力资源和社会保障部 2015 年 9 月 15 日联合下发的《关于进一步完善外国专家短期来华相关办理程序的通知》，自 2015 年 11 月 1 日起，凡按照党中央、国务院关于引进国外人才和智力以及加强外国专家管理工作有关规定聘请来华工作的外国专家，一律免办《就业许可证》和《就业证》；来华停留时间不超过 90 天（含）的，视为访问、交流、考察，驻外签证机关凭设区的市级（含）以上外国专家主管部门签发的《外国专家来华邀请函》，为其办理在华停留时间不超过 90 天（含）的 F 字签证；来华停留时间超过 90 天的，均视为工作，需按照外国专家来华工作的规定办理签证和居留手续。

新政策实施后，来宁夏从事管理、技术、科研、教学、指导、咨询等工作不超过 90 天（含）的外国专家，只需聘请单位向宁夏人力资源和社会保障厅外国专家局提出申请，凭宁夏人力资源和社会保障厅外国专家局签发的《外国专家来华邀请函》，向我国驻外签证机关申请短期来华 F 字签证。外国专家短期来华办理程序这一新政策的实施，简化了流程，缩短了办理时限，将有利于用人单位更加快捷方便地邀请高层次外国专家短期来华交流，为进一步优化宁夏开放发展环境建设提供了制度保障。

（资料来源：宁夏人力资源和社会保障厅，2016 年 2 月 23 日，宁夏签发首份《外国专家来华邀请函》，http://hrss.nx.gov.cn/，有改动。）

2.1 服务贸易分类

2.1.1 按照 WTO 的标准分类

“乌拉圭回合”服务贸易谈判小组在征求各谈判方的提案和反馈意见后，提出了围绕服务业部门的服务贸易分类方法，将服务贸易分为 12 类，见表 2–1。目前，WTO 关于服务贸易的

12 部门分类已为各成员方普遍接受，采用《服务贸易总协定》（GATS）的这种标准分类成为一种惯例，加入 WTO 的新成员均按该分类做出具体的“入世”承诺。

表 2–1 GATS 的服务贸易 12 部门分类

1. 商业服务	专业（包括咨询）服务	法律服务、工程设计服务、医疗服务等
	计算机及相关服务	与计算机有关的硬件安装咨询服务、软件开发服务、数据处理服务等
	研究与开发服务	自然科学、社会科学和交叉科学的研究与开发服务等
	不动产服务	产权所有和租赁以及基于费用或合同的不动产服务
	设备租赁服务	与船舶有关的租赁服务、与飞机有关的租赁服务等
	其他服务	广告服务、市场调研服务、管理咨询服务和与科技相关的服务等
2. 通信服务	邮政服务	
	快件服务	
	电信服务	声频电话服务、组合开关数据传输服务、用户电报服务、电传服务等
	视听服务	电影放映服务、无线电与电视服务和录音服务等
	其他通信服务	
3. 建筑服务	工程建筑设计	
	工程建筑施工	
	安装与装配	
	修饰与装潢	
	其他建筑服务	
4. 销售服务	与销售有关的代理和中介服务	
	商业销售	批发业务、零售服务
	特许经营服务	
	其他销售服务	
5. 教育服务	初等、中等、高等及其他教育服务	
6. 环境服务	污染物处理服务、废物处理服务、卫生及相关服务	
7. 金融服务	银行及相关的服务	公共存款及其可偿还资金的承兑、所有类型的贷款、金融租赁、担保与承诺等
	保险服务	生命、事故和健康保险服务、非生命保险服务、再保险服务和与保险有关的辅助服务

（续）

8. 健康及社会服务	医疗服务、与人类健康有关的服务和社会服务等	
9. 旅游及相关服务	住宿餐饮服务、导游服务、旅行社及其他服务	
10. 文化、娱乐及体育服务	不包括广播、电影、电视在内的剧场、图书馆、博物馆及其他文化服务和体育服务	
11. 交通运输服务	海运服务	客运、货运、船舶包租和海运支持服务等
	内河航运	同上
	空运服务	客运、货运和包机出租等
	空间服务	
	铁路运输服务	客运、货运和机车的推、拖等
	公路运输服务	客运、货运和包车出租等
	管道运输	燃料运输和其他物资运输
	运输的辅助服务	货物处理服务、存储与仓库服务、货运代理服务和其他辅助服务
12. 其他服务	经营业务服务	照相业、旅店住宿业、打字复印、休闲理发、美容美发、洗车洗衣店、停车场、刻字画像、旅游、临时经营等

资料来源：世界贸易组织秘书处网站。

1. 商业服务

针对商业活动中涉及的服务交换，服务贸易谈判小组列出 6 类这种服务，既包括个人消费服务，也包括企业和政府消费服务。

（1）专业（包括咨询）服务。专业服务包括法律服务、工程设计服务、旅游机构提供的服务、城市规划与环保服务、公共关系服务等。

（2）计算机及相关服务。这类服务包括与计算机有关的硬件安装咨询服务、软件开发服务、数据处理服务、数据库服务及其他。

（3）研究与开发服务。这类服务包括自然科学、社会科学和交叉科学的研究与开发服务，以及边缘学科的研究与开发服务。

（4）不动产服务。不动产范围内的服务交换，但不包含土地的租赁服务。

（5）设备租赁服务。这类服务包括交通运输设备（汽车、卡车、飞机、船舶等）和非交通运输设备（计算机、娱乐设备等）的租赁服务。但是，不包括其中可能涉及的操作人员的雇用或所需人员的培训服务。

（6）其他服务。这类服务包括：生物工艺学服务，翻译服务，展览管理服务，广告服务，市场研究及公众观点调查服务，管理咨询服务，与人类社会相关的咨询服务，技术检测及分析服务，与农、林、牧、采掘业、制造业相关的服务，与能源分销相关的服务，人员的安置与提供服务，调查与保安服务，与科技相关的服务，建筑物清洁服务，摄影服务，包装服务，印刷、出版服务，会议服务，等等。

2. 通信服务

通信服务是指所有有关信息产品及其操作、设备储存和软件功能等服务，由公共通信部门、信息服务部门、关系密切的企业集团和私人企业进行信息转接和提供。它主要包括邮政服务、快件服务 、电信服务（包括电话、电报、数据传输、电传、传真等）、视听服务（包括收音机及电视广播服务）和其他通信服务。

3. 建筑服务

建筑服务是指工程建筑从设计、选址到施工的整个服务过程，主要包括工程建筑设计、工程建筑施工、安装与装配、修饰与装潢和其他建筑服务 。

4. 销售服务

销售服务是指产品销售过程中发生的服务交换，主要包括商业销售（批发业务、零售服务）、与销售有关的代理和中介服务、特许经营服务和其他销售服务。

5. 教育服务

教育服务是指各国间在高等教育、中等教育、初等教育、学前教育、继续教育、特殊教育和其他教育中发生的服务交换活动，如互派留学生、访问学者等。

6. 环境服务

环境服务是指污染物处理服务、废物处理服务和卫生及相关服务等。

7. 金融服务

金融服务是指银行业、保险业及相关行业发生的金融服务活动，主要包括以下两个方面。

（1）银行及相关的服务：存款服务、与金融市场运行管理有关的服务、贷款服务、与证券市场有关的服务（经纪业、股票发行和注册管理、有价证券管理等）、附属于金融中介的其他服务（贷款经纪、金融咨询、外汇兑换等）。

（2）保险服务：货物运输保险（含海运、航空运输及陆路运输中的货物运输保险等）、非货物运输保险（包括人寿保险、养老金或年金保险、伤残及医疗保险、财产保险、债务保险）、附属于保险的服务（保险经纪、保险类别咨询、保险统计和数据服务）和再保险服务。

8. 健康及社会服务

健康及社会服务是指医疗服务、与人类健康有关的服务和社会服务等。

9. 旅游及相关服务

旅游及相关服务是指旅馆、饭店提供的住宿餐饮服务及相关的服务，以及旅行社及导游服务等。

10. 文化、娱乐及体育服务

文化、娱乐及体育服务是指不包括广播、电影、电视在内的一切文化、娱乐、新闻、图书馆、体育服务，比如文化交流、文艺演出等。

11. 交通运输服务

（1）海运服务。国际海上货物运输服务是指承运人按照海上货物运输合同的约定，以海运船舶作为运载工具，以收取运费作为报酬，将托运人托运的货物经海路由一国港口运送至另一国港口的行为。

（2）内河航运。

（3）空运服务。

（4）空间服务。

（5）铁路运输服务。

（6）公路运输服务。

（7）管道运输。

（8）运输的辅助服务。这主要包括货物处理服务、存储与仓库服务、货运代理服务和其他辅助服务。

12. 其他服务

其他服务业包括照相业、旅店住宿业、打字复印、休闲理发、美容美发、洗车洗衣店、停车场、刻字画像、旅游、临时经营等。

2.1.2 按操作性统计分类

服务贸易的统计分类是一种操作性的应用分类，其依据是国际货币基金组织（International Monetary Fund，IMF）制定和统一使用的国际收支平衡表。国际收支平衡表的格式和项目被世界上绝大多数国家采用，是记录和衡量一国在一定时期内同其他国家经济往来规模和构成的重要工具。

服务贸易的统计分类将一国国际收支平衡表中经常项目下的服务贸易流量按其来源分为两种类型：一种与国际收支平衡表的资本项目相关，即与国际资本流动或金融资产流动相关的服务贸易流量，称为要素服务贸易（Trade in Factor Services）；另一种与国际收支平衡表的经常项目相关，而与国际资本流动或金融资产流动无直接关联的服务贸易流量，称为非要素服务贸易（Trade in Non-factor Services）。

1. 要素服务贸易

要素服务贸易的概念来源于传统的生产力三要素理论。该理论认为，社会财富来自劳动、资本、土地（自然资源）。但是，服务贸易统计分类中的要素专指资本要素，劳动和土地属于非要素。这里，要素与非要素的划分不完全根据生产力三要素理论。因为在国际服务贸易中，由于土地缺乏流动性，无法提供跨境服务，土地要素提供的服务及其报酬一般不予考虑。劳动要素提供的服务及其报酬与国际资本流动或金融资产流动只有间接关系而无直接关系，故也被排除在要素服务贸易之外。所以，要素服务贸易专指资本要素提供的服务及其报酬。

在现实国际经济体系中，国际资本流动或金融资产流动的主要方式是国际投资和国际信贷。国际投资分为国际直接投资和国际间接投资。国际直接投资是指以获取资产直接管理控制权为目的的国际投资。严格地说，国际直接投资的收益并非单纯的资本要素收益，实际上，国际直接投资是经营管理技能与金融资产跨国转移相结合的国际投资方式，因此其收益包含两个部分——资本要素的报酬（利息或股息）和经营管理要素的报酬（利润）。国际间接投资，也称国际证券（股票或债券）投资，是指在国际证券市场上购买外国企业发行的股票或债券，或购买外国政府发行的政府债券。国际信贷主要有三种形式：一是民间国际信贷，包括商业信贷和银行信贷。其中，商业信贷是指企业间信贷，包括进出口信贷、租赁信贷以及补偿贸易信贷等；银行信贷是指商业银行贷款，包括单一银行贷款和银团贷款。二是国际金融机构信贷，包括全球性和区域性国际金融机构贷款。三是政府间信贷，一般由贷款国政府或政府机构以优惠利率向外国政府提供贷款。

2. 非要素服务贸易

由于非要素服务贸易涵盖内容太过庞杂，很难通过统一标准进行规范定义，因此一般根据要素服务贸易的界定范围，利用扣除法记录和衡量非要素服务贸易。

国际收支平衡表中，要素服务贸易和非要素服务贸易记在经常项目下，故二者关系可表示为

非要素服务贸易 = 国际服务贸易 − 要素服务贸易

= (经常项目 − 商品贸易 − 单方面转移支付) − 要素服务贸易

鉴于服务产品的自身特点，国际服务贸易很难从实物形态上加以确定，只有借助价值流量来反映。服务贸易的操作性统计分类有利于一个国家（地区）准确、迅速地从价值流量的角度掌握其服务贸易的国际收支状况，在实践中为世界各国普遍接受。但与此同时，人们发现这种分类在经济学逻辑上是不清晰、不完备的，要素服务与非要素服务的划分不尽合理，并且模糊了服务产品的进出口与服务业本身跨国投资以及生产要素跨国流动的界限。

2.1.3 按照理论逻辑的分类

目前较流行的服务贸易分类是理论逻辑分类，其以服务贸易与货物国际转移的关联程度为标准进行划分。这种分类的出发点是国民经济理论，特点是实际操作难度较大，但便于理论分析。按照分类依据的不同，服务贸易理论逻辑分类的基本标准有：①以是否伴随商品贸易为标准；②以服务产品和服务业为标准；③以要素密集度为标准；④以与商品的关系为标准；⑤以企业生产过程为标准。有时，几种分类标准可以彼此结合，进而从多维视角对国际服务贸易进行更加全面、深入、细致的分类。

1. 以是否伴随商品贸易为标准

从国际贸易的历史和现实来看，一方面服务贸易伴随国际贸易而逐步发展起来；另一方面随着社会生产力的发展和国际分工的深化，服务贸易又表现出有别于商品贸易的相对独立性。在此，按照服务贸易与商品贸易的关联程度，以是否伴随商品贸易为标准，将国际服务贸易分为国际追加服务贸易和国际核心服务贸易。

（1）国际追加服务贸易。国际追加服务贸易是与有形商品的国际贸易和国际投资直接相关的国际服务贸易。它本身并不向消费者提供直接的、独立的服务，而是作为商品核心效用的派生效用和衍生效用。所以，国际追加服务贸易市场的需求和供给都属于派生的和衍生的需求和供给。在现实经济生活中，商品的生产和消费往往伴随相应的生产性追加服务和消费性追加服务，比如入住宾馆，消费者必然接受宾馆和服务员提供的服务，但是消费者购买的核心效用是住宿本身而非这些服务。当消费者和企业对追加服务越来越重视，其范围不断扩大，专门化程度不断提高，意味着追加服务的提供由“内部化”向“外部化”“市场化”转变。

国际追加服务贸易通常在国际投资和国际贸易涉及跨境商品流动时才会发生。对于国际投资涉及的跨境商品流动，国际追加服务贸易主要是指跨国企业在生产经营的基本环节中那些作为中间品投入的生产性服务的国际贸易。对于国际贸易涉及的跨境商品流动，国际追加服务贸易主要是指运输业，包括海运、空运和陆运。除此之外，作为国际运输服务的基本要素，原属于生产性服务的保险服务、银行服务以及信息服务也越来越多地渗透到国际货物贸易中，成为国际追加服务贸易的重要组成部分。

（2）国际核心服务贸易。国际核心服务贸易是指与商品贸易和国际投资无直接关联的国际服务贸易，是消费者单独购买的、能为消费者提供核心效用的一类服务。

根据服务的提供者和消费者的接触方式，国际核心服务贸易分为远距离型和面对面型。远距离型核心服务贸易是指无须提供者和消费者实际接触，通过一定媒介实现的服务贸易。面对面型核心服务贸易则需要服务的提供者和消费者实际接触才能完成交易，接触方式可以从提供者到消费者，或消费者到提供者，或提供者和消费者双向流动。比如，国际医疗服务、国际旅游服务以及服务的第三方贸易等均属于典型的面对面型核心服务贸易。

进一步，国际核心服务贸易又可分为生产者服务贸易和消费者服务贸易。生产者服务贸易主要有金融服务贸易、企业管理与技能服务贸易、国际技术服务贸易以及国际人才交流与培训等。由于生产者服务涉及内容众多，如市场、交通、能源、通信、金融、投资、建筑、矿业、农业、经营等与生产有关的一切领域，同时又是知识、技术、信息、管理等要素进入社会再生产过程、转化为现实生产力的桥梁和纽带，因此其在当今国际核心服务贸易中占主导地位，生产者服务贸易的发展必然会全面提高世界各国的生产力水平。

以是否伴随商品贸易为标准的分类较好地区分了服务贸易、服务业投资以及一般投资收益，不过其实际应用性较差，这种抽象的理论逻辑分类不能切实反映当前国际服务贸易的综合特点，而且对于现阶段世界服务贸易的发展缺乏实际意义，大多有关服务贸易的研究和讨论都不以此作为实际分析工具。

2. 以服务产品和服务业为标准

按照服务业的部门特点，围绕服务产品和服务业各部门活动，可以将服务贸易分为七类。

（1）银行和金融服务贸易。金融服务贸易是指通过金融服务业进行的贸易。金融服务贸易是服务贸易的一种。根据服务贸易总协定（GATS）金融服务附件的定义，金融服务是指成员方的金融服务提供者向金融人提供的服务，包括所有保险和与保险相关的服务，以及所有银行和其他金融服务（保险除外）。银行服务贸易的对象是银行服务产品，其基础是银行服务网络，因此银行服务产品与服务网络是银行服务贸易的主要内容。

银行和金融服务是服务贸易中十分重要的部门，主要包括：①零售银行业，如储蓄、贷款、银行咨询服务等；②企业金融服务，如金融管理、财务、会计、审计、追加资本与投资管理等；③与保险有关的金融服务；④银行间服务，如货币市场交易、清算和结算业务等；⑤国际金融服务，如外汇交易等。

（2）保险服务贸易。保险服务是为保险持有者提供特定时期内对特定风险的防范及其相关服务，如风险分析、损害预测咨询等。保险服务贸易既包括非确定的保险者，也包括常设保险公司的跨境交易。目前，保险服务贸易的主要对象是常设保险公司提供的服务。

（3）国际旅游服务贸易。国际旅游服务贸易是指为国外旅行者提供旅游服务，包括对个人的旅游活动，也有对旅游企业的活动，其范围涉及旅行社和各种旅游设施及客运、餐饮供应、住宿等。它与建筑工程承包、保险和数据处理服务等有直接联系，与国际空运的联系极其密切。国际旅游服务贸易在世界服务贸易总额中所占比重较大。

（4）空运与港口运输服务贸易。空运与港口运输服务贸易是一种古老的服务贸易项目，一般货物由班轮、集装箱货轮、定程或定期租轮运输，特殊商品通过航空、邮购、陆上运输。港口服务与空运服务密不可分，包括港口货物装卸及搬运服务。

（5）建筑与工程服务贸易。建筑与工程服务主要是指基础设施和工程项目建设、维修和运营过程的服务，其中还涉及农业工程和矿业工程的基础设施服务、专业咨询服务以及与劳动力流动有关的服务。建筑与工程服务贸易通常受到一国国内开业权的限制，并与经济波动、对外经济政策和产业政策等密切联系。政府部门是主要的服务消费者，经常涉及政府的基础设施与公共部门投资项目。

（6）专业服务贸易。专业服务发展迅速，主要是指律师、医生、会计师、艺术家等职业的从业人员提供的服务，以及在工程、咨询和广告业中的专业技术服务。专业服务贸易的形式多种多样，可以由服务提供者和消费者面对面进行，也可以通过间接的销售渠道，或通过专业机构、联盟或海外常驻代表机构提供服务。

（7）信息、计算机与电信服务贸易。

1）信息服务贸易。信息服务贸易是指以信息产业为依托、以信息服务为标的的国与国之间的交易活动。

2）计算机服务贸易。数据处理服务，即服务提供者使用自己的计算机设备满足用户的数据处理要求，并向服务消费者提供通用软件包和专用软件的交易活动。

3）电信服务贸易。电信服务贸易包括跨国界的电信业务，如国际电话或电子函件。电信服务贸易还包括外国直接投资，比如外商投资电信企业，本地电信服务企业和外国伙伴组建新的合资电信服务公司。我们可将电信服务贸易分为四种方式：提供跨国电信服务、电信业务进驻、境外电信消费和外国企业的技术服务。

3. 以要素密集度为标准

按照国际服务贸易对资本、技术、劳动力投入的密集程度不同，可以将服务贸易分为三类。

（1）资本密集型服务的贸易活动：空运、通信、工程建设服务等。

（2）技术和知识密集型服务的贸易活动：银行、金融、法律、会计、审计、信息服务等。

（3）劳动密集型服务的贸易活动：旅游、建筑、维修、消费服务等。

这种分类以要素密集度为核心，涉及产品或服务竞争中的要素投入，特别是当前高科技的发展和应用。要素密集度分类对于从生产要素的充分合理使用以及各国以生产要素为中心的竞争力方面研究国际服务贸易具有一定的实践价值。但是，现代科技的发展使商品和服务对要素密集度的区分无法严格，很难加以准确界定，更不能制定公认的统一标准。

4. 以与商品的关系为标准

在“乌拉圭回合”谈判期间，服务贸易谈判小组依据服务在商品中的属性将服务贸易划分为四种类型。

（1）以商品或实物形式体现的服务的贸易活动，即以商品、物化形式存在的服务，如电影、电视、音响、书籍、计算机以及专用数据处理与传输装置等。

（2）对商品实物形态及其价值的实现具有补充、辅助功能的服务的贸易活动，如商品储运、财务管理、广告宣传等。

（3）对商品实物形态具有替代功能的服务的贸易活动，其伴随商品的移动，但不同于一般商品贸易实现了商品所有权的转移，只是向服务消费者提供服务，如技术贸易中的特许权经营、设备和金融租赁及设备维修等。

（4）具有商品属性却与其他商品无关的服务的贸易活动，其本身作为市场独立交易对象，并不需要其他商品才能实现，如通信、数据处理、旅游和旅馆服务等。

这种分类方法将服务与商品联系起来，从理论上承认服务与商品一样，既有使用价值，也具有价值。

5. 以企业生产过程为标准

在企业生产经营过程中，存在各类生产性服务，围绕生产过程可以将服务贸易区分为生产前服务贸易、生产服务贸易和生产后服务贸易。

（1）生产前服务贸易。可行性研究、市场调研、产品创意设计以及风险融资等。这类服务的贸易活动在企业生产之前完成，对企业的生产规模、制造过程、产品质量以及经营绩效等具有重要影响。

（2）生产服务贸易。质量控制与检验、设备租赁、设备保养和维修、软件开发等与有形商品融为一体的服务的贸易活动；财务会计、人力资源管理、情报和图书资料等的收集和应用、不动产管理、法律、保险、通信、卫生安全保障以及职工后勤供应等与有形商品平行的服务的贸易活动。

（3）生产后服务贸易。广告、包装与运输、营销、商品使用指导、退货索赔保证以及供应替换零件等一系列售后服务的贸易活动，其联系生产者与消费者，可以更好地满足消费者需求，提升企业产品的市场地位。

以企业生产过程为标准划分国际服务贸易，反映了生产者服务在促进科学技术转化为生产力过程中的桥梁和纽带作用。随着国际投资和国际贸易的发展，以及生产者服务专业化和市场化程度的提高，围绕企业生产过程的服务贸易在国际服务贸易中的比重将逐步提高。

2.1.4 其他分类标准

联合国核心产品分类是国际经济活动和产品（即货物与服务）相互关联的分类系统的一个组成部分。在货物贸易方面，联合国核心产品分类与《商品名称及编码协调制度》一致。在服务贸易方面，联合国核心产品分类是第一部针对各种行业的所有产出门类做出的国际分类目录。2004 年的修订版本中关于服务贸易的内容主要包括以下几种。

（1）经销行业服务的贸易活动：住宿、食品和饮料服务，运输服务，公用事业分配服务。具体包括：批发业服务，零售业服务，住宿、食品和饮料服务，陆路运输服务，水运服务，空运服务，支助性和辅助运输服务，邮政和信使服务，电分配服务，通过管道的燃气和水的分配服务。

（2）金融及有关服务的贸易活动：不动产服务及出租和租赁服务，主要包括金融中介、保险和辅助服务，不动产服务，不配技师的租赁或出租服务。

（3）商业和生产服务的贸易活动：研究与开发服务，法律和会计服务，其他专业、技术和商业服务，电信服务、信息检索和提供服务，支助服务，农业、狩猎、林业、渔业、矿业及公用事业附带服务，保养、修理和安装（建造除外）服务，对他人拥有的有形投入进行的制造服务，其他制造服务。

（4）社区、社会和个人服务的贸易活动：对整个社会的公共管理和其他服务，强制性社会保障服务，教育服务，卫生和社会服务，污水和垃圾处理、卫生及其他环境保护服务，成员组织服务，娱乐、文化和体育服务，其他服务，家庭服务，国外组织和机构提供的服务[㊀]。

㊀ 中国服务网. 服务贸易有哪些分类方法，分别是如何进行分类的？2017.

2.2 服务贸易统计

服务贸易统计是对国际服务贸易的总体和各部门规模、国别规模及进出口流向、发展现状和趋势进行的定量描述。由于世界各国尚未形成对国际服务贸易的公认定义，加之各国原有统计制度的差异，全球统一的国际服务贸易统计体系一时难以建立。目前，国际服务贸易统计的基本原则是：总体上，遵循《服务贸易总协定》对国际服务贸易的定义，确定以四种提供方式（跨境交付、境外消费、商业存在、自然人移动）作为服务贸易统计的主体范围；操作上，以居民与非居民之间的服务交易和通过外国附属机构实现的服务交易两条主线具体进行。

2.2.1 国际收支（BOP）统计

国际服务贸易 BOP 统计的依据是国际货币基金组织颁布的《国际收支和国际投资头寸手册》（第六版）（BPM6）。国际收支统计刻画了一国对外贸易和资本流动状况，具有一致性和国际可比较的特点。由于国际收支统计由来已久，方法较成熟，同时和大多数国家的统计体系相匹配，因此成为世界公认的标准化的国际贸易统计体系。国际收支统计的对象包括服务贸易和货物贸易，并且侧重于货物贸易。跨越国境或边界是交易纳入国际收支统计的基本原则。国际服务贸易 BOP 统计就是将与服务贸易有关的实际交易数据进行重新汇总、整理和记录，从而形成一套针对国际服务贸易的专项统计。

BOP 统计在各国对外服务贸易统计中发挥着不可替代的作用，但从世界服务贸易的发展来看，BOP 统计存在着明显的不足：按照国际收支统计的原则，国际服务贸易只是居民与非居民之间的服务交易，包括过境交付、境外消费及自然人移动，没有反映当前世界服务贸易中占据主导地位的商业存在。这是因为，商业存在形式的服务交易双方均是法律意义上的同一国居民（当外国附属机构在一国设立的期限长于一年时）。BOP 统计试图描绘服务贸易的全貌，但其与《服务贸易总协定》界定的服务贸易范围还存在较大差异。与《服务贸易总协定》划分的服务贸易 12 大类、155 个部门相比，BOP 统计无论项目个数还是统计范围都有不小差距。

2.2.2 外国附属机构服务贸易（FATS）统计

1. FATS 统计的由来

按照国际收支统计的跨境原则，商业存在无法纳入国际服务贸易的范畴，所以 BOP 统计实际不能完整反映一国对外服务贸易的总体情况。如何以 GATS 为基准进行服务贸易统计，成为优化和发展国际服务贸易统计的主要方向。按照 GATS 定义的四种提供方式进行服务贸易统计，需要建立一套全新的统计体系，况且随着全球经济一体化的深入，国际直接投资迅速发展，以商业存在形式发生的国际服务贸易已经占据世界贸易总额的近 1/5。因此，明确这部分交易的发生形式和数量规模十分必要。尽管截至目前，世界上尚无一个国家能够按照 GATS 定义的四种提供方式统计服务贸易数据，但是人们的不懈努力依然取得了阶段性成果，作为 BOP 统计的补充——外国附属机构服务贸易统计，即 FATS 统计应运而生。

FATS 统计反映了外国附属机构在东道国的服务交易情况，包括与投资母国之间的交易、与东道国居民之间的交易以及与其他国家之间的交易。FATS 分为内向和外向两个方面。别国在东道国的附属机构的服务交易称为内向 FATS，东道国在别国的附属机构的服务交易称为外向 FATS。

2. 对 FATS 统计的评价

可以认为，作为一种国际服务贸易的统计规范，FATS 统计必然会不断完善并被越来越多的国家接受和应用。

（1）从统计范围看，FATS 统计实际包括外国附属机构的全部交易——跨境交易和非跨境交易，核心是非跨境交易，即企业的国内销售。

（2）从统计对象看，只有对方绝对控股并能控制的企业，即外方股权比例高于 50% 的企业才列入 FATS 统计范围。这与直接投资的统计对象不同，后者以外资比重超过 10% 为标准。原因在于，FATS 统计是投资基础上的贸易统计，不仅反映投资状况，更重要的是贸易利益，只有外国投资拥有并控制该企业，才可能决定贸易过程并获得贸易利益。

（3）从统计内容看，FATS 统计既包括投资的流量和存量，也包括企业经营状况和财务状况及其对东道国的影响，但其主要内容是企业的经营活动状况。FATS 统计的中心内容是：外国附属机构作为东道国的居民，与东道国其他居民之间进行的交易，即其在东道国进行的非跨境交易，以及这种交易对东道国经济的影响。

（4）从统计实践看，FATS 统计有狭义和广义之分。按照 WTO 的规定，外国附属机构的当地服务销售属于国际服务贸易，从而一般把对非跨境服务销售的 FATS 统计称为广义国际服务贸易统计，这被认为是对外国直接投资统计的进一步深化，也是对商品贸易统计的有效补充。因此，当 FATS 统计应用于贸易统计时，一般出现在广义国际服务贸易统计中。

（5）从统计作用看，FATS 统计弥补了商品贸易统计、跨境服务贸易统计和外国直接投资统计的不足，更为全面地反映了外资企业的生产和服务提供对贸易流动的影响以及由此产生的利益流动。

不过，目前 FATS 统计也有其自身缺陷，比如统计过程中调查反馈率低、调查覆盖面不均、统计方法创新性不足等。

2.2.3 BOP 统计和 FATS 统计的关系

BOP 统计中的服务贸易是指居民与非居民之间的跨境服务交易，不包括作为居民的外国附属机构与居民之间的服务交易。因此，GATS 定义的商业存在难以被 BOP 统计所反映。BOP 统计和 FATS 统计互相补充，就能反映服务贸易的全貌，获得完整的服务贸易统计。但是，BOP 统计与 FATS 统计之间虽构成补充，却不能简单相加，原因在于：一方面，FATS 统计与 BOP 统计的范围、内容和记录原则不同；另一方面，FATS 统计与 BOP 统计的部分内容重叠，两者相加会造成重复统计。

如何将各服务项目与四种提供方式一一对应起来，是一个亟待解决的问题。《国际服务贸易统计手册 2010》（*Manual on Statistics of International Trade in Services 2010*）在此方面做过尝试，见表 2-2。

表 2-2 中前三种提供方式通过 BOP 统计和 FATS 统计都能得到较好地反映，而方式 4 自然人移动的统计内容目前仅通过 BPM6 中与服务和劳动有关的信息获得部分反映，自然人的数量信息也只能由 FATS 统计补充。如上统计还不能提供方式 4 的精确范围与完整数据来源，

也无法单独确定与方式 4 有关的组成部分。

表 2-2　按提供方式的服务贸易统计比较

提供方式	主要统计内容
方式 1：跨境交付	BOP：运输服务、通信服务、保险服务、金融服务、特许使用费和许可费；涉及行业组成部分：计算机和信息服务、其他商业服务以及个人文化和娱乐服务
方式 2：境外消费	BOP：旅行（旅行者购买的货物除外）、在外国港口修理船只；涉及运输部分：在外国港口对船只的支持和辅助服务
方式 3：商业存在	FATS：国际注册财务分析师（ICFA）各类别；BOP 中的 FDI 和建筑服务
方式 4：自然人移动	BPM6，涉及行业组成部分：计算机和信息服务、其他商业服务、个人文化和娱乐服务以及建筑服务；FATS（补充）：外国人在国外分支机构中就业；BPM6（补充）：与劳务有关的流量

资料来源：《国际服务贸易统计手册 2010》（*Manual on Statistics of International Trade in Services 2010*）。

2.2.4　中国的服务贸易统计

"十三五"时期，中国服务出口累计 1.3 万亿美元，服务出口增速呈现前高后低特征，其中 2018 年是增速变化的分水岭。2020 年开始，国际贸易摩擦加剧、世界经济增长低迷、国内经济下行压力加大，服务出口增速有所放缓，但仍实现逆势增长，规模创历史新高，实现稳中提质，高质量发展取得新成效，2021 年之后国内经济逐渐恢复。2021 年，中国服务出口 25 435 亿元，同比增长 31.4%，恢复增幅远高于全球平均水平和世界主要经济体。服务进口稳居全球第二。"十三五"时期，中国服务进口累计 2.3 万亿美元。2021 年，中国服务进口 27 547.7 亿元，同比增长 4.8%，规模稳居全球第二位。一方面，国际收支平衡表显示到 2005 年，服务进出口规模已达 1582 亿美元，占整个贸易总额的比重为 10.2%，而在 2020 年占比已经达到 14.2%；另一方面，中国利用外资水平不断提升并逐渐趋向服务业，中国境内 FATS 发展已初具规模。中国正在成为服务贸易大国，进行中国服务贸易统计势在必行。

长期以来，中国服务贸易统计仅限于国际收支平衡账户中的服务进出口统计，无法提供与 GATS 对接的国际服务贸易统计数据。为建立符合国际规范的服务贸易统计体系，科学、有效地开展服务贸易统计监测工作，2007 年商务部与国家统计局联合发布了《国际服务贸易统计制度》，开始着手建立包含服务进出口统计（BOP 统计）以及附属机构服务贸易统计（FATS 统计）在内的服务贸易统计制度。自 2008 年 1 月 1 日《国际服务贸易统计制度》开始正式实施起，服务贸易统计制度每两年修订一次，共经历了 5 次修订。最近一次修订是在 2018 年，商务部联合国家统计局对《国际服务贸易统计制度》进行再次修订，并更名为《国际服务贸易统计监测制度》。

1. 目标和原则

中国服务贸易统计，旨在以 WTO《国际服务贸易统计手册》为基础，结合中国实际，探索形成在数据搜集、加工和开发方面稳定的服务贸易统计体系，为中国政府在 WTO 框架下适应《服务贸易总协定》的要求，履行入世承诺，进行国际服务贸易管理，为中国服务业发展和对外服务贸易竞争，提供可靠、及时、有效的数据信息支持。

为此，中国服务贸易统计应遵循以下原则：

（1）在内容上，要与 WTO《服务贸易总协定》相衔接，以支持中国有效参与国际贸易与投资协议的谈判。

（2）在方法上，要以《国际服务贸易统计手册》为基础，建立与通行准则一致的统计体系。

2. 范围和基本组成

中国服务贸易统计涉及中国内地（大陆）与港澳台地区以及同其他国家（地区）发生的服务交易。遵循《国际服务贸易统计手册》，统计范围涵盖全部四种提供方式，即跨境交付、境外消费、商业存在、自然人移动。

中国服务贸易统计包括两个主要组成部分和一个次要组成部分。从现行情况看，中国服务贸易统计主要着眼于前两个主要组成部分。

（1）居民与非居民之间的服务交易，对应第一种和第二种提供方式，部分涉及第三种和第四种提供方式。

（2）商业存在服务贸易（FATS）统计，对应第三种提供方式。

（3）自然人移动服务贸易统计，对应第四种提供方式。从实际发生规模和数据完备性看，它属于服务贸易统计的次要组成部分。

3. BOP 统计的基本内容

居民与非居民之间的服务贸易统计对应于国际收支平衡表中的服务项目，以服务进口总额和出口总额为基本统计指标，通过服务产品和服务业部门的分类统计，全方位反映中国服务贸易的规模和构成状况。基本思路是：以国家外汇管理局国际收支统计为基础，截取服务进出口数据，经过调整补充，得到当期居民与非居民之间服务进口总额和出口总额。其中，国际收支统计的服务项目数据来自国家外汇管理局；调整补充数据来自相关部门和专门调查；数据缺口信息根据相关数据资料进行估算。

根据 BOP 统计的分类标识，针对服务进出口数据进行单向分组和交叉分组，可以得到国际服务贸易分类统计数据。其中，单向分组包括服务产品分组、国别分组、国内地区分组和企业属性分组。双向分组的标识以服务产品为主，其次是国别，形成以下两两交叉分组：国内地区 × 服务产品、国别 × 服务产品、企业属性 × 服务产品、国内地区 × 国别。此外，国际组织建议进行备忘项目统计，主要反映服务贸易依附的交易流量，比如保险服务贸易的保险总额和赔付总额、旅游服务贸易的旅游人数和旅游支出。

4. FATS 统计的基本内容

FATS 统计对象是外商直接投资企业在东道国当地的服务销售。其中，中国境内的外商投资企业在中国境内的服务销售是中国内向 FATS，即服务进口；中国对外直接投资企业在外国当地的销售是中国外向 FATS，即服务出口。

对于如何界定“受外国母公司控制”，中国 FATS 统计确定的方法是：

（1）内向 FATS 统计包括法人外商投资企业和非法人外国分支机构。法人外商投资企业与外商直接投资统计保持一致，包括所有外商持有股份高于 10% 的企业。

（2）外向 FATS 统计包括法人境外投资企业和非法人境外分支机构。与对外直接投资统计保持一致，包括所有外商持有股份高于 10% 的境外直接投资企业、全资拥有的境外分支机构。

（3）将外商投资企业和境外直接投资企业按照股权比例分为两组——股权比例在 50% 以上的组和股权比例在 10% ～ 50% 的组，以持有股权 50% 以上的企业为统计重点。

遵循《国际服务贸易统计手册》，中国 FATS 统计设定的指标分为以下三个层次：①企业服务销售额（营业额），这是 FATS 统计的基本指标，尤其是当地的服务销售；②企业雇员人数及外（中）方雇员人数、增加值、货物和服务出口、货物和服务进口，这是反映企业当期活动的辅助指标；企业资产、负债和净值以及企业研究与开发支出，这是反映 FATS 统计背景的指标；③企业数，这是统计过程中生成的指标，反映 FATS 的普遍程度。结合中国实际，FATS 统计执行以下分类：①国别分类：内向 FATS 是指投资母国国别分类，外向 FATS 是指投资东道国国别分类；②行业分类：直接投资企业所属行业；③国内地区分类。

5. 我国服务贸易统计的未来发展

根据商务部《2020 中国服务贸易发展报告》，未来可从以下几个方面对现有的统计制度进行完善：

（1）探索完善覆盖跨境交付、境外消费、商业存在、自然人移动等全模式统计制度，建立健全出入境旅游、中医药服务贸易、数字贸易等全领域统计标准，持续开展外国附属机构服务贸易统计、发包统计。

（2）建立科学的服务贸易统计模型。完善服务贸易重点企业联系制度。简化企业数据填报工作量，运用大数据技术打通系统的重点监测企业数据直报、技术贸易、服务外包、中医药、文化贸易、国际货代等各业务端口，推动实现“企业一次填报，各业务端口共享”。

（3）建立运转高效的部、省、市数据交换与共享机制。发挥国务院服务贸易发展部际联席会议制度的统筹协调作用，进一步提高部门数据交换和信息共享的实效性、准确性与全面性。

（4）鼓励地方建立服务贸易跨部门数据交换机制，支持在外管、工信、文广旅、出入境管理、物流口岸、科技、大数据、金融等服务贸易相关单位建立直报系统数据接口。加强统计基础研究，建立统计工作保障落实机制。

（5）加大财政对服务贸易统计监测工作的支持力度，加强对服务贸易发展趋势判断，开展中国与服务贸易重点伙伴统计口径的比较研究。

（6）定期修订《新产业新业态商业模式统计分类》，做好重点企业和地方政府主管部门的统计培训。鼓励地方开展服务贸易动态分析。

2.2.5　数字服务贸易的统计

1. 数字服务贸易统计测度的现状

数字服务贸易统计测度一直备受各国政策制定者和相关领域研究人员的关注。国际组织是数字服务贸易统计测度研究的主要推动者。

UNCTAD（2015）就 ICT 服务和 ICT 赋能服务的贸易提出了一套核算方法，基于 BPM6 中扩展国际收支服务分类（EBOPS 2010），筛选出可以通过方式 1 开展的服务贸易分类，主要涉及电信、计算机和信息服务，金融服务，保险和养老金服务等，并将其在一定程度上等同于可以通过网络远程交付的数字服务贸易。

“窄范围”的数字贸易概念以美国国际贸易委员会（USITC）和美国国会研究服务局（CRS）为代表，将“数字贸易”定义为通过互联网及相关设备交付而实现的产品和服务，但不包括在线订购的实物商品的销售价值和具有数字内容的实物商品；并且 USITC 认为贸易包含国际和国内两个维度。

“宽范围”的数字贸易概念则以 OECD、WTO 和 IMF（2020）发布的《数字贸易测度手册（第一版）》为基准，分别就数字订购贸易和数字交付贸易的统计测度进行了分析，数字订购贸易核算主要参考了以往跨境电商的统计，数字交付贸易核算则基本沿用 UNCTAD 的方法。

从实践应用看，各国外贸和统计部门大多聚焦于数字服务贸易，在 UNCTAD（2015）方法的基础上开展了广泛实践。

美国 BEA（2020）基于本国数据情况构建了 ICT 服务和 ICT 赋能服务的贸易分类，并对外公布了 1999—2020 年美国潜在 ICT 赋能服务贸易数据。

受英国政府委托，剑桥计量经济学会（2020）对数字贸易统计测度进行了研究，从数字订购贸易和数字交付贸易两方面分析了英国数字贸易发展情况，并结合英国统计局关于服务贸易提供方式的调查结果对实际数字交付的服务贸易进行分析。

2020 年，中国国际服务贸易交易会举行期间，商务部、中央网信办和工信部明确以“窄范围”为开展数字贸易工作的基准口径。部分学者则认同“宽范围”数字贸易概念，强调数字技术在数字贸易中的关键作用，认为在订购、生产和传输等环节都有体现。中国信息通信研究院分别在 2019 年和 2020 年发布了《数字贸易发展白皮书》，强调数字贸易的本质是贸易方式的数字化和贸易商品的数字化。其中，2020 年的概念界定比 2019 年更广泛，中国信息通信研究院指出贸易方式数字化就是“数字技术与国际贸易开展过程深度融合，带来贸易中的数字对接、数字订购、数字交付、数字结算等变化”，贸易对象数字化就是“以数据形式存在的要素、产品和服务成为重要的贸易标的，导致国际分工从物理世界延伸至数字世界”。从具体业态来看，数字贸易主要包括以货物贸易为主的跨境电商、数字化供应链和以服务贸易为主的数字服务贸易。商务部在《中国数字服务贸易发展报告 2018》和《中国数字贸易发展报告 2020》中对外公布了中国可数字化交付服务贸易数据。

2. 数字服务贸易统计测度的概念框架

OECD、WTO 和 IMF（2020）发布的《数字贸易测度手册（第一版）》（以下简称《手册》），基于统计测度的目的，将数字贸易定义为所有以数字方式订购和以数字方式交付的贸易，这两类贸易均包含了数字服务贸易的范畴，并提出了包含贸易范围、贸易方式、贸易产品和贸易主体四个维度的数字贸易概念框架（见图 2–1）。

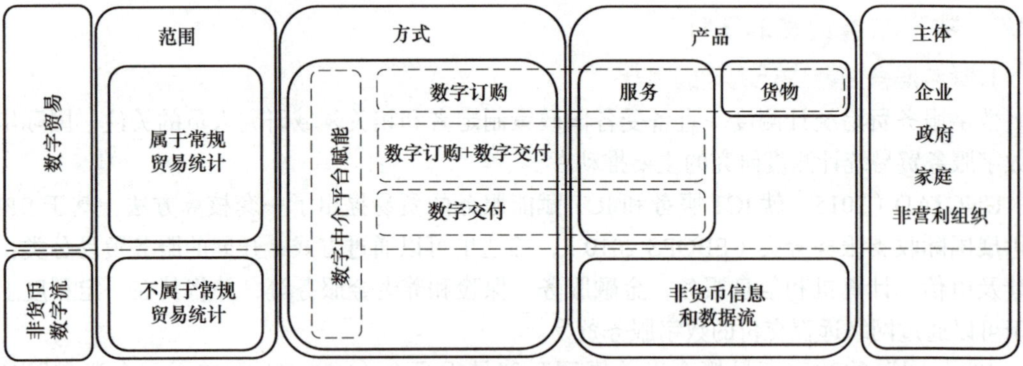

图 2–1 统计测度的数字贸易概念框架

（资料来源：2020 年 OECD、WTO 和 IMF 发布的《数字贸易测度手册（第一版）》）

"数字贸易范围"维度，是为了区分可以通过货币反映的数字贸易和无法通过货币反映的跨境信息和数据流。在数字贸易中，出口方向进口方提供商品或服务并获得货币收益；在非货币数字流中，"进口方"无须支付任何费用即获得了某些数据、信息或服务。例如，美国谷歌为澳大利亚居民提供的免费搜索引擎服务属于非货币数字流，为澳大利亚商家提供的付费在线广告服务则属于数字贸易。

"数字贸易方式"维度，是基于 ICT 技术对国际贸易的影响，将数字服务贸易分为三类：一是数字订购贸易（Digitally Ordered Trade），即通过专门用于收发订单的计算机网络所完成的服务的国际贸易活动；二是数字交付贸易（Digitally Dilevered Trade），即通过专门设计的计算机网络完成的远程交付的电子格式服务的国际贸易，排除了通过电话、邮件和传真提供的服务；三是数字中介平台赋能贸易（Digital Intermediation Platform Enabled Trade）。大多数通过平台促成的国际贸易可以归为数字订购贸易，平台为非本国居民提供的中介服务则属于数字交付贸易。

"数字贸易产品"维度的服务贸易，包含传统的服务贸易以及非货币信息和数据流：一是货物，由于货物无法通过网络传输交付，货物贸易只可能出现在数字订购贸易中，即通过数字订购方式开展货物贸易；二是服务，可以是通过数字订购方式开展的服务贸易，如酒店预订、网约车等服务，也可以是通过数字交付方式开展的服务贸易，即线上 ICT 服务和通过 ICT 技术应用而线上传输交付的其他服务，如云计算、人工智能、在线教育等服务；三是货物和服务外的非货币信息和数据流，如用户数据、开源软件、免费服务等。

"数字贸易主体"维度，参考了国民经济核算体系（SNA），将贸易主体分为家庭、企业（包括金融和非金融）、政府和服务于家庭的非营利组织（NPISHs）。虽然分组标准与现有统计体系基本一致，但是数字贸易降低了国际市场进入门槛，许多中小企业和个体消费者有机会参与国际贸易，也将给统计工作带来一定挑战。

基于概念框架，《手册》进一步提出了数字贸易统计数据报告模板（见表 2–3），包含概念框架中"方式""产品""主体"三个维度，并区分了进出口。根据模板中的计算公式：

数字贸易总计 = 数字订购 + 数字交付 – 同为数字订购和数字交付服务

由于数字订购和数字交付统计数据的获取方式存在一定差异，因此获取准确的数字订购和数字交付可能存在一定困难。

3. 数字订购贸易的统计

数字订购贸易的途径多样，并不一定限定在数字中介平台上完成订购，可以通过自有网站、外部网站或 App 和 EDI（电子数据交换）等，全面统计核算可能需要多种统计调查数据的相互配合。目前，数字订购贸易的统计测度主要依赖于企业调查和海关统计。

（1）测度方法与挑战。

1）企业调查。企业调查是获取一国数字订购贸易数据的重要渠道，通过在统计调查中加入相关的问题，可以掌握企业通过数字订购开展的服务贸易情况。目前，许多国家和国际组织已经开展或尝试开展企业信息化统计调查，发展较快的电子商务无疑是调查的重点。

数字订购贸易，其交易标的可以是货物，也可以是服务。数字订购的服务，在《扩大的国际收支服务分类》（EBOPS）中就是第 1 ～ 5 品类和第 12 品类，它们虽然不能数字交付，但是只要能通过数字订购，也属于数字贸易范畴。

根据相关国内外文献和国际机构，整理得到表 2–4。

表 2–3 基于概念框架的数字贸易统计数据报告模板

项目	出口			进口		
	企业	政府	家庭 / 非营利组织	企业	政府	家庭 / 非营利组织
数字订购						
货物	ES	AR	HS/CC	ES/ITSS	AR	HS/CC
服务 / 非数字交付	ES/ITSS					
数字交付						
数字订购	ES/ITSS/ITRS	AR	HS/CC	ES/ITSS/ITRS/VAT	AR	HS/CC/MOSS
非数字订购						
数字贸易总计						
通过 DIP 交易						
数字订购	ES+DIP		HS/CC+DIP	ES/ITSS+DIP		HS/CC+DIP
货物						
服务						
数字交付	ES/ITSS/ITRS+DIP		HS/CC+DIP	ES/ITSS/ITRS/VAT+DIP		HS/CC/MOSS+DIP
非数字交付						

注：ES—企业调查；HS—家庭调查；CC—信用卡数据；ITSS—国际服务贸易统计调查；DIP—直接从数字中介平台收集的数据；ITRS—国际交易报告体系；MOSS—迷你一站式服务商店数据；AR—行政记录；VAT—增值税征管记录。

资料来源：2020 年 OECD、WTO 和 IMF 发布的《数字贸易测度手册（第一版）》。

表 2–4　基于 GATS 与 EBOPS 关于数字服务贸易的简单分类

数字服务贸易分类	EBOPS 分类	跨境交付	商业存在	自然人流动	境外消费
数字订购服务	1．加工服务		√	√	√
	2．保养维修		√	√	√
	3．运输服务		√		
	4．旅行服务		√		√
	5．建筑服务		√	√	
	6．未包括的政府服务				
数字交付服务（ICT赋能服务）	7．保险服务	√	√	√	
	8．金融服务	√	√	√	√
	9．知识产权服务	√	√	√	√
	10．ICT 服务	√	√	√	√
	11．其他商业服务	√		√	
	12．个人文娱服务	√	√	√	√
数字中介平台赋能（已包含在数字交付服务当中）					

通过企业调查获取数字订购贸易数据可能存在以下四个问题：一是调查表缺少对国内和国际的区分。二是调查表缺少对货物和服务的区分。许多电子商务统计调查没有对货物和服务进行区分，并且缺乏更细化的产品分类。三是中间商与数字订购贸易认定。中间商的出现产生了两个问题：第一个是中间商属于出口方还是进口方；第二个是中间商是否取得产品所有权。由表 2–5 可见，不同答案可能导致两种不同情况，因此统计调查中需要特别注意中间商带来的重复计算风险。四是中间商、企业认知和数据填报。中间商的出现，还使得企业很难区分交易属于国内电子商务还是跨境电子商务。销售 / 采购企业可能难以分辨取得产品所有权的中间商的归属地，以及没有取得产品所有权的中间商背后采购 / 销售企业的归属地，导致填报时将“境内电子商务”和“跨境电子商务”混淆。

表 2–5　中间商属性与数字订购贸易认定

取得所有权	中间商属地	说　明
是	出口方	仅中间商向出口商进口部分为数字订购贸易
是	进口方	仅出口商向中间商出口部分为数字订购贸易
否	出口方	仅出口商向进口商出口部分为数字订购贸易
否	进口方	仅出口商向进口商出口部分为数字订购贸易

2）海关统计。海关是世界各地区货物贸易统计的数据来源之一，详细记录了进出口货物贸易中的企业信息、商品编码和进出口方等信息。通过改进海关统计机制获取的数字订购货物贸易，可能比企业调查数据更准确，并且更符合一些国家货物、服务贸易统计相分离的传统。

通过海关获取数字订购货物贸易数据可能存在以下两个问题：一是可能遗漏小额的 B2C

数字订购货物贸易。为了推动数字订购贸易的发展，许多国家采取了高低不等的海关豁免限额，低于限额的商品可以免于征收关税，脱离海关统计监测范围。虽然联合国货物贸易统计中没有计入限额以下贸易，但随着海淘类业务的发展，出现了数量众多的小额数字订购贸易，其数据对 B2C 跨境电子商务乃至数字贸易的分析具有一定价值。二是可能遗漏大额的 B2B 数字订购货物贸易。海关对数字订购货物贸易的认定，很大程度上依赖于其是否通过数字中介平台。在小额或者 B2C 跨境电子商务中，数字中介平台参与程度非常高，海关识别出所需数据的难度较小，但在大额 B2B 跨境电子商务中，企业可能通过自有网站或采销系统进行贸易，海关识别分散的个体企业数据的难度则较大。

（2）中国数字订购贸易统计测度。

1）企业调查。2017 年，国家统计局制定了《互联网经济统计报表制度》，其中“信息化和电子商务应用情况表”要求规模以上工业企业、规模以上服务业企业等填报详细的电子商务使用信息。报表设计考虑了大部分可能出现的问题，区分了商品和服务、B2B 和 B2C、销售和采购，以及境外部分的金额，此外还对企业是否拥有电子商务平台进行了调查。如果能保证企业填报数据的准确性和一致性，通过该报表制度可以获取非常准确的数字贸易订购数据。

2）海关统计。中国海关的跨境电子商务统计启动较早，并依托于跨境电子商务综合试验区（截至 2022 年 11 月全国累计设立 165 个）快速发展，处于世界领先水平。为了顺应外贸发展趋势和规范海关管理，中国海关建立了针对跨境电子商务的通关系统（CBEIS）和海关代码（9610、1210、1239、9710、9810）。其中，“9710”和“9810”为 2020 年增列的针对 B2B 跨境电子商务的代码，解决了 B2B 跨境电子商务直接出口、跨境电子商务出口海外仓的监管问题，实现跨境电子商务监管从 B2C 向 B2B 拓展。中国海关对外贸企业和跨境电子商务平台提供的订单、物流和支付等信息进行交叉验证，实现进出口快速通关，并对跨境电子商务进行统计监测。

（3）问题分析。中国在数字订购交易的统计调查和研究方面做了大量工作，包括统计机构针对企业电子商务使用情况的调查，海关针对跨境电子商务的调查，商务部对平台上跨境电商交易的调查等，已经具备统计核算数字订购贸易规模的良好基础，但还需要关注由概念界定不统一导致的数据冲突。《互联网经济统计报表制度》中将电子商务销售 / 采购金额定义为“报告期内企业（单位）借助网络订单而销售 / 采购的商品和服务总额”，将“借助网络订单”定义为“通过网络接受订单，付款和配送可以不借助于网络”，跨境电子商务则可以推断为跨越国境的电子商务活动，与《手册》定义基本一致。海关和商务部对跨境电子商务的统计则更强调平台在其中的作用，主要统计对象为通过平台开展的跨境电子商务。

4. 数字交付贸易的统计

数字交付贸易属于服务贸易范畴，可将现有服务贸易统计体系作为数据获取的基础。目前，UNCTAD 提出的“ICT 赋能服务贸易”概念影响最广，其统计框架被许多国家的官方机构所采用。

（1）测度方法与挑战。UNCTAD 将 ICT 赋能服务贸易定义为“通过 ICT 网络（语音和数据网络）完成的远程交付服务贸易”，并限定为通过跨境交付（Cross-border Supply）方式提供。

在 UNCTAD 工作的基础上，《手册》将定义中的 ICT 网络替换为计算机网络，排除了通过电话、传真和电子邮件提供的服务。在实际核算中，UNCTAD 进一步引入了潜在 ICT 赋能服务（Potentially ICT-enabled Services）的概念，也被称为可数字化服务贸易，即计算所有可以通过数字交付的服务贸易，以便最大化利用现有服务贸易统计体系和数据。

具体而言，UNCTAD 基于联合国核心产品分类将服务贸易分为可以通过数字交付的和不可以通过数字交付的两类，并提供了详细的 CPC 代码、《国际收支服务扩展分类》代码和《国际标准产业分类体系》（ISIC）代码对照关系。在此基础上，可以从现有服务贸易统计数据中计算出可数字化交付贸易部分的规模。

数字可交付的服务在 EBOPS 分类中对应第 6 ～ 11 品类，这个范畴相当于《手册》的数字交付贸易，UNCTAD 将 ICT 赋能服务贸易定义为“通过 ICT 网络（语音和数据网络）完成的远程交付服务贸易”，并限定为通过跨境交付方式提供。

商业存在一直是服务供应的主要模式。数字平台可以简化消费者的酒店搜索和预订过程，这可能鼓励了境外消费。此外，数字化减少了对物理存在提供某些服务的需求。过去由消费国的子公司办事处提供的服务（商业存在）可以通过在线平台或数字工具从服务提供者所在国（跨境交付）提供。这一趋势可能反映在近年来全球外国直接投资的下降趋势中（UNCTAD，2021）。

视频编码和流媒体技术可能鼓励特定服务从物理交付转向数字交付。这可能导致从自然人流动或境外消费服务转向跨境交付服务。例如，电视会议服务的供应增加减少了专家或专业人员直接向消费者提供自然人存在服务的需要。视频会议服务现在被广泛用于商务会议、教育、培训和其他社会目的。对视频会议需求的急剧上升导致了一些提供此类服务的公司的繁荣，人工智能、机器人和第五代移动通信技术（5G）技术的进步对医疗服务产生了重大影响。例如，机器人手术可以减少对医疗旅游（境外消费）或飞行外科医生（自然人流动）的需求。电子健康公司 Lindbergh 为全球患者提供机器人手术解决方案（跨境交付）。

当然将 ICT 赋能服务贸易限定在跨境交付可能不合理，除了跨境交付，其他模式也有可能出现通过计算机网络交付的服务贸易，例如本国居民在其他国家境内获取的电信服务，国外数字服务企业在本国建立的分支机构为本国居民提供数字服务等。具体分类可对照表 2-4。

（2）中国数字交付贸易统计测度情况分析。

1）数字交付贸易核算。2021 年，商务部国际贸易经济合作研究院发布的《中国数字贸易发展报告 2020》对中国数字服务贸易（即数字交付贸易）发展情况进行了说明。报告中的内容分为两个方面：一是服务外包、云服务、数字游戏、社交媒体、卫星导航定位与位置服务，以及数字支付等数字服务业的产值、销售额和出口等情况；二是金融、保险、电信计算机和信息服务等可数字交付服务贸易（商务部将其称为“可数字化服务贸易”）发展情况。

2）平台企业调查。国家统计局制定的《互联网经济统计报表制度》对数字中介平台进行了调查，包括电子商务平台、重点互联网出行平台、重点互联网医疗平台、重点互联网教育平台、合约类电子交易平台、全国粮食统一竞价交易平台和烟草电子商务交易平台等七类。根据平台所面向行业的不同，调查表设计了不同的问题。其中，最重要的电子商务交易平台情况表对自营销售额、自营采购额、非自营交易额、交易服务费和广告收入等信息进行了统计。

3）问题分析。中国相关部门已经明确了数字服务贸易的概念内涵，根据商务部、中央网信办和工信部发布的《关于组织申报国家数字服务出口基地的通知》，数字服务贸易是指“采用数字化技术进行研发、设计和生产，并通过互联网和现代信息技术手段为用户交付的产品和服务”。

基于该定义，中国商务部门对数字服务贸易的统计做了积极的尝试和创新：一是参考UNCTAD方法计算了可数字化服务贸易的进出口额，并且提供了更详细的分类数据；二是对社交媒体、搜索引擎和云计算等典型数字服务业发展情况进行了分析。两方面统计核算工作均有进一步提升的空间，前者需要明确可数字化服务贸易中实际通过网络交付部分的占比，可参考UNCTAD的方法对分行业企业进行一次有针对性的抽样调查；后者除软件业外大多数均没有提供对外贸易的数据，且忽略了许多重要的数字服务业，如数字中介服务和大数据服务等，有待进一步完善。

5. 数字中介平台贸易

为了突出跨境电商平台的作用，《手册》把“数字中介平台赋能贸易”单独作为第三块，它的服务费用实际上已隐含在数字可交付服务贸易额中，但是不能在国际收支表中识别出来，需要另外的测度途径和方法。

数字中介平台在数字贸易中占有很重要的地位，尤其是对数字订购贸易，几乎所有的数字订购贸易都有可能在中介平台的促成下完成，而数字订购和数字交付贸易重叠的部分也主要涉及数字中介平台促成的交易。

因此，《手册》将其作为单独的一个环节进行描述，并且区分为以中介费产生收入的收费数字中介平台以及以广告和（或）数据流产生收入的免费数字中介平台两个部分。后者的研究处于起步阶段，不包括在目前的测度框架里。收费的数字中介平台所收取的中介费又分为显性收费（明确收费）和隐性收费（没有直接标出中介服务费，而是隐藏在某些收费里）两种。对于显性收费，建议只将中介服务的价值记入国际贸易（流量值），而不是整个服务的价值；对于隐性收费，则建议将中介服务费包含在生产者的支出中。

这一部分的测度难点在于对数字中介平台的识别问题，不能确定中介平台是国外的还是国内的，就无法确定向国外数字中介平台的付款。针对这一问题，《手册》建议，一方面探索大幅调查全局数字中介平台的可能性，并尽可能实现跨境数据共享；另一方面在家庭调查中加入热门的国外数字平台销售、购买货物和服务的价值信息的问题，以此来估计相关中介服务费。

6. 完善数字贸易统计测度的建议

综上所述，国际上数字贸易的统计测度尚不成熟，我国虽然率先在相关领域开展了一系列探索和实践，但是仍待进一步强化和完善。

（1）明确数字贸易概念与边界服务业。清楚准确的数字服务贸易定义是各项统计测度工作开展的前提。《手册》提出的旨在统计的数字服务贸易概念框架，为统计测度提供了很好的参考，但也存在以下三点不足：第一，该概念框架最大化利用了现有国际贸易统计体系，但是对数字贸易中的一些新模式、新业态缺乏有效衡量办法；第二，将数字订购贸易和数字交付贸易简单相加的做法可能存在较大问题，例如电子商务平台营收、电子商务交易额都能反映电子商务的发展水平，是同一事物的不同方面体现，不能简单用数值相比较；第三，该概念框架仅考虑了国际收支口径（BOP）的服务贸易统计，忽略了国外分支机构口径（FATS）的统计数据。我国应在国际经验基础上，进一步优化完善，提出我国的数字服务贸易定义和统计口径。

（2）加强典型数字服务贸易业态统计测度。现阶段方法得出的数字服务贸易规模数据可能将一些非常重要的信息掩盖。数字服务贸易中数字交付贸易部分的统计沿用了传统服务贸易统计方法和分类，无法单独对一些非常关键的数字服务贸易业态进行统计。这些数字服务贸易业态在整个数字贸易体系中发挥着基础设施的作用，为其他所有数字贸易的开展提供支持。例如，苹果推出 iOS 手机操作系统，为全球开发者创作和销售 App 提供了良好的应用生态，并从销售额中抽取 15% ～ 30% 作为佣金收入。其中，苹果提供的应用生态服务就属于重要的数字贸易业态，使得基于其系统的 App 贸易能更好开展。总体而言，重要的数字贸易业态可能还包括通信、云服务、各类数字中介服务、社交媒体、搜索引擎和数字金融等，需强化对各业态发展情况的监测。

（3）加强非货币数字流统计测度。非货币数字流是另一个在统计数据中无法反映却又非常重要的部分，特别是数字服务用户数据的流动。从全球来看，发达国家偏向数字服务提供者，发展中国家偏向数字服务消费者。由于国际数据要素市场不健全，发达国家数字服务提供者提供数字服务的同时，可以无偿获取大量用户数据（个人数据、工厂生产数据等），并基于数据提升数字服务质量或创造新的数字服务。作为发展中国家，对外免费输出“石油”一般珍贵的数据要素，无疑是不合理的。因此，应加快对非货币数字流衡量的研究，确保发展中国家获得合理的数据收益，进而推动发展中国家更深程度开放数字服务市场。

（4）推动量化评价指标体系构建。数字贸易政策制定需要多维度的数据支持，除了对数字贸易的总体规模进行统计测度，还应围绕我国关注的数字贸易重点、难点问题设计量化综合评价指标体系。建议从技术应用、新模式发展、经济影响、监管治理和国际规则五个维度构建指标体系：①技术维度，关注 ICT 技术在货物贸易、服务贸易各领域、各环节中的应用和发展情况；②新模式发展维度，与数字贸易统计基本一致，关注跨境电子商务、ICT 赋能服务贸易等的发展；③经济影响维度，进一步量化数字贸易对收入、就业和产业结构等的影响；④监管治理维度，关注各国在数据跨境流动规则、个人隐私保护、数字服务监管和知识产权保护等方面工作；⑤国际规则维度，关注各国是否形成明确的数字贸易规则主张，是否将数字贸易加入双多边贸易谈判中。

2.3 服务贸易数据

2.3.1 统计数据来源

1. BOP 统计的数据来源

居民与非居民之间的服务交易数据来源多种多样，其中最具代表性的两大支柱是国际交易报告系统（International Transactions Reporting System，ITRS）和企业调查。

（1）ITRS。在 ITRS 这样一个典型的数据收集体系中，国内银行引导的国际支付要向国际收支平衡表汇编者报告，并随附具体服务详情。通常，国内银行充当中介机构，负责报告客户的国际结算情况。除了间接的报告，一般还有直接报告作为补充，用于覆盖在国内银行体系之外发生的交易（比如居民在国外持有的账户发生的交易）或者只付净额的交易（比如发生于清算系统或净支付系统的交易）[㊀]。

ITRS 提供了广泛且及时的 BOP 统计数据，且只需要相对较少的参与人员。但是，该系统部分偏离了 BPM6 的建议“应该在提供服务的时候而不是在进行支付的时候衡量交易”。对于报告人员来说，有时也很难决定服务贸易的具体种类，可能会出现分类错误。

（2）企业调查。企业调查是收集居民与非居民之间服务交易数据的有效渠道。调查报告被寄送至参与服务交易的企业，经过反馈得到代表性样本数据。有些调查报告询问企业的所有国际交易，有些调查报告则只要求具体的服务项目。

通过企业调查进行服务贸易统计，其获取的数据质量取决于样本选择、问卷设计和信息处理等，也受到业务登记质量的较大影响。后者需要不断更新，同时有充分备案以便于能够确认每一个被调查者。

（3）ITRS 与企业调查的结合。美国、英国等仅以企业调查为基础进行服务贸易数据收集，完全不使用 ITRS，但更多时候多数国家将二者结合起来完成 BOP 统计数据收集。这里有两种结合模式：有限地使用企业调查，进行基于 ITRS 的补充；有限地使用 ITRS，进行基于企业调查的补充。例如，法国 BOP 统计数据收集使用 ITRS，同时利用“大交易商”（参与国际交易的主要企业）的直接报告进行信息补充。荷兰目前将 BOP 统计数据收集从 ITRS 调整为以企业调查为基础，其中基于简化银行报告系统的 ITRS 被部分保留。

值得一提的是，ITRS 通常是由一国中央银行负责，企业调查通常是由一国统计机构操作，两者及其负责机构需要紧密配合。

（4）其他数据来源。其他数据来源是 ITRS 和（或）企业调查的补充，可以更全面、准确地完成服务贸易统计。国际收支平衡表中，使用增补数据的一个典型例子是旅游服务项目。很多国家还利用移民和旅游统计数据得到有关旅游者（境外旅游者或出国旅游者）开支的额外信息。其他来源，如家庭开支调查也可提供居民国外开支的有用数据。

服务贸易数据有时可以从官方（政府和货币当局）获得。在有些国家和地区，与政府机构的有效合作让国际收支平衡表的汇编者能够得到关于服务交易的一系列统计数据。此外，政府的交易信息不仅作为政府服务项目纳入统计，与其相关的服务活动也应被考虑，比如对非居民（旅游）收取的机场建设费、当局收取的降落费和吊装费（交通）。

2. FATS 统计的数据来源

外国附属机构直接从事服务交易属于内部 FATS，而外国企业通过国内企业进行服务交易属于外部 FATS。内外部 FATS 统计的数据来源比较多样，多数都与外国直接投资具有联系。获得 FATS 统计数据的两大方法如下：

第一种方法是通过问卷调查收集 FATS 运营数据。问卷设计要么使用有关 FATS 的新问卷，要么在现有 FDI 问卷的基础上增加关键的 FATS 变量。普遍认为，单独的 FATS 问卷会更好，能够减少被调查者回答问题的负担，并且 FDI 调查通常是每季度进行一次，要求问卷快速回收。无论何种选择，针对 FATS 的问卷调查都应尽最大可能获取关键 FATS 变量的数据信息。

第二种方法只适用于内部 FATS 统计，即确认那些拥有过半所有权的外国附属机构现有的

㊀ 清算机构清算特定时间内产生的债权或债务，最终只支付净额。例如，航空运输公司与国际航空运输协会之间的给付。

统计数据。这种方法的主要挑战是：统计数据的界定和收集可能需要整合运用专业知识和分散在不同机构的权责，如中央银行、国家统计局和多个政府部门。所以，和BOP统计类似，不同机构之间的密切合作对于FATS统计数据的获取十分必要。

3. 统计数据的可信度

各种数据收集方法和来源都有优点和缺点，它们都在无限接近现实反映的过程中逐步完善服务贸易统计。

（1）BOP统计的不对称性。在双边贸易统计中，一国从贸易伙伴国的进口应该等于对方的出口。但现实情况是，双方各自进出口统计存在一定差异，即双边贸易不对称。为了解决不对称问题，一些区域或双边经济组织正在寻求统计数据的调和。在“自下而上”的标准程序中，少数国家负责审查不对称并找到其来源，采取适当措施加以解决。例如，加拿大、美国等经常使用各自双边进出口流量数据替代原先编制的数据。欧盟则尝试通过“自上向下”的程序来建立数学模型，在其各个成员国提供的资料基础上消除内部数据的不对称。

（2）IMF提高数据质量的方法。为了准确评估数据质量，国际货币基金组织推出了两个方案，特殊数据发布标准（Special Data Dissemination Standard，SDDS）和通用数据发布系统（General Data Dissemination System，GDDS）。

特殊数据发布标准提出了评价经济和金融数据有效性的四个标准：数据覆盖范围；频率和及时性；公众能否获取数据；完整性和数据质量。通用数据发布系统向所有国际货币基金组织的成员开放，其在数据质量方面的措施与SDDS相似，但辅助说明更少，注重从长期提高数据质量。

2.3.2 统计数据发布

衡量国际收支统计和外国附属机构统计数据质量的一个重要标准是公众对数据的可获得性。国际和地区组织接受报告和主动收集由各个国家提供的服务贸易统计数据，使得公众能够迅速接触有效信息和具有国际竞争力的服务贸易数据。

1. 依据BPM6的数据报告

按照BPM6的原则和框架，国际收支平衡表应能提供相对完善和被普遍接受的服务进出口数据。

2. BOP统计数据的发布

表2–6概述了国际收支统计数据的发布信息，欧盟统计局、国际经合组织、国际货币基金组织和联合国目前正在按照服务产品和服务业进行分类，为其各个成员收集和传播服务贸易的国际收支统计数据（欧盟统计局的数据统计范围涵盖欧盟候选国）。

表2–6 有关机构发布服务贸易统计数据信息汇总

数据来源	涉及国家（地区）	分类标准
IMF国际收支平衡表数据库（书和光盘）；美国国际贸易委员会	国际货币基金组织成员	BPM6和EBOPS
欧盟统计局New Cronos数据库（在线数据和光盘）	欧盟成员国，欧元区国家，欧盟候选国	EBOPS

（续）

数据来源	涉及国家（地区）	分类标准
国际经合组织服务贸易统计“第1卷 按细目分类”“第2卷 按贸易伙伴国/地区分类”（书、在线数据和光盘）	国际经合组织成员	EBOPS
联合国 COMTRADE 数据库（在线数据）	190个经济体	EBOPS
WTO 国际贸易统计数据库（书、在线数据和光盘）	所有经济体	EBOPS

资料来源：根据国际货币基金组织、欧盟统计局、国际经合组织、联合国统计署和世界贸易组织相关数据信息整理。

3. FATS 统计数据的可得性

目前，FATS 统计正处于发展的初级阶段。不过，鉴于这一领域的交易活动迅速增加，欧盟统计局、国际经合组织和联合国对 FATS 统计的重视程度日渐提高。国际和地区组织已经尝试合作进行数据的收集、整理和开发，提高数据一致性，避免重复工作和减轻各国的报告负担。

欧盟统计局和国际经合组织按照投资行为及其母国、东道国进行分类，使用 FATS 统计问卷获取成员的服务进出口信息。

总体上，外国直接投资数据的收集和传播者是欧盟统计局、国际货币基金组织、国际经合组织以及联合国。欧盟统计局和国际经合组织使用常见的问卷调查方法收集按投资母国和东道国划分的资本流入和流出数据。国际货币基金组织收集外国直接投资的地理分布数据，但尚未按国别细分数据。获取以上统计数据的来源是：欧盟统计局 New Cronos 数据库、国际经合组织国际直接投资统计、国际货币基金组织国际收支平衡表、联合国贸易和发展会议数据库。

2.3.3 数字服务贸易的数据可得性

目前，全球数字服务贸易飞速发展，给国际经济贸易带来巨大影响。

从贸易开展方式看，信息通信技术深刻重塑贸易全流程、全产业链，贸易中撮合、订购、交付、结算等环节向线上迁移，降低了贸易成本，提高了贸易效率。

从贸易标的看，以数据形式存在的要素、内容和服务的贸易日益频繁，如数字文娱、云计算服务、区块链服务等，导致国际分工从物理世界向数字世界延伸。

从规则制定看，跨境数据流动、数字服务税、数字市场准入和贸易便利化等成为重要议题，给现有经贸规则带来新的挑战。在各类疾病全球大流行背景下，数字服务贸易迎来发展迭代的巨大机遇。

以我国为例，可通过数字化手段交付的服务贸易增速领先，据商务部发布的数据，2021年我国可数字化交付的服务贸易额达 3605.2 亿美元。可靠的数据对于科学制定数字贸易发展政策和参与国际规则谈判至关重要，推动数字贸易统计测度研究具有重要的理论和实践意义。当前，UNCTAD、OECD、WTO 等国际组织已经开展了广泛的理论和实践探索。

其中，UNCTAD 提出的“数字交付服务贸易”（以下简称数字服务贸易）概念影响最大，被视为反映数字贸易发展情况的最主要指标，美国商务部（2018）、中国商务部（2021）等国家官方机构均尝试对本国数字服务贸易数据进行分析。然而，现有数字服务贸易的研究分析大多限于国际收支口径的服务贸易数据，存在较大局限。

【专栏】

自然人移动服务贸易统计中的一些问题

对于服务贸易提供方式 1、2 和 3 来说，在《国际服务贸易统计手册》框架下各国和国家间已经形成十分成熟的统计方法。但方式 4 是一个例外。当前，关于自然人移动服务贸易的统计依然停留在未有定论的状态。这种交易模式涉及一成员方以自然人形式在另一成员方境内提供服务，其核心特征是“暂时性”。自然人移动的“暂时性”问题在方式 4 的度量中非常关键。《服务贸易总协定》没有明确界定什么是自然人的“暂时性”或非永久性，而仅仅排除了有关公民、移民、居住以及永久性就业等。因此，在实际操作上，各国均根据各自法律惯例理解所谓的“暂时性”。相应的，在各国“GATS 承诺减让表”中，与方式 4 有关的逗留时间短至商务访问 3 个月，长到公司内调动 2～5 年不等。其实，许多统计标准都与自然人移动有关，但又没有哪一项与之完全吻合。现阶段，通常采用 BOP 统计、FATS 统计和移民统计来估算方式 4 的服务贸易。

1. BOP 统计

人们经常使用国际收支统计中的“雇员报酬”和“工人汇款”来衡量自然人移动的价值。这些指标的优点是：一方面，对于许多国家来说具有可获得性；另一方面，国家之间能够保证一定水平的可比性。但是，两项指标也都具有明显缺陷。边境工人和受雇于任何经济部门的临时性工人均属于“雇员报酬”的统计范围，这导致对自然人移动服务贸易的高估。“雇员报酬”包含在国外逗留时间少于 1 年的工人，而自然人移动却包含长达 5 年的就业，又引起对自然人移动服务贸易的低估。“工人汇款”至少存在 4 个方面的问题：①该指标并非仅指服务活动，还包含在一国任何经济部门就业的所有外国工人。②该指标仅涉及永久性移民，他们已经成为外国居民。③该指标仅涉及被储蓄起来并汇回母国的那部分移民收入。④有相当一部分汇款没有通过正式渠道汇回母国，难以记录和报告。其中，②和③引起对自然人移动服务贸易的低估，①和④则具有高估的作用。尽管“雇员报酬”似乎比“工人汇款”更适合度量，却很可能严重低估服务贸易的实际水平。在双边层次上，两个指标都存在难以获取数据的缺点。

2. 移民统计

利用移民统计解决自然人移动服务贸易的数据问题获得了越来越多的关注。由于自然人移动数据必须在个人基础上汇编，典型的企业采集数据的手段并非总是可行的。同时，服务贸易相关统计与移民 / 劳工统计在概念、界定、分类等方面存在广泛差异。移民统计常常可以方便地获取，但其总体上远远大于方式 4 所指的范围。度量自然人移动的主要问题在于，从相关统计指标中识别出应该测度的服务和工人的子集。

3. 统计标准的协调

利用不同的数据来源度量自然人移动服务贸易必须面对一个问题，即构成这些数据来源基础的概念有多大程度的可比性。显然，GATS 带有一定程度的灵活性，其允许各国在符合自身惯例和法律的前提下进行谈判。尽管自然人移动统计数据在一组固定概念上加以定义保证了国际可比性，但这些概念的范围未必总是与各国在谈判中意指的范围相同。同时，移民统计可能寻求在固定概念和定义上提供数据，但数据的实际可得性经常取决于各国的法律法规，比如“暂时性”这样的问题。为“暂时性”逗留发放的签证可能包括不同的时间长度。“外国”的定义也因国家而异，有时反映出生国，有时反映国籍。解决问题的关键是做好不同统计标准的协调、统计要求和贸易谈判的协调、国别灵活性和国际统一性的协调等。

［引自：孔令强、蒙英华，服务贸易中自然人流动的一些统计问题，《商业研究》，2008 年第 3 期。］

【重要概念】

要素服务贸易；非要素服务贸易；国际追加服务贸易；国际核心服务贸易；BOP 统计；FATS 统计

【思考题】

1. 列举世界贸易组织的服务贸易分类。
2. 简述服务贸易的主要分类标准。
3. 国际服务贸易统计的基本原则是什么？
4. 简述中国服务贸易统计的基本内容。
5. 国际服务贸易的统计方法有哪些？
6. 国际服务贸易统计数据的来源有哪些？
7. 请依次指出以下贸易活动对应的国际服务贸易提供方式，并讨论如何对其进行服务贸易统计。

1）上海某健康管理有限公司由瑞士知名的跨国卫生用品企业和新加坡知名的医疗护理企业共同投资设立，是国内第一家外资居家养老企业，专门为老人提供上门健康护理服务。

2）在美国电视剧《服务外包 》中，Mid America Novelties，这家专门生产新、奇、特产品的全资美国公司，把 Call Center 业务外包给了印度。

3）据教育部国际合作与交流司来华留学生教育管理系统统计，浙江省来华留学生总体规模由 2008 年的 7394 人扩大到 2018 年的 38 190 人，增长 416%，留学生来源国国别数由 139 个扩大到 196 个。

4）北京某口腔有限责任公司聘请国外知名的口腔专家，并经常派遣医生赴国外进修和参加国际口腔学术交流活动。

5）中国某互联网平台结合产业链流通场景，抓住产业数字化发展趋势，建立了产业链各个节点项下的产能、价格、供应商等产业大数据，并为产业链各个节点项下的供应商提供交易、金融、物流等服务。公司从 1997 年开始，一直从事 B2B 电子商务服务，是谷歌的核心合作伙伴。

6）浙江某公司是本地纯正的“数字贸易”概念股，是数字营销行业龙头企业，主营业务为数字营销，以技术和数据驱动流量运营。

【课后阅读材料】

[1] 贾怀勤，服务贸易四种提供方式与服务贸易统计二元构架的协调方案——《国际服务贸易统计手册》“简化方法”评述，《统计研究》，2003 年第 3 期。
[2] 贾怀勤，服务贸易统计制度和方法研究的回顾与思考，《国际贸易问题》，2005 年第 7 期。

[3] 贾怀勤，发展服务经济与实体经济关系之思考，《国际贸易》，2012年第6期。
[4] 王晓东、贾怀勤，运输服务贸易统计数据的正向调整，《统计研究》，2012年第12期。
[5] 王亚菲，国际服务贸易统计研究中的有关问题：基于GATS的观点，《统计研究》，2006年第5期。
[6] 杨丽琳，对《国际服务贸易统计制度》中服务贸易统计框架的分析与评价，《统计研究》，2012年第3期。
[7] 杨晓娟、李兴绪，数字贸易的概念框架与统计测度，《统计与决策》，2022年第1期。
[8] 岳云嵩、陈红娜，数字贸易发展趋势、特征和国际比较法——基于FATS视角的分析，《上海经济研究》，2021年第10期。
[9] 岳云嵩、张春飞，数字贸易统计测度分析，《国际贸易》，2021年第8期。
[10] “中国国际服务贸易统计研究”课题组，中国国际服务贸易统计建设的背景与基本框架，《统计研究》，2007年第3期。
[11] Stern R. M., and Hoekman B. M., Issues and Data Needs for GATT Negotiations on Services, The World Economy, 1987, 10, pp.39-60.

第 2 篇

服务贸易理论

第 3 章

劳动价值理论与服务经济

【学习目标】

1. 深化对马克思劳动价值论的认识
2. 掌握服务价值理论的一般原理
3. 了解服务产品国际价值的决定

【引导案例】

中国广电正式发布 5G 品牌，代表着这家运营商推出 5G 服务又近了一步，柏铭科技认为对于这家运营商来说，700MHz 黄金频段就是它的撒手锏，而它的机会将是“农村包围城市”——通过抢占农村广阔的市场再抢攻城市。

中国广电和中国移动共建的 700MHz 5G 网络所需要的 5G 基站数量只有 5G 的 1/10 左右、中国移动 4G 基站的 1/5 左右，如此中国广电的 5G 网络就拥有了超低的成本优势。当下三大运营商虽然已发展了巨量的 4G、5G 用户，然而它们对农村用户的重视程度明显不够，其中一家运营商自 2G 至如今的 5G 都只幻想着吸引城市的高端用户，忽视乃至放弃农村用户，毕竟城市用户可以带来更高的利润。

对于 4G、5G 来说，实现农村的完全覆盖还需要高额的成本，即使中国移动此前拥有 240 多万座 4G 基站都未能有效覆盖广阔的农村地区，如今中国广电的低频 5G 恰恰解决了农村地区的广泛覆盖问题，同时兼有低成本优势。

如此一来，中国广电就能借助低成本和广覆盖优势发展农村市场。统计数据显示，目前居住在农村地区的农民仍然有超过 5 亿人，中国广电只要获得其中的六成就有望超越中国联通成为第三大运营商，而这 3 亿农村用户即使每用户平均收入（Average Revenue Per User, ARPU）低至 30 多元也能为中国广电带来千亿元收入，相比起有线电视来说无疑收入丰厚。

5G 通信作为通信服务的一种，应该如何衡量其价值从而确定其价格？我们通过劳动价值理论研究服务产品的价值，进而探讨服务产品的国际价格决定。

（资料来源：网易新闻网，2022 年 6 月 8 日，黄金频段乃第四大运营商撒手锏，农民将获得低价 5G 服务，https://www.163.com/dy/article/H9BE5BD805118AAI.html，有改动。）

3.1 基于劳动价值论对服务的阐释

3.1.1 劳动价值论的历史沿革

对于经济学范畴中价值问题的讨论可以追溯到威廉·配第、亚当·斯密、大卫·李嘉图、卡尔·马克思等古典经济学家，他们对经济学发展的一个重要的基础性贡献在于发现了价值的根本性。

1. 威廉·配第的劳动价值论

威廉·配第是英国古典经济学的创始人，马克思称之为“政治经济学之父”。

（1）威廉·配第第一次有意识地把商品价值的源泉归于劳动，用商品中包含的劳动量来界定商品价值。“假如一个人生产一蒲式耳小麦所用劳动时间和从秘鲁银矿中生产一盎司白银并运到伦敦所需劳动时间相等，后者便是前者的自然价格。”㊀

（2）威廉·配第讨论了商品价值量和劳动生产率的关系，指出商品价值量与劳动时间成正比，与劳动生产率成反比。

（3）威廉·配第认为货币价值也是由劳动量决定的。“即使从事白银的生产，可能比从事谷物的生产需要更多的技术，并有较大危险，但是结局总是一样的。假如让 100 个人在 10 年中生产谷物，又让同数的人在同一时期生产白银，我们认为白银的纯产量就是谷物全部收获量的价格。”㊁

2. 亚当·斯密的劳动价值论

亚当·斯密第一个创立了比较完备的古典经济学体系，“在亚当·斯密那里，政治经济学已发展为某种整体，它所涵盖的范围在一定程度上已经形成”。

（1）亚当·斯密把创造价值的劳动普遍化，即从具体劳动中抽象出来。与前人相比，斯密的贡献在于不管是生产金银的劳动还是生产出口商品的劳动，不管是工业劳动还是农业劳动，都是创造价值的。

（2）亚当·斯密区分了使用价值和交换价值，还讨论了二者的关系。斯密借用“钻石和水”的例子对价值的意义做了解释，说明使用价值和交换价值的区别。“价值有两种不同含义，它有时表示特定物品的效用，有时又表示由于占有某物而取得的对其他货物的购买力。前者可叫使用价值，后者可叫交换价值。”㊂斯密区分了使用价值和交换价值后，论述了二者的矛盾，使用价值很大的东西，往往具有极小的价值。

（3）亚当·斯密认为交换价值的真实尺度是劳动。人们交换物品实际上是劳动的交换，商品的交换价值是由劳动构成的，“劳动是衡量一切商品交换价值的真实尺度，任何一种物品的真实价格——要取得这物品实际上付出的代价乃是获得它的辛苦和麻烦”㊃。

3. 大卫·李嘉图的劳动价值论

大卫·李嘉图是英国古典经济学的代表性人物和集大成者，其《政治经济学及赋税原理》是具有里程碑意义的伟大著作。

（1）大卫·李嘉图进一步阐述了使用价值和交换价值的关系，指出和改进了斯密的不足。李嘉图认为，使用价值虽然不是交换价值的尺度，但交换价值必须以使用价值为前提，“一种商品如果全然没有用途或者如果无论从哪一方面说都无益于人们欲望的满足，那就无论怎么稀少也无论获得时需要费多少劳动，总不会有交换价值”㊄。

（2）大卫·李嘉图在劳动时间决定商品价值的论述中，指出商品的交换价值取决于其稀

㊀ 配第. 赋税论　献给英明人士　货币略论［M］. 陈冬野，等译. 北京：商务印书馆，1963：52.

㊁ 配第. 赋税论　献给英明人士　货币略论［M］. 陈冬野，等译. 北京：商务印书馆，1963：44.

㊂ 斯密. 国民财富的性质和原因的研究：下卷［M］. 郭大力，王亚南，译. 北京：商务印书馆，1974：25.

㊃ 斯密. 国民财富的性质和原因的研究：下卷［M］. 郭大力，王亚南，译. 北京：商务印书馆，1974：26.

㊄ 李嘉图. 政治经济学及赋税原理［M］. 郭大力，等译. 北京：商务印书馆，1962：7.

少性和取得商品所花费劳动量两个因素。“具有效用的物品，其交换价值从两个方面得来：一个是它的稀少性，另一个是获取其花费的必要时间。”㊀ 李嘉图不同意斯密关于资本积累和土地私有权出现以后，商品价值不再由劳动决定而是由三种收入决定的说法，认为斯密犯了倒果为因的错误。

（3）大卫·李嘉图对创造价值的劳动进行了比较全面和科学的分析，不仅区分了简单劳动和复杂劳动，还认识到影响价值的直接劳动和间接劳动。“生产商品的交换价值与投入在它们生产上的劳动成比例，这里所说的劳动不仅是指投入在商品上的直接生产过程中的劳动，还包括投入在实现该种劳动所需要的一切器具或机器上的劳动。”㊁

（4）大卫·李嘉图区分了个别劳动时间和社会必要劳动时间，并指出决定价值的并不是个别劳动时间而是社会必要劳动时间。“一切商品不论是工业制成品、矿产品或是土地商品，规定其交换价值的永远不是在极为有利并为具有该种生产设施的人所独有的条件下进行生产时所用较少量的劳动，而是不享有这种便利的人进行生产时所必须投入的较大劳动量。”㊂

4. 卡尔·马克思的劳动价值论

在 20 世纪即将结束的时候，英国广播公司在全球范围内举行了“千年思想家”的网上评选活动，卡尔·马克思高居榜首。马克思主义政治经济学是马克思主义的重要组成部分，是理解和研究马克思经济学思想和理论的核心领域。实践没有止境，创新没有止境，一直以来，人们都在不断深化和发展对马克思主义的认识。

（1）马克思科学地分析了商品的使用价值、交换价值和价值等基本范畴之间的联系和区别。从商品分析开始，从物品的一般有用性引申到不同使用价值的商品交换，即具有交换价值。

（2）马克思从交换价值的形成入手，引出价值的内容或实体，即抽象的人类劳动的凝结，第一次把价值从交换价值中抽象出来。

（3）马克思揭示了商品是使用价值和价值的辩证统一体，二者是对立的，又是统一的，其包含着商品经济一切矛盾的胚芽。

（4）马克思第一次提出劳动二重性原理，指出“一切劳动，从一方面看是人类劳动在生理学意义上的耗费，作为相同的或抽象的人类劳动，它形成商品价值；一切劳动，从另一方面看是人类劳动有一定目的的特殊形式的耗费，作为具体的有用劳动，它产生使用价值”㊃。具体劳动和抽象劳动，是同一劳动的两个方面，是生产商品的劳动二重性，商品的二重性由劳动二重性引起并决定。

（5）马克思认为劳动是生产商品和价值的劳动，而不是一切社会都存在的、作为人类生产条件的“劳动”本身。历史上，生产价值和剩余价值的劳动，比原始社会非商品经济的劳动出现得晚，生产商品和价值的劳动是个历史范畴。

马克思在阐述劳动价值论时强调，不是从价值概念出发，而是从商品分析出发才能揭示

㊀ 李嘉图．政治经济学及赋税原理［M］．郭大力，等译．北京：商务印书馆，1962：7.

㊁ 李嘉图．政治经济学及赋税原理［M］．郭大力，等译．北京：商务印书馆，1962：19.

㊂ 李嘉图．政治经济学及赋税原理［M］．郭大力，等译．北京：商务印书馆，1962：60.

㊃ 马克思．资本论：政治经济学批判　第一卷［M］．中共中央马克思恩格斯列宁斯大林著作编译局，译．北京：人民出版社，1975：60.

出价值，这在方法论上有重要意义。第一，坚持了唯物论，突出经济分析的出发点是具体的客观事物，而不是抽象的概念。第二，坚持了辩证法，认为价值范畴的发展并不是价值和使用价值的区别和联系，强调价值是商品的社会属性，是历史的范畴。其实，马克思所指的劳动，是“已经化为没有质的区别的人类劳动”，即抽象劳动。这种抽象劳动是简单平均劳动，是生产性的简单平均劳动。所谓抽象劳动，就是将各种不同的有用劳动的具体形式抽掉，还原为无差别的一般人类劳动耗费的那种劳动。马克思把劳动定义为撇开具体形式，只是人类脑力和体力的消耗。抽象劳动形成商品的价值实体，商品价值量的大小，取决于抽象劳动时间的多少。这里的抽象劳动，既然是一般劳动的耗费，因而其内容可以折算为平均简单劳动的耗费。简单劳动，是每个普通人平均具有的简单劳动的耗费，而包含较多技巧和知识的复杂劳动是自乘的或多倍的简单劳动。

3.1.2　服务的使用价值和价值

1. 服务的使用价值及一般特征

（1）服务产品的使用价值。服务产品具有使用价值——非实物使用价值。首先，这种使用价值像其他一切使用价值一样，具有满足人的某种需要的功能，或是具有满足人的某种需要的效用，这是使用价值的共同特征。其次，非实物使用价值是构成社会财富的重要内容。人们追求经济利益的目的是获得多样的使用价值，以满足自身多方面的需要。所以，财富与使用价值相互依存，不论财富的社会形式如何，使用价值总是构成社会财富的物质内容。随着社会生产力的发展，使用价值本身也在不断发展变化。农业社会主要以农业使用价值，即农产品为财富内容；工业社会主要以工业使用价值，即工业品为财富内容。在现代社会，满足各种需要的社会财富日益分为以实物使用价值为内容的实物财富和以非实物使用价值为内容的精神财富，且后者的比重正在上升。最后，非实物使用价值也是交换价值的物质承担者。马克思指出，商品以铁、小麦等使用价值或商品物的自然形式出现，它们之所以是商品，因为是二重物，既是使用物品又是价值承担者。价值本质上是商品生产者互相交换劳动的一种社会关系，因此它必须以劳动产品的交换为前提。产品只有具有使用价值，才能被投入交换，进而被衡量交换价值和价值。这就决定了价值必须以使用价值为承担者。只要使用价值具有能满足对方某种需要的有用属性，交换顺利完成，它就可以并且实际上充当了交换价值的承担者。非实物使用价值既然能够实现作为使用价值的职能，它同样可以充当交换价值的物质承担者。所以，服务产品具有和实物产品一样的特征。

（2）服务使用价值的一般特征。无论生产者服务还是消费者服务，其使用价值具有的共同特征是：

1）服务产品使用价值具有消费替代性。所谓消费替代性，是指不同产品的使用价值因具有相同或相近的消费功能，可以在生产或生活消费中互相替代的性质。人们消费一种服务产品，可以同时减少对实物产品的消费，或减少对另外一些服务产品的消费。这里的替代既包括对服务产品的替代，也包括对部分实物产品的替代。

2）服务产品使用价值具有消费互补性。所谓消费互补性，是指不同产品虽然使用价值的功能不同，但由于使用属性之间的联系，在消费中构成互相依存、互相补充的关系。旅游业的发展会带动运输业，旅游业和运输业两者之间具有消费互补性。

3）服务产品使用价值具有消费引致性。所谓消费引致性，是指某种产品与其他产品在功能上存在因果联系，只要消费这种产品，就将引起一系列其他产品的消费。如购买汽车必然增加对汽油的消费一样，对教育的消费必然促进教育服务业的发展。

服务产品的使用价值具有消费替代性、消费互补性和消费引致性的根本原因是，非实物使用价值具有一切使用价值的共性——可消费性。

当然，服务产品的使用价值与实物产品的使用价值不同。服务产品的使用价值具有非实物特性，这是一种在活动形态上提供的、不能离开服务劳动单独存在的特殊使用价值。实物产品的使用价值的生产、交换和消费一般分开进行，生产者和消费者，生产领域、流通领域和消费领域泾渭分明。

服务产品的交换是生产的前提，生产与消费同时进行，一旦生产结束，消费也告以完成。这是服务产品的使用价值的主要特征——生产和消费的同时性。

此外，服务产品的使用价值具有非储存性。由于具有某种物质形态，实物产品可以储存，而服务产品不具有物理的或化学的性质，不能以使用价值形式单独存在。不过，服务产品的使用价值可以变相储存。比如物化服务，将服务产品的使用价值实物化为某种带有服务内容的实物产品，并通过储存这种使用价值，保存与服务产品类似的服务。

服务产品的使用价值还具有非转移性。非转移性是指有些服务产品的使用价值不能从生产地转移到其他销售地。例如，消费者必须到旅游提供者所在地消费旅游服务，因为服务产品，如自然景观、历史建筑等不能转移。这使得服务产品的生产与消费存在空间上的不一致，这个矛盾必须通过生产者和消费者的相对位移来解决。服务产品的使用价值虽然具有非转移性，但其所有权是可以转移的。在其尚未被生产时，可以通过交换使未来所有权发生多次转移。

服务产品的使用价值的以上特征造成其再生产具有更大的局限性。实物产品的使用价值的可储存性、可转移性等使其产品价值的实现所遇到的矛盾能得到一定程度的缓和。但是，服务产品的使用价值的非储存性、非转移性等决定了其在生产的同一时刻、同一地点必须获得产品价值，立刻实现价值补偿，这是比实物产品的价值补偿更为“惊险的跳跃”。

2. 马克思劳动价值论中的服务价值

当前，物质生产部门的劳动占社会总劳动的比例越来越低，为生产生活提供服务的众多非物质生产部门，在国民经济中的比重日益提高，这为我们提出了新的研究课题。服务业的劳动是不是生产性劳动，是否创造价值？国内经济学界存在以下两种倾向：

第一种倾向，服务劳动不创造价值。

（1）只有那些既能为社会生产物质财富，又能为社会生产剩余价值或净产值的劳动才是生产性劳动，否则就是非生产性劳动。所以，服务劳动不是生产性劳动。

（2）服务领域的劳动者和资本家收入（$v+m$）不是服务劳动者创造的，而是通过国民收入的再分配由物质生产领域转移过来的。物质生产领域的工人和资本家用其收入支付服务时就是如此。

（3）服务劳动不形成价值，它之所以能带来利润和资本增值，是因为资本主义经济的竞争与利润平均化的市场机制的作用。物质生产部门创造的价值以类似生产价格形成的方式转化为服务生产价格，不仅补偿服务成本，而且无偿地给服务领域资本家带来了物质生产劳动创造的剩余价值。

第二种倾向，服务劳动创造价值。

（1）服务劳动是生产性劳动，纳入社会劳动的范畴，是创造价值的。这里的社会劳动是指从事物质生产和非物质生产的各种劳动。

（2）并非服务业中的所有劳动都能创造价值，只有那些为物质商品生产和生活服务的具有生产性的服务劳动才创造价值，而那些非生产性服务劳动不创造价值。

（3）不以生产性劳动和非生产性劳动的区分作为衡量服务劳动能否创造价值的标准，而是以是否创造使用价值作为判断是否创造价值的唯一标准。这其实已经偏离了马克思劳动价值论，转变到有用性，即效用的观点上去了。所以，虽然认同服务劳动同样创造价值，但本质上是效用创造价值，背离了马克思劳动价值论。

两种倾向产生分歧的原因在于对服务劳动、生产性劳动等的范畴尚未厘清。马克思是这样界定服务的："服务这个名词，一般地说，不过是指这种劳动所提供的特殊使用价值，就像其他一切商品也提供自己的使用价值一样。但是，这种特殊的使用价值在这里取得了'服务'这个特殊名称，是因为劳动不是作为物，而是作为活动提供服务的。"㊀首先，这个定义肯定了服务具有使用价值，是劳动产品，是社会财富，可以投入市场进行交换；其次这个定义指出了服务同其他商品的差别只是形式上的，商品具有实物的形式，而服务则体现为一种活动形式。

3. 服务劳动创造价值的原因和形式

服务劳动创造价值的原因是服务劳动其实与生产物质产品的劳动一样，具有凝结性、社会性和抽象等同性㊁。

服务产品生产过程中的劳动，凝结在服务产品活动形式的使用价值上，形成价值实体。劳动价值论认为，价值是无差别的人类劳动的凝结，但不能据此认为没有实物形态的产品就没有劳动凝结，从而没有价值。马克思在论述商品价值时精辟地指出，"同商品物的可感觉的粗糙对象性正好相反，在商品物的价值对象中连一个自然物质原子也没有"㊂。劳动价值论中劳动的凝结并非指劳动一定要固化在可以捉摸的物品上。服务劳动的凝结有其自身特点，即凝结性与活动性相结合。凝结过程完成，服务消费者的状况改变，但服务本身也消失了，不能再与其他商品交换。也就是说，服务劳动一边在凝结，一边又作为实际存在的凝结劳动被消费着。

劳动的凝结性是生产商品的劳动获得价值性的物质基础，而生产商品的劳动必须取得价值性的社会原因是生产商品的劳动的私人性与社会性的矛盾。对于服务产品来说，由于生产和消费在时间上的同一性，服务生产一开始，消费同时开始，私人劳动就被承认为社会劳动。

就服务的经济功能而言，主要有三种服务劳动的价值形式：

（1）生产者服务。作为对商品生产者提供的服务，直接购买者为厂商，最终消费者的核心购买对象是实物产品，并非服务。

㊀ 马克思，恩格斯．马克思恩格斯全集：第二十六卷　第一册［M］．中共中央马克思恩格斯列宁斯大林著作编译局，译．北京：人民出版社，1972：435.

㊁ 李慧中，程大中．国际服务贸易［M］．北京：高等教育出版社，2007：42.

㊂ 马克思．资本论：政治经济学批判　第一卷［M］．中共中央马克思恩格斯列宁斯大林著作编译局，译．北京：人民出版社，1975：61.

（2）消费者服务。作为满足人的多种生活需要的服务，消费者服务分为满足人的精神需要和人的物质需要两种服务。前者如艺术服务，后者如客运服务。这类服务的特点是，直接购买者为最终消费者，消费者购买的核心对象是服务本身，与物无关。

（3）分销服务。消费者为获取实物产品需要连带购买的服务。这类服务被提供给消费者，但与消费者服务不同，它与物没有完全脱离。消费者购买分销服务的同时一定购买了实物产品，消费者是为购买实物产品而购买这类服务的，不是为购买这类服务而购买实物产品。

3.2 服务的国际价值形成及其决定

3.2.1 服务产品的市场价值

用于交换的服务产品在商品经济中具有交换价值和价值。服务产品的市场价值就是凝结在非实物使用价值上的、获得社会表现的一定量的抽象劳动。服务产品市场价值的决定具有与实物产品相同的特征。

1. 服务产品的供给价值

商品是使用价值和价值的对立统一体，商品的二因素是由生产商品的劳动二重性决定的，其中，具体劳动决定商品的使用价值，抽象劳动决定商品的价值。抽象劳动作为生产过程中劳动者体力和脑力的耗费，即活劳动的耗费，构成商品价值的实体。但由于生产同种商品的不同企业的生产条件和劳动者素质不同，生产同一商品耗费的活劳动时间不同，使个别劳动时间长短不一。这些不同的个别劳动时间是否形成价值呢？这就要求解决同种商品价值量的决定问题。商品是用来交换的劳动产品，只有通过商品交换，即劳动量的交换，才能体现劳动者的相互关系，才能通过对商品价值运动的分析揭示被物所掩盖的人与人的关系。马克思指出，个别劳动时间形成商品的个别价值，但价值的社会属性又使个别价值必须转化为社会价值，不同企业生产的同种商品的价值必须接受同一尺度的检验，这一尺度就是社会必要劳动时间。它既决定了同种商品的价值量，又是个人劳动转化为社会劳动、个别价值转化为社会价值的分水岭。商品的个别价值只有等于或低于这一价值量，才能转化为社会价值，否则就只能部分转化或完全得不到转化。这一转化过程的进行，正是劳动者之间发生经济联系的过程。

以上是马克思为揭示商品价值的本质而提出商品价值量的决定问题，其理论分析的前提假定包括以下四个方面：

（1）以个别企业为对象，分析个别企业因生产条件的不同使商品的个别价值低于或高于社会价值，把由社会必要劳动时间决定的价值量作为常数。

（2）从生产过程分析商品价值的构成，认为商品价值由生产过程中活劳动新创造的价值和耗费的生产资料价值共同构成，排除了交换行为及各种交易费用对商品价值量的影响。

（3）仅从供给角度阐述商品价值的形成，没有考虑需求因素的影响。

（4）以抽象的市场分析确定价值量，排除了市场信号变动的影响。

尽管上述分析是以实物产品为对象，但具体原理同样适用于服务产品市场价值的决定。马克思对商品价值决定的分析是在生产过程内部，从供给角度进行的。“它们不仅是满足人的需要的使用价值，而且这种使用价值以一定的量出现在市场上。商品的量还有一定的市场价值，个别市场价值表现为单位商品的或单位商品量的市场价值的倍数。”㊀ 这就是说，商品具有使用价值和价值的二重性，后者只就供给角度而言，实际上相当于马克思所说的“价值一般”，也可称为供给价值。在质上，它是由供给一方单独决定的；在量上，它是由社会必要劳动时间规定的。由供给价值决定的价格为供给价格，在货币价值量既定和一般静态均衡条件下，二者在量上是一致的。由于供给价值同生产商品所耗费的社会必要劳动时间成正比，同劳动生产率成反比，在其他条件不变的情况下，劳动生产率越高，同一时间生产的使用价值越多，单位商品的供给价值就越少，供给价格也就越低。

2. 服务产品的需求价值

这里，需求是指有支付能力的、实现交换价值的需求，包括使用价值和价值的二重性。马克思对需求的分析，强调了需求的阶级性，指出调节需求本质上是由不同阶级的相互关系和它们各自经济地位决定的。这一方面表现为 全部剩余价值和工资的比率；另一方面表现为构成剩余价值各成分的不同比例，即利润、地租、赋税等。这实际上是需求的质的规定性。从量的角度来看，消费者消费的一定量商品代表着一定量的社会必要劳动时间。

由此可见，需求是消费者在对商品使用价值估价的基础上，对商品的实际购买能力。对一定量使用价值的购买代表着一定量价值，或是一定量社会必要劳动时间的需求，这种来自价值角度的需求可以称为需求价值，现实中表现为消费者的实际购买能力。由于服务产品使用价值的特殊性，不像实物产品那样在生产过程中由社会必要劳动时间决定其价值量。服务产品生产和消费的同一性，造成其价值决定的特殊性：由供给价值和需求价值共同决定。总需求价值是消费者对商品需求量的总和，规模取决于社会必要劳动时间。“只有当全部产品是按必要的比例进行生产时，它们才能卖出去……为了满足社会需要，只有这样多的劳动时间才是必要的。”

由此，要实现供求平衡，满足消费者需要，不仅要求在每个商品生产过程中耗费必要劳动时间，同时要求把社会总劳动量，按必要的比例分配在不同的商品上。在需求不变的条件下，分配到某种商品生产上的社会必要劳动时间增多，商品的供给量增多，全社会对该商品的总需求量会相对减少，对该商品的总需求价值量也会减少，这时商品的市场价值由需求价值决定，决定的价格称为需求价格，现实中表现为消费者在购买商品时所能接受的价格，它与商品的需求价值成正比。

3.2.2　服务产品的市场价格

如上所述，服务产品的市场价值不是只由社会必要劳动时间，即供给价值决定，而是由供给价值和需求价值以一定比例共同决定。供给价值和需求价值实际上是从供求两方面，从价值量的角度，规定商品的市场价值。当商品的供给价值超过需求价值时，由于消费者购买能力的制约，商品的市场价值趋近于需求价值；当需求价值超过供给价值时，由于供给价值所代表的社会必要劳动时间的制约，商品的市场价值趋近于供给价值。供给价值和需求价值失衡，意味着两种含义的社会必要劳动时间的要求不一致，商品的市场价值在供给价值与需求价值间上下波动，现实中表现为市场价格围绕市场价值上下波动。

㊀ 马克思，恩格斯．马克思恩格斯全集：第二十五卷［M］．中共中央马克思恩格斯列宁斯大林著作编译局，译．北京：人民出版社，1974：208.

市场价格作为市场价值的具体表现形式，是由市场价值决定的。市场价格的变化在一定程度上反映了市场价值的变动，从而体现了两种含义的社会必要劳动时间比例关系的变动。在现实中，由于供求、竞争等因素的影响，市场价格往往与市场价值背离，其方向和程度取决于供给价值和需求价值比例关系的变动。“供求实际上从来不会一致，如果它们达到一致，那也是偶然现象，可以看作没有发生过的事情。”供求平衡是偶然的、暂时的现象，供求不平衡则是必然的、长期的现象。当供大于求时，生产者的商品供给量必然超过消费者有支付能力的需求，造成价格向下的压力，甚至还会有部分商品得不到社会承认，价值无法实现。这时，市场价格表现的市场价值更趋近于需求价值。当供不应求时，消费者对商品的需求量超过生产者的供给量，造成价格向上的压力，市场价格表现的市场价值更趋近于供给价值。正是由于市场价格围绕市场价值上下波动，引导市场主体调整经济行为，使得供求逐渐趋于平衡。

3.2.3 服务产品国际价值的决定

1. 生产者服务

首先，生产者服务直接参与实物产品使用价值的形成，其本身作为生产性劳动发挥作用，创造新价值，增加产品价值总量。比如商业服务、运输服务、建筑服务等，这些服务创造的价值作为供给价值进入市场。当然，生产者服务产品国际价值的最终决定还应考虑需求价值的因素。

其次，由于社会分工的不断深化，部门间的联系日益加强，生产性劳动的范围逐渐扩大。创造价值的劳动主体不仅是生产实物产品的直接劳动者，还包括实物产品生产过程中不可缺少的生产者服务部门的劳动者。发达国家产业结构调整过程中服务业所占比重上升，高新技术部门在国民经济发展中的突出地位为此佐证。

最后，生产者服务部门提供的商品和实物商品一样，具有商品的二因素。这些服务既创造商品的使用价值，也创造价值。从价值形成的角度来看，与消费者服务不同的是，生产者服务主要作为中间性投入、作为生产过程中的基本要素发挥作用，其价值作为实物产品价值的一部分在市场上表现出来。

2. 消费者服务

消费者服务在服务业生产活动中占据中心地位，从使用价值的角度来看，服务的使用价值是无形的，随活劳动的消失而消失，其服务生产部门的产品价值亦由供给价值和需求价值共同决定。

首先，消费者服务部门提供的使用价值都是无形的，只有在供给方和需求方并存的条件下才作为商品进入市场，这种使用价值的不可储存性决定了供给和需求必须共同参与价值的形成。

其次，消费者服务不能独立作为服务产品进入市场，其基本条件之一是交换的存在，是供给者为消费者提供了能够满足某种需要的使用价值。发生交换的前提是供给方和需求方对服务产品的价值判断，其不是双方的主观感受，而是长期经济活动中通过市场竞争和交易形成的，即马克思所说的市场价值，在国际市场上表现为国际价值。它以货币形式表现时，就是服务产品的市场价格。受到市场因素的影响，服务产品价格上下波动，只是在不同的市场条件下具有不同的特征。封闭经济条件下，同种服务产品的市场价值最终取决于社会活劳动在该部门分配的数量及全社会对该使用价值的需要量；开放经济条件下，需要增加考虑服务产品的进出口和生产要素的流动对服务产品国际价值决定的影响。

再次，消费者服务有时可以采取物化服务的形式，使之具有实物产品的形式，表面上其价值也是由产品生产的社会必要劳动时间决定，但消费者购买的目的不是看得见的实物形态，而是凝结其中的服务，实物只是这些服务的载体。因此，物化服务的价值决定和其他服务产品一样，都是由供给价值和需求价值共同决定的，实物部分只占商品价值构成的极小比重。

最后，不同条件下服务产品国际价值的决定存在差异。比如旅游服务，自然景观和人文景观等服务产品的供给方处于实际的垄断地位，产品的价值决定取决于服务提供者，供给价值在其中扮演更重要的角色。但对于教育服务，服务产品可以随着生产规模的扩大而增加，不具有明显的垄断性。与旅游服务相比，教育服务的需求价值作用更大。

3. 分销服务

分销服务的供给和需求派生于对商品的直接需要。其中，锁住型分配服务不与商品生产的特定阶段相分离，只能作为商品生产过程或其延伸阶段的一部分，其价值或成本完全附着在有形商品之上。自由型分配服务也同有形商品紧密联系，但其可外化为独立的市场交易对象。一方面，分销服务的价值决定和生产者服务相似，都与实物产品密切相关。比如锁住型分配服务就是作为生产过程在流通领域的延伸，其本身能够创造价值。另一方面，有些自由型分配服务与实物产品没有直接联系，服务价值的决定不同于生产者服务，并非主要取决于生产过程。

如果把服务产品分为重复型服务产品和创新型服务产品，则其国际价值量的决定具有如下特点：

第一，重复型服务产品国际价值量的决定。运输、旅游、医疗和教育服务等可以不断重复生产，其价值由生产该项产品所耗费的社会必要劳动时间决定。它们具有可重复性、不可扩散性和独享性等特征。服务产品消费者必须拥有其物质载体——服务过程，非拥有者不能分享其使用价值。市场经济条件下众多服务产品提供者提供相同类型的这类服务，而不同的服务产品提供者具有各不相同的个别劳动时间。这种差异引起市场竞争，最终形成社会必要劳动时间，从而决定服务产品的国际价值。

第二，创新型服务产品国际价值量的决定。科学发明、建筑设计等服务首次反映人类以前未曾认识的客观规律、表现形式等，具有不可重复性和创新性。创新型服务产品具有扩散性和共享性，其价值量由最先生产这种产品所耗费的个别劳动时间决定，这时其作为社会必要劳动时间发挥作用。一般而言，创新型服务产品是在前人和许多人同时工作的基础上获得的。这些产品的价值量，不能只依据创新者本身的劳动，还要考虑同一领域和相关领域过去和现在众多劳动者的工作。正如某些稀有商品的价值，马克思指出，“金刚石在地壳中是很稀少的，因而发现金刚石平均要花费很多劳动时间，很小一块金刚石就代表很多劳动。”㊀

在此，将以上分类阐释的服务产品国际价值的决定总结如下：

首先，服务产品国际价值决定是总量决定。社会必要劳动时间在既定条件下确定全社会的总需求价值，需求价值总量通过收入分配形成了消费者实际购买力，进而转化为消费者对

㊀ 马克思，恩格斯．马克思恩格斯全集：第二十三卷［M］．中共中央马克思恩格斯列宁斯大林著作编译局，译．北京：人民出版社，1972：157.

商品的需求价值。这一转化过程是以供给价值为基础，在市场机制中完成的。两种社会必要劳动时间相互作用，表现为供给价值和需求价值共同决定服务产品国际价值的过程。

其次，服务产品国际价值由供求共同决定。这里的供求是指供给价值和需求价值，而不是使用价值的供求。二者的主要区别在于前者是以价值规律为基础，反映了按比例分配社会劳动的客观要求，具有一般性、抽象性等特点；后者则是供求规律的直接体现，从物质形态反映市场上供求力量的对比消长。供给价值和需求价值共同决定服务产品的国际价值，现实中最终表现为对使用价值的供求。两种供求之间的联系可以概括为内容和形式、抽象和具体的辩证关系。

最后，服务产品国际价值以现实市场为基础，受社会再生产过程中多种因素的制约。商品价值是在生产领域形成的，排除了多种经济因素的影响，有利于揭示价值的本质。国际价值主要解决价值量的决定问题，需要从抽象上升到具体，分析社会经济活动即商品经济条件下的市场活动对国际价值形成的影响，比如社会资源的配置、国民收入的分配及市场功能等，都在一定程度上对国际价值的决定产生影响。

3.2.4 服务产品的国际价格

国际价格是国际价值的货币表现，取决于商品的国际价值和货币价值，其变动受国际价值规律的支配。服务产品的国际价格和其他商品一样，是指在一定条件下形成的世界市场上实际交易所依据的价格。另外，随着供求、垄断和竞争等一系列因素的变化，服务产品的国际价格受到不同程度的影响。

1. 国际价值是国际价格的基础

国际价值决定国际价格的形成，制约着国际价格的长期变化。当新产品出现于国际市场时，没有进行社会化大生产，尚未通过充分竞争缩短社会必要劳动时间，耗费的国际社会必要劳动时间较多，包含的国际价值量较高，国际价格表现较为昂贵。随着劳动生产率的提高和产量上升，或服务提供者数量增加，商品的国际价值会逐步降低，价格下跌。国际价值是国际价格变动的轴心。当供求平衡时，商品的国际价格同国际价值一致；当国际市场出现短缺，供不应求时，国际价格背离国际价值而上升；当国际市场出现过剩，供过于求时，国际价格降低到国际价值以下。供求影响商品价格的上下波动，价格变动又会反过来影响商品的供应和需求，供求逐渐趋于平衡，从而使国际价格长期来看和国际价值趋于一致。

在不完全竞争条件下，国际价格容易背离国际价值。但是，垄断不能排除竞争，只能与其并存，且在一定程度上使竞争更为激烈，所以国际价格不会长期背离国际价值。国际价格始终受到价值规律的支配，以至于国际价格与国际价值趋于一致。

2. 货币价值是影响国际价格的基本要素

国际价格是国际价值的货币表现。国际价格的变动，不仅决定于国际价值，还依赖于货币价值。马克思指出，商品价格只有在货币价值不变、商品价值提高时，或在商品价值不变、货币价值降低时，才会普遍提高。反之，商品价格只有在货币价值不变、商品价值降低时，或在商品价值不变、货币价值提高时，才会普遍降低。金本位制条件下，商品的价格，既可以在商品价值变化的影响下上升或下降，也可以在黄金价格的影响下上升或下降。在商品价值不变的情况下，价格会随黄金价值的升降成反比例变动。黄金价值下降，商品价格就提高；黄金价值提高，商品价格就下降。例如，15 世纪末和 16 世纪初“地理大发现”以后，大量廉价的黄金源源不断流入欧洲，引起物价上涨。

3. 供求关系直接影响国际价格

商品供求是引起国际价格变化的直接原因，其对国际价格的影响包括以下几种情况：

（1）当供给急剧增加而需求不变时，国际价格下跌。当商品供给有利可图时，生产者增加生产，扩大市场供应，可能导致生产过剩。市场表现为供过于求，造成价格下跌。供求关系直接影响着服务产品的价格变动，虽然服务产品不具有可储存性等特点，但相对过剩的生产能力与不足的需求相比，同样使买方在竞争中处于有利地位，引起服务产品的国际价格下跌。

（2）当供给减少而需求不变时，国际价格上涨。当商品生产成本增加，或其他原因导致利润减少，生产者缩小规模，可能出现商品短缺。市场表现为供不应求，造成价格上涨。另外，当需求扩大而供给不变时，国际价格也会上涨。买方竞争容易使消费者愿意以更高的价格购买所需商品，引起需求扩张，刺激价格上涨。

（3）当供给和需求同时增加时，如果供给增加的程度大于需求增加的程度，国际价格下跌；如果需求增加的程度大于供给增加的程度，国际价格上涨。相反，当供给和需求同时减少时，如果供给减少的程度大于需求减少的程度，国际价格上涨；如果需求减少的程度大于供给减少的程度，国际价格下跌。

以上供给和需求的价格弹性理论虽然是在分析实物产品的基础上提出的，但其一般理论分析对认识服务产品的国际价格变动同样具有重要意义。

【专栏】

价值理论在国际服务贸易中的拓展

劳动价值论的横向发展形式的本质，是价值概念的外延的扩大，即从国民价值扩大到国际价值；纵向发展形式则是要素外延的扩大，即从劳动单要素扩大为生产过程多要素。从横向发展形式看，在国际服务贸易中，价值增值机制是国际价值规律的核心，即在世界市场上，流通不创造价值，但价值增值是在流通过程中形成的；交换是等价的，但交换的结果产生了增值，其本质是服务的国际价值量与国民价值量是不相等的，国际服务贸易把两个不同的价值系统连接起来，改变了服务的相对位置（价值参考系），使同一服务产品以不同尺度衡量产生差别。从纵向发展形式看，国际服务贸易中，各国劳动生产率的差异决定了全部国际经济联系的内容与特点；各国劳动生产率结构的差异，决定了国际服务交换的结构。决定劳动生产率的并非仅仅是劳动，而是包括劳动在内的一切生产要素：资本、自然资源、生产技术（非劳动者个人技能）以及生产的组织管理等。非劳动要素通过决定劳动生产率而决定社会必要劳动时间，进而决定劳动创造价值的量。服务在国际的流通，可进一步加强国际分工，国际分工又会一方面提高不同国家在不同服务产品的生产率，减少其国内社会必要劳动时间；另一方面增大各国之间不同服务产品生产率的差别，使服务贸易的价值增值增大。这就是国际服务贸易的价值理论分析。

［引自：庄惠明、孔令强，试析马克思的劳动价值理论与现代服务价值理论述评，《生产力研究》，2007 年第 19 期。］

【重要概念】

服务产品的供给价值；服务产品的需求价值；重复型服务产品；创新型服务产品

【思考题】

1．试述服务的使用价值及其一般特征。

2．服务劳动创造价值吗？为什么？

3．阐述服务产品国际价值的形成过程。

4．如何决定服务产品的国际价格？

【课后阅读材料】

[1] 马克思，《马克思恩格斯全集》(第二十三卷)，人民出版社，1972年。

[2] 马克思，《马克思恩格斯全集》(第四十六卷上)，人民出版社，1979年。

[3] 马克思，《政治经济学批判大纲（草稿）：第二分册》，人民出版社，1978年。

[4] 钱伯海，《社会劳动价值论》，中国经济出版社，1997年。

[5] 王君，《28位专家学者谈劳动价值论的再认识》，中共中央党校出版社，2001年。

[6] 庄惠明、孔令强，试析马克思的劳动价值理论与现代服务价值理论述评，《生产力研究》，2007年第19期。

第4章

传统贸易理论与国际服务贸易

【学习目标】

1. 了解绝对优势理论在服务贸易领域的演化
2. 掌握比较优势理论对服务贸易的适用性
3. 应用要素禀赋理论解释服务贸易

【引导案例】

自2004年《内地与香港关于建立更紧密经贸关系的安排》(CEPA)实施以来，内地与澳门通过CEPA系列政策措施不断扩宽及深化经贸合作。进一步促进两地服务贸易紧密合作，提升服务业开放水平，推动澳门经济适度多元发展。双方于2019年11月20日签署《关于修订〈CEPA服务贸易协议〉的协议》，并于2020年6月1日正式实施。

修订协议进一步放宽澳门企业进入内地服务市场的门槛，其中所涉及的开放领域包括金融、法律、会计、建筑及工程、文化、旅游、分销、教育等多个服务，在原有基础上增加开放措施，为澳门企业及专业人士到内地发展提供更便利的条件。同时，内地对澳门完全实现国民待遇的服务部门由62个增加至69个，包括会计、建筑及设计、工程、设备维修和保养、批发销售、铁路运输及货运代理等服务。澳门服务提供商进入内地市场可享有与内地投资者同样的市场准入条件，为澳门企业开拓内地庞大市场创造了有利环境。

《关于修订〈CEPA服务贸易协议〉的协议》制定多项在粤港澳大湾区先行先试的开放措施，推动澳门与大湾区深度融合，在包括金融、法律、税收、教育、建筑工程及旅游等服务领域上创设更优惠的市场进入条件，开放更多领域的投资机会，为澳门企业及专业人才在通过粤港澳大湾区提升服务业方面的能力和素质创造了更好机遇，有利于促进在粤港澳大湾区内实现服务贸易全面自由化。

《关于修订〈CEPA服务贸易协议〉的协议》为澳门服务业界到内地发展注入新动力、创造新条件、带来新契机。期望澳门服务业企业及专业人士抓住CEPA带来的商机，发挥自身优势，提升竞争力，加强与内地互利合作，以拓展更广阔的发展空间。

CEPA协议的签署大大促进了内地与港澳之间的服务贸易交流，这是否意味着诸如比较优势理论等传统贸易理论也适用于服务贸易？

(资料来源：商务部，2020年6月8日，《关于修订〈CEPA服务贸易协议〉的协议》6月1日起正式实施，http://mo.mofcom.gov.cn/article/zwjiaqi/202006/20200602971915.shtml，有改动。)

众所周知，传统贸易理论[㊀]的研究对象仅限于货物贸易，无论是亚当·斯密的绝对优势理

㊀ 这里的传统贸易理论，包括以绝对优势理论和比较优势理论为代表的古典贸易理论，以及以要素禀赋理论及其扩展模型为代表的新古典贸易理论。

论、大卫·李嘉图的比较优势理论，还是赫克歇尔与俄林的要素禀赋理论，模型的基本假设和主要结论完全基于货物商品的国际交换，没有考虑服务这种特殊商品在国家间的流动。20世纪70年代以来，服务贸易迅猛发展，逐渐成为国际贸易的主要内容，这从客观上要求必须将服务贸易纳入国际贸易理论的研究视野，通过建立服务贸易的全新理论或者检验传统贸易理论对服务贸易的适用性，使服务贸易领域的理论发展跟上实践的脚步。

其中，传统的货物贸易理论对服务贸易的适用性问题最为引人关注，逐渐形成以下三种代表性观点：

第一种观点，服务贸易与货物贸易并无本质区别，传统贸易理论可以适用服务贸易。萨丕尔等（1981）针对货运、客运和其他服务的经验分析认为，传统贸易理论适用于服务贸易，要素禀赋在服务贸易模式的决定中依然起着重要作用。辛德利等（1984）指出，比较优势理论在逻辑上有能力超越服务贸易和货物贸易的差别。理查德·库伯（1988）则坚定地认为，“作为一个简单的思想，比较优势论是普遍有效的……对比较优势理论的依赖基于一个简单的命题，即每个团体专注的共同利益正是自身效率更高的那项活动带来的。这个命题总是有效的，试图解释各个团体所拥有的比较优势结构的不同理论确实存在。正如存在于商品生产中那样，比较优势也存在于服务业中。”

第二种观点，传统货物贸易理论完全不适用，也不可能适用于服务贸易。迪克等（1979）利用显性比较优势指数分析要素禀赋对服务贸易的影响，认为货物贸易理论提出的比较优势和要素禀赋不能决定服务贸易。此外，桑普森和斯内普（1985）提出，由于国际服务贸易不能满足货物贸易理论的假设前提，传统贸易理论不足以解释服务贸易。希尔（1977）则从度量的角度指出，生产者和消费者均可对交易做出贡献，而且“与商品生产相比，服务生产者的改变与消费者是一体的……基本‘投入’不断为消费者所拥有”。所以，把比较优势理论应用于服务贸易，存在明显的度量问题。

第三种观点，当前国际经济学界的多数学者认为，传统贸易理论的合理内核可以解释服务贸易，但必须经过一定的改良，才能使之完全适用于服务贸易。在此方面出现了众多服务贸易理论模型，比如迪尔道夫（1985）、桑普森和斯内普（1985）、塔克和森德伯格（1988）、伯格斯（1990）等。

4.1　绝对优势理论与国际服务贸易

4.1.1　绝对优势理论的基本内容

亚当·斯密在《国民财富的性质和原因的研究》中提出了绝对优势理论，用以解释国际贸易的动因。

绝对优势是指在某一商品的生产上，一国的劳动生产率（生产1单位商品耗费的时间）高于另一国，该国在这种商品的生产上具有绝对优势。绝对优势理论的基本内容是：每个国家都拥有生产某种商品的绝对优势，如果它们都按照自己的绝对优势专业化分工和生产，然后进行交换，则对所有国家都是有利的。

假定世界上仅有两个国家——A国和B国，两国均生产小麦和布匹。在未发生贸易时，两国都要生产这两种产品以满足国内需要。

从表 4–1 可以看出，A 国在小麦生产上拥有绝对优势，B 国在布匹生产上拥有绝对优势。按照绝对优势理论，A 国专门生产小麦，B 国专门生产布匹。

表 4–1 分工前的两国生产

国 家	小 麦		布 匹	
	劳动小时数 /h	产量 /t	劳动小时数 /h	产量（匹）
A 国	100	120	100	100
B 国	150	120	50	100

进行表 4–2 所列的分工生产后，两国交换小麦和布匹，用以满足各自国内对两种商品的需要。A 国以 120t 小麦与 B 国的 200 匹布交换，双方都能获得额外的好处。国际贸易和专业化分工为整体带来了收益增加。

表 4–2 分工后的两国生产

国 家	小 麦		布 匹	
	劳动小时数 /h	产量 /t	劳动小时数 /h	产量（匹）
A 国	200	240	0	0
B 国	0	0	200	400

绝对优势理论第一次从劳动价值论的视角阐述了国际贸易发生的基础和动因，指明了贸易双方通过分工和交换达到双赢的理论依据。但是，绝对优势理论存在一定局限，该理论成立的前提在于各国都应至少在一种商品上占据绝对优势。不过，经济发展水平相差巨大的两个国家之间，很可能其中一国的所有商品都占据绝对优势。这种情形下，按照绝对优势理论不会发生贸易，与现实存在一定脱节。尽管如此，亚当 · 斯密看到了贸易双方能够通过分工和交换获得最终资源配置的帕累托改进，这无疑是对国际贸易行为理解上的巨大进步。

4.1.2 绝对优势理论在服务贸易领域的演化

绝对优势理论在服务贸易理论发展演化过程中，并没有扮演显著的角色。究其原因，如上的绝对优势理论的局限性使得当大卫 · 李嘉图提出比较优势理论以后，人们便较少单独应用绝对优势理论解释国际贸易发生的动因。但是，这并不意味着绝对优势理论与国际服务贸易没有关系。斯密认为，贸易双方各自至少存在某种绝对优势，这种观点符合服务贸易的许多现实情形。特别是 20 世纪 80 年代以后，以杨小凯等为代表的新兴古典经济学者，利用超边际分析方法，将斯密的分工理论与科斯的交易费用理论结合起来，阐述了分工在国际贸易乃至整个经济发展过程中的关键作用，肯定了斯密绝对优势理论的合理性。这些工作无疑使绝对优势理论重获新生，也当然影响到服务贸易理论的创建和发展。

假定世界上仅有两个国家——X 国和 Y 国，两国都提供教育和医疗两种服务。未发生贸易时，两国必须提供这两种服务以满足国内需要。以服务提供者人数衡量服务量，见表 4–3。

X 国在提供教育服务方面拥有绝对优势，Y 国在提供医疗服务方面拥有绝对优势。运用绝对优势理论解释服务贸易，两国形成国际分工：X 国专门提供教育服务，Y 国专门提供医疗服务（见表 4–4）。

表 4–3 分工前的两国服务提供

国家	教育		医疗	
	劳动小时数 /h	服务量（人）	劳动小时数 /h	服务量（人）
X 国	100	200 000	100	300 000
Y 国	150	200 000	50	300 000

表 4–4 分工后的两国服务提供

国家	教育		医疗	
	劳动小时数 /h	服务量（人）	劳动小时数 /h	服务量（人）
X 国	200	400 000	0	0
Y 国	0	0	200	1 200 000

分工提供两种服务后，两国交换教育和医疗服务，用以满足国内需要。X 国向 Y 国提供能够满足 200 000 人需要的教育服务，与之交换的是，Y 国能够提供满足 600 000 人的医疗服务，双方都得到了好处。所以，服务产品的分工和交换也为整体带来了收益增加。

以上情形相对于货物贸易的实例而言缺乏事实基础，服务的跨国流动存在许多隐性成本，并非简单的产品交换就能达成，这也是服务贸易理论不能照搬传统贸易理论的重要原因之一。但是，从这个简单的例子可以看出，绝对优势理论的思想和逻辑内核，对于解释两国各有一种服务提供占优的情形，仍然存在合理性。

4.2 比较优势理论与国际服务贸易

4.2.1 比较优势理论产生的背景

18 世纪末 19 世纪初，英国人口急剧增加，工业迅速发展，随之产生对粮食的强烈需求，英国从粮食出口国转变为进口国。英法战争期间，拿破仑对英国的封锁一度造成英国粮食进口中断，引起其国内的极大恐慌。1815 年战争刚刚结束，英国政府便颁布《谷物法》，规定国内小麦价格必须高于一定水平时才允许进口，意图保护国内农业发展、保障粮食安全。《谷物法》实施后不久，英国粮食价格高涨，地租猛增，地主贵族成为主要受益者，工厂企业主却损失惨重。于是，围绕《谷物法》存废问题的激烈辩论随即展开。大卫 · 李嘉图参与了这场辩论，其比较优势思想也在此过程中渐渐形成。

1815 年，李嘉图发表《论低价谷物对资本利润的影响》一文，指出《谷物法》限制了谷物的自由进口，导致谷物价格上涨，压缩工业企业的利润空间，影响国民经济持续发展，应该采取自由贸易政策，平抑谷价，确保工业利润增长和国家繁荣。1817 年在其代表作《政治经济学及赋税原理》一书中，李嘉图进一步阐述了实行自由贸易的好处，提出了比较优势理论。

4.2.2 比较优势理论的基本内容

比较优势理论的基本内容可以概括为“两优相权取其重，两劣相权取其轻”。处于完全绝对优势的国家应集中力量生产优势较大的产品，处于完全绝对劣势的国家应集中力量生产劣势较小的产品，然后通过交换各自获得好处。

假定世界上仅有两个国家——M国和N国；两种商品——服装和饮料；一种投入要素——劳动，这些构成一个典型的2×2×1模型分析框架。进一步，M国有1000个工人，生产1套服装需要2个工人，生产1箱饮料需要5个工人；N国有200个工人，生产1套服装需要1个工人，生产1箱饮料需要0.5个工人。由此，M国和N国的劳动生产率见表4–5。

表4–5 M国和N国的劳动生产率

商　品	M国	N国
服装（套/人）	1/2	1
饮料（箱/人）	1/5	2

可以看出，N国在两种产品的生产上都占据绝对优势，M国在两种产品的生产上都占据绝对劣势。那么，国际贸易是否还会给这两国带来好处呢?

比较优势理论认为，即使在以上情形下，M、N两国专业化生产各自占据比较优势的产品，然后通过交换仍然能够获得贸易利益。自由贸易条件下，M国专业化生产500套服装，以1套服装等于0.8箱饮料的国际价格和N国交换所需饮料。此时，M国利用250套服装换取200箱饮料，相比于未进行贸易时的250套服装和100箱饮料，M国的福利明显增进了。同样，N国专业化生产400箱饮料，以200箱饮料换取M国250套服装，相比于未进行贸易时的100套服装和200箱饮料，N国的福利也明显增进了。专业化分工和交换为双方和整体带来了收益增加。

比较优势理论表明，即使在所有产品生产上都处于绝对劣势，也可以进行国际贸易获得福利增进，条件是绝对劣势并非在所有产品生产上的程度都相同。比较优势理论把国际贸易的研究从流通领域延伸到生产领域，指明了贸易理论分析的前进方向，其重要贡献使之成为传统贸易理论的核心和新贸易理论的起点。

4.2.3 比较优势理论在服务贸易领域的演化

如前所述，对于比较优势理论是否适用国际服务贸易，至今仍有许多争论。在诸多针对比较优势思想普适性的理论和实证分析中，学者们发展出基于比较优势理论的服务贸易模型，比较优势思想开始伴随国际服务贸易理论的进展而不断演化。

1. 迪尔道夫模型

迪尔道夫（1985）构建出传统2×2×2（两个国家、两种要素、一种货物及一种服务）模型，考察比较优势理论是否能够用于解释国际服务贸易。迪尔道夫在模型中将服务贸易分为作为货物贸易补充的服务贸易、有关要素流动的服务贸易和含有稀缺要素的服务贸易三类，分别讨论了各类服务贸易中比较优势理论的发展演化。

（1）作为货物贸易补充的服务贸易。通过比较封闭经济、自由贸易和半封闭经济条件下最大化利润时的市场均衡状态，比较优势理论同样适用于服务贸易。

（2）有关要素流动的服务贸易。由于要素流动本身符合比较优势理论的描述，这类服务贸易自然可以通过比较优势理论加以解释。

（3）含有稀缺要素的服务贸易。如管理、研究开发等人力资源要素一旦进入对外贸易，则类似公共物品无法定价，且具有非竞争性㊀，难以适用比较优势理论。

迪尔道夫模型一经提出便受到质疑。梅尔文（1987）认为迪尔道夫“没有认真区分服务贸易与用一种进口服务作为投入的国内生产之间的差异”。迪尔道夫的主要观点均是从适合商品贸易的标准模型（两个国家、两种要素、两种商品）出发，同时这些要素服务能和服务交换，把比较优势思想的内核植入服务贸易。此外，在资本密集型商品可实现贸易且资本成为流动要素的情况下，资本丰裕国家出口大量资本服务换取劳动密集型产品进口，本身有利于世界资源的合理配置，仅以收益最大化就可证明贸易的结构和形式，这显然不能说明比较优势理论适于解释服务贸易的发展规律。

2. 德杰克与凯茨考斯基模型

德杰克与凯茨考斯基（1989）提出了按要素密集度划分的服务分类，他们通过两国模型验证了比较优势理论在服务贸易领域的适用性。

德杰克与凯茨考斯基考察了三种不同要素密集度的情形：情形 1 为服务要素密集度高于劳动密集型产品，且劳动密集型产品的要素密集度高于资本密集型产品；情形 2 为资本密集型产品的要素密集度高于服务，且服务要素密集度高于劳动密集型产品；情形 3 为服务要素密集度高于资本密集型产品，且资本密集型产品的要素密集度高于劳动密集型产品。三种情形下，资本丰裕国家的贸易结构虽然与比较优势理论描述的不完全相同，但如果结合三种情形对应的要素密集度可以发现，国际贸易仍然按照各国的要素优势进行（见表 4–6）。例如，进行服务贸易时，情形 1 和情形 3 完全遵循比较优势理论，情形 2 表面上违背了比较优势理论，但由于服务的要素密集度介于资本密集型产品和劳动密集型产品之间，选择出口服务本质上也是遵循比较优势理论出口占优产品。德杰克与凯茨考斯基已经间接地用模型证明，经过简单的修正，比较优势理论同样适用于服务贸易。

表 4–6 两国贸易的情形

	情形 1	情形 2	情形 3
只允许货物贸易时，资本丰裕国家的贸易结构	出口 N 进口 D	出口 D 进口 N	出口 D 进口 N
当允许服务贸易时，资本丰裕国家的贸易结构	出口 N 进口 D 进口 F	出口 D 出口 F 进口 N	出口 N 进口 D 进口 F

注：D 代表劳动密集型产品；N 代表资本密集型产品；F 代表服务。

在德杰克与凯茨考斯基的研究中，假定服务和商品一样能够明确界定要素密集度，显然存在不合理性。有时很难用对待商品的方法衡量无形服务属于哪种要素密集型产品。不过，该模型从严格的数理逻辑角度，提出了服务贸易类似于商品贸易的交易机制，这为进一步研究比较优势理论对服务贸易的适用性提供了新的思路。

㊀ 纯公共物品同时具有非排他性和非竞争性。非排他性是指物品的使用不排除他人使用的权利；非竞争性是指别人使用该物品不会降低自己使用这种物品的效用。

3. 服务价格国际差异模型

利用比较优势理论，探讨服务贸易中服务的价格如何决定，是比较优势理论在服务贸易领域发展演化的典型代表。传统贸易理论中，由于贸易双方的优势要么体现在劳动生产率上（如绝对优势理论和比较优势理论），要么体现在国家的要素禀赋上（如要素禀赋理论），作为研究对象的商品，贸易价格比较容易确定。如果比较优势理论确实能够很好地解释服务贸易，必然存在基于比较优势的服务价格决定机制。

克拉维斯（1984）的研究指出，一个典型穷国比富国的服务价格显得更低。各国贸易品行业的工资因生产率的差别而不尽相同，由于各国贸易品行业的工资率决定非贸易品（主要是服务）的工资率，而且服务行业的国际生产率相对较小，因此穷国的低生产率贸易品行业的低工资，运用于生产率相对于富国并不低的服务和其他非贸易品行业，结果导致低收入国家或地区的服务和其他非贸易品的低价格。克拉维斯有关各国非贸易品行业生产率相等的理论假设是其服务价格差异决定模型的严重缺陷，巴格瓦蒂（1984）正是认识到这一点，巧妙地绕开了生产率差异的问题，提出了新的理论模型。他假定富国和穷国行业之间不存在生产率上的差异，具有相同的生产函数。在两者具有相同的工资租金比，穷国的劳动力资源相对较为丰裕的基础上，与克拉维斯的结论相同，穷国的工资率是低于富国的。其实，虽然巴格瓦蒂的研究较之以往的确更进了一步，但与现代服务业由资本、技术要素主导的现实情况，存在一定脱节。重新假定服务生产存在于资本、技术要素密集型行业，运用同样的论证方法，可以毫不费力地解释富国资本密集型服务价格较低的原因。综合来看，经过修正的巴格瓦蒂的服务价格国际差异模型，可以成为较好的服务贸易比较优势的基本理论框架。

4. 生产区段和服务链理论

对服务产品生产过程的剖析，对于发展服务贸易理论具有重要意义。随着科技进步和分工的深化，服务产品的生产过程经常分散在不同地点，导致对服务链需求的增加。琼斯和凯茨考斯基（1986）分析企业产出水平提高、收益增加和要素分工的关系，研究促使企业转向通过服务链联结各个分散生产区段的新型生产方式。他们指出，一系列协调、管理、运输和金融服务组成服务链，当对国际服务链的需求明显上升的时候，国际服务贸易将会发生。

如果假定世界市场上交换的都是最终产品，那么即使一国在某种商品上具有总体比较优势，也可能并非在国内每个生产区段和服务链的成本都比较低。为了追求效率，企业将在国内和国际分散生产。这里必须涉及对服务产品生产区段的讨论。在此，可以遵循两种不同的路径：一是比较优势理论；二是要素禀赋理论。以比较优势理论为基础，假定本国建立两个生产区段，国内边际劳动投入系数分别为a_{L1}、a_{L2}，国外投入系数分别为a_{L1}^*、a_{L2}^*，两个区段的产品按照 1∶1 的比例组装成最终产品，在所有环节中生产的固定成本相同。没有中间品贸易的情况下，本国在固定成本上拥有生产该产品的比较优势，以w和w^*表示两国工资率，则有

$$\frac{a_{L1}^* + a_{L2}^*}{a_{L1} + a_{L2}} > \frac{w}{w^*} \tag{4-1}$$

如果本国的比较优势在第一个生产区段，外国在第二个生产区段，式（4–1）可写作

$$\frac{a_{L1}^*}{a_{L1}} > \frac{w}{w^*} > \frac{a_{L2}^*}{a_{L2}} \tag{4-2}$$

外国在第二个区段生产，将降低边际成本并因此获益。如果实施这种生产的合理配置，需要扩大生产规模，使得降低的可变成本小于利用国际服务链额外增加的成本。

5. 技术比较优势模型

诺德斯（2010）利用 OECD 国家的投入产出表，研究货物与服务在生产和贸易方面的内在联系。在诺德斯构建的技术比较优势模型中，通过使用投入产出数据计算产品生产和贸易过程中服务作为直接投入和间接投入的比重，确定货物与服务之间的投入产出关系。他指出，知识和技能的差异引起货物和服务的比较优势，从而促进贸易。而当各国提供服务的技术和产业组织技能存在差距的时候，服务贸易中的技术比较优势就此形成。

具体的，诺德斯建立了两个国家、一种生产要素、多个生产部门和多个服务中间品的数理模型，分别从服务中间品与生产要素互补和替代两种假设出发，描述国家之间存在技术差异的条件下如何进行货物贸易和服务贸易。第一，如果贸易一方在组织技能方面具有明显优势，将在服务密集型产品和技术密集型产品生产上拥有比较优势，且获得比在自由贸易条件下更大的贸易利益；第二，如果服务市场关闭，大国或拥有更高生产率的服务行业所在国家将在服务密集型产品方面拥有比较优势，不过全球自由贸易后，这种比较优势会因别国赶超逐渐消失。

技术比较优势模型认为，具有更先进组织技能的国家，容易在货物贸易和服务贸易上获得比较优势，但这种基于技术技能的比较优势会随着贸易自由化的发展而丧失。技术比较优势模型从投入产出数据出发，检验了技术技能对比较优势的决定作用，论证了技术差异和组织技能差异是服务贸易比较优势的源泉，使比较优势理论对服务贸易的适用性研究有了现实数据基础。

6. 时区差异模型

菊赤彻和岩佐（2010）通过经典的两国贸易模型，分析基于时区差异的比较优势，以及由时区差异决定的贸易格局。

服务贸易的时区差异模型，基本假设前提是两国厂商面临垄断竞争的服务市场，其将运输成本引入比较优势理论框架，考察比较优势产生的地理原因及其对服务贸易的影响。时区差异模型的主要贡献在于从运输成本的角度揭示了服务产品生产的比较优势，指出服务比较优势源于时区差异带来的服务传递方面的优势差异。比较优势理论适用于服务贸易以往受到的主要质疑之一就是如何明确服务比较优势产生的基础，时区差异模型做出了有力回应，即运输成本差异可以作为服务比较优势产生的基础。

7. 其他学者的研究

雷伊（1991）对发展中国家对外服务贸易进行历史数据的实证分析，指出发展中国家应专业化提供劳动密集型和低技术水平的服务，而后与发达国家展开服务交易，这种模式最有利于世界服务贸易的发展。雷伊的研究结论暗指比较优势思想在理论和现实中完全适用于服务贸易。

巴格瓦蒂（1989）在针对多边贸易谈判的服务贸易研究中提出，“乌拉圭回合”发达国家和发展中国家的分歧较为集中的是有关服务进出口管制的问题。发展中国家在某些服务业部门拥有比较优势，或者相比货物贸易其在服务贸易方面的劣势较小。发展中国家可以通过在比较优势服务业部门的谈判退让换取发达国家在货物贸易部门的政策优惠，从而达到帕累托改进。

巴格瓦蒂还借此提出，比较优势理论固然能够解释贸易的动因，但对一国而言比较优势并非一成不变。长期来看，比较优势的变迁依赖于国家内生经济发展和结构变化。短期内，经济学家和发展中国家更关心是否存在外生的方法迅速改变比较优势。巴格瓦蒂认为，比较优势可由适当的贸易政策加以改善。例如，发展中国家通过在比较优势服务业部门的贸易自由化换取发达国家在货物贸易部门的政策优惠，就相当于增强发展中国家的货物贸易比较优势。这种政策变动相对经济发展和结构优化显然更加立竿见影。

弗雷德和温赫尔德（2002）探讨国际服务贸易和互联网之间的关系，实证检验了互联网的广泛使用对美国服务出口的推动作用。他们指出，贸易的动因在于贸易利得，贸易双方当然选择最具“生产力”的产品和服务进行交换，国际服务贸易中仍然处处体现比较优势理论所阐述的规律。

克里斯托（2003）在其服务贸易自由化研究中强调，遵循比较优势的服务贸易最易获得贸易自由化的效果，不仅服务贸易的运动规律可以运用比较优势理论进行分析，而且传统贸易理论也应成为研究服务贸易自由化问题的工具。

李东辉、莫什里安和西姆（2003）讨论了保险服务业中的产业内贸易决定因素，明确指出保险服务业中的产业内贸易依然遵循基于比较优势的产业内贸易理论。相比克里斯托，他们更注重经验分析方法，实证检验了比较优势理论对保险服务贸易的适用性。

综上，对比较优势理论适用于服务贸易的研究，归根到底是探索服务贸易比较优势的形成和作用。传统贸易理论之所以对货物贸易具有较强解释能力，关键在于通过生产要素分析明确比较优势以及商品之间的差异。比较优势理论适用于服务贸易，须首要解决服务比较优势的决定问题。现有研究基本沿着两条不同路径展开：第一，考察服务的微观属性和厂商行为，将服务和货物商品的比较优势统一起来，如迪尔道夫模型和德杰克与凯茨考斯基模型；第二，摒弃衡量货物商品比较优势的标准，从服务的特性出发，利用差异化方法揭示服务商品生产的各自比较优势，如技术比较优势模型和时区差异模型。

的确，要找到与货物商品统一的衡量服务比较优势的理论和方法并不容易。更多坚持传统贸易理论适用于服务贸易的学者们转而把目光投向要素禀赋理论，因为该理论是基于产品生产的要素特征，其对于货物和服务没有本质区别。

4.3　要素禀赋理论与国际服务贸易

4.3.1　要素禀赋理论的基本内容

要素禀赋理论既包括标准的赫克歇尔 – 俄林模型（H-O 模型），也包括一系列在 H-O 模型基础上建立发展的扩展模型。

1. 标准 H-O 模型

在两个国家、两种商品和两种要素，即 2×2×2 模型框架下，假定世界上仅有两个国家——M 国和 N 国，两种商品——服装和饮料，两种要素——劳动和资本。长期而言，生产要素可以在不同生产部门之间自由流动。生产两种商品需要同时投入两种生产要素，但两种商品对两种要素的使用程度不同。K_X 和 L_X 分别表示生产服装使用的资本和劳动，K_Y 和 L_Y 分别表示生产饮料使用的资本和劳动。

假定 1：$K_X/L_X<K_Y/L_Y$，服装为劳动密集型商品，饮料为资本密集型商品。

假定 2：$K_M/L_M<K_N/L_N$，M 国为劳动要素丰裕国家，N 国为资本要素丰裕国家。

如果 M 国和 N 国自由贸易，劳动丰裕的 M 国服装生产量多于消费量，多余的部分出口到 N 国；资本丰裕的 N 国饮料生产量多于消费量，多余的部分出口到 M 国。换句话说，劳动丰裕的 M 国出口劳动密集型的服装，资本丰裕的 N 国出口资本密集型的饮料。

H-O 定理：国家间要素禀赋是不同的。在自由贸易背景下，一国会出口密集使用其丰裕要素的商品，进口密集使用其稀缺要素的商品。国家贸易使双方都获得好处。

2. 对 H-O 模型的扩展

（1）斯托尔伯 – 萨缪尔森定理（S-S 定理）。在 H–O 模型的基础上，斯托尔伯和萨缪尔森（1941）进一步分析了关税对国内生产要素价格的影响，并将研究成果扩大到国际贸易对国内收入分配的影响。

S-S 定理：一种商品的相对价格上升，将导致该商品密集使用的生产要素实际报酬或实际价格提高，而另一种生产要素的实际报酬或实际价格下降。

按照 S-S 定理，关税提高受保护商品的相对价格，会增加该商品密集使用的要素的收入。如果关税保护的是劳动密集型商品，则劳动要素的收入趋于增加；如果关税保护的是资本密集型商品，则资本要素的收入趋于增加。这表明，国际贸易虽然能提高整个国家的福利水平，但并非对每一个人有利，一部分人在收入增加的同时，另一部分人受损了。国际贸易会对一国收入分配格局产生实质性影响，这也是为什么有人反对自由贸易的原因。

（2）罗布津斯基定理。H-O 模型建立在一国拥有的要素总量固定不变的基础上，罗布津斯基（1955）探讨了在商品相对价格不变的条件下，一国要素数量的变化对生产的影响，即商品价格不变时，一种要素供给的增加将导致密集使用该要素的商品更大比例地增加产出，同时减少其他商品的产出。

罗布津斯基定理：在商品相对价格不变的条件下，一种要素禀赋的增加会导致密集使用该要素的商品部门生产扩张，而密集使用另一要素的商品部门生产下降。

（3）赫克歇尔 – 俄林 – 萨缪尔森定理（H-O-S 定理）。萨缪尔森（1948）在 H–O 模型的基础上考察了国际贸易对商品相对价格和生产要素价格的影响，论证了自由贸易引起国家间要素价格的均等化。他认为，在完全竞争和技术不变时，商品价格等于其边际成本，由要素投入的数量和价格决定。国际贸易改变了商品相对价格，也将改变要素的相对价格，自由贸易最终带来同质要素相对和绝对价格的均等。赫克歇尔 – 俄林 – 萨缪尔森定理也被称为要素价格均等化定理。

4.3.2 要素禀赋理论在服务贸易领域的演化

本质上，要素禀赋理论的核心是把比较优势从李嘉图的劳动小时数衡量法转化为 H–O 模型的要素禀赋衡量法，更加接近于商品的内涵。要素禀赋理论中的比较优势就是国家间在生产要素方面的供给差异，只要一国要素禀赋不发生逆转，其贸易结构和模式就能确定且不会改变。传统贸易理论中，基于要素禀赋理论的服务贸易理论研究最为丰富，学者们从各自角度对要素禀赋理论进行修正和扩展，借以解释服务贸易的基础和动因。

1. 萨格瑞模型

根据赫克歇尔 – 俄林 – 萨缪尔森定理，在要素价格均等化和各国投入产出模型相同时，

要素禀赋与国际贸易的关系可以表示为

$$T_j=A^{-1}（E_j-EW_j） \quad (4\text{–}3)$$

式中，T_j 表示 j 国商品的净出口向量；A 表示投入矩阵；E_j 表示 j 国要素禀赋向量；$E=\Sigma_j E_j$；$W_j=（Y_j-B_j）Y$，Y_j表示 j 国的 GDP，B_j 表示 j 国商品进出口差额，$Y=\Sigma_j Y_j$。

萨格瑞（1992）将技术差异引入要素禀赋理论，用以分析国际金融服务贸易比较优势的来源。他将 T_j 和 B_j 重新定义，T_j 表示 j 国商品和服务净出口向量，B_j 表示 j 国商品和服务的国际收支，则

$$T_j=\left(A^{-1}-\frac{QW}{Y}\right)E_j+\frac{B_jQ}{Y} \quad (4\text{–}4)$$

式中，Q 表示世界商品和服务产量；W 表示生产要素的世界价格；$(A^{-1}-QW/Y)\ E_j$ 表示要素禀赋；B_jQ/Y 反映收支平衡对进出口的影响。

如果在式（4–4）中引入金融服务贸易，可作如下表示：

$$\mathrm{TF}_j=\Sigma_n b_n E_{nj}+b_{n+1}B_j \quad (4\text{–}5)$$

式中，TF_j 是 j 国金融服务净出口向量；b_n 是对应于服务（$A^{-1}-QW/Y$）E_j 矩阵的第 n 列；b_{n+1} 是世界产出与收入之比。在要素价格均等化情形下，不同国家的 b_n 相等，但 b_{n+1} 不同。所以，国家间技术差异不仅存在，而且日益成为服务贸易的主要内容。如果放松不同国家技术相近的假设，技术差异将导致所有投入要素成比例地节约。上述模型间的差异在于要素禀赋及其跨国流动需根据各国技术发展阶段做相应调整。

总之，萨格瑞将技术差异导入 H-O-S 框架，借以分析国际服务贸易，在一定程度上克服了该理论假定技术要素无差别且相对不变带来的局限性，使修正后的模型更加符合国际服务贸易的现实特征。

2. 梅尔文模型

梅尔文（1989）构建了两个国家、两种要素、一种商品及一种资本密集型服务的 2×2×2 模型框架，并指出属于不同范畴的货物和服务未必需要不同的理论模型。他首先界定了服务贸易究竟交易什么，为此，考察以下四种情形。

给定生产函数 $Y=F(X_1,X_2)$，对 Y、X_1、X_2 分别赋予表 4–7 所列的各种含义。比较前两种贸易情形。情形 1：美国投入资本，在加拿大利用当地的劳动生产汽车，这是典型的投资而非贸易行为，当然更不是服务贸易；情形 2：将美国投入资本替换为美国提供管理服务，美国出口服务而非投资；情形 3：美国理发师在加拿大提供理发服务，美国出口理发服务；情形 4：日本汽车通过加拿大的经销商在加拿大出售，加拿大进口了日本商品，某些价值增值依靠加拿大经销商在加拿大完成。

表 4–7　现实情形中的服务贸易

情　形	Y	X_1	X_2
情形 1	在加拿大生产汽车	美国的资本	加拿大的劳动
情形 2	在加拿大出售汽车	美国的管理服务	加拿大的劳动
情形 3	在加拿大提供理发服务	美国的理发师	加拿大的理发店
情形 4	在加拿大出售日本汽车	日本的汽车	加拿大的经销商

四种情形的贸易模式几乎相同，都基于 $Y=F(X_1, X_2)$ 生产函数，且投入要素中一种是本国要素，另一种是外国要素，但最终贸易结果却有完全不同的含义，其在仅有商品生产要素投入的货物交易中不可能出现。梅尔文指出，将货物贸易的要素禀赋理论用于解释服务贸易，必须重新界定服务贸易的生产要素。

接下来，在 2×2×2 模型中资本密集型服务既是商品的投入要素，也是独立的可贸易对象。假定劳动不能在国际上流动，资本密集型服务可以自由流动，梅尔文证明了这种包含服务要素的贸易均衡与传统的货物贸易均衡相同。更进一步，如果可贸易的商品是密集使用服务要素的，那么资本密集型服务丰裕的国家，会进口密集使用资本服务要素的商品。当可贸易的商品密集使用劳动要素时，贸易模式遵循传统 H-O 模型；如果可贸易的商品密集使用服务要素，贸易模式与 H-O 模型相反，出现列昂惕夫悖论。

梅尔文还讨论了两种商品都可贸易的情形。仍然假定两种要素，资本密集型服务可以自由流动，这时一国可能出口两种货物商品中的任何一种，但资本密集型服务丰裕的国家必然出口资本服务。换句话说，即使将模型扩展到两种可贸易的货物商品，对服务而言依然遵循 H-O 模型。只要尽可能多地开放各领域贸易，服务贸易就将遵循要素禀赋理论，即服务要素丰裕的国家，出口密集使用服务要素的商品和服务本身；服务要素稀缺的国家，进口密集使用服务要素的商品和服务本身。梅尔文模型成功检验了开放在要素禀赋理论适用服务贸易中起到的关键作用。贸易自由化程度越高，服务越能像货物那样进行国际贸易。

3. 伯格斯模型

伯格斯（1990）认为，经过修正的 H-O 模型能够适用于服务贸易，进而揭示不同国家服务提供的技术差异如何形成和决定服务比较优势和贸易模式。

厂商选择合约经营，还是自身提供服务，取决于服务的市场价格与要素价格孰高孰低。若前者较高，厂商就较少依赖服务部门，用于服务的支出将因要素间替代程度的不同而升降。考虑到作为各部门中间投入的服务需求，若两个部门的要素密集度与两种商品的要素密集度相反，且各国仅在服务提供技术上存在差异，那么具有技术优势的国家将获得相对昂贵的服务而非相反。另外，技术优势反映在较高的要素报酬上，这种投入成本的较高损失可能超过技术优势带来的收益，即使提供服务的技术相对低廉，也可能不会给密集使用服务的部门带来比较优势。

（1）如果技术符合列昂惕夫条件，即投入产出系数不受投入价格的影响，无论哪种商品密集使用服务，服务部门的中性技术进步将导致劳动密集型商品的增加和资本密集型商品的减少。

（2）如果技术符合柯布 – 道格拉斯生产函数，即各部门要素分配与投入价格无关，则相对其他部门密集使用服务的部门产出将会增加。

梅尔文模型与伯格斯模型第一次将传统的 H-O 模型对应地扩展为服务贸易理论模型，而不仅仅是在 H-O 模型的基础上进行改良。他们的研究成果表明，要素禀赋理论在思想内核上能够解释国际服务贸易的运行规律和逻辑。

4. 其他学者的研究

朗海默（1991）利用欧盟统计局的数据，实证分析服务贸易自由化的进口渗透效应，指出服务相比货物更难进入进口国市场。他认为，基于传统贸易理论的贸易结构和模式仍然符合服务贸易，但相对货物贸易，要素禀赋理论对服务贸易的适用性更不明显。

李茂和维纳伯（1999）在针对不发达地区服务贸易发展的研究时，沿用H-O模型阐述了这些国家服务贸易发展落后的原因在于较低的技术水平无法提供高质量的服务，而技术本身可视为一种特殊的要素禀赋。技术占优的国家显然技术要素禀赋丰裕，从而技术密集型服务的提供占据优势。他们把服务提供的技术水平作为与劳动、资本等同的投入要素，故可以直接将要素禀赋理论应用于服务贸易领域。

阿德朗（2010）提出了与如上学者不同的观点，医疗服务和保险服务的贸易自由化不能增进各国的福利水平。传统贸易理论似乎无法用于描述服务贸易的发展规律，无论发达国家还是发展中国家，都应制定合理政策适当保护本国服务业和服务贸易，提升各自的比较优势。

和比较优势理论不同，论证要素禀赋理论对服务贸易的适用性，不用寻找统一的差异衡量方法，因为要素特征对于服务和货物而言是一致的。需要解决的核心问题是，如何衡量服务的要素密集度。梅尔文模型分别考察了资本密集型服务和劳动密集型服务的贸易规律，指出开放越多的贸易领域，服务贸易就越符合要素禀赋理论，而可贸易的商品和服务究竟是资本密集型还是劳动密集型，将最终影响不同要素禀赋国家间的贸易格局。伯格斯模型提出了技术密集型服务的概念，以技术差异作为衡量服务要素密集度的标准。界定服务的要素特征，在此基础上修正传统贸易理论，已经成为当今国际贸易学界研究服务贸易理论的重要思路。

【专栏】

中国服务贸易的未来竞争优势
——基于比较优势动态的分析

发挥制度高效灵活与政策创新优势，逐步形成与我国服务贸易发展相适应的体制机制与政策优势。

一是体制机制。服务业作为三大产业中最大的产业，其在经济增长、就业中的贡献最大，也是决定中国参与国际竞争与合作地位的关键。建议强化服务业综合统筹协调机制，如建立国家服务业委员会或服务业和服务贸易发展协调机制，在此机制下，制定服务业和服务贸易年度推进计划，解决制约服务业和服务贸易发展的体制机制、发展规划和其他重大政策问题。

二是财税政策。我国财税政策是按照制造业的模式来设计的，相关财税优惠政策也主要是针对制造业和货物贸易的。出口退税、对出口的财政政策支持等也主要是针对货物贸易来设计，而对于服务贸易出口，还没有统一的财税支持政策。下一步应逐步将制造业时代的财税政策过渡到服务经济时代的财税政策，逐步建立一套适应服务业和服务贸易的财税政策体系。

三是金融体制。与财税政策类似，我国的金融财政也主要是针对制造业和货物贸易而设计的。然而，服务业由于轻实物资产，没有像制造业那样的大型厂房、机器设备、不动产等可以抵押，因此，服务业的融资更难。对于针对服务贸易出口的信用保险、贸易融资等政策也不完善，支持力度远不及货物贸易。因此，建议要加大针对服务业和服务贸易特点的金融产品，利用无形资产和公共融资平台等方式加大对服务业和服务贸易的金融支持。

四是招商引资政策。货物贸易发展的经验之一就是特别重视招商引资，尤其是充分利用外资的外向化程度高的优势，把招商引资作为促进各地经济增长和促进出口的重要途径。目前，我国各地的招商引资仍然更青睐制造业项目，对于服务业和服务贸易项目的招商引资力度较小。应像过去抓制造业招商引资那样来抓服务业和服务贸易领域的招商引资工作，制定相关的招商规划、投入足够的招商资源、制定相应的招商激励措施等，这是将国家鼓励服务业和服务贸易发展落地的关键举措。

五是服务贸易方式政策。发展一般服务贸易、离岸服务外包、边境服务贸易和境外分支机构服务销售，不断创新我国服务贸易发展方式。在继续建立和完善一般服务贸易、离岸服务贸易和境外分支机构服务销售政策的同时，重点加大创新边境服务贸易政策力度。边境地区适合自然人流动，也有利于境外消费服务贸易提供模式的发展，应针对边境地区毗邻相关国家和地区的优势，大力发展"两头在外"的服务贸易，利用边境特殊经济区，在旅游、分销、医疗保健、娱乐等领域发展"飞地型"服务贸易，在服务市场准入、人员出入境管理、服务提供人员资质互认等方面建立和完善与边境服务贸易相配套的服务贸易自由化、便利化的政策体系。

六是统计制度。服务业和服务贸易的统计制度极不完善，存在大量的漏统、统计不准确等情况，低估了我国服务经济发展程度，这直接导致国家和地方政府对服务业和服务贸易发展资源投入不足。服务业统计应改变按社会管理来分类的模式，引入国际通行的服务业分类标准，细化服务业分类，增加对近年来新兴的服务业的统计分类。对于服务贸易统计，一方面，要进一步完善BOP统计，将教育、医疗等服务贸易从旅游项下剥离出来，增加环境等服务贸易分类，细化旅游、咨询、商务服务等服务贸易分类，增加国别双边服务贸易统计以及企业所有制性质的服务贸易统计方式；另一方面，推进实施境外分支机构销售统计，并择机发布相关数据，完善行业管理部门的服务贸易业务统计。

[引自：李钢、李俊，中国服务贸易的未来竞争优势——基于比较优势动态的分析，《人民论坛·学术前沿》，2015年第10期。]

【重要概念】

绝对优势；比较优势；S-S定理；罗布津斯基定理；H-O-S定理

【思考题】

1. 试分析比较优势在服务贸易中的适用性、特殊性和局限性。

2. 分别应用绝对优势理论和比较优势理论，各举一例说明两国间服务产品的专业化分工和交换。

3. 为什么说服务价格国际差异模型是基于传统贸易理论对服务贸易理论研究的典范模型?

4. 简述梅尔文（1989）模型的基本内容和主要学术贡献。

【课后阅读材料】

[1] 胡超、张捷，制度环境与服务贸易比较优势的形成：基于跨国截面数据的实证研究，《南方经济》，2011年第2期。

[2] 李翀，基于动态比较优势的我国对外服务贸易发展战略研究，《中山大学学报（社会科学版）》，2015年第1期。

[3] 沈大勇、金孝柏，《国际服务贸易：研究文献综述》，人民出版社，2010年。

[4] 许和连、成丽红，动态比较优势理论适用于中国服务贸易出口结构转型吗——基于要素结构视角下的中国省际面板数据分析，《国际贸易问题》，2015年第1期。

[5] 殷凤，中国服务贸易比较优势测度及其稳定性分析，《财贸经济》，2010 年第 6 期。
[6] 张慧、黄建忠，服务贸易的货物贸易条件效应研究——基于伯格斯模型的分析与扩展，《财经研究》，2012 年第 5 期。
[7] Deardorff A.，Comparative Advantage and International Trade and Investment in Services，in Trade and Investment in Services，Canada/US Perspectives，(ed. R. M. Stern)，Toronto，Ontario Economic Council，1985.
[8] Hoekman B.，Services-related Production，Employment，Trade and Factor Movements，in P. Messerlin and K. Sauvant (eds)，The Uruguay Round：Services in the World Economy，Washington，DC：The World Bank and The United Nations Center on Transnational Corporations，1990.
[9] Melvin J. R.，Trade in Producer Services：A Heckscher-Ohlin Approach，Journal of Political Economy，1989，97，pp.1180-1196.
[10] Van Marrewijk C.，Stibora J.，de Vaal A.，Viaene J. M.，Producer Services，Comparative Advantage，and International Trade Pattens，Journal of International Economics，1997，42，pp.195-220.

第5章

新贸易理论与国际服务贸易

【学习目标】

1．了解规模经济和不完全竞争条件下的国际服务贸易

2．理解克鲁格曼模型在服务贸易中的拓展

3．应用产业内贸易理论和方法分析服务贸易

【引导案例】

2021年是“十四五”开局之年，在以习近平同志为核心的党中央坚强领导下，我国沉着应对世界百年变局，经济发展和人民健康防护保持全球领先地位。

……

二、活力足，新动能发展行稳势好

服务业新动能持续激发。2021年，信息传输、软件和信息技术服务业，金融业增加值比上年分别增长17.2%和4.8%，合计拉动服务业增加值增长1.9个百分点，两年平均分别增长17.7%和5.3%。

服务业新业态蓬勃发展。5G、人工智能、虚拟现实等前沿技术在实践中与更多服务业场景加速融合，新需求新模式新场景不断涌现，助力商品消费提档升级和服务消费提质扩容。2021年，社会消费品零售总额比上年增长12.5%，两年平均增长3.9%；实物商品网上零售额比上年增长12.0%，两年平均增长13.4%，占同期社会消费品零售总额的比重为24.5%。快递市场规模加速扩张，行业发展迈上千亿元新台阶。2021年，完成快递业务量1083亿件，比上年增长29.9%，连续8年位居世界第一，对全球市场增长的贡献率超50%。

产业融合持续深化。新一代信息技术拓展数字化转型空间，制造业与服务业持续融合、互促共进。2021年，生产性服务业商务活动指数年均值位于55%以上较高景气区间。1—11月，规模以上供应链管理服务企业营业收入同比增长46.3%，增速快于规模以上服务业企业25.6个百分点。工信部数据显示，工业软件发展迅速，1—11月，工业软件产品收入同比增长20.1%，比上年同期加快7.6个百分点，占软件产品收入比重达9.7%，比上年同期提高0.6个百分点。

重点服务业领域发展势头良好。2021年，高技术服务业固定资产投资比上年增长7.9%，高出全部服务业固定资产投资5.8个百分点；两年平均增长8.5%，高出全部服务业固定资产投资5.8个百分点。2021年，高技术服务业实际使用外资同比增长19.2%。1—11月，规模以上高技术服务业、科技服务业和战略性新兴服务业企业营业收入同比分别增长17.6%、18.1%和17.7%，两年平均分别增长14.8%、14.5%和13.1%，分别快于规模以上服务业企业两年平均增速4.0、3.7和2.3个百分点。

三、发展快，幸福产业聚焦民生期盼

幸福产业快速发展。"银发经济"迎来加速期，适老技术和产品不断开发，养老服务量增质升，产品供给和服务模式不断创新，在帮助老年人提高生活品质的同时，也成为提振消费的亮点。1—11月，规模以上居民服务业、卫生和社会工作企业营业收入同比分别增长20.7%和18.0%；其中，家庭服务、医院营业收入同比分别增长18.2%和17.1%。数字化赋能文化产业，个性化、多样化、品质化文化产品不断涌现；北京冬奥会引燃冰雪运动热情，冰雪产业发展明显提速，调查显示，全国冰雪运动参与人数达3.46亿人，居民参与率达24.6%。1—11月，规模以上文化、体育和娱乐业企业营业收入同比增长23.8%，增速快于规模以上服务业企业3.1个百分点。

……

2022年，随着经济运行持续稳定恢复，内生动力不断增强，内需潜力进一步释放，服务业发展前景广阔，将在构建新发展格局、推动经济高质量发展的进程中发挥更为重要的支撑和引领作用。

（资料来源：国家统计局，2022年1月18日，李锁强：服务业以韧克难开新局 新动能乘势而上育先机，http://www.stats.gov.cn/tjsj/sjjd/202201/t20220118_1826516.html，有改动。）

5.1 规模经济和不完全竞争下的服务贸易

传统贸易理论以其一脉相承的内容体系和完美的形式逻辑主导了国际贸易理论发展数百年，但日益复杂和鲜活的国际贸易新现象使得传统贸易理论受到质疑。例如，全球贸易的2/3以上发生在要素禀赋相似的发达国家之间，产业内贸易在国际贸易中占据了很大比重等，在解释这些现象面前传统贸易理论一筹莫展。20世纪70年代末，以保罗·克鲁格曼为代表的学者们发现，国家之间即使没有比较成本差异，规模经济也会引发贸易，而且每个人都可以从享受产品多样化和由成本降低带来的低价格中获得好处。他们在以往研究的基础上，随即创建了一系列建立在不完全竞争市场结构中的贸易模型，称为新贸易理论，以区别于以比较优势为核心的传统贸易理论。

5.1.1 规模经济和不完全竞争下的国际贸易

假定世界上仅有两个国家——A国和B国，都只生产一种商品——汽车。在每个国家中有人喜欢红色汽车，有人喜欢蓝色汽车。两种汽车除了颜色以外没有任何差别，生产成本相同。假定两个国家的技术水平完全相同，要素禀赋也完全相同。按照传统贸易理论，A国和B国不会发生贸易，因为不存在比较优势和劣势。如果每个国家有1000人，每人购买1辆汽车，A国和B国会各自制造500辆红色汽车和500辆蓝色汽车。传统贸易理论的关键假设是完全竞争市场中规模报酬不变，即无论产量高低，每辆车的成本（要素报酬）不变。如果规模报酬可变，那么生产规模的大小会决定生产成本的高低，意味着大企业和小企业在竞争力上的不平等，市场不再完全竞争。图5–1所示为规模报酬不变的情况，生产500辆汽车和生产1000辆汽车的平均成本相同。

这里出现两个概念：边际收益递减和规模报酬不变。边际收益递减是指其他生产要素数量不变时，由于某种要素投入的增加所产生的收益增加逐渐下降。规模报酬不变是指在所有生产要素数量同比例增加时，收益也同比例增加，从而生产要素的平均收益不随生产成本的增加而增加。在图 5–1 中，汽车的平均成本，也就是生产要素的平均收益，不随汽车产量的变化而变化。

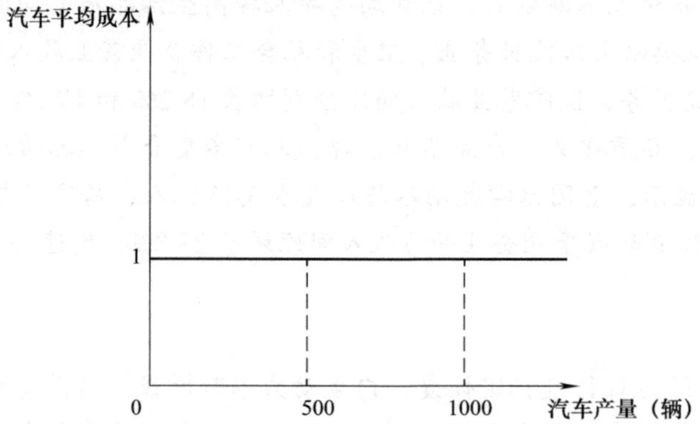

图 5–1 规模报酬不变

完全竞争市场的规模报酬不变，这个传统贸易理论的假定合乎现实吗？只要看一看许多行业中大企业的成本优势，答案就不言自明了。现代生产技术的特征是规模报酬递增，而不是不变的。所谓规模报酬递增，是指平均成本随生产规模的扩大而下降，增加 1 单位的要素投入所产生的价值增加逐渐提高。图 5–2 显示，当生产规模为 500 辆汽车时，每辆汽车的生产成本为 1 单位要素投入。当生产规模扩大为 1000 辆汽车时，每辆汽车的生产成本减少为 0.4 单位要素投入。规模报酬递增又称为规模经济，随着生产规模的扩大，生产要素可以进一步专业化以提高效率，这是规模经济的主要原因。

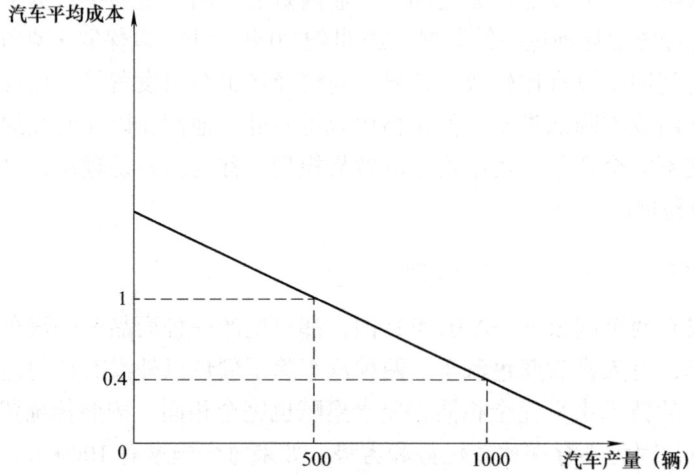

图 5–2 规模报酬递增

假定生产汽车具有规模报酬递增的属性。当 A 国的 1000 个工人中，500 人生产红车 500 人生产蓝车时，产量是 500 辆红车和 500 辆蓝车，表示生产可能性边界的图 5–3 中的 *M* 点。如果 A 国的 1000 个工人都生产红车，规模报酬不变时产量会是 1000 辆，而存在规模经济的条件下产量则多于 1000 辆。假定所有工人都生产红车，产量为 2000 辆，图 5–3 中的 *C* 点表示这种可能性。把这些生产可能性点连接起来，得到 A 国的生产可能性边界 *CD* 线，由于 B 国和 A 国完全相同，*CD* 线也是 B 国的生产可能性边界。

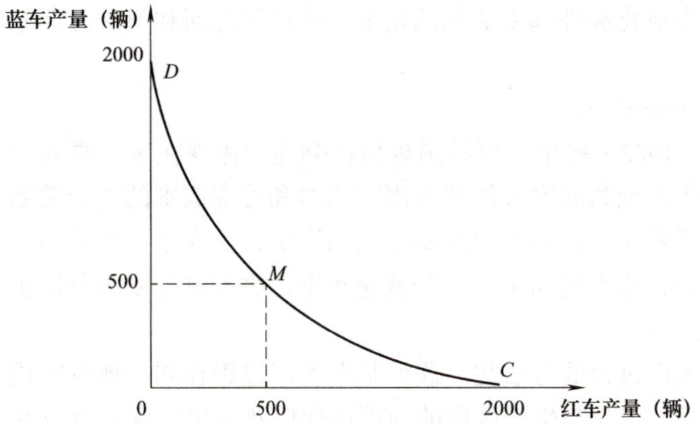

图 5-3 生产可能性边界

封闭经济情况下，*M* 点是均衡点。如前假定，在每个国家中有人喜欢红车，有人喜欢蓝车，消费者的无差异曲线和生产可能性边界相切于 *M* 点，在 *M* 点上每个国家生产 500 辆红车和 500 辆蓝车，每个人购买 1 辆汽车，红车和蓝车的比价为 1。A 国和 B 国会发生贸易吗？设想 A 国只生产红车，产量为 2000 辆；B 国只生产蓝车，产量为 2000 辆。贸易使得 A 国的蓝车消费者用 1000 辆红车从 B 国换取 1000 辆蓝车，同时 B 国的红车消费者也从中得到 1000 辆红车。和封闭经济时每人只能购买 1 辆汽车相比，这时每人能购买 2 辆汽车。增加的汽车消费量就是贸易收益。如图 5-4 所示，连接 *CD* 的直线是贸易条件下的消费可能线，和 *CD* 直线相切的无差异曲线表示国际贸易均衡中每个国家消费者所获得的效用水平。显然，国际贸易提高了每个国家消费者的效用，带来了贸易收益。

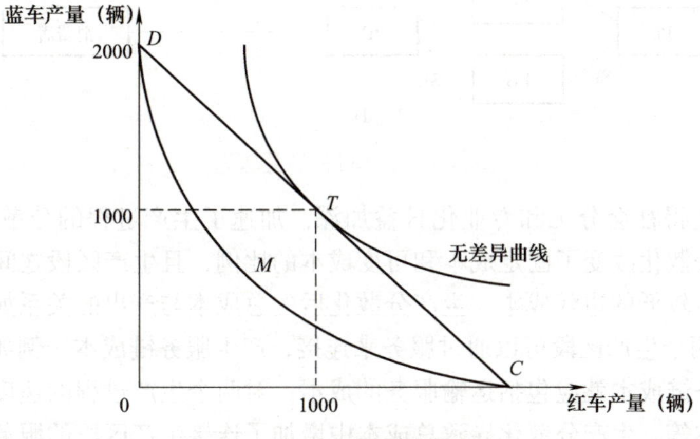

图 5-4 国际贸易均衡

为什么技术水平完全相同，要素禀赋也完全相同的两个国家还会发生贸易，而且产生贸易收益呢？根本原因在于存在规模经济。新贸易理论告诉我们：国际贸易不仅来源于比较优势，而且可以来源于规模经济。

5.1.2 规模经济和不完全竞争下的服务贸易

在探讨规模经济条件下服务贸易发生的基础和动因的相关文献中，代表性研究是琼斯和凯茨考斯基（1986）的生产区段和服务链理论。另外，马库森（1984）和弗兰科斯（1990）

分别从服务业内部专业化和外部专业化的角度，论证了琼斯和凯茨考斯基的服务贸易规模经济理论。

1. 生产区段和服务链理论

埃塞尔（1979，1982）提出，贸易国规模报酬递增体现在生产要素与产出相联系的线性生产函数中，这些生产函数通常被解释为固定成本和可变成本的组合关系。琼斯和凯茨考斯基采用这种思路分析各生产区段规模报酬递增的影响，认为生产规模的扩大受到来自国内和国外需求增长的驱动，进而提高了生产分散化水平，服务贸易或服务链正是起到促进生产区段国内外分散化的作用。

图 5–5 显示了生产过程的分散化。假设某个生产过程在同一地点完成，投入服务的作用在这一阶段并不明显，仅参与生产区段的内部协调以及连接厂商和消费者的活动，如图 5–5a 所示；假设生产区段内的技术具有规模报酬递增效应，且边际成本不变，那么图 5–6 中直线 *aa′* 表示总成本随生产规模的扩大而增加，其斜率为边际成本，截距 *Oa* 表示厂商和其他生产区段有关的固定成本。

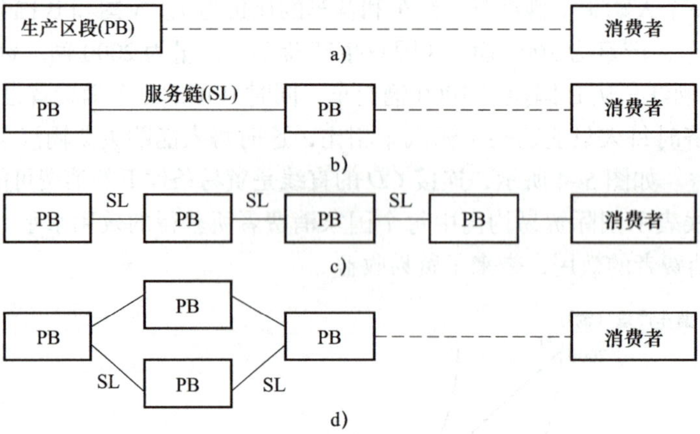

图 5–5　生产过程的分散化

生产的扩张使得社会分工和专业化日益加深，加速了生产过程的分散，表现如图 5–5b 所示。假设生产分散化改变了固定成本和可变成本的比例，且生产区段之间增加投入的大量固定成本可以获得较低的边际成本，生产分散化后的总成本与产出的关系如图 5–6 中的实线 *bb′*。在该阶段，两个生产区段可以通过服务来连接，产生服务链成本。例如，生产区段的地理位置不同，服务链成本就应包括运输服务的成本，对两个生产过程的速度、产量和质量做出协调的服务成本等。生产分散化导致总成本中增加了连接生产区段的服务链成本，这时新的成本产出线应为虚线 *bb′*。服务链成本与生产规模无关，即使服务链成本随生产规模的扩大而增加，也只会出现虚线 *bb′* 稍陡峭于实线 *bb′*，因为含有服务链成本的边际成本低于相对集中生产的边际成本（*aa′*），否则厂商不会采用分散化生产方式。

重复图 5–6 所示过程，生产区段和服务链的数量不断增加，总成本、平均成本与产出的关系演变为图 5–7 所示情形。事实上，工业化进程正在加深劳动分工和专业化，造成生产分散化水平的提高和生产者服务贸易的增加。图 5–5c 表示前一生产区段的产品可能作为下一生产区段的投入，图 5–5d 表示各生产区段同时运行，每一生产区段的产品在最后一个生产区段组装成最终产品。

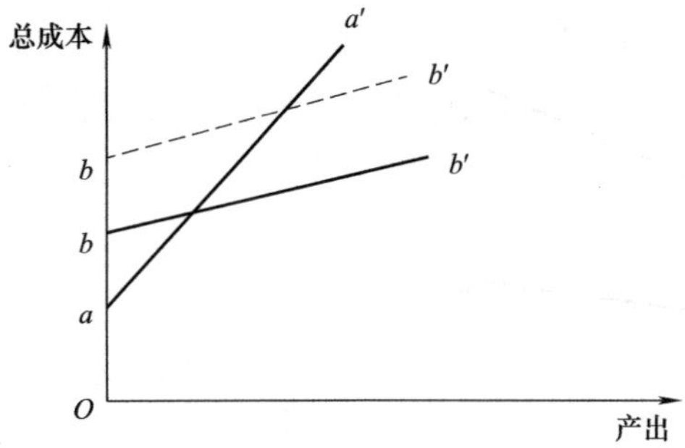

图 5-6　总成本与产出

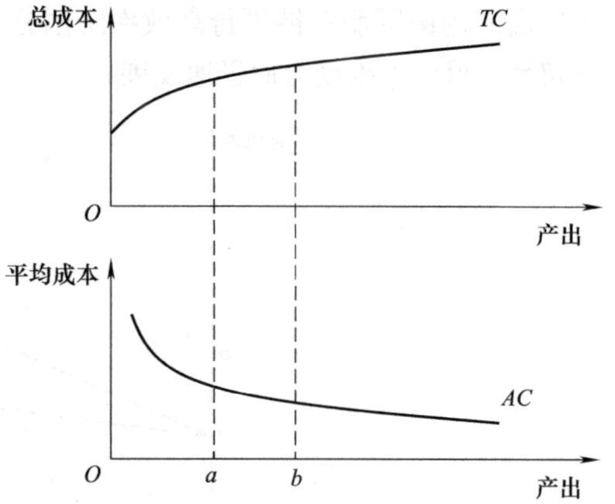

图 5-7　分散化后的总成本、平均成本与产出

对于任何分散化水平，生产区段内固定成本和边际成本的结合使得平均成本随产量的增加而下降。当一项新的生产分散化的技术导致更高的分散化水平时，平均成本的下降速度更快。图 5-8 表明，随着生产规模的扩张，边际成本对产量的依赖刺激了厂商采用分散化水平更高的生产技术，边际成本阶段性下降，产量阶段性上升。边际收益曲线或相应需求曲线越富有弹性，产量的阶梯状变化越明显。

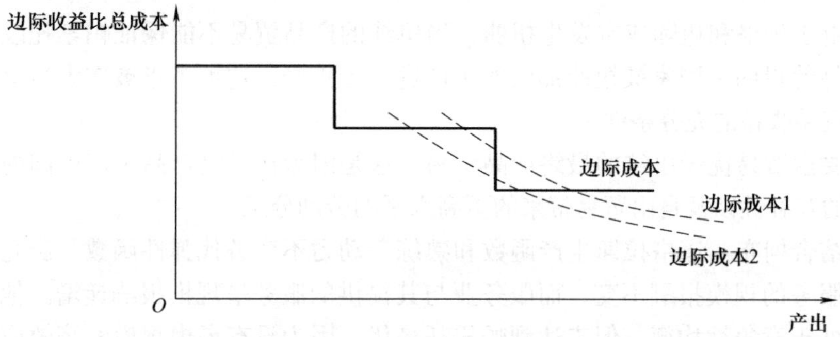

图 5-8　边际成本与产出

如果只交易最终产品而非中间产品和服务，一国将生产并出口集中反映本国比较优势的产品，规模报酬递增加剧了对集中生产的重视，最终产品贸易带来的专业化分工能够改善贸易国的福利。但是，任何一国不可能同时拥有在每一个生产区段和服务链上的成本优势，厂商为追求更高效率，将生产分布至全球，引入外国服务链。图 5-9 表明引入外国服务链对成本的影响，即在同一分散水平上一条服务链连接的两个生产区段的比较优势结构。*aa′* 代表两个生产区段都在国内时的固定成本和可变成本，*bb′* 代表服务链成本的增加。如果国内外各有一个生产区段成本较低，假定固定成本仍与 *aa′* 相同，那么 *aa″* 则表示国内外组合生产时的成本线。由于连接国内外生产区段的服务链成本大于两个区段都在国内时的成本，即 $ac>ab$，用于连接跨国生产区段的服务链成本将最优成本产出曲线从 *beb′* 折成 *bec′*，即当产量大于 *h* 时，可以进行国内外相结合的分散化生产。

以通信、金融服务业为代表的现代服务业技术进步，已经卓有成效地降低了国际服务链成本，使得跨国生产所需的最小规模越来越小，即图 5-9 中 *h* 逐渐左移，这样便极大地刺激了厂商利用国际服务链进行高效率跨国分散化生产的积极性，国际服务贸易特别是生产者服务贸易获得巨大推动力而迅速发展。

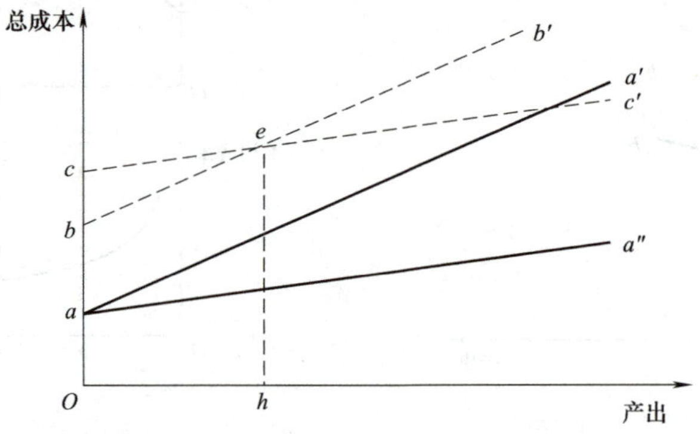

图 5–9　总成本与产出：外国服务链的影响

2. 马库森理论

在埃塞尔研究的基础上，马库森发展出差异化中间要素贸易模型。在埃塞尔模型中，两个国家分别具有竞争性生产部门和需要使用中间要素或服务的生产部门，后者显示出规模报酬递增效应和生产互补性。结果表明，有两个原因使含有生产要素的贸易优于单纯的最终产品贸易。

第一，由于价格和边际成本发生扭曲，当单纯的产品贸易不能保证帕累托改进时，允许生产要素贸易使得两个国家被扭曲部门的生产进一步扩张，这种扩张被作为当价格超过边际成本时获得贸易收益的充分条件。

第二，要素贸易优于单纯的最终产品贸易，这是因为在最终产品生产中国内与国外专业生产要素间的互补性以及自由贸易带来的更高水平的劳动分工。

马库森结合柯布－道格拉斯生产函数和熟练劳动力不变替代弹性函数，研究指出生产企业和专业化服务的规模报酬不变，而服务业与其提供的服务呈规模报酬递增。他认为，服务业产出虽然处于竞争性均衡，但未达到帕累托最优，因为没有考虑规模经济效应。服务业也存在先入者优势，报酬递增使率先进入服务市场的厂商从较低成本扩张规模，阻碍其他服务厂商提供同样的服务，从而降低后来者提供服务的竞争力。同样的，这也使小国规模报酬递增效应受到限制而降低其福利水平。马库森主张进行适当补贴以使福利最大化，补贴包括生产补贴和由政府无偿提供的公共投入。

在马库森模型及其假定情形的讨论中，规模报酬递增是资本密集型中间产品和知识密集型生产者服务的共同特征，而许多中间产品又呈现出差异化或与国内要素互补的特征。在含有高度熟练劳动的生产者服务贸易中，相对于初始固定成本，实际提供服务的边际成本比较低，使得服务贸易具有和传统 H-O 模型不同的成本特征，这在相当程度上引起专业化程度的加深和国际分工的发展。所以，马库森模型的主要结论是，生产者服务贸易优于单纯的最终产品贸易，但其核心不是服务和商品的区别，而是中间投入品与最终产品的区别。

3. 弗兰科斯理论

与马库森强调的服务业内部专业化相反，弗兰科斯重视服务在连接各专业化中间生产过程中的作用。他通过建立基于张伯伦垄断竞争模型的产品差异化模型，讨论了生产者服务与专业化导致的报酬递增之间的关系，以及生产者服务对商品生产的影响。

模型假定存在规模报酬递增效应，各厂商使用劳动 L 生产不同种类的差异化产品 X。任意种类产品 x_j 的生产都具有报酬递增效应，且其中使用的不同生产技术 V 在生产过程中具有不同的专业化水平，v（v=1，…，n）是专业化水平指数，也可视为生产被分成不同过程或阶段的数量。

$$x_j = \beta_v \prod_{i=1}^{v} D_{ij}^{a_{iv}} \tag{5-1}$$

式中，$\beta_v = V^{\delta}$；$\delta > 1$；$a_{iv} = 1/v$；D_{ij}表示种类为 j 的产品生产过程中使用的劳动。

在既定专业化水平上，劳动投入被均等地配置在所有生产活动中，生产 j 产品对劳动的需求为

$$D_j = \sum_{i=1}^{v} D_{ij} = V^{1-\delta} x_j \tag{5-2}$$

厂商管理和协调服务活动的人员、工程师和其他技术人员所产生的间接成本为

$$S_j = \gamma_0 v + \gamma_1 x_j \tag{5-3}$$

由此，总成本函数可表示为

$$C(x_j) = v^{1-\delta} x_j + \gamma_0 v + \gamma_1 x_j \tag{5-4}$$

取 v=0 时对式（5-4）的偏导数，求解 v 有

$$v = \left\{ \left(\frac{\delta - 1}{\gamma_0} \right) x_j \right\}^{\frac{1}{\delta}} \tag{5-5}$$

因此，专业化水平是 x_j 的增函数，是间接成本参数 γ_0 的减函数。当生产规模扩张时，专业化水平提高，生产者服务的相对重要性也得到提升。

弗兰科斯的理论分析认为，服务业的专业化导致规模经济出现，专业化应用于生产过程的程度依赖于每个厂商的生产规模，而生产规模又受到市场规模的限制。服务贸易自由化增加了服务产品种类，扩大了生产规模，使服务进口国的专业化水平不断提高，服务出口国或向专业化或非专业化方向发展，并使与要素报酬相联系的产品价格下降，随着本国厂商数量的减少，外国厂商数量增加，但最终存于市场的本国厂商的规模较贸易自由化前增大。

5.2 克鲁格曼模型在服务贸易中的拓展

如上所述，新贸易理论是在国际贸易日新月异发展的大背景下，当传统贸易理论在解释产业内贸易等国际贸易新现象上无能为力时，基于规模经济和不完全竞争市场这样更加贴近现实的崭新环境，重新阐释国际贸易的基础和动因。那么，作为第二次世界大战以来世界经济发展的一个显著特征，服务贸易的迅速崛起集中了当前国际贸易领域诸多因素的新变化，完全不同于过去货物贸易的内容、形式和模式，当然也对以其为对象构建和发展的古典贸易理论和新古典贸易理论提出了质疑与挑战。所以，能否应用新贸易理论解释服务贸易的理论和政策问题是其是否具备取代传统贸易理论资格的重要考验。

5.2.1 简化的克鲁格曼模型

克鲁格曼模型力图说明贸易产生的原因并不是国家间要素禀赋或技术方面的差异，而是规模经济条件下的要素报酬递增。但是与以往完全竞争市场的假定不同，克鲁格曼模型在张伯伦垄断竞争市场环境中，借鉴和修正迪克西特－斯蒂格利茨（1977）模型，将其具体描述如下：

假设一国经济中只存在一种生产要素——劳动，并且该国可以生产任何数量的 i 产品。设定实际生产的产品种类数从 1 到 n（n 趋于无穷）。居民的效用函数为

$$U=\sum_{i=1}^{n}v(c_i) \tag{5-6}$$

式中，c_i是居民对第 i 种产品的消费量。如果存在

$$\varepsilon_i=-\frac{v'}{v''c_i}，\ v'>0，\ v''<0 \tag{5-7}$$

当$\partial\varepsilon_i/\partial c_i<0$时，$\varepsilon_i$为生产者面对的弹性。假设所有产品的生产成本相同，每种产品生产中劳动是产量的如下函数：

$$l_i=\alpha+\beta x_i，\ \alpha,\beta>0 \tag{5-8}$$

式中，l_i表示生产 i 产品耗费的劳动；x_i是 i 产品的产量；α 是固定成本，故平均成本下降，边际成本不变；β 是反映投入产出关系的系数。由于一种产品的产量等于个别消费量的总和，产量应等于劳动在固定时间内的耗费：

$$x_i=Lc_i \tag{5-9}$$

接下来，假定以相同的数量和价格生产：

$$\begin{aligned}p_i&=p\\x_i&=x\end{aligned} \tag{5-10}$$

为得到产品需求曲线，须考虑代表性个人的市场行为。在有限收入条件下，由效用函数最大化推导一阶条件为

$$v'(c_i)=\lambda p_i，\ i=1,\cdots,n \tag{5-11}$$

式中，λ 是影子价格，也就是收入的边际效用。将式（5-9）代入式（5-11）得到

$$p_i=\lambda^{-1}v'\left(\frac{x_i}{L}\right) \tag{5-12}$$

由利润最大化确定产品价格，求解

$$\Pi_i=p_ix_i-(\alpha+\beta x_i)w \tag{5-13}$$

此时，价格取决于边际成本和需求弹性：

$$p_i=\frac{\varepsilon}{\varepsilon-1}\beta w \tag{5-14}$$

式（5–14）中的ε和产量有关，所以尚不能就此确定均衡价格。结合零利润假设，通过成本和效用函数求解代表性企业的价格和产量，如图 5–10 所示。

图 5–10 中横坐标表示产品的人均消费量，纵坐标表示用单位工资衡量的价格。从式（5–14）得到 c 与 p/w 的关系（pp 曲线），由图可知该曲线始终处在边际成本之上，并随 c 上升，而根据假设需求弹性随 c 下降。另外，依据零利润假设可得

$$0 = px - (\alpha + \beta x)w \tag{5–15}$$

$$\frac{p}{w} = \beta + \frac{\alpha}{x} = \beta + \frac{\alpha}{Lc} \tag{5–16}$$

式（5–16）表示的曲线位于$p/w = \beta$之上（zz 曲线）。pp 与 zz 的交点代表个人消费量和产品的均衡价格。通过 $x=Lc$ 可从产品消费量中得出产量，而已经生产的数量为

$$n = \frac{L}{\alpha + \beta x} \tag{5–17}$$

至此，在利用如上分析框架考察国际贸易之前，我们讨论封闭经济中劳动增加会对模型产生怎样的影响，如图 5–11 所示。

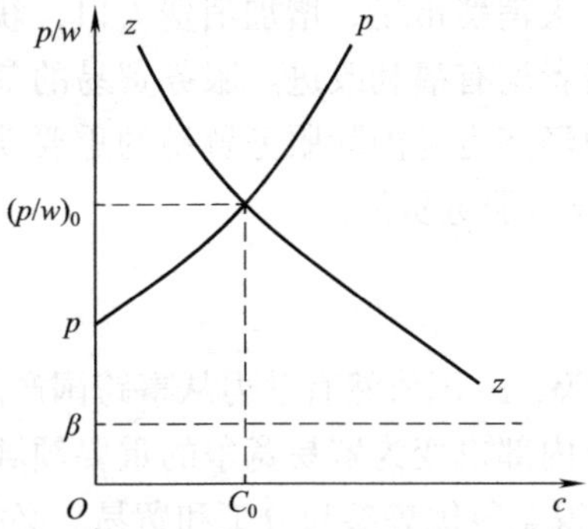

图 5–10　pp 和 zz 曲线

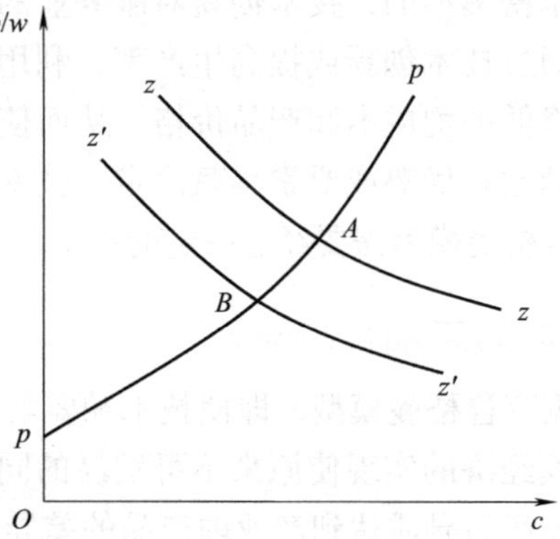

图 5–11　zz 曲线移动的情形

劳动投入增长前，均衡点位于图 5–11 的 A 点，检验式（5–14）和式（5–15）可以看出 L 的增加对 pp 没有影响，却使 zz 向左移动，在 B 点达到均衡。虽然此时 c 和 p/w 均下降，但由于$n = L/(\alpha + \beta Lc)$，$L$ 的增加和 c 的下降都会增加 n。所以，由$x = \alpha/(p/w - \beta)$可知，无论产量还是已生产数量都在上升。

现在，讨论在 pp—zz 模型中引入两国贸易的情形。假定存在和前述模型相同的两个国家，其具有相同的技术水平、要素禀赋等。按照传统贸易理论，这样两个国家当然不会发生贸易。如果两个国家中出现劳动力增加，就像在封闭经济中那样，生产规模进一步扩大，可供消费的产品数量和种类增多，个人和整体福利获得提升。当实际工资 w/p 提高，产品种类趋于多样化的，个人收益最大化可通过式（5–18）表示：

$$U = \sum_{i=1}^{n} v(c_i) + \sum_{i=n+1}^{n+n^*} v(c_i) \tag{5–18}$$

式（5–18）中，$1,\cdots,n$个产品在本国生产，$n+1,\cdots,n+n^*$个产品在国外生产。生产的数量

和耗费的劳动有如下关系：

$$n = \frac{L}{\alpha + \beta x}, \ n^* = \frac{L^*}{\alpha + \beta x} \quad (5\text{–}19)$$

显然，国内消费量中进口产品的份额是$L^* / (L + L^*)$，则其进口值为国民收入乘以进口份额：

$$M = \frac{wLL^*}{L + L^*} = M^* \quad (5\text{–}20)$$

综上，当国家间不存在偏好、技术或要素禀赋等方面的差异时，规模经济较好地解释了贸易产生的原因以及来自贸易的利益。

克鲁格曼模型克服了传统贸易理论所遇困境，提高了贸易理论对现实世界的解释能力。但是，克鲁格曼模型没有考虑企业的异质性，对开展贸易后企业之间的竞争淘汰和规模变化缺乏很好的解释，所以无法回答为什么有的企业规模会扩大，有的企业会被淘汰。另外，克鲁格曼模型关注的是规模差异，而非各国的技术水平和要素禀赋。但是，技术已成为当前服务贸易的重要内生变量，科技、管理等都是现代服务业的主要因素。服务业中越来越多的部门是技术密集型的，技术创新对服务业的发展具有举足轻重的作用。在这些行业部门中，垄断企业通过技术创新或提高生产率，利用国际贸易扩大消费市场、增加消费人口，获得规模经济，降低平均成本和产品价格，从而使企业和消费者均有福利改进。服务贸易的基础未必由两国的比较优势或要素禀赋决定，技术进步和规模经济也是国际服务贸易的重要动因。因此，克鲁格曼模型需要经过一定的修正，才能适用于国际服务贸易。

5.2.2 异质产品贸易模型

根据克鲁格曼模型，即使技术和要素禀赋完全对等，一国依然有动力从事跨国产品交换，企业规模经济的实现使原来不可贸易的同类产品产业内部也变为贸易竞争的重要领域。企业努力依靠产品异质达到产业内产品的差异化，从而获得竞争优势参与分工和贸易。必须看到，服务产品由于自身特性，消费品的差异化需求尤其突出，产业内异质产品的竞争在服务贸易领域更加活跃。不过，当试图把规模经济和不完全竞争下的新贸易理论应用于服务贸易时，需要克服诸多分析上的困难。为扫清障碍，有必要引入异质产品贸易模型，该模型在服务贸易中的演化有助于解决克鲁格曼模型在服务贸易领域中的应用问题。

假定一国代表性效用函数为

$$U = \sum_i c_i^{\theta}, \ 0 < \theta < 1 \quad (5\text{–}21)$$

式中，c_i是第 i 种产品的消费量，实际产品种类数量 n 趋于无穷大。只有一种要素投入——劳动，且所有产品的成本函数相同。

$$l_i = \alpha + \beta x_i, \ \alpha, \beta > 0, \ i = 1, \cdots, n \quad (5\text{–}22)$$

式中，l_i是第 i 种产品的劳动投入；x_i是该产品的产量。基于相同的假设，有

$$x_i = Lc_i, \ i = 1, \cdots, n \quad (5\text{–}23)$$

如果全部劳动被生产过程吸纳，则

$$L = \sum_{i=1}^{n} (\alpha + \beta x_i) \tag{5-24}$$

封闭经济下，假设两个企业不会生产相同的产品，且企业间相互影响可以忽略。与前述模型相同，考察收入约束下个人效用最大化，其一阶条件为

$$\theta c_i^{\theta-1} = \lambda p_i,\ i = 1, \cdots, n \tag{5-25}$$

式中，p_i是第 i 种产品的价格；λ 是影子价格，可看作收入的边际效用。改写式（5-25）可得第 i 种产品的需求曲线：

$$p_i = \theta\lambda^{-1}\left(\frac{x_i}{L}\right)^{\theta-1} i,\ i = 1, \cdots, n \tag{5-26}$$

此时，需求弹性为$1/(1-\theta)$，利润最大化的价格为

$$p_i = \theta^{-1}\beta w,\ i = 1, \cdots, n \tag{5-27}$$

式中，w 为工资率。因为企业利润可表示为

$$\pi_i = px_i - (\alpha + \beta x_i)w,\ i = 1, \cdots, n \tag{5-28}$$

均衡状态下遵循零利润假设，意味着

$$x_i = \frac{\alpha}{p/w - \beta} = \frac{\alpha\theta}{\beta(1-\theta)},\ i = 1, \cdots, n \tag{5-29}$$

应用式（5-24）和式（5-29）得到产品数量：

$$n = \frac{L}{\alpha + \beta x} = \frac{L(1-\theta)}{\alpha} \tag{5-30}$$

到此，虽然国家间要素禀赋、生产技术等完全相同，依传统理论贸易无法产生，但不完全竞争市场中，规模经济使得国际贸易顺利进行。正如前述讨论，基于报酬递增的分工和产品交换伴随异质产品的国别生产，广泛的市场消费选择更增加了参与国得自贸易的收益。

5.2.3　克鲁格曼模型对服务贸易动因的解释

《服务贸易总协定》明确了服务产品的贸易方式，四种提供方式涵盖了与货物贸易类似的交易特征。其中，人们对于生产要素或最终产品跨国流动两种服务贸易方式的认同有助于货物贸易理论延伸至服务贸易领域，而服务产品的可贸易性以及服务的生产和交换更加符合规模经济和垄断竞争等生产和市场条件，让以克鲁格曼模型为代表的新贸易理论在服务贸易的理论与政策研究中获得了一席之地。

分析国际服务贸易的动因，同样假设服务提供在垄断竞争市场中呈现报酬递增。从直觉出发，服务在一国生产和消费领域的地位受到其自身专业化程度和发展规模的极大制约。从服务消费角度看，人们对于服务产品差异性的敏感度远远高于货物产品。消费者当然偏好那些同类产品中能够最大满足其需求的差异化产品，即所谓的“理想种类”，如果受到距离等其他条件的约束，消费者也要选择最接近理想的那种产品。一旦“理想种类”的提供价格成为最低价时，消费者会倾其所有加以购买。从服务生产角度看，如模型所示，国内服务的提供者寻求规模经济向国际市场扩张，专业化水平、服务种类和价格必将随之发生变化。同时，

服务生产的专业化带来的报酬递增也因此出现。反看消费者，和贸易前相比，消费者可以在国内消费服务，也可选择出国购买国外服务产品。在充分选择的基础上，国内服务提供者的数量必将下降，剩余提供者成为市场的主宰，它们较贸易前的规模更大，竞争力更强。这些服务部门或者通过合并扩大规模，或者进行更高水平的专业化分工，从而在国际竞争中获取更大利益。结果不仅会使贸易机会增加，又会促进市场规模的扩大，服务部门得以扩张。

总体而言，一方面，服务产品的生产及其专业化水平的提高和报酬递增之间互相促进；另一方面，服务部门的专业化促使加快形成规模经济，而专业化生产的应用程度又依赖于服务提供的规模。所以，当其规模受到市场限制时，服务市场的扩大或者国际扩张成为必然。当然，国际服务贸易自由化同时也会带来服务产品的种类增多，可提供的产品数量增加，原来的服务提供者较贸易前更具专业化水平等诸多好处。

【专栏 5–1】

我国服务贸易品的技术含量提高了吗？

技术进步对国际服务贸易的影响正在不断深化，其不仅改变了服务贸易方式和结构，更是扩大贸易领域和提升贸易竞争力的主要途径。我国服务贸易技术水平和贸易品的技术结构如何，与欧美发达国家相比是否存在差距？改革开放以来服务贸易品的技术含量提高了吗？遵循货物贸易的研究思路，可以构建服务贸易技术含量和技术结构指数对中国服务贸易技术结构的变动进行相应测度。

如图 5–12 所示，1995—2007 年我国各类服务贸易品技术含量的变化态势大致趋同，整体随时间不断提升，并且可以分为两个阶段：第一阶段是 1995—2001 年，主要特征是服务贸易品技术含量变化明显，而科学技术含量指标 STC 值的上升趋势不显著，在几乎无增长的通道内小幅波动；第二阶段是 2001—2007 年，各类服务贸易品的技术含量提升较快，增长率明显不同于第一阶段。可以看出，2007 年金融、专利与特许权以及保险服务的技术含量较高，金融服务技术含量峰值约为 2007 年的 54 710。保险服务技术含量在 1995—2000 年处于中等水平，但自 2001 年其 STC 值增长迅速，增长率略高于金融服务，2007 年其技术含量提升至第 2 位。相对于金融和保险服务，专利与特许权服务的技术含量提升相对缓慢，不过 1995—2002

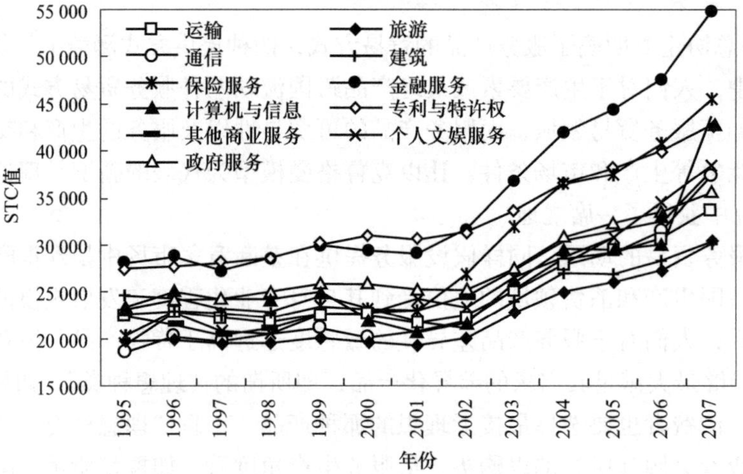

图 5–12　中国各类服务贸易品的技术含量

年其技术含量与金融服务基本持平，但2002年以后，技术含量增速不及金融和保险服务，从2006年起STC值下降到第3位。运输、旅游服务作为传统服务贸易，技术含量指标始终处于较低水平。其中,1996—2007年旅游服务STC值一直最低，而运输服务贸易STC值稳中有升。通信、建筑、计算机与信息、其他商业服务、个人文娱服务以及政府服务的技术含量变化态势趋同。除计算机与信息服务外，各类服务贸易的STC值变化态势较为稳定。其中，2007年计算机与信息服务STC值首次超过专利与特许权，仅次于金融和保险服务。不过，属于技术、资本密集型服务的计算机与信息服务，其STC值在各类服务贸易中优势并不明显，仅处于中等偏上水平。

[引自：董直庆、夏小迪，我国服务贸易技术结构优化了吗？《财贸经济》，2010年第10期。]

【专栏5-2】

服务业产业内贸易：中国和东盟国家的比较

从沃登1960年考察比荷卢经济联盟内部的贸易模式所发生的变化时第一次注意到产业内贸易开始，在过去将近半个世纪的时间里，人们对于这种发生在同一产业内部的贸易投以越来越多的关注。克鲁格曼开创的新贸易理论更是把这种认识由以往的观察、判断和推测提升到了理论的高度，“从事产业内贸易的企业更多的是在追求同质产品的差异化”。根据产业内贸易理论，应该可以为当今日趋活跃的服务业国际化现象找到一些理论佐证：供给方面，服务产品在自身特征上更加符合克鲁格曼所谓的同质产品差异化标准；需求方面，服务产品的消费差异化倾向则表现得更为突出。所以，服务贸易领域势必表现出在同一产业内部差异化服务产品之间的贸易竞争局面。

为考察服务贸易的产业内贸易特征，可以从服务业整体和内部各部门的视角分别考察不同经济体服务业产业内贸易的发展状况。我们选取2007年7月1日《中国—东盟服务贸易协议》背景之下中国和新加坡、马来西亚、泰国、菲律宾、印度尼西亚5个东盟代表性国家的双边服务贸易作为研究对象，借用产业内贸易指标评价体系，计算静态、边际动态和边际横、纵向分解指标显示的服务贸易产业内贸易水平，结果显示：

第一，目前中国整体服务业产业内贸易发展水平略高于东盟，而且在更多的服务部门中显示出较大的产业内贸易比例；东盟国家在产业内贸易的覆盖范围上略高于中国，且存在越来越多的部门向产业内贸易模式转变的迹象。

第二，除运输等传统服务业外，各现代新兴服务部门的边际产业内贸易指数在两个经济体中呈现负值的情况经常出现。中国近年来服务业内部各部门由正转负的现象时有发生，东盟主要国家则一直存在较多的边际产业贸易内指数（MIIT）负数部门。

第三，从服务业产业内贸易的具体表现形式出发，中国服务业的产业内贸易垂直型特征较为明显，更多地体现在服务质量差异上；东盟主要国家以水平型产业内贸易形式为主，多半体现在类别相同、范围不同的服务产品进出口上。

[引自：蔡宏波，服务业产业内贸易：中国和东盟国家的比较，《财贸经济》，2007年第7期。]

【重要概念】

新贸易理论；规模经济；产业内贸易；产业内贸易指数

【思考题】

1. 服务产品的生产能实现规模经济吗？请举例说明。

2. 试阐述克鲁格曼模型在服务贸易领域的应用前景。

3. 请以中国与主要贸易伙伴的双边服务贸易为对象，利用产业内贸易指标评价体系，计算和综合评价我国对外服务业产业内贸易的发展水平。

【课后阅读材料】

[1] 程大中,《国际服务贸易学》，复旦大学出版社，2007年。

[2] 陈启斐、王晶晶、岳中刚，扩大内需战略能否扭转我国服务贸易逆差——来自我国和23个OECD国家的面板数据分析,《国际贸易问题》，2014年第2期。

[3] 李慧中、许卫权，国际服务贸易动因及开放市场影响的经济学分析,《世界经济文汇》，2001年第2期。

[4] Ethier W. J.，National and International Returns to Scale in the Modern Theory of International Trade，American Economic Review，1982，72，pp.389-405.

[5] Francois J.，Explaining the Pattern of Trade in Producer Services，International Economic Journal 1993，7（3），pp.1-9.

[6] Makusen J. R.，Trade in Producer Services and in Other Specialized Intermediate Inputs，American Economic Review，1989，79，pp.85-95.

第 6 章 新新贸易理论与国际服务贸易

【学习目标】

1. 了解异质企业理论在贸易领域的演化
2. 应用新新贸易理论解释服务贸易

【引导案例】

近年来，美国将中国视为战略竞争对手，其中最主要的措施就是出口管制。美国对中国实施出口管制过程中，最具影响力和代表性的案例就是严格对华为的出口管制措施。

被列入“实体清单”后，华为积极利用美国之外的芯片代工厂为其生产手机芯片，最具代表性的就是麒麟芯片，其业绩和全球市场份额仍然快速增长。国际清算银行（BIS）发现，《外国直接产品规则》（FDPR）将美国原产技术和软件的范围限于因国家安全原因列入《商务部管制清单》的物项，华为可以通过台积电等企业，利用其他美国原产技术和软件或者基于其他美国原产技术和软件制造的外国生产设备代工芯片。BIS 于 2020 年 5 月 15 日发布公告。修改《外国直接产品规则》，将规则中的美国技术和软件的范围扩展至某些因反恐被列入《商务部管制清单》的物项，并将受该《规则》管辖的物项所适用的许可审查政策规定为推定否决，导致台积电无法再为华为代工芯片。由于修改后的《外国直接产品规则》具有极强的域外适用效力，为避免有关国家和地区的激烈反对，BIS 增加了一个限制条件，适用该《规则》的外国直接产品仅限于华为设计或开发的物项。由于台积电无法为华为代工 5G 芯片，华为只能向其他海外代工厂求购并非华为设计或开发的芯片。然而，2020 年 8 月 17 日，BIS 第二次修改《外国直接产品规则》，删除“仅限于华为设计或开发的物项”的限制条件，导致华为也不能从联发科求购 5G 芯片。为避免除美国之外其他国家或地区的激烈反对，BIS 在《外国直接产品规则》中增加了一个新的限制条件：对于 5G 以下（包括 4G、3G、2G）相关外国直接产品向华为的出口，适用逐件审查的许可审查政策。

（资料来源：葛晓峰，从华为案探究美国对中国出口管制的本质，《国际经济合作》，2022 年第 1 期，有改动。）

6.1 新新贸易理论

20 世纪 90 年代以来，经济学家们对一些进行国际贸易的企业进行实证研究，研究的国家包括美国、德国、哥伦比亚、墨西哥、摩洛哥等。他们发现，在大多数行业中，进行国际贸易的企业都是那些劳动生产率高、规模大、产品质量好、竞争力强的少数企业。具体来说，Bernard 和 Jensen（1995）对美国的企业进行研究后发现，同一行业内，美国从事国际贸易的企业比只从事国内贸易的企业具有更高的劳动生产率，而且从事国际贸易的企业仅占总企业一小部分比例。

同样的情形也出现在 Bernard 和 Wagner（1996）对德国企业的实证分析研究中。上述企业的生产率、规模、工人熟练程度、产品质量等表现出来的差异称为企业的异质性。在新新贸易理论以前的国际贸易理论中，企业具有同质性的假定，即企业之间没有任何差异。因此，新新贸易理论以前的国际贸易理论无法解释 20 世纪 90 年代以来实证分析得到的微观结论，也无法解释由于企业异质性导致的国际贸易，这就产生了对更新国际贸易理论的需求。除了实证研究的发展，20 世纪 90 年代以后跨国公司的迅速发展也推动了新新贸易理论的产生。跨国公司为了实现利润的最大化，通过越来越复杂的一体化战略在全球范围内进行最有效的资源配置。跨国公司不管是通过 FDI 在其他国家建立子公司进行中间投入品贸易，还是通过外包的形式从其他供应商手中采购中间产品，都需要考察不同方式下的机会成本差异。由此产生的一系列关于跨国公司在国际贸易和投资中公司组织形式和生产方式的选择问题，也推动了新新贸易理论的产生。在上述背景下，以 Melitz（2003）和 Antras（2003）为代表的经济学家建立并拓展了新新贸易理论，该理论探讨了企业的异质优势在贸易中的决定作用。

新新贸易理论主要解决和回答的问题如图 6–1 所示。

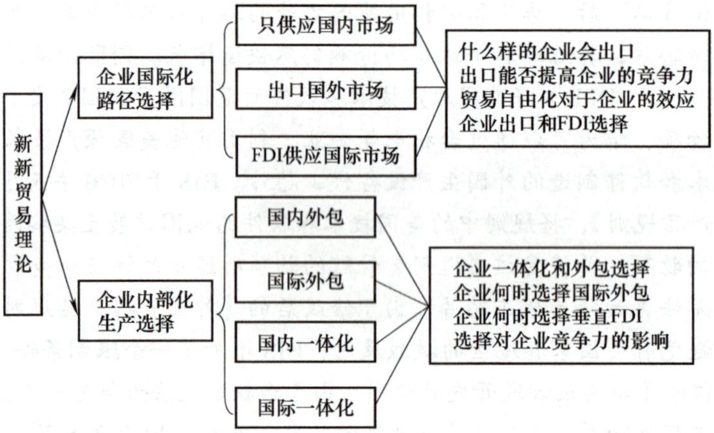

图 6–1　新新贸易理论主要解决和回答的问题

6.1.1　新新贸易理论的基本假设

在 Melitz（2003）模型出现的前后也存在几种与之竞争的异质性企业模型，然而由于其简明性和可扩展性，特别是其与之前的新贸易理论模型一脉相承，Melitz 模型成为异质性企业贸易理论中影响最大的基准模型。异质性企业贸易理论的基础是新贸易理论中基于垄断竞争与规模经济的贸易理论，同时引入异质性企业。这也是 Baldwin 和 Okubo 认为异质性企业贸易理论应该称为新新贸易理论的原因。从理论上来说，Melitz 的异质性贸易理论是在 Krugman 的基础上发展而来的，大部分假设都沿用了新贸易理论的假设，包括市场结构、效用函数、分析方法等。此处我们将基准模型 Melitz 的假设归纳为 20 条（见表 6–1）。

表 6–1　Melitz 基准模型的假设

消费者设定	假设 1	代表性消费者模型、固定替代弹性生产函数（CES）
	假设 2	消费者不储蓄

（续）

生产者设定	假设 3	企业建立之时需要投入进入成本 f_e
	假设 4	生产每种产品都有生产固定成本 f_d
	假设 5	每个行业内的产品都是水平差异化的
	假设 6	每个厂商只生产一种产品，生产没有中间过程，也不存在生产组织结构的选择问题
	假设 7	每个企业面临概率为 δ 的负面冲击，任何受到冲击的企业都会直接退出市场
	假设 8	每个企业在支付了进入成本 f_e 之后，可以从连续分布 $G(\phi)$ 中观察到自己的外生生产率 $\phi>0$，企业根据自己的生产率水平决定生产策略
要素市场设定	假设 9	生产要素市场为完全市场
	假设 10	只有劳动一种生产要素投入，劳动力是同质的
产品市场设定	假设 11	企业之间进行的是垄断竞争
国际市场设定	假设 12	1 到 $n+1$ 个禀赋为 L 的国家劳动要素不能跨国流动
	假设 13	每个 i 国的企业只能通过出口服务 j 国的市场，出口的过程中有 r_{ij} 的可变贸易成本，其中 $r_{ij} \geqslant 1$ 为冰山成本
	假设 14	每个 i 国企业出口到 j 国需要付出 f_{xij} 的出口固定成本
	假设 15	贸易是平衡的
	假设 16	所有的国家是对称的
环境隐性设定	假设 17	所有生产和消费行为都发生在同期，除了外生性冲击，厂商面临的需求和生产能力不变
	假设 18	信息完全
	假设 19	无政府
	假设 20	企业是风险中性的

正是在上述框架下，Melitz（2003）奠定了新新贸易理论的基础。模型中多数假设是在新贸易理论中已经得到广泛应用的假设，这同时也使得其与之前的新贸易理论建立了密切的联系，保证了可扩展性。值得一提的是，同期的学者也独立在伯特兰德模型（Bertrand Model）的框架下分析了异质性企业问题。这一模型与 Melitz（2003）的核心差异在于其同时假设了企业与国家层面的比较优势，并限定世界产品总数是有限的。此外，这说明企业的异质性实质上是企业层面的比较优势，从而使得国内外企业在同一个产品上都按照自己的地理要素进行竞争，进而产生了内生价格的增长。

6.1.2　新新贸易理论主要模型

Melitz 在他的代表性论文“*The Impact of Trade on Intra-Industry Reallocations and Aggregate Industry Productivity*”中首先提出了异质企业贸易模型，这被看作新新贸易理论的核心内容。异质性企业贸易模型用来解释企业的异质性如何影响企业在国际贸易活动中的决策。

Melitz 模型主要假定世界上存在两个国家——甲国和乙国，并且都同时拥有生产要素 L（劳动），由于不同的企业生产率存在差异，因此将企业分为三种类型：N 企业、D 企业和 X 企业。其中，生产率较高的 X 企业可以从事出口，也可以在国内进行商品销售；生产率一般的 D 企业只在国内销售；而生产率最低的 N 企业被市场淘汰。

Melitz 认为，生产率相对较高的一类企业由于其更高的生产率更容易进入出口市场，并且能够承担出口贸易的风险及成本，因此这类企业主要从事出口业务；生产率处于中等水平的企业会理性选择更多地进行国内贸易；而那些从事对外贸易的产业部门通过提高劳动价格和其他的要素价格，促使生产率较低的企业从事国内贸易或者直接被淘汰退出市场。生产率较低的企业的退出使其占有的资源流向生产率高的企业，从而国际市场中的资源得到了重新配置和充分利用。生产率较高的企业在参与国际贸易后，其生产率水平又进一步提高。这弥补了以往的贸易理论中没有关于提高企业劳动生产率内容的空白。异质性企业模型建立后，可以用来区分同一产业内不同类型的企业，并以此来确定哪些企业专门从事出口贸易，哪些企业专门从事国内贸易。企业在进行决策时会依据自身的条件和能力进行客观、理性的选择。

Melitz 模型是考虑企业选择出口、FDI，或只在国内市场销售。各个产业都是由生产率水平不同的异质性企业组成的，其中生产率水平最高的企业会选择 FDI 或者出口或者二者结合，而生产率最低的企业则会被挤出市场，生产率居中的企业只能选择在国内市场销售。

其中，Melitz 模型将企业异质性的原因归结为生产率的差异，并将竞争性技术、国际贸易成本、具备异质性技术水平的工人这三个因素归结为企业异质性的原因，同时雇用与技术相匹配的拥有异质性技术水平的工人，这样企业的产品或服务就具有异质性贸易优势。该模型还很好地解释了不断增加的技术溢价给异质性企业带来的额外收益。

6.1.3 新新贸易理论与传统贸易理论、新贸易理论的融合

与传统贸易理论和新贸易理论相比，新新贸易理论的创新主要表现在以下几个方面：

首先，理论基础不同。传统贸易理论的基础是比较优势理论和要素禀赋理论；新贸易理论主要是在规模经济、产品差异性和不完全竞争的条件下研究产业内贸易；新新贸易理论的基础是异质性企业模型和企业内生边界模型。

其次，前提假设条件不同。新新贸易理论假设企业是异质的，而其之前的国际贸易理论都是建立在企业同质性的前提下。传统贸易理论和新贸易理论认为，同一产业的所有企业都是同质的。而新新贸易理论认为企业内部的异质性导致不同企业的劳动生产率、技术、成本等不同，进而国际化路径和决策不同。

再次，研究视角不同。传统贸易理论从宏观层面分析国家在不同产业的比较优势；新贸易理论在不完全竞争假设下，在中观层面从规模经济、产品的差异性等角度分析产业内贸易。新新贸易理论从微观层面（即企业的异质性）出发，分析研究企业的国际化决策和国际化路径选择。

最后，研究内容更广泛、深入。同传统贸易理论、新贸易理论一样，新新贸易理论也是研究国际贸易成因、利得与分配等基本问题。但新新贸易理论重点探讨单个企业的经营决策和行为模式，即企业是仅服务国内市场，还是出口，抑或对外直接投资，企业选择一体化还是外包。可见，新新贸易理论的研究内容是对传统贸易理论和新贸易理论的重要补充、完善和发展。

6.2　新新贸易理论在服务贸易中的研究新进展

传统贸易理论和新贸易理论均从宏观视角研究国家和行业层面的贸易现象，而新新贸易理论开始关注参与贸易的微观企业的行为，在企业异质性的前提下研究企业特征的差异对出口概率和出口选择的影响。新新贸易理论对于服务贸易研究的适用性还在不断探索和检验中。通过梳理近年来的研究成果可以发现，新新贸易理论为服务贸易的研究提供了除国家和产业水平以外的新角度，对拓展服务贸易理论和实证研究具有重要意义。

由于企业层面的服务贸易数据近几年才开始能够获得，因此异质性企业在服务贸易中的表现成为研究热点。

6.2.1　异质性企业

Holger 和 Chiara 基于英国 2000—2005 年企业层面的服务贸易进出口数据的研究结果表明，相对于只面向国内市场的企业，服务贸易企业通常具有更大的生产规模和更高的生产效率，更容易成为外资企业和跨国企业，但相对于货物贸易商，服务贸易企业在国际贸易中获得的溢价更小。在多国和多产品的贸易中，集约边际在服务贸易中的贡献更为突出，70% 的贸易额集中在主要的进出口目的国，90% 的贸易额集中在单一的服务类型上。

Jože Damijan 等针对欧盟四个成员国的研究同样证实了服务贸易企业相对于国内服务提供商具有更大的生产规模、更高的生产效率，同时能够支付更高的薪资，从事进出口贸易的企业的贸易表现优于只从事单向贸易的企业。

Masayuki 研究发现无论出口服务贸易公司还是进口服务贸易公司，与其他类型公司相比都有更高的生产率和工资水平，只有生产率更高的企业才能支付较大的固定成本来从事服务贸易。

Osgood 从全球价值链的角度进一步验证了不同规模的企业在服务贸易中的异质性表现，发现随着全球价值链的延伸和国际分工的细化，规模大的公司能从贸易自由化中获得更多收益。针对以上特征事实，学者从不同角度探究影响企业服务贸易表现和贸易所得的因素。

Lejárraga 等认为出口渠道的选择限制是阻碍中小企业参与服务贸易的重要因素，小企业更多地依靠间接和集聚网络进行出口，一定程度上抑制了其出口绩效。

Ariu 等在企业层面的研究表明服务是影响产品范围和产品吸引力的重要因素，是企业层面货物垂直异质性的来源，可以利用特定服务提升出口产品的质量。

Christen 等则从二元边际的视角出发，更为全面地考察了影响不同企业服务贸易表现的因素，结果表明地理距离、生产率和目的国市场特征都会影响企业出口服务的概率，但更多的是影响服务出口额，集约边际的增长高于扩展边际，相对于制造业企业，服务企业的出口扩展边际更小。

Benz 等则在引力模型的基础上考虑了服务贸易限制对异质性企业的影响，发现服务贸易限制对于大型跨国公司的影响很小，对高生产率的企业影响较小，经验丰富的出口商比新出口企业能够更有效地处理服务贸易限制政策，因此对服务贸易限制政策的应对能力也是影响企业出口表现的重要因素之一。

6.2.2 企业的自选择效应

企业的自选择效应是新新贸易理论研究的重要方向，这一效应在服务贸易企业中同样广泛存在。自选择效应不仅体现在企业是否参与出口的决策上，也体现在企业在国际化战略中对于出口和FDI的抉择上，即在企业异质性、不完全竞争等条件下企业关于贸易模式的决策，是选择出口还是选择在目的国建立子公司。

Tanaka针对日本企业的研究发现服务业与制造业具有相同的特征，即跨国企业的生产率更高，初步验证了异质性企业模型在解释服务企业的对外直接投资行为中的适用性。

Kelle等利用德国微观层面的数据分析了服务贸易和企业生产率两者的相互关系：一方面，生产率是决定企业贸易模式选择的重要因素，多数企业一般只能选择一种贸易模式，只有处于生产率顶端的企业才能实现两种模式的自由转换；另一方面，服务贸易自由化通过促进企业间资源充分合理配置能够显著提升整个服务业部门的生产率。

Christen和Francois在对美国的研究中发现，规模更大、收入更高以及更远的市场会吸引更多的服务贸易企业建立子公司，但不同的部门受到的影响不同。以上研究均表明了服务企业在出口贸易中同样存在沉没成本和自选择效应。李方静和张静基于微观企业自选择模型的实证研究发现，服务贸易自由化显著提高了企业出口概率和出口密集度，显著延长了企业出口持续期。

在新新贸易理论下，实证研究开始基于企业层面的微观数据，从企业的生产效率和生产规模等特征考察企业异质性带来的自选择效应和参与服务贸易的概率，并从全球价值链和贸易边际的角度研究服务贸易自由化对异质性企业的不同影响。

【专栏】

企业异质性模型在服务贸易理论中的拓展

从事货物进出口的企业一般表现出规模更大、生产率更高的特点，它们利用资本更加密集的生产技术，雇用更高水平的熟练劳动力。货物贸易企业在整个行业中所占的比重很低，大部分出口企业只供应很少的外国市场且一般集中在本国销售。这些发现催生了大量解释异质性企业行为的理论研究，代表了国际贸易理论发展的新阶段（Melitz，2003；Bernard等，2003；Eaton，Kortun和Kramarz，2008；Bernard，Redding和Schott，2009）。

很明显，对于服务贸易企业异质性行为的研究相对较少，现有的企业异质性模型是否适用于服务贸易企业还有待检验。这首先依赖于企业层面服务贸易典型化事实的发现，如果服务贸易企业表现出与货物贸易企业相同的异质性，那么企业异质性理论在服务贸易领域的应用便有了现实依据。对此，Holger和Criscuoloz（2011）针对英国服务贸易企业数据进行的实证分析发现，服务贸易企业的行为特征和货物贸易企业典型化事实具有很强的相似性，异质性企业贸易模型可能也适用于解释企业层面的服务贸易。Holger和Criscuoloz的分析对象是英国生产者服务企业，因为这些企业的服务贸易占英国服务出口的46%和进口的31%。他们的研究得出了11个关于服务贸易企业的典型化事实。

事实1：只有很少一部分企业参与服务贸易，英国仅8.1%的企业出口或进口服务（见表6–2）。

表 6-2 2005 年英国企业的服务进出口

	(1) 企业比重				(2) 贸易比重			
					出口		进口	
	Notrade	EnoI	InoE	EandI	EnoI	EandI	InoE	EandI
总计	91.9%	4.2%	1.9%	2.0%	20.2%	79.8%	13.7%	86.4%
采矿业	77.0%	10.7%	3.8%	8.5%	36.5%	63.5%	15.1%	84.9%
中低技术制造业	90.0%	3.4%	2.1%	3.7%	27.0%	73.0%	25.5%	74.5%
高技术制造业	80.3%	9.6%	4.0%	6.1%	26.5%	73.5%	20.8%	79.1%
建筑及公用事业	98.1%	0.5%	1.1%	0.3%	43.6%	56.4%	79.8%	20.2%
批发零售业	94.0%	2.3%	2.3%	1.4%	37.9%	62.1%	26.4%	73.6%
其他商业	94.8%	2.9%	1.2%	1.1%	8.0%	92.0%	11.6%	88.4%
计算机与科研	85.4%	8.5%	2.6%	3.5%	23.5%	76.5%	8.6%	91.4%

	(3) 贸易强度				(4) 部门占总体比重			
	出口		进口		就业	营业额	出口	进口
	EnoI	IandE	EnoI	IandE				
总计	30.7%	27.2%	9.0%	12.5%	100%	100%	100%	100%
采矿业	63.3%	23.4%	1.4%	5.5%	0.5%	0.8%	0.5%	0.4%
中低技术制造业	14.2%	16.6%	7.8%	17.3%	15.3%	8.2%	2.6%	2.8%
高技术制造业	25.0%	22.1%	6.4%	10.6%	7.7%	6.8%	9.6%	9.3%
建筑及公用事业	12.5%	7.2%	5.5%	4.7%	8.5%	6.5%	0.1%	0.4%
批发零售业	28.4%	19.1%	13.7%	20.8%	27.1%	37.6%	7.6%	7.5%
其他商业	24.0%	29.5%	10.5%	10.9%	25.8%	25.0%	31.2%	35.5%
计算机与科研	35.5%	31.8%	6.3%	10.3%	15.2%	15.1%	48.4%	44.1%

	(5) 就业比重				(6) 增加值比重			
	Notrade	EnoI	InoE	EandI	Notrade	EnoI	InoE	EandI
总计	77.6%	5.6%	10.1%	6.8%	70.4%	6.4%	9.8%	13.4%
采矿业	64.5%	8.9%	12.5%	14.1%	34.4%	3.6%	30.9%	31.2%
中低技术制造业	81.3%	4.2%	8.8%	5.7%	78.1%	5.0%	9.5%	7.5%
高技术制造业	58.1%	8.6%	12.4%	21.0%	51.6%	9.2%	12.6%	26.6%
建筑及公用事业	93.4%	1.5%	3.0%	2.1%	86.6%	1.3%	5.7%	6.4%
批发零售业	83.1%	7.4%	7.1%	2.5%	81.1%	7.5%	6.8%	4.5%
其他商业	—	—	—	—	—	—	—	—
计算机与科研	—	—	—	—	—	—	—	—

注："Notrade" 是指不参与服务进出口的企业；"EnoI" 是指参与服务出口但不参与服务进口的企业；"InoE" 是指参与服务进口但不参与服务出口的企业；"EandI" 是指既参与服务出口又参与服务进口的企业。

细分来看，只有4.2%的企业参与出口，1.9%的企业参与进口，2.0%的企业同时参与进出口，但是企业贸易额约占服务出口额的80%、进口额的86%，大约2%的企业占英国服务进出口的绝大部分。对于少数参与服务贸易的企业来说，出口和进口价值相对于它们的平均营业额是很小的。英国8个生产者服务部门都存在服务出口商和进口商，但参与贸易的企业在行业中所占的比重有很大差异，有的企业低至2%，有的企业高至20%。

事实2：服务出口商和进口商在就业量、营业额和增加值上大于非贸易企业，并且生产率更高、资本更加密集、工资水平更高，是外资或跨国公司一部分的可能性更大。

事实3：出口但不进口服务的企业比只进口不出口的企业规模更小，生产率更高，技术也更加密集。

事实4：只出口服务不出口货物的企业比只出口货物的企业规模更小，生产率略高，技术也更加密集。

事实5：服务贸易企业之间在进出口额、服务交易数量以及每个国家和每种服务的平均进出口额上存在较大差异。

事实6：服务的出口和进口高度集中在与多个国家贸易且具有多个贸易种类的少数企业。

事实7：企业的服务贸易是高度集中的，第1位出口目标国、进口来源国和第1位服务类型平均占企业总贸易量的70%以上。

事实8：企业间进出口的差异主要可由集约边际（Intensive Margin）的不同来解释，即各个国家和各种服务类型的贸易。

事实9：生产率更高、规模更大的企业与更多的国家贸易，且交易更多类型的服务，在每个国家和每种服务上进出口的更多。集约边际一方面解释了企业生产率与规模间的相关性，另一方面解释了生产率与企业水平贸易额之间的相关性。

事实10：英国与其他国家总进出口的差异主要是由外延边际驱动的，即贸易国的数量以及每个国家交易产品的种类。

事实11：外延边际一方面解释了双边距离和贸易伙伴国GDP之间的全部相关性，另一方面解释了和总贸易额之间的相关性。距离更远、GDP更高的国家吸引了更多的英国企业。

服务贸易表现出很大程度的企业水平异质性。出口和进口地位与企业规模、生产率等水平变量之间存在诸多差异，企业贸易地位与行为特征之间的关系具有重要启示，为把企业异质性融入服务贸易理论提供了很强的例证，暗示了现有异质性企业贸易模型可为此提供一个良好的起点。

［引自：Breinlichy H.，Criscuoloz C.，International Trade in Services: A Portrait of Importers and Exporters，Journal of International Economics，2011，84（2），pp.188-206.］

【重要概念】

新新贸易理论；异质企业模型

【思考题】

1. 新新贸易理论与传统贸易理论、新贸易理论的联系与区别是什么？
2. 试阐述Melitz模型在服务贸易领域的应用前景。

【课后阅读材料】

[1] 崔凡、邓兴华，异质性企业贸易理论的发展综述，《世界经济》，2014 年第 6 期。

[2] 蔡宏波、朱祎、王晓文，服务贸易理论与实证研究新进展，《上海商学院学报》，2021 年第 22 期。

[3] 易靖韬，《新新贸易理论：异质企业与国际贸易》，中国人民大学出版社，2017 年。

[4] Melitz M. J.，The Impact of Trade on Intra-industry Reallocations and Aggregate Industry Productivity，Econometrica，2003，71（6），pp.1695-1725.

第 3 篇

服务贸易政策

第 7 章

服务贸易竞争力

【学习目标】

1. 理解服务贸易竞争力的内涵和竞争力评价
2. 了解中国和其他国家的服务贸易竞争力

【引导案例】

2022 年 8 月，广西壮族自治区文化和旅游厅印发《广西乡村旅游高质量发展专项规划（2022—2025 年）》（以下简称《规划》）。《规划》提出，到 2025 年，广西乡村旅游总人数将超过 5 亿人次，乡村旅游收入达到 5000 亿元以上，乡村旅游在全区文化旅游格局中的地位进一步凸显，在助推乡村振兴和促进共同富裕上作用明显，成为广西建设文化旅游强区和世界旅游目的地的重要支撑，初步建成国内著名、世界知名的乡村旅游目的地。《规划》还提出，将着重在打造国际乡村旅游目的地，建设高品质乡村旅游景区、度假区，打造精品乡村旅游重点村镇（乡），推动乡村旅游区（农家乐）提档升级，深入实施“一村一品”建设，培育乡村农文旅融合示范区，建设乡村旅游廊道等方面发力，不断提升乡村旅游影响力。同时，重点培育“静谧田园”“长寿乡舍”“滨海渔家”“风情壮乡”“最美农园”“神秘边关”等乡村旅游品牌。重点依托阳朔、大新、金秀、三江等地独特的乡村旅游资源，打造具有稀缺性和独特性的乡村旅游产品体系。做好乡村旅游重点村镇的培育和创建工作，把阳朔镇骥马村、粉乡雨卜村、中渡镇大兆村、大圩镇袁家村等一批全国乡村旅游重点村建设成为国内著名乡村旅游目的地。

“我们还将通过强化融合发展、创新营销方式、提高管理水平、推进共建共享、坚持保护优先等举措，进一步提升乡村旅游竞争力。”广西壮族自治区文化和旅游厅工作人员表示，这一系列举措将持续提升“秀甲天下 壮美广西”文化旅游品牌形象，加快推动乡村旅游高质量发展。

（资料来源：文旅中国，2022 年 9 月 15 日，广西出台规划推进乡村旅游高质量发展，https://baijiahao. baidu. com/s?id=1744028111909093979&wfr=spider&for=pc，有改动。）

7.1 服务贸易竞争力

7.1.1 服务贸易竞争力的界定

20 世纪下半叶以来，竞争力的理论和实证研究逐渐兴起并受到越来越多的关注。以下我们将从国家层面对服务贸易竞争力进行界定，首先介绍若干主要的国家竞争力定义。

国际经合组织（OECD）认为，“面对国际竞争，支持企业、产业、地区和国家在可持续发展的基础上进行相对较高要素投入的生产和较高要素利用的能力”。世界经济论坛在其《国际竞争力报告》中指出，“一国或者一个公司在世界市场上均衡地生产出比其竞争对手更多财富的能力”。瑞士洛桑国际管理发展学院在《世界竞争力年鉴》中提出，“一国企业或企业家设计、生产和销售产品和劳务的能力，其价格和非价格特性比竞争对手更具有市场吸引力”。金碚（1997）把国际竞争力做如下描述：“在自由贸易条件下（排除贸易壁垒因素），一国特定产业的产出所具有的开拓市场、占据市场并以此获得利润的能力。”薛荣久和刘东生（2005）认为，“国家竞争力是一个国家参与国际竞争所表现出来的整体竞争能力，它是一个国家参与国际竞争的所有资源与要素组合效率以及在国际市场上表现出来的竞争能力”。

以上从企业和产业的角度对国家竞争力进行了提炼和总结。在此，服务贸易竞争力与国家竞争力既有联系又有区别。首先，服务贸易竞争力是国家竞争力的组成部分，代表一个国家在国际服务贸易领域的竞争能力。其次，服务贸易竞争力建立在国内服务业发展的基础上，具体反映在国际收支平衡表的经常项目中。结合以往研究文献，我们把服务贸易竞争力定义为：在贸易自由化进程中，一个国家服务贸易反映出的该国服务业对外进行国际竞争的能力和通过国际交换持续获得贸易利益的能力。由此，把服务贸易竞争力划分成两个层次：一是服务产品的出口能力，这是一国服务贸易竞争优势的直接体现，出口的数量越多，表明该国在此项服务上竞争力越强；二是获得贸易利益的能力，这是在贸易自由化背景下综合考虑服务产品进口的影响，获利能力反映一国服务贸易的国际竞争地位。

7.1.2 服务贸易竞争力评价的指标体系

综合以往研究成果，根据波特国家竞争优势理论以及服务贸易发展特点，构建服务贸易国家竞争优势模型，如图 7–1 所示。服务贸易的竞争力影响因素侧重点不同于货物贸易，相对来讲，服务贸易的竞争优势更多地体现于人力资本与软环境，以及现代服务业尤其是生产者服务业的专业知识。

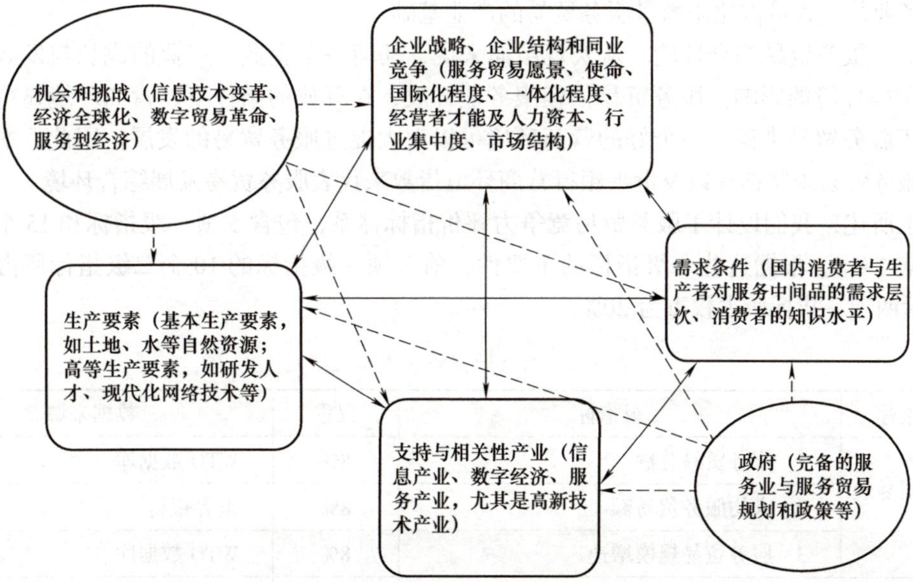

图 7–1　服务贸易国家竞争优势模型

指标筛选：

通过梳理已有相关研究成果，并结合专家意见及数据可得性，构造五个方面的评价指标，分别为服务贸易规模、服务贸易结构、服务贸易地位、服务贸易产业基础和服务贸易综合环境。

第一，服务贸易规模。衡量服务贸易竞争力的基础数据是进出口额。服务贸易只有具有一定的规模才能体现出较强的竞争力，因此服务贸易总额与人均服务贸易额是衡量服务贸易竞争力的重要基础指标。一般情况下，服务贸易总额和人均服务贸易额越大，代表着服务贸易竞争力越强。服务贸易规模的增长快慢则反映了一国服务贸易的发展动能是否强大。

第二，服务贸易结构。从结构角度来看，一国或地区服务贸易占对外贸易的比重越高，说明一国或地区的服务贸易在对外贸易中分量越重，从而间接反映了该国或地区的服务贸易实力。另外，在服务贸易内部，由于新兴服务贸易代表着服务贸易的知识、专业和技术含量，因此新兴服务贸易的占比是衡量服务贸易自身结构竞争力的重要指标。同时，在数字经济时代，通过数字技术应用实现的服务成为重要组成，一定程度上反映了数字服务贸易发展状况。

第三，服务贸易地位。贸易强国必须具有一定的国际地位。国际地位通常用国际市场占有率来表现，因此选取一国或地区服务贸易进出口占世界服务贸易进出口的比重来表示国际市场地位。RCA 指标法、TC 指数和 TSC 指数等可以用来衡量贸易比较优势，由于这些指标测算后所表现出的比较优势具有一致性，因此本指标选择较简易的 TC 指数。当然，一国或地区的服务进出口在其服务业产值中的比重越大，其服务贸易比较优势就越强，因此选用服务贸易额占服务业增加值的占比来衡量。

第四，服务贸易产业基础。从产业层面来说，一国服务业发展水平始终是其服务贸易的基础，没有国内服务业的高度发展就没有服务贸易的高度发展，服务业发展水平的高低往往是一个国家服务贸易发展程度的重要标志。波特国家竞争优势模型的其中一个维度就是支持与相关性产业。为此，本指标体系选择服务业增加值、服务业劳动生产率、服务业增加值占比和服务业从业人员占比来衡量服务贸易的产业基础。

第五，服务贸易综合环境。从宏观层面来说，任何一个企业、产业的成长与发展都会受到本国国内环境的影响。服务贸易依赖服务业开放，在开放的条件下，营商环境显得至关重要。对于服务贸易来说，一个好的营商环境可以大大促进服务贸易的发展。因此，本指标体系选取服务贸易限制指标以及世界银行营商环境指数来代表服务贸易发展综合环境。

综上所述，我们设计了服务贸易竞争力评价指标体系，包含 5 项一级指标和 15 个二级指标（见表 7–1）。根据这些一级指标的重要性，前三项一级指标的 10 个二级指标所占权重为 80%，后两项一指标所占权重为 20%。

表 7–1 服务贸易竞争力指数结构

一级指标	二级指标	权重	数据来源
服务贸易规模指数	1. 服务贸易总额	8%	WTO 数据库
	2. 人均服务贸易额	8%	世界银行
	3. 服务贸易规模增速	8%	WTO 数据库
服务贸易结构指数	4. 服务贸易占比（在总贸易额中的比重）	8%	WTO 数据库
	5. 新兴服务贸易占比（在总服务贸易中的比重）	8%	WTO 数据库
	6. 通过数字传输的服务贸易额	8%	UNCTAD 数据库

（续）

一级指标	二级指标	权重	数据来源
服务贸易地位指数	7．市场地位（在世界出口中的占比）	8%	WTO 数据库
	8．竞争力地位（贸易差额 / 贸易总额）	8%	WTO 数据库
	9．国际化地位（服务贸易额 / 服务业增加值）	8%	服务业增加值来自世界银行数据库
	10．总出口中的本地服务增加值	8%	OECD 数据库（出口总额中的增值内容）
服务贸易产业基础指数	11．服务业增加值	4%	世界银行数据库
	12．服务业劳动生产率（服务业增加值 / 服务业就业人数）	4%	服务业就业人数：世界银行数据库，用服务业就业百分比乘以总劳动人数
	13．服务业增加值 /GDP	4%	GDP 数据：世界银行数据库
服务贸易综合环境指数	14．服务贸易限制性指数（STRI）	4%	OECD 数据库
	15．营商环境指数	4%	世界银行数据库

7.2 中国和其他国家服务贸易竞争力比较

7.2.1 中国和其他国家服务贸易发展现状

1. 主要经济体竞争力评价结果

发达经济体服务贸易综合竞争力最强，欧洲小型经济体次之，发展中国家处于中下游水平。从服务贸易规模指数、服务贸易结构指数、服务贸易地位指数、服务贸易产业基础指数来看，排名前十的国家都以发达经济体为主；从服务贸易综合环境指数来看，排名前十的国家和地区以欧洲小型经济体为主。在所有指数中，发展中国家基本都处于中下游水平。基于服务贸易总额、人均服务贸易额、服务贸易规模增速、市场地位数据、竞争力地位数据、国际化地位数据、总出口中的本地服务增加值、服务产业增加值数据、服务业劳动生产率数据、服务业增加值数据、服务贸易限制性指数、营商环境指数等数据结果，选取世界 31 个经济体进行服务贸易综合竞争力测算。根据 2015—2018 年以上数据的测算结果，在所有 31 个经济体中，排名最靠前的发展中国家为印度，其综合竞争力排名为第 16 位。

2. 中国服务贸易竞争力的全球方位

虽然中国服务贸易规模较大，但综合来看中国服务贸易综合竞争力指数居全球第 22 位，处于中下游水平。从具体分项指数来看，中国服务贸易规模指数居世界第 3 位，其余指数都居于中下游位置，尤其是服务贸易综合环境指数。根据《全球营商环境报告 2020》，从服务贸易政策环境分析来看，中国营商环境持续优化，在开办企业、执行合同等项目上排名都很靠前，但在纳税指标上排名较靠后，居第 27 位。此外，根据 OECD 发布的 STRI 数据，中国服务贸易限制性指数较高，尤其是在数字服务贸易领域，限制性措施数目较多，总分值居世界第 1 位。

3. 不同经济体服务贸易的优势与特点

不同经济体服务贸易优势具有差异性，发达国家服务业发达；欧洲小型经济体服务贸易发展的综合环境较好；发展中国家服务业劳动生产率低，服务贸易限制较高。具体来看，发达经济体特别是美国，在服务业发展、营商环境等方面发展水平都较高，因此服务贸易规模大，结构高度优化；而欧洲小型经济体虽然服务贸易规模不大，但得益于良好的营商环境和高度发达的服务业，其综合竞争力排名也相对靠前；发展中国家服务贸易的产业基础相对薄弱，对服务贸易又存在较高的限制，特别是在数字贸易领域，且营商环境待优化，因此其服务贸易中新兴服务、数字传输的服务贸易占比偏低，国际竞争力处于中下游水平。

7.2.2 中国和其他国家服务贸易竞争力

根据数据可得性及各指标匹配情况，选取世界 31 个经济体 2015—2018 年的有关数据进行服务贸易综合竞争力测算。根据前述综合竞争力评价指标测算，这 31 个经济体的综合竞争力排名情况见表 7–2。

表 7–2　31 个经济体服务贸易综合竞争力指数

排名	经济体	竞争力指数	规模指数	结构指数	地位指数	产业指数	综合环境指数
1	美国	71.81	16.36	15.01	22.26	11.72	6.46
2	爱尔兰	57.42	12.57	19.02	14.02	5.15	6.66
3	英国	49.09	7.63	14.04	13.92	6.33	7.17
4	荷兰	41.71	7.60	11.35	10.06	6.30	6.40
5	德国	39.56	8.37	9.12	10.14	5.22	6.70
6	法国	39.48	6.87	9.89	10.11	6.85	5.75
7	日本	33.50	4.64	8.55	7.25	7.21	5.85
8	比利时	31.77	4.70	8.03	7.93	6.25	4.85
9	丹麦	30.23	3.55	6.52	6.91	6.02	7.24
10	瑞典	30.09	2.74	8.62	6.65	5.57	6.51
11	西班牙	29.71	2.90	6.10	9.97	4.73	6.01
12	奥地利	27.29	2.71	6.22	7.61	4.97	5.77
13	加拿大	26.89	2.67	6.59	4.68	6.75	6.20
14	芬兰	25.40	1.68	8.02	5.10	4.31	6.30
15	意大利	25.23	2.96	5.89	6.28	5.71	4.40
16	印度	24.72	4.08	10.43	8.74	0.39	1.09
17	葡萄牙	24.44	0.91	4.43	9.34	3.80	5.97
18	澳大利亚	23.74	1.92	3.85	5.07	6.14	6.77
19	希腊	23.69	1.03	4.72	9.39	4.51	4.03
20	新西兰	21.88	0.70	4.57	5.96	3.33	7.33
21	立陶宛	21.55	0.58	2.75	8.84	2.52	6.86

（续）

排名	经济体	竞争力指数	规模指数	结构指数	地位指数	产业指数	综合环境指数
22	中国	21.29	8.65	3.44	4.55	2.09	2.56
23	匈牙利	20.45	0.80	4.94	8.15	1.80	4.75
24	韩国	20.20	2.72	4.69	4.83	1.92	6.03
25	捷克	19.90	0.86	3.87	6.54	2.21	6.42
26	土耳其	17.40	0.69	1.71	8.91	2.03	4.06
27	巴西	15.04	1.03	8.54	0.63	2.83	2.00
28	俄罗斯	14.42	1.69	4.52	3.37	1.73	3.11
29	智利	13.82	0.17	4.03	2.45	1.97	5.20
30	南非	12.72	0.21	3.03	4.03	2.15	3.31
31	墨西哥	10.32	0.59	0.71	3.05	2.51	3.46

资料来源：服务贸易竞争力提升项目报告。

美国服务贸易竞争力具有绝对优势，主要发达经济体排名靠前。在测算的全球31个经济体中，美国以71.81的得分居第1位，其中美国在规模指数、地位指数、产业指数一级指标上均位居第一，具有服务贸易竞争的绝对优势。主要发达经济体排名较为靠前，如英国、德国、法国、日本等分别居第3、5、6、7位。英国服务贸易综合环境指数位居第三，仅次于丹麦和新西兰；结构指数排名第三，仅次于爱尔兰和美国。法国产业指数位居第三；德国的规模指数、地位指数等均居前6位。这些发达国家经济服务化水平高，综合竞争实力强。

小型经济体经济服务化水平高，整体排名靠前。在31个经济体中，爱尔兰、比利时、丹麦等欧洲小型经济体排名靠前。爱尔兰以57.42的得分居第2位，仅次于美国。这主要得益于其高度服务化的经济结构和高水平的营商环境。爱尔兰的结构指数位居第一，综合环境指数位居第六。丹麦居第9位，其综合环境指数居31个经济体的第2位。

中国居第22位，处于中下游水平。中国服务贸易综合竞争力指数为21.29，不足美国服务贸易综合竞争力指数的30%。其中，中国的规模指数较高，达到8.65，居第3位。其余指标排名相对靠后，说明中国服务贸易综合竞争力尚有待提高。

1. 规模指数分析

服务贸易规模指数由服务贸易总额、人均服务贸易额和服务贸易规模增速三个指标构成。一个国家的服务贸易发展规模不仅仅体现在绝对规模上，也体现在人均服务贸易额的相对规模方面。因为绝对规模往往与GDP规模正相关；而人均服务贸易规模是一个相对指标，是反映一个经济体服务化发展程度和国际化程度的指标。服务贸易规模增速则能更好地反映一个国家服务贸易的发展动能是处于上升阶段还是稳定阶段。

从服务贸易规模指数整体来看，居前3位的分别是美国、爱尔兰和中国。美国居规模指数首位，达到16.36，为31个经济体中的最高值。其次是爱尔兰，规模指数为12.57。这主要是由于爱尔兰人均服务贸易水平较高，其人均服务贸易额指标达到8.00，位居第一。众所周知，美国是世界上服务贸易规模最大的国家，2018年服务贸易总额达到13 876.41亿美元。从规模指数前10位的国家或地区可以看出，除中国和印度以外，其余都是发达国家。而俄罗斯、巴西等国家规模指数处于中下游（见表 7–3）。

表 7–3 31 个经济体服务贸易规模指数

排名	经济体	规模指数	服务贸易总额	人均服务贸易额	服务贸易规模增速
1	美国	16.36	8.00	0.36	8.00
2	爱尔兰	12.57	2.37	8.00	2.21
3	中国	8.65	4.52	0.03	4.11
4	德国	8.37	3.88	0.73	3.76
5	英国	7.63	3.47	0.82	3.35
6	荷兰	7.60	2.65	2.49	2.47
7	法国	6.87	3.10	0.73	3.05
8	比利时	4.70	1.37	2.00	1.33
9	日本	4.64	2.18	0.26	2.20
10	印度	4.08	2.12	0.00	1.96
11	丹麦	3.55	0.70	2.16	0.69
12	意大利	2.96	1.33	0.35	1.28
13	西班牙	2.90	1.26	0.44	1.20
14	瑞典	2.74	0.72	1.26	0.76
15	韩国	2.72	1.18	0.37	1.17
16	奥地利	2.71	0.69	1.38	0.64
17	加拿大	2.67	1.09	0.48	1.09
18	澳大利亚	1.92	0.72	0.49	0.71
19	俄罗斯	1.69	0.82	0.08	0.79
20	芬兰	1.68	0.29	1.11	0.27
21	巴西	1.03	0.49	0.02	0.53
22	希腊	1.03	0.27	0.52	0.24
23	葡萄牙	0.91	0.22	0.47	0.21
24	捷克	0.86	0.21	0.45	0.20
25	匈牙利	0.80	0.18	0.44	0.18
26	新西兰	0.70	0.07	0.55	0.08
27	土耳其	0.69	0.31	0.05	0.32
28	墨西哥	0.59	0.28	0.02	0.29
29	立陶宛	0.58	0	0.58	0
30	南非	0.21	0.08	0.03	0.10
31	智利	0.17	0.03	0.09	0.05

资料来源：服务贸易竞争力提升项目报告。

2. 结构指数分析

服务贸易结构指数由服务贸易占比、服务贸易中新兴服务贸易占比以及数字传输的服务贸易三个指标构成。基于对2015—2018年31个经济体有关数据的测算，可计算得出服务贸易结构指数。服务贸易占比反映了一个经济体中服务贸易的重要性，新兴服务贸易占比则刻画了服务贸易中知识密集型的服务贸易发展情况。目前数字技术的发展极大地提升了服务的可贸易性，通过数字传输实现的服务贸易额越来越多，因此数字传输的服务贸易指标可以反映一个国家服务贸易发展中数字技术的作用。

根据服务贸易结构指数，爱尔兰排名第一，得分19.02；美国和英国分别位列第二和第三。从排名前十的经济体来看，印度和巴西位列其中，其余都是发达国家。这些经济体具有高度的服务化程度，并且服务贸易发达。爱尔兰在服务贸易占比和新兴服务贸易占比的得分排名第一。根据2018年数据测算，爱尔兰服务贸易占比达到60.9%，其中新兴服务贸易占比高达91.8%。在数字传输的服务贸易中，美国位列第一，因为美国拥有高度发达的互联网和数字技术，为其服务贸易发展奠定了良好的技术基础。印度的新兴服务贸易占比得分较高，居第4位。2018年数据显示，印度的新兴服务贸易占服务贸易比重达到62.6%。巴西的新兴服务贸易占比也达到了58.1%。而中国的服务贸易占比和新兴服务贸易占比仅为14.6%和33.1%。同时，由于中国的服务贸易以旅行、运输、建筑等传统服务贸易为主，因此数字传输的服务贸易也相对不足（见表7–4）。

表7–4 31个经济体服务贸易结构指数

排名	经济体	结构指数	服务贸易占比	新兴服务贸易占比	数字传输的服务贸易
1	爱尔兰	19.02	8.00	8.00	3.02
2	美国	15.01	2.63	4.37	8.00
3	英国	14.04	4.11	5.29	4.64
4	荷兰	11.35	2.80	5.82	2.72
5	印度	10.43	3.63	4.96	1.83
6	法国	9.89	3.51	3.98	2.39
7	德国	9.12	1.88	4.02	3.22
8	瑞典	8.62	3.40	4.42	0.79
9	日本	8.55	2.10	4.65	1.79
10	巴西	8.54	1.86	4.49	2.19
11	比利时	8.03	2.21	4.57	1.25
12	芬兰	8.02	3.54	4.20	0.29
13	加拿大	6.59	1.72	3.99	0.88
14	丹麦	6.52	4.85	1.40	0.27
15	奥地利	6.22	2.92	2.86	0.44
16	西班牙	6.10	2.60	2.70	0.81
17	意大利	5.89	1.83	3.23	0.82

（续）

排名	经济体	结构指数	服务贸易占比	新兴服务贸易占比	数字传输的服务贸易
18	匈牙利	4.94	1.48	3.31	0.16
19	希腊	4.72	4.67	0	0.05
20	韩国	4.69	1.42	2.65	0.63
21	新西兰	4.57	2.98	1.56	0.03
22	俄罗斯	4.52	1.79	2.40	0.33
23	葡萄牙	4.43	2.90	1.42	0.11
24	智利	4.03	1.05	2.95	0.03
25	捷克	3.87	0.85	2.86	0.16
26	澳大利亚	3.85	2.31	1.29	0.25
27	中国	3.44	1.18	1.90	0.36
28	南非	3.03	1.02	1.96	0.05
29	立陶宛	2.75	2.10	0.65	0
30	土耳其	1.71	1.32	0.36	0.03
31	墨西哥	0.71	0	0.67	0.04

资料来源：服务贸易竞争力提升项目报告。

3. 地位指数分析

服务贸易地位指数采取多个指标进行衡量，分别是市场地位（出口的世界比重）、贸易竞争力（TC 指数）、国际化地位（服务贸易额与服务业增加值的比重）以及总出口中的本地服务增加值。服务出口的世界比重衡量了一个经济体服务出口在世界的地位，贸易竞争力一方面衡量了该经济体的服务贸易的顺逆差情况，另一方面也反映了其贸易差额在总贸易中的比重。服务贸易与服务产业增加值之比刻画了服务产业的国际化程度。总出口中的本地服务增加值反映了服务产业对总出口中附加值提升的作用。基于对 2015—2018 年 31 个经济体有关数据的测算，可计算得出服务贸易地位指数。该指数系统衡量了一个国家服务贸易在世界中的地位、自身发展的情况和国际化进程的情况。

服务贸易地位指数排前十位的国家为美国、爱尔兰、英国、德国、法国、荷兰、西班牙、希腊、葡萄牙和土耳其。美国在市场地位和总出口中的本地服务增加值方面均位列第一，这反映了美国服务贸易整体规模大，并且服务业作为其核心产业，是其外贸出口中获益的重要来源，也说明了美国在全球价值链中占据上游地位。爱尔兰国际化地位位居第一，但是在市场地位和总出口中的本地服务增加值相对较弱。爱尔兰的服务贸易额超过了其服务产业增加值，该比值达到 197.5%。这说明爱尔兰自身服务产业不大，但是外向性极高。这是由于爱尔兰的服务产业中主要以外资企业为主，这些外资企业虽然位于爱尔兰，但在世界范围内开展服务贸易，因此形成了其高度国际化的发展模式。从竞争力指标来看，土耳其的 TC 指数位居第一（见表 7–5）。虽然较多发达国家都是服务贸易顺差，但土耳其的服务贸易顺差占服务贸易比重达到 35.2%。

表 7–5　31 个经济体服务贸易地位指数

排名	经济体	地位指数	市场地位	贸易竞争力	国际化地位	总出口中的本地服务增加值
1	美国	22.26	8.00	6.16	0.11	8.00
2	爱尔兰	14.02	1.91	3.55	8.00	0.56
3	英国	13.92	3.58	6.58	0.85	2.91
4	德国	10.14	3.14	3.54	0.82	2.65
5	法国	10.11	2.75	4.63	0.74	1.99
6	荷兰	10.06	2.27	4.23	2.47	1.10
7	西班牙	9.97	1.36	7.07	0.57	0.97
8	希腊	9.39	0.32	7.93	0.99	0.15
9	葡萄牙	9.34	0.27	7.94	1.01	0.13
10	土耳其	8.91	0.38	8.00	0.12	0.41
11	立陶宛	8.84	0.01	6.87	1.95	0
12	印度	8.74	1.91	4.76	0.77	1.30
13	匈牙利	8.15	0.19	6.02	1.84	0.10
14	比利时	7.93	1.11	3.63	2.43	0.76
15	奥地利	7.61	0.63	4.96	1.62	0.40
16	日本	7.25	1.78	3.65	0.06	1.76
17	丹麦	6.91	0.58	3.97	2.01	0.35
18	瑞典	6.65	0.62	4.24	1.28	0.52
19	捷克	6.54	0.19	5.02	1.19	0.13
20	意大利	6.28	1.09	3.73	0.35	1.12
21	新西兰	5.96	0.07	5.10	0.73	0.07
22	芬兰	5.10	0.22	3.41	1.35	0.11
23	澳大利亚	5.07	0.58	3.67	0.29	0.54
24	韩国	4.83	0.85	2.43	0.92	0.64
25	加拿大	4.68	0.81	2.75	0.35	0.77
26	中国	4.55	2.51	0.08	0.31	1.65
27	南非	4.03	0.06	3.70	0.18	0.10
28	俄罗斯	3.37	0.54	1.71	0.36	0.76
29	墨西哥	3.05	0.18	2.35	0.01	0.51
30	智利	2.45	0.00	2.08	0.33	0.05
31	巴西	0.63	0.23	0	0	0.39

资料来源：服务贸易竞争力提升项目报告。

4. 产业基础指数分析

服务贸易产业基础指数由三个二级指标构成：服务业增加值、服务业劳动生产率、服务业增加值占 GDP 比重。基于对 2015—2018 年 31 个经济体有关数据的测算，可通过测算得出全球服务贸易产业基础指数。从全球服务贸易产业基础指数得分情况来看，排名前十位的国家依次为美国、日本、法国、加拿大、英国、荷兰、比利时、澳大利亚、丹麦和意大利。

美国由于经济高度服务化并且具有较大规模，在服务业增加值和服务业增加值占 GDP 比重方面位居第一（见表 7–6）。爱尔兰的服务业劳动生产率位居第一，其服务业从业人员的单位产值达到 108 543.86 美元，同样超过 10 万美元的还有美国。从服务业劳动生产率来看，前十名之间的差距较小。从服务业增加值这种绝对规模指标来看，各国之间的指数差距相对较大。而从服务业增加值占 GDP 比重这种相对规模指标来看，各经济体之间则呈现较强的连续递减特征。

表 7–6　31 个经济体服务贸易产业基础指数

排名	经济体	产业基础指数	服务业增加值	服务业劳动生产率	服务业增加值占 GDP 比重
1	美国	11.72	4.00	3.72	4.00
2	日本	7.21	1.26	3.10	2.86
3	法国	6.85	0.62	3.21	3.02
4	加拿大	6.75	0.37	2.76	3.63
5	英国	6.33	0.62	2.66	3.06
6	荷兰	6.30	0.19	3.12	2.99
7	比利时	6.25	0.10	3.32	2.83
8	澳大利亚	6.14	0.27	3.30	2.57
9	丹麦	6.02	0.06	3.61	2.34
10	意大利	5.71	0.43	2.83	2.46
11	瑞典	5.57	0.10	3.15	2.32
12	德国	5.22	0.71	2.72	1.79
13	爱尔兰	5.15	0.05	4.00	1.10
14	奥地利	4.97	0.07	2.93	1.97
15	西班牙	4.73	0.30	1.99	2.44
16	希腊	4.51	0.05	1.67	2.80
17	芬兰	4.31	0.04	2.73	1.54
18	葡萄牙	3.80	0.04	1.44	2.32
19	新西兰	3.33	0.03	2.03	1.27
20	巴西	2.83	0.40	0.40	2.02
21	立陶宛	2.52	0.00	0.83	1.70
22	墨西哥	2.51	0.24	0.62	1.65

（续）

排名	经济体	产业基础指数	服务业增加值	服务业劳动生产率	服务业增加值占 GDP 比重
23	捷克	2.21	0.03	1.35	0.83
24	南非	2.15	0.07	0.34	1.74
25	中国	2.09	1.41	0.20	0.48
26	土耳其	2.03	0.19	1.16	0.68
27	智利	1.97	0.04	0.63	1.31
28	韩国	1.92	0.21	1.11	0.61
29	匈牙利	1.80	0.02	0.84	0.94
30	俄罗斯	1.73	0.27	0.39	1.08
31	印度	0.39	0.39	0	0

资料来源：服务贸易竞争力提升项目报告。

5. 综合环境指数分析

服务贸易综合环境指数由两项指标构成：一是服务贸易限制性指数（STRI）；二是营商环境指数（DTF）。服务贸易限制性指数是由 OECD 组织开发，衡量各经济体服务业开放程度的指数。该指数越大，则意味着其服务业限制性政策越多；指数越小，则意味着限制性政策越少。营商环境指数由世界银行编制，每年发布《全球营商环境报告》，对世界各国家或地区进行测算。

从综合环境指数来看，排名前十位的国家为新西兰、丹麦、英国、立陶宛、澳大利亚、德国、爱尔兰、瑞典、美国和捷克。可以看出，位于综合环境前十名的国家以小型欧洲国家居多。这些国家大多数拥有较高的人均 GDP，属于高收入水平国家。其中，捷克的服务贸易限制性指数最高，指标得分最高。新西兰的营商环境指数最高。从 STRI 和 DTF 的指标来看，两者基本呈现正相关关系，即服务贸易开放度较高的国家往往具有较好的营商环境水平。

中国的综合环境指数排名第 29 位，位于倒数第三（见表 7–7）。这主要是由于中国的 STRI 数值较小，因此该指标得分较低。在营商环境方面，根据世界银行发布的《全球营商环境报告 2020》，中国已连续两年跻身全球营商环境改善幅度最大的十个经济体之一，在满分 100 分中得分 77.9 分，比 2019 年提高 4.26 分，排名跃居全球第 31 位，比 2019 年提升 15 位。这一方面是由于中国在近一年时间里加快构建全面开放新格局，服务业开放取得了诸多成绩；另一方面，中国在营商环境方面做出大力调整，在市场公平待遇、知识产权保护、缩小行政审批成本等方面取得了巨大进展，因此推动了中国综合环境指数的提升。

表 7–7 31 个经济体服务贸易综合环境指数

排名	经济体	综合环境指数	服务贸易限制性指数	营商环境指数
1	新西兰	7.33	3.33	4.00
2	丹麦	7.24	3.53	3.71
3	英国	7.17	3.76	3.41
4	立陶宛	6.86	3.73	3.13

（续）

排名	经济体	综合环境指数	服务贸易限制性指数	营商环境指数
5	澳大利亚	6.77	3.74	3.03
6	德国	6.70	3.86	2.84
7	爱尔兰	6.66	3.82	2.84
8	瑞典	6.51	3.31	3.20
9	美国	6.46	3.03	3.42
10	捷克	6.42	4.00	2.42
11	荷兰	6.40	3.99	2.41
12	芬兰	6.30	3.24	3.06
13	加拿大	6.20	3.31	2.90
14	韩国	6.03	2.40	3.63
15	西班牙	6.01	3.35	2.66
16	葡萄牙	5.97	3.48	2.49
17	日本	5.85	3.49	2.35
18	奥地利	5.77	2.98	2.79
19	法国	5.75	3.15	2.60
20	智利	5.20	3.42	1.78
21	比利时	4.85	2.75	2.10
22	匈牙利	4.75	2.91	1.85
23	意大利	4.40	2.51	1.89
24	土耳其	4.06	1.90	2.16
25	希腊	4.03	2.81	1.21
26	墨西哥	3.46	1.64	1.82
27	南非	3.31	2.40	0.91
28	俄罗斯	3.11	0.50	2.61
29	中国	2.56	0.50	2.05
30	巴西	2.00	2.00	0.00
31	印度	1.09	0	1.09

资料来源：服务贸易竞争力提升项目报告。

6. 政策环境分析

（1）STRI 分领域情况分析。根据 OECD 统计的 22 个服务贸易领域来看，在这 31 个经济体中，中国在大部分的行业中排名均十分靠后。其中，在物流货运代理、动态图片处理、广播录音、电信、航空运输等领域，中国的 STRI 数值位列第一，即在这些领域中国服务贸易的限制性措施最多。在物流仓储、物流保管、会计、铁路货运、商业广告、银行、保险、计算机、建筑等多个领域，中国的STRI得分排名居前5位。在此方面，中国的建筑设计、工程、法律等行业稍好一些。

为了明晰阻碍数字服务贸易发生的和发展中存在的限制性政策，并度量其对数字服务贸易的影响，OECD构建了数字服务贸易限制性指数（Digital Services Trade Restrictiveness Index）。服务贸易限制性指数是在OECD服务贸易限制性指数的基础上进行的改造和补充，对服务贸易数字化进程中，阻碍数字服务贸易发展的各国限制性政策进行识别和量化，主要关注任何影响数字服务贸易的跨境政策性阻碍。

基础设施和连通性限制性措施过多是中国总分过高的主要原因。从图7–2中可以看出，在OECD给出的五大领域42项限制性措施中，中国的数字服务贸易限制性措施数量较多，总数达到18项。而德国限制性措施为5项，美国、英国和日本三国的限制性措施均为4项，明显少于中国。在“基础设施和连通性”项下，共有19项限制性措施，接近总限制性措施的一半，在五个政策领域中所占权重比例最大，而中国在该项政策下的限制性措施达到6项，数量居各国首位。

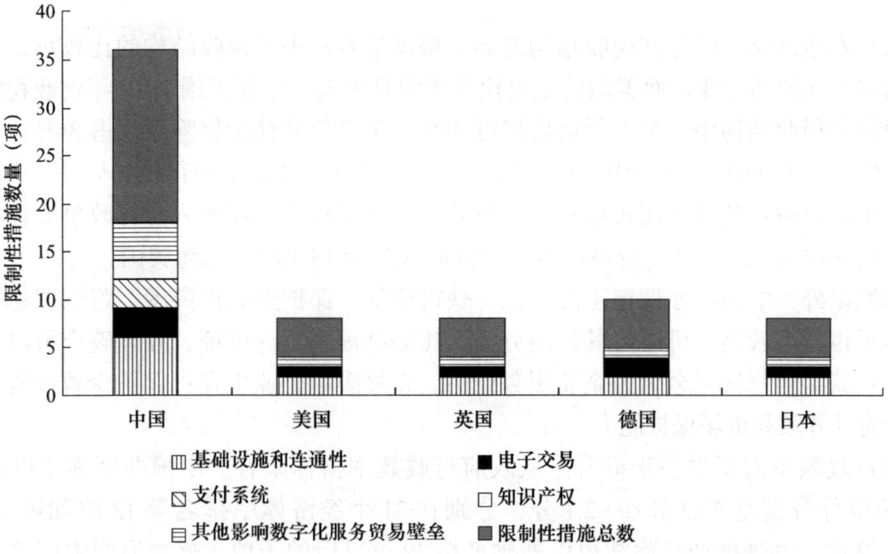

图7–2 中国与美、英、德、日各国在五个政策领域的限制性措施数量

（资料来源：根据OECD数字服务贸易限制性指数数据库整理）

（2）DTF各指标分析。根据世界银行发布的《全球营商环境报告2020》，中国排名第31位。

DTF是由10项指标共同组成的，包括开放企业、办理施工许可证、获得电力、登记财产、获得信贷、保护少数投资者、纳税、跨境贸易、执行合同、办理破产等。

从所涉及的31个经济体来看，中国在开办企业、获得电力、登记财产、执行合同等子项上排名居于前10，其余各项均居于10名以后。其中，排名最靠后的是纳税指标，中国在31个经济体中排名第27位，得分70.1分。而排名第一的经济体是爱尔兰，得分高达94.6分（见图7–3）。

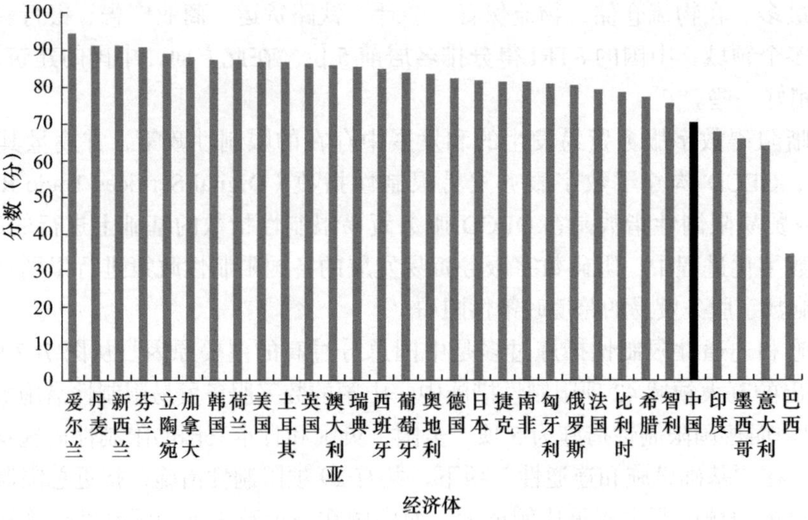

图 7–3 《全球营商环境报告 2020》中各经济体营商环境指数纳税指标排名

（资料来源：世界银行数据库）

中国与发达国家之间存在税收结构差异。根据学者对中美税收结构的比较可以发现，中国税收的主要来源是企业，而美国的主要税收来源是个人。根据美国 2017 年财政税收结构数据，在美国的税收结构中，个人所得税接近 50%；第二位是社会保险税，占 36%；企业所得税居第三位，仅占 9.63%。而中国的税收结构中，85% 来源于企业所得税。另外，中国企业承担的税收中，政府行政性费用占比较大。行政收费主要包括专项收入、行政事业性收费、罚没收入和其他收入，2016 年，这些收入占财政收入达到 18.30%，远超美国。

除纳税以外，中国在办理施工许可证、获得信贷、保护少数投资者、跨境贸易和办理破产等子项下也排名较高。可以将其归纳分类，比如办理施工许可证、办理破产可以归纳为政府服务类；获得信贷属于金融为企业服务能力，直接影响企业生存；保护少数投资者、跨境贸易属于对外开放和市场保护能力。

政府行政效率需要进一步提升。从政府行政效率指标来看，中国办理施工许可证和办理破产的得分分别是 77.3 分和 62.1 分，分别在 31 个经济体中排名第 13 位和第 22 位（见图7–4）。其中，办理破产是除纳税以外排名在 20 位以后的子项。这些说明中国政府在服务提供方面依然有较大的提升空间，在精简办事手续、压缩企业事务性成本方面有待进一步提升。

从企业融资水平来看，中国与发达国家差异较大。从获得信贷指标来看，中国在 31 个经济体中排名第 20 位，得分为 60 分。而发达国家的获得信贷能力得分较高，美国和澳大利亚得分高达 95 分，分别居第 1 位和第 2 位。俄罗斯和印度得分也较高，均为 80 分。因此，中国需要进一步提升对企业的融资能力，完善信用评级制度，规范信用贷款市场良性运行。

中国在保护少数投资者和跨境贸易方面，均居 31 个经济体中的第 12 位，整体提升较大。伴随中国改革开放进程的不断加深，对外资企业和跨境贸易会更加重视，得分也会不断增加。

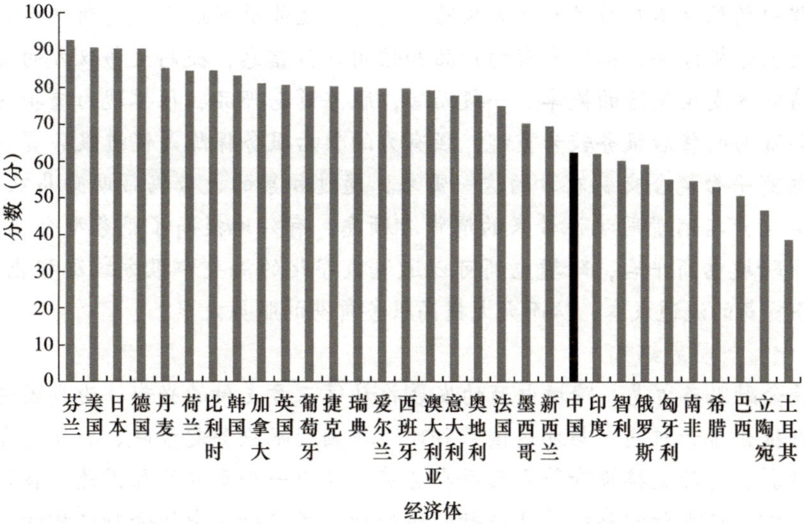

图 7-4 《全球营商环境报告 2020》中各经济体营商环境指数办理破产指标排名

（资料来源：世界银行数据库）

【专栏】

跨境电商对我国服务贸易竞争力的影响

跨境电商的快速发展，为我国服务贸易提供了新引擎，使服务贸易规模不断扩大、效率日益提升、结构不断优化，加速形成服务贸易新格局。

（一）扩大服务贸易规模

服务贸易是对外贸易的重要组成部分，近些年借助跨境电商平台，服务贸易迎来发展新机遇，规模迅速扩大。第一，跨境电商使服务贸易主体更为多元，促使国际贸易进入“普惠贸易阶段”。即便在传统贸易中处于弱势地位的中小企业，也可在虚拟电商平台上以低成本、高度专业化的方式将服务产品输出到世界各地，从而扩大我国服务贸易规模。第二，互联网的普及发展使众多在传统业务模式下难以提供的服务变得可贸易化，服务贸易品类得到很大程度的丰富和拓展，催生了在线医疗、远程教育、跨国咨询等知识密集型服务贸易的快速发展。2019 年，我国服务贸易总体保持平稳向上态势，全年服务进出口总额为 54 152.9 亿元，同比提升 2 个百分点。我国服务贸易结构显著优化，其中知识密集型服务进出口额达 18 777.7 亿元，同比增长 10.8%，高于服务进出口整体增速 8 个百分点，占服务进出口总额的比重达 34.7%，同比提升 2.5 个百分点。而服务贸易规模的快速增长和结构的优化，离不开跨境电商的大力推动。第三，跨境电商催生服务贸易领域的“长尾效应”。对于传统的服务贸易领域，如电子图书、版权音乐等，国内服务提供商可通过跨境电商提供差异化、多元化的服务产品，满足全球范围内消费者的异质性需求，从而开拓服务产品尾部的国际市场。可见，跨境电商能拓展服务贸易的外延和规模，细化服务贸易种类。

（二）提高服务贸易效率

跨境电商平台本身作为贸易的信息撮合机构，可以借助于互联网的在线交易磋商机制，帮助服务贸易双方降低服务贸易各环节的时间和成本，大大提高服务贸易效率。从贸易链视角来看，跨境电商平台可以将服务贸易供需双方的信息集成到平台上，帮助双方精准匹配，减少贸易过程中的信息不对称性和交易风险。同时，还能够通过跨境电商平台积累的交易数据，利用大数据分析方法，构建丰富的产品和信用评价信息，提高交易双方的交易效率和质量，减少交易双方发生风险的概率。一般而言，服务贸易产品往往体现为虚拟化特征，交易双方对于服务贸易的售后服务较为重视，强有力的售后服务保障是促进服务贸易发展的重要基础，跨境电商平台契合交易双方的这一需求，通过积累的大数据帮助交易双方识别信息，解决传统服务生产与消费同步性带来的消费者顾虑，有效地提高了服务型企业的顾客黏性。进一步，利用跨境电商平台，跨境电商可以通过数字化的海关申报方式及智能化物流操作，有效降低服务贸易的流通成本，从而大大提高服务贸易的服务效率。

（三）优化服务贸易结构

（1）拓展金融服务贸易。跨境电商的发展推动第三方支付的兴起，为我国金融服务贸易竞争力的提升提供了新机遇。与发达国家相比，我国金融服务起步晚、整体竞争力不强，在人民币国际结算、对外直接投资等方面存在劣势。其中一个重要的原因是，在传统的信用证支付体系下，信用证支付需要经过开证行、通知行、寄单行等中间金融机构的层层代理，跨境支付方式涉及的中间环节较多、费用较高且到账时效性不强。而跨境电商在跨境交易中引入“购付汇”和“收结汇”等业务，并结合人工智能、大数据、云计算等技术，有效完成数据申报、支付结算及电子对账等一体化综合服务，从而打破传统贸易的支付瓶颈，促进跨境金融服务的快速发展。2015 年，随着国家外汇管理局在全国范围内开展跨境外汇支付业务试点，更多国内第三方支付机构进入跨境支付市场，跨境支付正式步入高速发展期。中国支付清算协会公布的数据显示，2018 年国内第三方支付机构跨境互联网交易金额超过 4900 亿元，比上年增长 55%。

（2）深化物流服务贸易。跨境电商对物流服务提出更高的要求，推动了物流服务贸易的转型升级。跨境电商单个交易规模小、频率高、时效性强，运输涉及不同关境，倒逼物流服务整合碎片化、独立化的服务体系，形成网络化、国际多式联运等现代物流模式，从而降低物流服务成本，提升物流服务效率。我国多地依托跨境电商发展，打造国际物流中心，在推动不同物流方式对接、通关便利化、境内境外一体化等方面积极探索，有效提升了物流业的竞争力。同时，跨境电商带动物流仓储与运输模式创新，海外仓、专线物流、国际快递直邮等物流模式的引入有效提升了物流服务贸易水平。截至 2017 年年底，我国超过 200 家企业在境外设立了 500 个以上的海外仓，主要分布在美国、英国等发达国家和地区。海外仓的布局有效降低了物流成本，提高了配送效率，为企业提供一站式物流解决方案。例如，圆通快递启动全球速递项目，发起“全球包裹联盟”网络，计划引入大型宽体全货机，投入洲际航线运营；阿里巴巴旗下的菜鸟网络平台，在马来西亚打造首个电子世界贸易平台试验区，建立了我国境外首个超级物流枢纽。主要电商平台和物流企业的创新实践，拓展了海外物流业务，促进了我国物流服务贸易的转型升级。

（3）带动技术服务贸易和知识服务贸易发展。借助跨境电商，技术服务贸易实现了快速发展。以“一带一路”沿线国家的服务贸易为例，在基础软件领域中，以金山、360 公司为代表的工具类软件企业，通过适应本土软件环境和用户需求，有效服务于东南亚、南亚等周边市场；在网游方面，东南亚是我国网游的输出重地，市场规模达 1.3 亿人次，其中金山公司的《剑网 OL》、搜狐畅游的《天龙八部》在越南市场广受欢迎；在社交软件方面，我国网络社交平台的国际化正加速酝酿，社交服务类软件企业将目光聚焦到“一带一路”沿线国家，如腾讯的微信产品支持东南亚地区多国语言，并以明星代言等方式进行宣传，有效开拓了当地社交软件市场。除软件技术与产品外，我国积极与沿线国家开展信息科技专利合作。在“一带一路”沿线国家中，有29个国家与我国开展专利合作，排名前五位的分别是新加坡、印度、以色列、俄罗斯和马来西亚，占比为82.1%。合作专利最多的四大技术领域分别是数字数据处理、半导体器件、无线通信网络和数字信息的传输，占总数的45.6%。在广泛开展的信息科技专利合作中，知识型服务产品借助跨境电商平台实现了大规模跨国流动，有效缓解了我国知识产权贸易长期逆差的局面。

（四）削弱服务贸易壁垒

因服务产品普遍具有无形性、高附加值等特征，在出口过程中更容易面临文化争端和政治壁垒。服务贸易供应商不仅需要对贸易伙伴国的经济形势、市场需求等客观情况进行分析，更要对服务进口国的文化传统、消费习惯甚至政治环境等因素进行综合考量，以提高贸易进口国对我国服务产品的接受度。跨境电商的发展能有效缓解服务贸易企业出口的文化困境。一方面，跨境电商使许多服务产品线上交易成为可能，服务产品的消费可通过互联网在同一时间、不同空间完成，节省了冗长的前期谈判、中间流通等环节，在符合双方贸易规则的前提下，可在一定程度上绕开由认知误差造成的不合理壁垒。另一方面，与传统的贸易中介不同，跨境电商将服务提供方和需求方置于同一平台，交互性更强，且平台对于他国制度、文化、法律等因素及其变化的反馈更具及时性和专业性，从而有效降低贸易摩擦发生的可能性，提高我国服务贸易的国际竞争力。

［引自：朱贤强、何朋、胡豫陇，跨境电商对我国服务贸易竞争力的影响及应对，《经济纵横》，2020年第6期。］

【重要概念】

服务贸易竞争力；贸易竞争力指数

【思考题】

1. 阐述服务贸易竞争力的内涵。
2. 说明服务业贸易竞争力评价的指标体系。
3. 试比较中国和其他国家的服务贸易竞争力。

【课后阅读材料】

［1］夏杰长、姚战琪、齐飞，中国服务贸易竞争力的理论与实证研究，《中国社会科学院研究生院学报》，2014年第3期。
［2］谢孟军，中国服务贸易竞争力提升的科技驱动因素研究，《技术经济与管理研究》，2021年第6期。
［3］商务部国际贸易经济合作研究院，服务贸易竞争力提升项目报告，2020年。
［4］王粤，《服务贸易——自由化与竞争力》，中国人民大学出版社，2002年。
［5］岳云嵩、李柔，数字服务贸易国际竞争力比较及对我国启示，《中国流通经济》，2020年第4期。

第 8 章

服务贸易政策工具

【学习目标】

1. 了解服务贸易壁垒、货物贸易壁垒和国内服务业管制的异同
2. 熟悉不同标准下的服务贸易壁垒分类
3. 掌握度量服务贸易壁垒的几种工具
4. 了解衡量服务贸易壁垒影响的主要方法

【引导案例】

2022 年 3 月，美国和欧盟、英国及加拿大发表联合声明，宣布禁止俄罗斯的几家主要银行使用 SWIFT，引起全球关注。SWIFT 到底是什么？它在国际金融领域发挥着怎样的作用？

国际资金清算系统 SWIFT 是环球同业银行金融电讯协会管理的，为全球银行及其他金融机构、企业提供金融信息传输服务的高安全性网络。环球同业银行金融电讯协会创建于 1973 年，总部设在比利时首都布鲁塞尔，主要职能是在全球银行系统之间传递结算信息。

不同国家的金融机构通过 SWIFT 与同业交换电文来完成跨境金融交易。除此之外，SWIFT 还向金融机构销售软件和服务。公众一般往境外汇款时会接触到 SWIFT，不同地区、不同银行各有专属的代码。

由于目前全球跨境支付的信息传递基本都是通过 SWIFT 实现，因此如果被 SWIFT 排除在外，意味着进行跨境支付结算将变得非常困难。当今各个国家多少都会与其他国家有经贸往来，因此这会对受制裁国家的经济运转产生很大影响。

（资料来源：人民网，2022 年 3 月 3 日，什么是 SWIFT？禁止使用 SWIFT 将带来哪些影响？ http://finance.people.com.cn/n1/2022/0303/c1004-32364636.html，有改动。）

8.1 服务贸易政策工具的识别

随着服务贸易占国际贸易的比重逐渐提高，服务贸易政策也成为各国对外贸易政策的重要组成部分。严格来看，服务贸易政策是指一国对服务交易活动在宏观方面做出的原则性规定。它明确了政府在一定时期进行服务贸易管理的工作方针和目标，并通过相关法律程序加以贯彻实施。在不同发展阶段，各国对外服务贸易政策往往具有较大差异，其伴随经济发展水平和战略的变化以及服务贸易的发展目标而相应调整。

一般而言，服务贸易政策有自由贸易政策和保护贸易政策之分。服务贸易自由化更多地体现于贸易促进措施与法规，服务贸易保护则主要依靠政府各种贸易和行政管理措施付诸实施。由于服务贸易与国民经济发展联系密切，例如与其相关的就业政策、外汇政策、国际收支政策、幼稚产业保护政策、国内产业政策、国家安全政策和环保政策等，无论发达国家还

是发展中国家，在追求服务贸易自由化的同时，都或多或少采取了针对服务贸易的限制措施，因此保护贸易政策成为服务贸易政策的主流。

8.1.1 服务贸易政策工具和货物贸易政策工具

由于服务贸易项目繁多、部门多样、形式各异，与其对应的管理政策和法规层出不穷，加之实施管理的各国经济发展水平和具体情况千差万别，因此多数情形下人们预计服务贸易在保护政策的制定和实施方面的复杂性和难度都远远强于货物贸易。

1. 管理对象不同

货物贸易保护只针对产品本身，与产品提供者无关。只要不违背非歧视原则（最惠国待遇原则和国民待遇原则），进口国政府可以对进口产品采取关税和非关税限制。其中，只要外国产品达到进口国标准，产品提供者就保有管理生产过程的权利，即便当某种产品不符合进口标准，进口国政府也只能将产品拒于本国关境之外，而无法干预产品生产。但对于国际服务贸易，很多时候需要将服务提供者与消费者联系起来，有时消费者需要进入提供者所在地（如旅游、医疗服务等），有时提供者需要进入消费者所在地（如财政、电信服务）。由于服务提供者与消费者这种距离上的“亲密关系”，服务的生产与消费几乎同时进行，而调整服务贸易政策往往既要考虑服务提供者又要考虑服务消费者。

2. 管理形式不同

在货物贸易领域，政府通常利用征收关税实施贸易保护。关税政策是有关货物贸易保护最古老、最传统的政策工具，也是多边货物协定约束的重要内容之一。但是，关税形式的贸易保护，尤其是从价税对服务贸易几乎无能为力。相当一部分服务贸易在生产并消费后才能确认价值和数量，贸易额难以反映在海关统计上，我们所能观测的仅是服务提供者或消费者的移动，而非服务产品本身。因此，服务贸易政策工具主要以进口国法规和行政管理的形式存在，这也显示了服务贸易政策工具非关税化的趋势。

3. 管理位置不同

货物贸易政策的具体措施往往设置在关境上，针对最终产品的出入施加管制，而服务贸易政策工具拥有超边界性。服务的生产与消费几乎同时进行，一般不存在服务贸易的边界限制。由于难以观察服务产品的过境，海关只能干预服务提供者进出关境的行为，无法影响服务产品的进出口。这种情况下，政府能够直接影响的领域极其有限，比如涉及服务进口的外汇买卖、对人（自然人、法人及其他经济组织）的资格或活动方面的限制。

4. 透明度不同

现实中大量的服务贸易政策工具都隐含在进口国国内繁杂的政策法规中，缺乏应有的透明度，令外国服务企业及其产品无所适从。尽管《服务贸易总协定》规定，成员的保护贸易政策要依据透明度原则及时向其他成员公布，但服务贸易政策工具以国内政策为主，多数由国内不同部门掌握制定，庞杂繁复、不够统一。所以，不少歧视性待遇并不公开发布在政策法规中，而体现于具体政策实施过程，这使得外国服务企业更难把握和适应。

总之，服务贸易政策工具与货物贸易政策工具相比更具灵活性、隐蔽性，保护力度更强，更难监督、管理和规避，这决定了服务贸易自由化与货物贸易自由化相比具有更大的艰巨性和复杂性。

8.1.2 服务贸易壁垒与国内服务业管制

作为国内产业政策的一种，国内服务业管制在服务贸易保护中具有客观合理性，透明、公开、有效的国内服务业管制对服务贸易自由化具有积极作用，主要表现在以下两个方面：

一方面，针对服务业的天然垄断性和竞争不完全性，提高服务业市场的竞争程度。具体而言，国内服务业管制能够保证服务业市场的新进入者获得提供服务的关键设施的公平使用权，由于服务交易更注重提供者与消费者双方的互动，如果对外国服务提供者使用本国分销网络和基础设施采取一定程度的限制，将有效降低它们的竞争力，降低顾客的满意度。即便不通过增加服务提供者数量引入竞争，国内服务业管制也可以迫使具有垄断地位的服务提供者的行为更具有竞争性。

另一方面，通过缓解或纠正信息不对称和外溢性造成的市场不完全，提高服务业市场的效率。例如，国内服务业管制对服务提供者进行资格评估与审核，间接控制服务质量，有利于减少因信息不对称问题可能使服务消费者蒙受的损失。

服务贸易壁垒是一国政府对外国服务提供者提供和销售服务所设置的有障碍作用的政策措施，其直接或间接增加外国服务提供者的提供和销售成本。服务贸易壁垒的目标有时与国内服务业管制互相交叉，甚至服务贸易壁垒只是国内服务业管制的副产品，所以在服务贸易壁垒与国内服务业管制之间很难划出明确界线。其实，并非所有对服务产品进口起抑制作用的管制措施都属于服务贸易壁垒，许多措施是基于合法合理的目的，比如保护健康、避免欺诈和其他不诚实行为等。如果这些措施是以非歧视性方式出现的，就不应被视为服务贸易壁垒，即使其可能使外国服务产品价格增加而减少服务产品进口。例如，由于在外国注册的保险公司的财务难以审计，为了保护保险服务消费者的利益，政府规定对这类保险公司的财务状况进行定期审计，同时要求这类保险公司必须在当地银行具有一定数额的存款。这时，东道国政府对外国和本国服务提供者采取不同的管制措施，目的不是实行歧视性待遇，而是实现国内经济发展目标。

综上，服务贸易壁垒与国内服务业管制密不可分，这样不可避免地使服务贸易壁垒难以被辨别，服务贸易壁垒和国内服务业管制之间存在许多“灰色区域”，国际服务贸易自由化目标的实现远比国际货物贸易更加复杂和困难。服务贸易自由化并不排斥国内服务业管制，而是对国内服务业管制提出了更高的标准和要求，缺乏透明、公开、有效的国内服务业管制可能构成服务贸易壁垒，阻碍国际服务贸易发展。

8.2 服务贸易政策工具的分类

20世纪下半叶，发达国家和发展中国家均对服务产品的进出口做出了种类繁多的限制，在此出现的非关税壁垒虽表现形式各不相同，但都可以达到阻碍外国服务产品和要素进入本国市场的目的。总体来看，服务贸易壁垒的分类标准大致有三种：壁垒的限制对象、壁垒的实施方式和《服务贸易总协定》的具体承诺。

8.2.1 按照壁垒的限制对象对服务贸易壁垒分类

按照壁垒的限制对象可将服务贸易壁垒划分为四类：产品移动壁垒、资本移动壁垒、人员移动壁垒和开业权壁垒。这是目前应用较为普遍和流行的分类标准，它把服务贸易提供方式与影响服务产品提供和消费的因素结合了起来。

1. 产品移动壁垒

产品移动壁垒表现为限制服务产品移动的各种措施，通常包括数量限制、补贴、政府采购、歧视性的技术标准以及知识产权保护等。

（1）数量限制。采用数量配额、垄断或专营方式，或要求测定经济需求的方式，限制外国服务提供者的数量、限制服务交易的数量或限制雇用外国自然人的数量、限制外商股权参与的比例等。数量限制是目前最有效和最直接的服务贸易壁垒。

（2）补贴。国内服务业较常见的非关税措施之一，即国家通过直接拨款或税收优惠等手段，针对本国特定服务业实施补贴，达到提升国际竞争力和出口促进的目的。无论发达国家还是发展中国家，补贴都被广泛应用在运输、通信、医疗和教育等服务业部门。

（3）政府采购。规定只向本国厂商购买公共领域的服务，或政府以亏本出售方式进行市场垄断，从而直接或间接地排斥外国竞争者。这在数据处理、保险、工程建筑和运输服务业上表现尤为明显。

（4）歧视性的技术标准。通过要求外国服务提供者经过某一认证机构批准的方式设置贸易壁垒。特别是发达国家，往往利用较高的技术标准和语言、文化差异实施国内服务业保护。过高或歧视性的国内环境标准，也可以大大降低诸如运输、旅游等服务业部门的外国服务提供者跨境提供服务的可能性，这往往是发展中国家发展对外服务贸易遭遇的最大壁垒。

（5）知识产权保护。服务贸易领域出现的大量知识产权保护问题，例如计算机软件保护等已引起世界范围内的极大关注。缺乏有效的知识产权保护措施，直接损害了他国服务提供者的利益，这也在一定程度上阻碍了国际服务贸易的发展。

2. 资本移动壁垒

资本移动壁垒主要表现为外汇管制、浮动汇率和投资收益汇出的限制等。外汇管制是指政府对外汇在本国境内的持有、流通和兑换，以及外汇的出入境采取各种限制措施。浮动汇率会对除外汇交易以外的几乎所有外向型经济领域造成影响，不利的汇率将严重削弱服务竞争优势，它不仅增加厂商经营成本，而且会削弱消费者的购买力。对投资者投资收益汇回母国的限制，比如限制外国服务提供者将利润、版税、管理费汇回母国，或限制外国资本抽调回国，或限制汇回利润的额度等，也在相当程度上限制了国际服务贸易的发展。

3. 人员移动壁垒

人员移动壁垒包括移民限制和烦琐的出入境手续，其中移民限制仅指外国服务提供者进入本国服务业市场遇到的限制措施。人员是服务贸易最重要的生产要素，国际服务贸易的顺利进行一般离不开人员的跨界移动，尤其对于商业存在、境外消费和自然人移动来说，服务提供者或消费者的跨界移动更是实现交易不可或缺的条件。各种形式的人员移动壁垒对国际服务贸易造成严重影响，直接或间接割裂了服务产品的跨境生产和消费过程。例如，对人员移动的任何阻碍都可能影响到外国服务提供者聘用工作人员；消费者本国的护照申请管理和外国签证管制均有可能耗费大量物力财力，导致境外消费的需求减弱。

4. 开业权壁垒

针对跨国投资形式的服务提供，即商业存在的服务贸易壁垒被称为开业权壁垒。这些投资限制既可归于服务贸易壁垒，也可视为投资壁垒。联合国贸易和发展会议（1996）把对外直接投资壁垒划分为以下三大类：

（1）市场准入限制。例如，禁止或限制外国企业投资特定部门、审批核准要求、对外国服务提供者采取特定法律形式、最低资本要求、续资要求、地域范围限制和征收准入税。

（2）所有权和控制措施。例如，强制与国内投资者合资、限制董事会中外国人数量、政府指派董事、特定决策须由政府批准、限制外国股东权力、强制特定时期内做出权利当地转让。

（3）经营限制。例如，效益要求、当地成分要求、劳动力与资本及原材料进口限制、经营许可、特许权使用费上限、资本和利润汇回限制等。澳大利亚曾禁止外国银行设立分支机构，加拿大规定外国银行在加拿大开业银行中所占比重不得超过一定比例。

8.2.2 按照壁垒的实施方式对服务贸易壁垒分类

赫克曼和布雷加（1997）曾根据贸易限制性措施的实施方式对服务贸易壁垒进行了分类。

1. 配额、当地成分及禁止措施

例如，对服务业企业的数量进行限制，对发出的签证数目实施配额，对数据产品服务（电视频道、收音频道、电影院等）的引入采取数量限制，特定服务业部门（运输、电信服务业等）禁止外国服务提供者进入。

2. 价格措施

例如，征收签证费、进入或存续税、歧视性着陆费和港口税等。这些税收可能是包含服务的商品或用于生产服务的商品遇到的最大贸易壁垒。特定服务业部门的定价须经政府批准或受其监控，有些则须接受政府补贴。

3. 资格标准、许可和政府采购

对于某些专业服务，政府通过专家资格认证、技术鉴定等手段控制外国服务提供者的服务供给，比如会计、法律等。另外，政府也可能偏好于购买本国服务产品，而对外国服务提供者客观形成歧视。

4. 当地网络

相当数量的发展中国家政府不偏好外国服务提供者进入本国电信、航空运输、广告、保险服务业的营销网络。

8.2.3 按照《服务贸易总协定》的具体承诺对服务贸易壁垒分类

根据《服务贸易总协定》的具体承诺，可以将服务贸易壁垒归纳为两大类：影响市场准入的措施和影响国民待遇的措施。

影响市场准入的措施是指各成员利用数量配额等手段，对进入本国服务业市场采取管制的限制措施。影响国民待遇的措施是指通过制定和实施相对歧视外国服务和服务提供者的差别待遇，创造有利于国内服务产品和服务提供者环境的措施。后者的作用路径，或者是通过增加外国服务提供者进入市场的成本，或者是直接或间接为国内提供者提供支持，加强国内服务产品和服务提供者的竞争优势，相对削弱外国服务和服务提供者的竞争优势，达到保护和发展本国服务业及对外服务贸易的目的。例如，拒绝外国航空公司使用本国航班订票系统或收取昂贵的使用费。

政府通过灵活运用以上限制措施，或者对服务贸易的发生进行直接干预，或者增加外国服务提供者进入的固定成本和经营过程中的可变成本，保护国内服务业市场，提升本国服务贸易竞争力，最终实现本国社会经济发展的综合目标。

8.3 服务贸易壁垒的度量

度量服务贸易壁垒的目的是明确一国及其特定服务部门贸易限制的水平或程度。不像货物贸易壁垒那样具有关税、配额等定量工具，服务贸易壁垒一般表现为国内服务业管制的政策法规，度量服务贸易壁垒需要将有关的定性信息转化为可比较的定量信息，这种度量方法称为直接度量法。另外，根据壁垒造成的结果间接推断服务贸易壁垒的程度，称为间接度量法。其中，结果可以是价格成本差，也可以是消费者价格或者服务贸易量。一般而言，限制越严格，服务企业的价格成本差越大，消费者价格也越高，服务贸易量越小，可据此度量服务贸易壁垒的水平。

直接度量法和间接度量法各有利弊：前者对象明确、简便可行，并将定性信息转化为定量数值，但是也有主观判断之嫌，且只能选择那些现实中可明确的贸易限制；后者能够从数量上确定壁垒的影响，但须事先约定基准或参照值，高于基准的部分被认定为贸易壁垒所致，超过部分越高，壁垒程度越强。但是，确定基准非常困难，需要剔除影响价格的诸多因素，比如市场结构、消费者需求和商业周期等。

8.3.1 服务贸易壁垒度量的指标

对于服务贸易壁垒的度量指标，有学者主张将货物贸易壁垒的度量指标适用于服务贸易，也有学者认为应根据服务贸易壁垒的特点创建独立的服务贸易壁垒度量方法。

1. 借鉴货物贸易壁垒的度量指标

（1）名义保护率（Nominal Rate of Protection，NRP）。名义保护率是衡量贸易保护程度普遍使用的指标。世界银行将名义保护率定义为：由保护引起的国内市场价格超过国际市场价格的部分与国际市场价格的比值。

$$\text{NRP}=\frac{\text{国内市场价格}-\text{国际市场价格}}{\text{国际市场价格}}\times 100\%$$

名义保护率在服务贸易领域的适用性有较大的局限，因为服务贸易壁垒主要表现为限制性的政策法规，只能对物化部分的服务贸易采取传统的关税和过境监管方式。

（2）有效保护率（Effective Rate of Protection，ERP）。“有效保护”最初由澳大利亚经济学家科登和加拿大经济学家约翰逊提出。一国的关税政策是否有效，不仅要看其最终产品受到保护的程度，还要看受保护产业的中间产品进口是否也受到了保护，从而使得该产业的实际保护为正。

$$\text{ERP}=\frac{\text{最终产品名义保护率}-\text{中间产品价格}/\text{最终产品价格}\times\text{中间品名义保护率}}{1-\text{中间品价格}/\text{最终产品价格}}\times 100\%$$

计算服务贸易的有效保护率，需要获取有关服务业的投入产出系数等数据信息，但其往往难以获得，这限制了有效保护率作为服务贸易保护政策数量分析工具的作用。

（3）生产者补贴等值（Producer Subsidy Equivalent，PSE）。生产者补贴等值或生产者补贴等值系数最早被 OECD 用于对其成员农业政策和农产品贸易的分析。随着这一方法在许多国家的运用中被改进提高，尤其在“乌拉圭回合”中被决策者们广泛接受之后，该指标日益受到重视，并被不断完善。生产者补贴等值是测算关税和非关税壁垒，以及其他政策变量保护程度的指标。以关税壁垒为例，生产者补贴等值的关税影响体现在关税产品（P_t–P_f）和生产数量（Q_s^t）两个方面。

$$\mathrm{PSE}=\frac{(P_t-P_f)Q_s^t}{P_tQ_s^t}=\frac{P_t-P_f}{P_t}$$

式中，P_t 表示征收关税后的国内市场价格；P_f 表示国际市场价格；Q_s^t 表示生产数量。

由此可知，生产者补贴等值实际衡量的是政策给予生产者的价值转移或政策对生产者收益的影响。

2. 服务贸易壁垒度量的工具方法

（1）频度工具法。频度工具法是以所观察到的特定国家、部门或某类贸易的非关税壁垒为基础，计算各类壁垒发生的频率，以及壁垒在部门、贸易或生产中的覆盖率，以此衡量贸易限制的程度。

1）赫克曼指数。最先构造服务贸易壁垒频度指数的是赫克曼（1995）。他对 GATS 划分的 155 个服务部门、4 种提供方式分别赋予不同的分值。如果某一服务部门的某种提供方式没有限制（自由进入），则赋予权数 1，部分限制的赋予权数 0.5，没有承诺（不准进入）的赋予权数 0。赫克曼把这些分值称为“开放 / 限制因子”。由此，每个成员共有 155×4=620 个开放 / 限制因子。根据这些因子，赫克曼计算得到 3 种部门覆盖率指数，或称为赫克曼指数：第一种指数，一国在 GATS 中所做承诺数除以最大可能值 620；第二种指数，也称为平均覆盖率，是经开放 / 限制因子加权的部门 / 模式占最大可能值的比重；第三种指数，没有承诺的部门在成员全部承诺中或 155 个部门中所占的比重。赫克曼认为，覆盖率越接近于 1，意味着政府越倾向于服务贸易领域的自由贸易。

覆盖率本身或稍做变换（1– 赫克曼指数）在一定程度上可以度量贸易限制的规模。例如，一国在 620 个部门 / 模式中有 10% 做了承诺，即该国的赫克曼指数为 0.1，则其限制性分值为 1–0.1=0.9，表示 90% 的部门 / 模式是封闭的。赫克曼（1995）指数的经验数据显示，高收入国家在 GATS 中所做的承诺远远高于低收入国家，发达国家平均为 47%，而发展中国家平均为 16%。

为了方便部门间比较以及在经济模型中进行分析，通常把覆盖率转化为关税等值。关税等值是以面向外国服务提供者的从价关税形式等效表现的服务贸易的非关税壁垒。非关税壁垒在功能与政策目标方面与关税壁垒大致相同，都为限制外国厂商进入本国市场或削弱本国市场中已有外国厂商的竞争能力，正是这些相通之处为服务贸易非关税壁垒向关税壁垒的转换提供了计算基础。覆盖率转化为关税等值，是以保护程度最高国家的可能关税等值的估计值为基准，乘以（1– 赫克曼指数）得到目标国家的关税等值。例如，世界上保护程度最高的国家采取的贸易限制性措施相当于征收 50% 的关税，那么这个限制性分值为 0.9 的国家关税等值为 45%（0.9×50%）。

2）贸易限制指数。澳大利亚生产力委员会研究小组从以下两个方面对赫克曼指数进行了改进：一是所用数据资料来源大为扩展，不仅限于 GATS 承诺表，还从国内服务业管制相关政策法规、政府和行业协会报告，以及 APEC、OECD、WTO 等国际组织和美国贸易代表办公室等获取贸易壁垒的有关信息；二是以对有关限制的经济影响主观判断为基础的更具体的加权 / 评分系统，且分别针对外国服务提供者的限制（外国指数）和针对所有服务提供者的限制（国内指数）计算分值。

根据表 8-1，澳大利亚生产力委员会研究小组构建出新的频度工具法——贸易限制指数。贸易限制指数衡量对外国和本国服务提供者进行限制的数量和严厉程度，取值一般在 0 ～ 1，数值越大，限制越严。该指数可以分为非歧视性限制（对国内和外国服务提供者的限制是一样的）和歧视性限制（仅对外国服务提供者进行限制）。以银行业为例，要求外国投资者采取与当地合作的合资形式、对外国银行经营许可和募集资金方式上的限制均为歧视性限制措施，而非歧视性限制措施有对银行许可证数量或分支机构数量的限制、对银行基金筹款和放款的地点和方式的限制，以及对银行能否经营其他业务（如保险或证券）的限制。对于法律服务，歧视性限制措施为对外国从业者国籍或公民身份的要求，以及开业是否需要配额和需求测试，而非歧视性限制措施有对机构创建形式（比如法人机构是否被批准）的限制、对许可证的发放和委托授权要求的限制、对广告和费用规定的限制、对其他部门的业务（比如会计服务）能否在律师事务所之外实施的限制。

表 8-1 澳大利亚生产力委员会研究小组服务贸易壁垒频度工具法的构建

<table>
<tr><th>文献来源</th><th>部门</th><th>主要数据来源</th><th>计算方法</th></tr>
<tr><td>Warren（2001）</td><td>电信</td><td>国际电信联盟（ITU）</td><td rowspan="6">多步骤加权 / 评分方法：
①对各种部门限制（比如 McGuire 和 Schuele 把影响银行商业存在的限制分为许可、直接投资、合资安排、人员永久居留权和其他）或部门（比如 Kemp 把教育分为五个次部门）进行分类，根据其对部门经济影响的主观判断分配权数；②根据限制的不同程度给每类限制记分（比如 McGuire 和 Schuele 对“许可”限制，不颁发新的“银行许可”记为 1，根据谨慎性要求最多只发 3 张“银行许可”记为 0. 75，最多只发 6 张“银行许可”记为 0. 5，最多只发 10 张“银行许可”记为 0.25，不限制记为 0），并按 4 种服务提供方式和 / 或两类限制（市场准入和国民待遇）加以区分；③根据上述分值和权数计算国家 / 部门贸易限制指数，有时还采用不同评分系统进行敏感性分析，比 Kemp（2001）</td></tr>
<tr><td>McGuire 和 Schuele（2001）</td><td>银行</td><td>GATS 承诺表、WTO 贸易政策评述、APEC 单边行动计划</td></tr>
<tr><td>McGuire 等（2000）</td><td>海运</td><td>NGMTS（1994）、GATS 承诺表、WTO 贸易政策评述</td></tr>
<tr><td>Kemp（2001）</td><td>教育</td><td>GATS 承诺表</td></tr>
<tr><td>Kalirajan（2000）</td><td>分销</td><td>GATS 承诺表、WTO 贸易政策评述、OECD 贸易报告数据库</td></tr>
<tr><td>Nguyen-Hong（2000）</td><td>专业服务（法律、会计、建筑设计和建筑工程）</td><td>OECD 影响专业服务贸易的措施目录、WTO 关于会计服务限制的问卷调查、APEC 专业服务指南、ILSAC 法律服务简介</td></tr>
</table>

贸易限制指数应针对本国和外国服务提供者分别计算。国内指数衡量对本国服务提供者

的限制，一般只包括非歧视性限制（多数服务部门限制不会歧视本国公司）。国外指数衡量阻止外国公司进入某经济体和在其中经营的所有限制，包括歧视性限制和非歧视性限制。国外指数包含国内指数，因为国内指数只有关于市场准入的信息，而国外指数还考虑了国民待遇的实施。国外指数和国内指数的差异可以用来表示对外国企业的歧视程度。图 8–1 和图 8–2 为 McGuire、Schuele 和 Smith（2000）描绘的美洲国家和欧洲国家海洋运输服务部门的贸易限制指数。

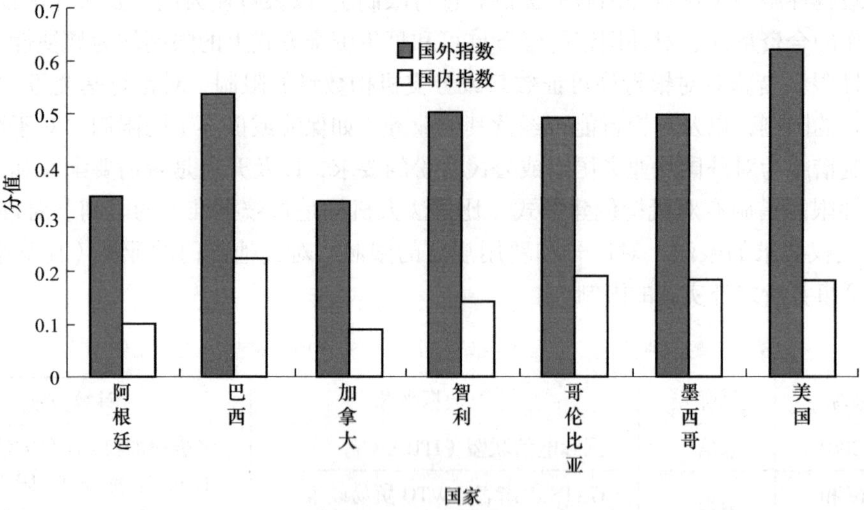

图 8–1 美洲国家海洋运输服务部门贸易限制指数

注：分值越大，限制越严，取值范围是 0 ～ 1。

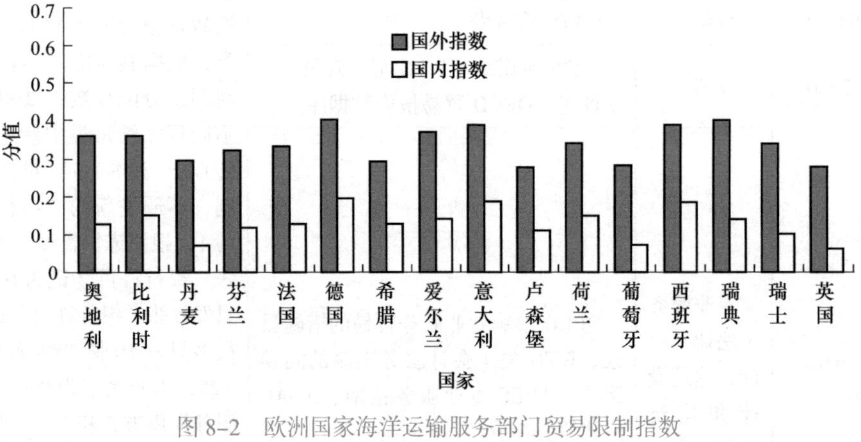

图 8–2 欧洲国家海洋运输服务部门贸易限制指数

注：分值越大，限制越严，取值范围是 0 ～ 1，其中包括内河运输。

在发达国家中，美国的贸易限制指数“一枝独秀”。例如，《1920 年美国海运法》（“琼斯法案”）要求：在美国国内港口之间的货物水运，都应由美国人拥有的、经营的、建造的船只运载，这些船只的船员也应该是美国人。美国保留对美国船只运输路线和仅运载美国货物的外国船只运输路线施加报复性措施的权利。虽然某些欧洲国家（比如卢森堡）为陆地所包围，只能对内河运输设限，但与美国相比，欧洲国家对海洋运输服务的限制程度普遍偏低。

3）OECD 的服务贸易限制性指数（STRI）。OECD 推出的 STRI 尝试使用量化指标对各成员多个行业的开放程度进行衡量，以期以此为依据评价各成员服务业的开放水平。

STRI 汇集了关于服务贸易和投资限制的各方面资料，不仅限于各国的承诺材料。大体上来说，STRI 针对不同服务部门的特点设计制定不同的研究方法，按照 GATS 规定的四种服务贸易提供模式进行分类，根据具体限制进行打分，按照各部门评分和已经制定的权重系统综合计算出 STRI。由于 STRI 主要为 OECD 自行编制，除了其成员会做一些配合外，多数资料均由指数编制的工作人员从网上搜集而得。

STRI 的设计需要考虑分析的可行性，不同行业领域指数的公平性和可比性，也需要适应不同国家的情况。

① 概述。STRI 在研究方法的设计上本着尽量简约的原则，其结果根据服务贸易四种提供方式分为国家和部门的计算指数，计算体系分为评分系统（Scoring System）和权重系统（Weighting System）。STRI 所涉及的部门主要是：视听服务（电影、电视和广播、声音记录），计算机服务、建筑、快递服务、配送服务、金融服务（商业银行和保险），专业服务（会计、工程、法律），电信和运输服务（空运、海运、道路货物运输、铁路货物运输）等。

在计算时主要考虑以下政策所涉及的内容：

a. 对外资的限制。

b. 对人口流动的限制。

c. 其他歧视性措施。

d. 竞争壁垒。

e. 管制透明度等。

从以上政策所涉及的领域可以看出，STRI 在考虑壁垒时不仅涉及贸易政策，同时其他的非贸易政策性壁垒也都纳入了评价体系。

评分和权重系统的基本框架是：

a. 单独一条政策的计分在 0 分（没有限制）到 1 分（完全限制）之间。

b. 5 个政策领域下的每条子政策的权重是一致的。

c. 5 个政策领域的权重根据彼此间相对重要性来决定；专家们将 100 分根据自己的标准分配给 5 个政策领域，在不同的部门（Sector）下权重分配系统是不一样的。

② 评分系统。STRI 对每条政策的评分范围是 0 ～ 1 分，“0” 分表示没有限制，“1” 分表示完全限制，得分越高表示限制越大。以下以外资限制为例对政策的评分体系进行说明，在其余部门和政策领域中也采取类似的方法和层级结构。

外资准入的评分体系。首先认为外资限制政策是从 0 到 100% 的连续变量，“0” 代表开放市场，没有准入限制；“100%” 代表完全封闭的市场。然后将外资准入的层次分为 4 个档次：少于 100% 被允许，少于 50% 被允许，少于 33% 被允许，没有外资被允许。

假如没有限制，那么政策被评为 0 分；假如外资被完全限制进入，则以上 4 项每一项都被评为 1 分，总和为 4 分；假如外资限制进入是 49%，则在 “少于 100% 被允许” 和 “少于 50% 被允许” 两项上各得 1 分，总和为 2 分。

另外，对于间接外资的评分规则，以外资在公司中所占股权 1/3 为界限，当少于 1/3 时视为对外资有限制，记为 0 分。

假如存在法定的垄断机构对部门实行了完全垄断，那么无论其他规定如何，STRI 都将记为 1 分。

自然人（Natural Person）流动的评分体系。对于自然人流动的评分主要根据自然人所受到的门槛限制进行评判。在 GATS 中对于自然人的暂时流动没有做出明确定义，这里主要引入了两个门槛标准：少于 36 个月和少于 12 个月。假如自然人可以停留 36 个月甚至以上，那么两项得分均为 0 分；如果停留在 12 个月以下，那么两项得分均为 1 分；如果自然人在这两个选择中都不允许，那么两项得分均为 1 分。

管制透明度（Regulatory Transparency）的评分体系。在管制透明度下的政策是连续变化的。这些主要涉及程序上的时间、成本和数量，并相应地转化为得分上的相应门槛。这些门槛主要列入表 8–2 中。

表 8–2　管制透明度下的政策门槛

政策方法	门槛（在此门槛之上得分为 1 分）
签证办理的时间范围（天）	10 个工作日
注册一家企业全部官方程序所需要的时间（日历时间：天）	根据世界银行商务办理标准（Doing Business Indicators）：20 天
注册一家企业所需要的全部官方程序费用（美元）	根据世界银行商务办理标准（Doing Business Indicators）：人均收入的 8.6%
注册一家企业所需要的官方程序数量	根据世界银行商务办理标准（Doing Business Indicators）：7 步
建立一间仓库的官方程序所需时间（日历时间：天）	根据世界银行商务办理标准（Doing Business Indicators）：138 天
建立仓库完成官方程序所需要的总花费（美元）	根据世界银行商务办理标准（Doing Business Indicators）：人均收入的 57.6%
建立仓库所需要的官方程序数量	根据世界银行商务办理标准（Doing Business Indicators）：14 步
解决破产的时间（年）	根据世界银行商务办理标准（Doing Business Indicators）：2 年
解决破产的花费（按房地产价值的百分比）	根据世界银行商务办理标准（Doing Business Indicators）：房地产价值的 9%
海关申报和海关放行的时间间隔（天）	根据世界银行商务办理标准（Doing Business Indicators）：2 天

资料来源：OECD Trade Policy Papers NO.177, Services Trade Restrictiveness Index（STRI）: Scoring and Weighting Methodology。

视听服务、计算机服务、建筑服务和分销服务是根据以上这些原则进行评分的，而专业服务、电信和运输服务等则因为部门本身原因需要在此之上设立更为复杂的评分系统，对各自的不同特点予以关注。

③ 权重系统。当把每条政策限制纳入服务贸易限制性指数时需要两个步骤：一是给每个政策领域进行权重分配；二是涉及加总的指标形成服务贸易限制性指数。对于每个政策领

域的权重分配，服务贸易限制性指数在计算时主要运用了专家打分的方式。为了降低个别专家打分所产生的人为因素有失客观性，特意邀请了许多专家进行打分。专家们在打分时主要依据每项政策对于贸易成本的影响：一部分是进入成本（Entry Cost），另一部分是运营成本（Operational Cost）。

这些专家将 100 分根据自己的判断分配到外资进入限制、人口流动限制、其他歧视性措施、竞争壁垒和管制透明性 5 个政策领域中，根据每个部门之间对贸易成本的影响程度和重要性分配权重（见表 8-3）。

表 8-3　专家判断的各部门各政策领域的权重

部　门	外资进入限制	人口流动限制	其他歧视性措施	竞争壁垒	管制透明度
广播	39.67%	12.00%	17.33%	17.67%	13.33%
电影	27.24%	21.84%	19.24%	13.44%	18.24%
声音	12.00%	17.00%	23.00%	27.00%	21.00%
建筑	21.97%	16.87%	22.07%	18.57%	20.53%
速递	27.20%	12.20%	19.20%	21.00%	20.40%
计算机	17.44%	20.84%	17.73%	20.23%	23.76%
分销	30.11%	10.28%	17.67%	21.94%	20.00%
商业银行	26.27%	12.13%	18.67%	20.83%	22.10%
保险	31.00%	10.28%	17.67%	21.94%	20.00%
会计	24.97%	22.26%	15.72%	17.11%	19.93%
工程	18.61%	25.62%	15.72%	19.93%	19.93%
法律	22.28%	29.76%	15.90%	14.41%	17.66%
通信	24.89%	13.07%	15.44%	26.31%	20.29%
空中运输	24.50%	14.00%	23.75%	20.00%	17.75%
海上运输	35.00%	25.00%	12.50%	14.50%	13.00%
铁路运输	24.89%	13.07%	15.44%	26.31%	20.29%
陆路运输	35.00%	15.00%	25.00%	20.00%	5.00%

资料来源：OECD Trade Policy Papers NO.177, Services Trade Restrictiveness Index（STRI）: Scoring and Weighting Methodology。

虽然目前已经将各部分的权重进行评估，但是这种权重也可以随着时间的变化进行调整。市场准入或者国民待遇以及国内规制等对于政策的分类在不断地变化，所以这些评价的措施也会随着政策的改变而进行调整。

（2）数量工具法。构造数量工具的基本思想是，比较没有壁垒情况下的贸易额与现实情况下的贸易额，衡量服务贸易壁垒对贸易量的影响。尽管能够观察到现实情况下的实际贸易额，但困难在于没有壁垒情况下的贸易额如何测算。人们通常会利用贸易模型（比如 H–O 模型、引力模型）尝试接近自由贸易的理想情形，用计量经济方法估计残差（实际贸易额和模型预测值的差额）或以各种虚拟变量度量壁垒规模。这类研究多集中于商品领域，服务领域具有代表性的方法主要有以下两项：

1）引力模型估计。弗朗西斯和赫克曼（1999）以中国香港地区和新加坡为基准，运用引力模型估计了美国与其主要贸易伙伴之间商业 / 金融服务和建筑服务贸易。模型中的自变量包括人均收入、国内生产总值和虚拟变量。实际进口额和预测进口值的差额表示贸易壁垒规模。他们的研究结果显示，服务贸易壁垒低于货物贸易壁垒，比如印度尼西亚、中东和北非的服务贸易关税等值低于货物关税的平均水平。印度尼西亚的货物贸易平均关税为 13%，商务 / 金融服务贸易关税等值为 6.8%，建筑服务贸易关税等值为 9.6%。中东和北非的货物贸易平均关税为 20%，商务 / 金融服务贸易关税等值为 4%，建筑服务贸易关税等值为 9.5%。

2）线性回归估计。华伦（2001）通过计量经济模型对 136 个经济体的电信服务贸易（固定服务和移动服务）估计了贸易与投资壁垒的数量影响。模型中的自变量包括人均收入、网络质量、等待列表、家庭密度、人口密度和贸易与投资壁垒。华伦使用的有关电信服务的数量估计方程为

$$Q_i^m = \alpha + \beta_1 Y_i + \beta_2 Y_i^2 + \beta_3 \mathrm{PD}_i + \beta_4 [P_i^m] + \varepsilon_i$$

对于每个经济体 i 而言，Q_i^m 表示每 100 个居民拥有移动电话的数量；Y_i 表示人均 GDP；PD_i 表示人口密度；[P_i^m] 是政策变量，包含基于市场信息得出的市场准入程度和相关的贸易与投资指数。将该模型的回归估计结果与电信服务需求价格弹性相结合，可以获得以价格楔子为表现形式的关税等值，实现数量工具法和价格工具法的转换。

（3）价格工具法。如果国内外服务价格的差异不是由企业的沉没成本和阻碍新企业进入等因素造成的，而主要来源于各项贸易壁垒，则可以根据国内外的价格差异来衡量服务贸易壁垒的规模。在获得特定国家或部门的贸易限制指数以及价格数据的条件下，可以考虑构建有关影响因素的计量经济模型，将贸易限制指数作为其中一项解释变量，该指数的估计系数可用于衡量贸易壁垒对价格的影响。

$$P = \alpha + \beta \mathrm{BRI} + \gamma E + \varepsilon$$

式中，P 表示某国 / 地区某项服务的价格；BRI 表示该服务的贸易限制指数；E 是影响价格的政策环境变量，包括市场结构、政府管制、消费者偏好、汇率等。

以航空服务为例，对于服务价格，需要对距离和其他特定路线变量做回归分析。假定估计的航空服务价格不受贸易限制措施的影响，那么估计系数 β 衡量限制程度为 1 时，飞机票价的提高幅度（相对于限制程度为 0 时的飞机票价）。

弗朗西斯和赫克曼（1999）提出以营业毛利润率，即总销售收入扣除总成本后的差额占总收入的比重，衡量服务贸易壁垒的价格工具方法，也称为财务指标。营业毛利润率显示了不同行业的相对获利性，从而刻画了可能存在的进入壁垒的相对规模。虽然企业的利润水平取决于很多经济与制度因素，比如市场规模、竞争政策、产品替代性、固定成本等，但由于使用不同国家、不同部门的相对利润水平，这些数据也能够对估计单个国家或部门现有壁垒的相对规模提供启示。赫克曼（2000）利用 1994—1996 年上市公司财务数据，按照国别和部门核算相应的营业毛利润，并将其与自由贸易基准国家的平均利润率进行比较。研究发现，从服务部门看，服务业总体利润水平高于制造业 10% ～ 15%，在服务业内部，旅游和金融服务部门的利润水平高于批发零售业；从国家 / 地区角度看，贸易自由化程度较高的中国香港和新加坡的服务利润水平最低，大约为 20%，而智利、印尼、泰国、中国内地和美国的相应数

据都超过了 40%。结果表明，不同国家 / 地区既定服务部门的相对利润水平与贸易壁垒规模存在一定的正相关关系。

为了使结论更加可靠，澳大利亚生产力委员会研究小组计算了多个发达国家和发展中国家的服务贸易壁垒价格指标，被考察的行业包括航空运输、食品批发与零售、银行、海运、工程服务、电信、工业供电等。考虑到价格效应和数量效应可能与各种潜在贸易限制有关，他们通过计量经济分析并区分了“行业或整体经济影响”和“贸易限制性措施”分别对价格和成本的作用，更加准确地反映出贸易壁垒对利润的影响。

8.3.2　频度工具法、数量工具法和价格工具法的比较

赫克曼指数仅关注服务贸易壁垒的相对限制程度，无从考察从价关税等值的绝对水平，其局限性在于，由于假定成员就服务部门对 GATS 没有做出正向承诺就意味着限制，可能具有误导性或存在偏见。此外，赫克曼指数给予所有服务部门的限制以同等权数，并未考虑不同服务部门在不同成员的国民经济中的地位和影响。澳大利亚生产力委员会创建的贸易限制指数较赫克曼指数与现实的拟合度更高。一方面，贸易限制指数使用的数据信息是对服务贸易壁垒的实际估计，而非单纯来自各国关于 GATS 的承诺；另一方面，贸易限制指数的评分体系（权数的分配）更为复杂，而赫克曼指数的分值体系较为简单，只有 0 分、0.5 分和 1 分三个取值。OCED 推出的 STRI 根据服务贸易条款和承诺将服务贸易条款中的定性分析进行量化，以此来反映各国各行业的限制性。指数的取值范围是 0 ～ 1，指数越大表示限制性越强，壁垒越高。它根据每个政策领域的不同提供不同的评分标准，并且按照不同的部门给予不同的权重，使得结果更加精确。总之，频度工具法有利于确定壁垒类型和对特定部门保护的相对程度。但是，频度工具法包含的有关服务贸易壁垒规模的判断及其保留或取消产生的经济影响的内容十分有限，同时应用频度工具法时进行主观判断的成分较大。

价格工具法和数量工具法的估计主要有两种途径：使用贸易壁垒频度指标直接估计，或从残差估计营业毛利润对某些自由贸易基准的偏离间接推得。因此，就准确性和可靠性而言，价格工具法和数量工具法不如频度工具法。因为以频度指标作为计量经济模型中的解释变量，所得估计值的准确性和可靠性不会比频度工具法本身更强。但间接方法也存在严重缺陷：第一，用残差间接推得服务贸易壁垒规模，对计量经济模型设定的准确性十分敏感；第二，即便模型设定十分准确，把所有对竞争性均衡的偏离都归因于贸易壁垒也未必可取，很多导致价格偏离竞争水平的壁垒并非政府设立。所以，间接方法有夸大壁垒规模的内在倾向。当然，频度工具法也可能高估或低估壁垒实际规模，尤其当加权 / 评分体系不适当的时候。除此之外，价格工具法和数量工具法是一个问题的两个方面，因为特定服务产品的价格和需求数量在市场上是同时确定的。价格工具法是对服务贸易壁垒关税等值的直接测量，数量工具法则是间接计算——先确定数量指标，再利用该市场对服务产品的价格需求弹性求出价格差，最终得到壁垒的关税等值。其中，数量工具法需要经过估算价格需求弹性这一额外步骤，其结果的偏差可能大于价格工具法。

综合上述三类方法，从信息含量、解释范围、数据资料的要求以及指标的准确性和可靠性来看，它们都存在这样或那样的不足。例如，与频度工具法相比，价格工具法和数量工具法的信息含量更加丰富，对服务贸易壁垒规模的考察更为深入，不仅能够反映显性壁垒，而且可以反映频度工具法通常无法捕捉到的隐性壁垒。但是，这两类工具法对数据资料的要

求也更高，而且不同服务部门之间的可比性较差，限制了其使用范围。弗朗西斯和赫克曼（1999）提出的营业毛利润率是一个重要例外，适用于跨部门和跨国的比较。价格工具法和数量工具法并不适用于所有经济体。例如，财务指标可用于已达到一定开放水平的市场经济国家，特别是在没有新的国内竞争者而只有国外竞争者进入市场时，毛利润率的下降幅度可以较好体现壁垒削减的真实程度。在具有浓重计划经济色彩或政府干预很强的国家，价格信号严重失真，很难通过毛利润率或价格指标衡量开放前后贸易壁垒的规模。此外，在发展中国家，某些行业在开放之初完全处于空白，价格工具法和数量工具法也就变得毫无意义了。从贸易谈判的角度看，频度工具法能够为衡量谈判目标国的服务贸易壁垒水平和自由化进程提供充足信息，且在准确性、可靠性方面表现更好，所以更适合作为贸易谈判的参考。

8.4 服务贸易壁垒的影响

8.4.1 衡量服务贸易壁垒影响的两种方法

度量服务贸易壁垒的影响，一般通过模拟标准国际贸易理论的局部均衡或可计算一般均衡模型进行。

1. 局部均衡分析法

Rathindran（2003）就全球86个发展中国家1985—1999年的数据对基础电信服务部门进行了局部均衡分析，他的研究重点是：①所有权、竞争和规制方面的政策变化；②政策改革和其他互补性改革措施的搭配；③改革次序对三者的经济影响。主要结论是：①私有化和竞争的引入显著提高了劳动生产率以及电信主线的密度；②私有化和竞争政策的相互作用有助于达到最优效果；③在私有化之前引入竞争政策会趋于最优。

多哥是自发加入非洲大陆自由贸易区（AfCFTA）的非洲国家之一，AfCFTA是一个新的贸易发展基准，旨在为非洲商品和服务贸易自由化提供一个框架。由于《非洲自由贸易区协定》的实施，多哥将有若干经济机会。Wonyra等（2022）基于局部均衡模型就《非洲自由贸易区协定》对多哥在贸易、收入和福利影响方面的潜在影响提供了见解。他们最终发现，多哥的贸易影响可能会激增883万美元，同时促进消费者福利109万美元。然而，收入损失迫在眉睫，因为该国的关税收入可能会下降466万美元。总体而言，预计AfCFTA将改善该国的贸易平衡，因为预计出口将超过进口。为了减少收入损失，该国应在贸易自由化期间的较长时期内保留相当一部分敏感和排除产品的关税。

我国学者也在采用局部均衡分析法的基础上对此有所研究。刘东强（2015）研究了TiSA谈判背景下中国服务贸易发展的相关问题，使用局部均衡分析方法探索了服务贸易开放对中国服务贸易的影响，进而深入研究金融、运输和建筑三个行业，发现不同行业中，服务贸易自由化在促进竞争、扩大服务贸易开放、吸引外商直接投资三个渠道上对服务贸易竞争力的作用效果不同。赵君等（2013）结合中国航空运输服务贸易自由化的现状，给出了一个量化航空运输服务贸易壁垒的方法，并尝试建立模型，用局部均衡分析方法来解决问题，从而估计直观的贸易自由化后的经济效益。最终发现对于航空运输服务生产者而言，自由化产生的竞争会降低航空公司的利润，但同时由于竞争带来的成本降低可以补偿这部分损失，因此自由化更可能使得那些在服务提供上具有比较优势的航空运输服务生产者从中获利。

尽管局部均衡分析法的数据要求较低、与特定服务部门结合度较高，以及研究目标具体和明确，但考虑到各服务部门在资本、劳动力等方面的相互关联，加之单个服务部门贸易自由化的影响对其他服务部门的溢出效应，所以考察服务贸易自由化的实际效应有必要引入一般均衡分析。

2. 一般均衡分析法

目前，度量服务贸易壁垒的影响时应用最为广泛的是可计算一般均衡分析法，但其对象集中在货物贸易而非服务贸易和外国直接投资。这主要是因为服务贸易的跨境交易、外国直接投资和服务贸易壁垒的数据较难获得，相关界定还不十分清晰。利用可计算一般均衡分析法度量服务贸易壁垒的影响有两种途径：一是在模型中明确不同服务提供方式；二是明确服务部门中的外国直接投资（FDI）。两种途径通常采用全球生产与贸易密歇根模型和澳大利亚外国直接投资与贸易分析模型。有关服务贸易壁垒影响的一般均衡分析见表8–4。

表8–4 有关服务贸易壁垒影响的一般均衡分析

影响途径	服务部门数量（个）	服务交付方式的壁垒（FDI）	外国直接投资	评估服务贸易壁垒的来源	所用模型
第一类：明确不同服务提供方式					
Brown 等（1996）	5	×	√	Hoekman（1995）	密歇根模型
Hertel 等（1999）	5	×	√	Hoekman（1995）和 Francois（1999）	GTAP 模型
Benjamin 和 Diao（2000）	1	×	√		
Chadha（2000）	8	×	√	Hoekman（1995）	密歇根模型的变体
Robinson 等（1999）	6	×	√	Hoekman（1995）	Berkley 模型
第二类：明确服务部门中的 FDI					
Mckibbbin 和 Wilcoxen（1996）	1	√(间接)	√		G-CUBED 模型
Petri（1997）	1	√	√	Hoekman（1995）	GTAP 模型
Brown 和 Stern（2001）	1	√	√	Hoekman 和 Francois （1999）	新密歇根模型
Dee 和 Hanslow（2000）	1	×	√	Kalirajan 等（2000）和 Warren（2000）	FTAP 模型
Verikios 和 Zhang（2000）	6	√	√	Kalirajan 等（2000）和 Warren（2000）	FTAP 模型

密歇根模型最早于20世纪70年代中期由Deardorff等（1986）基于完全竞争和产品差异化假定对34个国家29个部门进行一般均衡分析发展而成。之后，在Brown和Stern（1989）对美国与加拿大的针对性研究的基础上，一般均衡分析进一步引入垄断竞争、规模报酬递增，以及企业而非出口国的产品差异化等假定。密歇根模型原本用于测算多边或区域货物贸易自由化的部门效应，近年来被扩展至服务贸易领域（Brown、Deardorff和Stern，1995；Brown和Stern，2001；Deardorff和Stern，2003）。

另外，澳大利亚FTAP模型（Dee和Hanslow，2000）是有关服务贸易领域中商业存在提供方式，即外国直接投资的全球贸易分析（GTAP）模型 ㊀。FTAP 模型由澳大利亚生产力委员会研制和完善起来，是一个覆盖 19 个地区（亚洲、南北美洲和欧洲）、三个产业（农业与食品业、制造业和服务业）的可计算一般均衡模型，其在 GTAP 模型的基础上添加了为支持服务贸易自由化分析而必需的要素。

对比来看，密歇根模型使用标准 GTAP 数据库（4.0 版本），假定服务贸易壁垒一次性完成削减，其比较静态分析不考虑壁垒削减对经济增长的动态影响，而主要考察服务贸易四种提供方式中的跨境交付和境外消费，将自然人移动和以外国直接投资为表现形式的商业存在排除在外。相反，FTAP 模型结合考虑资本积累和国际资本流动，反映削减服务贸易壁垒的动态影响。由于以商业存在作为主要考察对象，FTAP 模型对 GTAP 数据库进行了补充和修正，以获得有关对外直接投资和产出水平的数据，即现有的两大数据来源：GTAP 数据库（4.0 版本）和澳大利亚生产力委员会计算的 FDI 存量及企业相关活动。

目前，利用 CGE 模型进行量化分析的文献也积累了一定的数量。例如，Jensen（2004）运用可计算的一般均衡模型评估了加入世界贸易组织（WTO）对俄罗斯经济的影响，其中包括改善市场准入、俄罗斯关税减少以及减少对跨国服务提供商的障碍。结果表明，俄罗斯最大的收益来自对跨国服务提供商的壁垒减少。Rutherford 和 Tarr（2010）运用同样的方法评估了加入世界贸易组织对俄罗斯 10 个区域的影响，得出了相同的结论。

Aichele 等（2014）利用 Caliendo 和 Parro（2012）构建的李嘉图一般均衡贸易模型估计 TTIP 的贸易和福利效应时，假定所有关税削减为零，服务贸易壁垒削减到与其他深度 FTA 相同的水平，即服务贸易壁垒下降 30%。此外，Jouini 和 Rebei（2014）通过将沉没成本引入两部门小型开放经济 DSEG 模型，估计服务贸易壁垒并量化服务贸易自由化的影响效应，其中服务贸易壁垒用突尼斯和欧元区之间沉没成本的差异表示。Brown 和 Stern（2001）使用 Michigan 模型量化分析了跨境服务贸易壁垒和服务 FDI 壁垒下降对福利、贸易、要素价格、部门产出、规模经济以及跨国企业经济活动的影响。

国内学者刘斌和赵晓斐（2020）在构建一般均衡模型的基础上运用世界投入产出表数据计量分析制造业投入服务化与服务贸易壁垒对全球价值链分工的影响效应。结果表明，总体而言，制造业投入服务化与服务贸易壁垒的交互效应对全球价值链分工产生逆向冲击。制造业投入服务化与服务贸易壁垒的交互作用主要是通过缩短生产步长和提高中间品价格两种渠道降低全球价值链分工水平。

总之，一般均衡分析法的优越性在于：第一，可以用于整体测算全球服务贸易壁垒，通过分析服务部门与其他经济部门的投入产出关系，评估贸易政策调整对经济的影响。第二，可以为进一步的贸易谈判提供参考咨询。例如，Dee 和 Hanslow 研究发现，局部贸易自由化不能实现帕累托最优，应同步消除各种服务贸易壁垒，使得收益最大化。这种方法的局限性体现在：第一，各国对服务贸易不同部门的统计尚未形成统一标准，四种提供方式数据难以获得。不仅现有统计对服务部门的分类与 GATS 的分类存在差异，而且统计对象主要为过境交付，其他提供方式的服务贸易数据都不健全。第二，度量服务贸易壁垒多半采用赫克曼

㊀ GTAP 模型由美国普渡大学农业经济系的世界贸易分析中心主持研发，其数据库收纳了全球 87 个国家或地区 57 个行业部门的宏观经济数据，包括地区间的双边贸易、行业保护和交通数据，以及单个国家或地区的投入产出数据，是一个全球性的跨国家或地区、跨部门的综合数据库。

（1995）的计算方法，忽视了赫克曼指数的固有缺陷。第三，不能把四种提供方式的服务贸易统统纳入模型，将服务贸易壁垒引入模型时，很大程度上受到数据限制。

8.4.2　利用FTAP模型衡量削减服务贸易壁垒的影响

FTAP模型把服务贸易壁垒分为开业壁垒和经营壁垒，这与商业存在和其他提供方式的区分很相似。正如GATS在市场准入限制和国民待遇限制方面的规定，FTAP模型中的准入限制既适用于当地公司，也适用于外国公司，而国民待遇限制意味着对外国公司的歧视。

FTAP模型的服务贸易壁垒用等价税表示，其中开业壁垒用资本税表示，经营壁垒用生产税和出口税表示。外国公司的生产税和资本税比本国公司更高，因为其显示了市场准入限制和国民待遇限制的双重影响。

Dee和Hanslow（2000）利用FTAP模型，从价格效应和收入效应的角度考察了服务贸易壁垒的经济影响。服务贸易壁垒的价格效应表现为租金收益（超额利润）和成本增加。他们认为，服务贸易壁垒的保护作用主要表现为租金收益，而贸易自由化的好处则由“三角形”的配置效率体现，因为三角形收益小于矩形收益，所以该模型倾向于低估服务贸易自由化得益。对于收入效应，Dee和Hanslow（2000）预期贸易自由化的部分效益将来自开放市场准入，而非放开对国民待遇的限制。

服务贸易自由化对实际收入的影响见表8–5。

表8–5　服务贸易自由化对实际收入①的影响　（单位：十亿美元）

	取消市场准入限制	取消国民待遇限制	两者②
取消开业壁垒	56.8	3.7	64.2
取消经营壁垒	25.6	12.9	39.3
两者②	98.8	19.3	133.4

① 10年自由化进程和相关的资源调整对实际收入带来的预计收益。

② 不同类型部分自由化之间的相互作用，“两者”一栏的数字不可累加。

结果表明，FTAP模型预期贸易自由化的大部分收益来自对歧视性限制的取消。在服务业，如果国民待遇限制被取消而重要的市场准入壁垒仍然存在，经济体会将垄断收益拱手让给外国，无法得到降低国内消费价格削减支出的好处。另外，当只涉及某种限制被取消时，难以寻求一种途径保证一些经济体从部分贸易自由化中获益，而不损害其他任何经济体的利益。这说明，实现贸易自由化的最好策略可能就是通过谈判同时削减所有贸易限制。

Verikios和Zhang（2001）使用FTAP模型分别研究金融和电信服务业中取消贸易壁垒的影响。他们发现，两部门贸易自由化带来的世界总收益将达479亿美元。其中，约240亿美元来自电信服务贸易自由化，239亿美元来自金融服务贸易自由化。

【专栏】

数字服务贸易壁垒与价值链长度

数字服务贸易壁垒主要通过降低服务要素投入和提高中间品贸易成本两个途径缩短价值链长度。

第一，数字服务贸易壁垒降低了生产链条中的服务要素投入。数字技术的飞速发展带来了新的商业形态，服务要素投入需求不断上升，产品数字化和服务化趋势加强。首先，数字服务贸易壁垒的存在直接阻碍了行业价值链中国外数字服务要素的进入。以本地化措施为例，基础设施的连通是服务活动数字化的基础，但设施本地化要求将数据存储设施限制在国内，服务本地化则要求生产商必须使用本地服务，这些均直接阻碍了跨境数字服务要素的自由流动，阻碍了行业生产分工中的优质要素获得效应，降低了行业在全球价值链中的深度分工水平。其次，当生产链条中的国外数字服务要素无法获取时，原先生产链条中与国外数字服务要素搭配投入的国内服务要素也将被迫减少，当整个生产链条中服务要素投入降低时，某些以服务中间品生产为主的生产阶段势必面临无以为继的问题，行业价值链长度也因此缩短。

第二，数字服务贸易壁垒提高了价值链分工中的中间品贸易成本。近年来，随着贸易理论的发展与完善，贸易成本已成为异质性贸易理论、新经济地理理论和新贸易理论中的重要一环，成为打开新开放宏观经济学之谜的钥匙。数字服务贸易壁垒本质上是一种贸易成本，对全球价值链分工乃至全球经济格局有着重要影响。数据本地化、设施本地化和服务本地化等要求阻碍了生产链条中的数据流动与信息传播，增加了贸易中间商的数据访问成本和信息搜寻成本；付款结算方式与支付安全的歧视性标准提高了交易风险，增加了生产分工中的交易成本；知识产权保护条款对他国贸易主体的歧视性标准，提高了贸易主体在价值链分工中的法律法规成本。这些高昂的贸易成本必然降低各贸易主体的生产合作意愿，如此一来，各生产商会重新考量中间品的分工模式和外包决策，部分生产阶段“回流”国内，国际生产分工环节因此减少，从而缩短了行业价值链长度。

当前，发展数字贸易是各国经济发展竞相博弈的战略基点，提升数字贸易开放水平有助于拓宽全球生产分工的时空范围，提高国内国际两个市场的资源配置效率，对国内各行业发挥比较优势，参与高附加值环节生产，延伸价值链广度意义重大。基于本文的研究，我们提出以下政策建议：首先，应处理好数据流动和信息安全之间的关系。近年来，随着数字要素在国际生产分工中的加速渗透，数据安全风险和挑战与日俱增，提升数字贸易开放水平的同时应继续建立健全相关法律法规，增加数字贸易制度性供给，提高供给体系的适配性，将建设行业数字安全体系纳入全球价值链整体规划，为价值链延伸提供切实的制度保障。其次，应积极落实国家数字化战略，整合行业内部各环节数据资源，建立覆盖产品全生产链条的数据链，提高分工网络的连通性，同时增加知识性生产要素投入，推动数字技术研发创新，提高行业数字化水平，为各行业参与价值链高端环节生产，深度融入全球生产网络注入核心动力。最后，进行外资引进与数字贸易开放的双重布局，积极引进外资，加速原产业链的整合和优化，同时增加优质数字要素投入，加速数字技术在生产网络中的转化与联结，有效推动价值链广延边际的延伸。

［引自：赵晓斐、何卓，数字服务贸易壁垒与价值链长度，《中南财经政法大学学报》，2022 年第 3 期。］

【重要概念】

产品移动壁垒；开业权壁垒；名义保护率；有效保护率；赫克曼指数；贸易限制指数

【思考题】

1. 简述服务贸易壁垒与货物贸易壁垒、国内服务业管制之间的区别和联系。
2. 简述服务贸易壁垒中产品移动壁垒的具体内容。

3. 度量服务贸易壁垒规模的频度工具法包括哪些主要方法？试比较其与数量工具法和价格工具法的优劣。

4. 运用 FTAP 模型阐述削减服务贸易壁垒的经济影响。

【课后阅读材料】

[1] 马盈盈，中国服务业制度开放的福利效应评估（2014 ～ 2019）——基于量化模型的结构估计,《国际经贸探索》, 2022 年第 3 期。

[2] 齐俊妍，高明 . 服务贸易限制的政策评估框架及中美比较——基于 OECD-STRI 数据库的分析,《国际经贸探索》, 2018 年第 1 期。

[3] 王小梅，服务贸易壁垒的经济学分析,《世界经济研究》, 2005 年第 6 期。

[4] 俞灵燕，服务贸易壁垒及其影响的量度：国外研究的一个综述,《世界经济》, 2005 年第 4 期。

[5] 赵瑾等,《国际服务贸易政策研究》, 中国社会科学出版社，2015 年。

[6] Mukherjee N., Multilateral Negotiations and Trade Barriers in Service Trade: A Case Study of U.S. Shipping Services, Journal of World Trade, 1992, 26 (5), pp. 45–58.

[7] Nguyen-Hong, Duc, Restrictions on Trade in Professional Services, Productivity Commission Staff Research Paper, Ausinfo, Canberra, 2000.

[8] Wonyra K. O., Bayale N., Assessing the Potential Effects of the AfCFTA on Togolese Economy: An Application of Partial Equilibrium Model, Journal of Public Affairs, 2022, 22: e2377.

[9] 蔡宏波、蒙英华、周密、李宏兵,《国际服务贸易前沿问题研究》, 经济科学出版社，2016 年。

第 9 章

服务贸易协议

【学习目标】

1. 了解《服务贸易总协定》的文本内容
2. 熟悉“多哈回合”服务贸易谈判的背景、现状和障碍
3. 认识当今世界重要的区域服务贸易协议

【引导案例】

2021 年 7 月 22 日，欧盟要求与俄罗斯就有利于国内实体提供的国内产品和服务而非外国实体提供的外国产品和服务的各种措施进行磋商，包括国家相关实体向俄罗斯实体采购俄罗斯原产产品和服务时适用的价格优惠；要求获得购买某些工程产品的事先授权；某些青睐俄罗斯原产产品的国家相关实体采购程序中的国内产品最低配额。

（资料来源：Russian Federation—Certain Measures Concerning Domestic and Foreign Products and ServicesServices，WTO，https://www.wto.org/english/tratop_e/dispu_e/cases_e/ds604_e.htm，有改动。）

欧盟此次磋商请求的依据包括《服务贸易总协定》（GATS），它作为 WTO 的重要组成部分，是第一部具有法律效力的国际服务贸易多边规则。本章我们将学习包括 GATS 在内的世界主要服务贸易协议，它们对国际服务贸易的发展起到了引导、促进和规范的作用。

9.1 多边服务贸易协议

《服务贸易总协定》（General Agreement on Trade in Services，GATS）于 1994 年 4 月 15 日正式签署，作为第一个多边服务贸易协定，其对全球和区域服务贸易自由化的发展具有里程碑意义。本节内容将对 GATS 做出系统性介绍和评价：“乌拉圭回合”服务贸易谈判的背景和 GATS 的签署、GATS 文本内容的分层解读，以及对 GATS 正反两方面评价。

9.1.1 GATS 产生的背景

1. GATS 是经济全球化和世界服务贸易迅猛发展的必然产物

第二次世界大战以来，经济全球化不断深入，国际分工细化和贸易与投资自由化的趋势日渐明显。国际商品、服务，以及资本、技术、信息等各种要素部分实现自由流动和配置，使得各国经济相互影响，依存度大大提高。其中，国际贸易的增长速度高于世界经济的增长速度，而国际服务贸易的增长速度又远远高于货物贸易的增长速度。

但是，由于服务业和服务贸易涉及范围十分广泛，包括国民经济、社会、文化等诸多领域，长期以来形成了复杂的市场准入限制、国内政策管制和贸易壁垒，因此服务贸易的加速发展急需破除这些障碍，建立统一、合理、有效的管理国际服务贸易运行的全球机制，维持

世界服务贸易发展的良好势头，进一步推动服务业开放和服务贸易自由化。在这种背景下，GATS 应运而生。

2. GATS 是发达国家与发展中国家利益争夺的矛盾产物

20 世纪 70 年代初，国际服务贸易作为独立的领域开始得到关贸总协定及其成员的关注，服务业部门的竞争和服务产品的国际交换成为这一时期的焦点议题之一。针对服务贸易自由化，发达国家和发展中国家的态度截然相反。发达国家积极倡导服务贸易自由化，而发展中国家由抵制到逐步接受。

（1）以美国为首的发达国家积极倡导服务贸易自由化。作为世界上服务业发展水平最高、服务贸易出口最多的国家，美国在货物贸易逆差连年增加的同时，服务贸易始终保持顺差，其急切期望通过双边或多边的谈判磋商推动和早日实现区域或全球服务贸易自由化。

欧洲众多发达经济体起初对美国的倡议表示担忧，但伴随其对外服务贸易竞争力日渐提高，明确表现出对美国的坚定支持。虽然日本在绝大多数服务业和服务贸易领域都具有较强的竞争优势，但总体上服务贸易呈现逆差状态，不过其出于改善同美国持续吃紧的货物贸易关系，仍然加入了服务贸易自由化阵营。这样，发达国家基本统一了通过多边谈判机制加快推进国际服务贸易自由化的认识和决心。

（2）发展中国家对服务贸易自由化由抵制到逐渐接受。美国积极推动的服务贸易自由化谈判没有得到发展中国家的积极响应，由于自身服务业发展尚处于幼稚阶段，尤其金融、保险、咨询等资本、知识密集型行业一时较难参与国际竞争，加之部分服务业涉及国家经济安全、国民意识形态等敏感问题，发展中国家普遍反对快速的服务贸易自由化。

随着世界各国特别是发达国家在服务贸易自由化问题上达成共识，发展中国家对此的态度也由坚决抵制出现了松动。一方面，一些新兴经济体在部分服务业上已经取得相当优势，并正在积极培育对外服务贸易竞争力；另一方面，发展中国家意识到，与其被动接受发达国家制定的服务业和服务贸易规则，不如主动回应和参与服务贸易多边谈判，在与发达国家的博弈过程中使损失减至最低，利益得到保障。在双方的共同努力下，服务贸易作为崭新议题被纳入“乌拉圭回合”多边谈判议程，从此开启了多边纪律约束下世界服务贸易发展的新阶段。

经过四个阶段、为期八年的艰苦谈判，“乌拉圭回合”参与各方于 1994 年 4 月在摩洛哥马拉喀什正式签署了《服务贸易总协定》（GATS）。

9.1.2 GATS 的文本内容

作为第一部具有法律效力的国际服务贸易多边规则，GATS 最终文本由四大部分组成：第一部分是正文，包括 6 个部分、29 个条款，规定了有关服务贸易的原则、规则与一般定义和范围；第二部分是 8 个附件，具体明确了航空、金融、海运、电信等较复杂的服务业部门的定义、范围、原则与规则，包括正文第 2 条的最惠国待遇豁免清单；第三部分是在“肯定列表”的基础上，各国做出的关于市场准入和国民待遇的部门“承诺细目表”；第四部分是部长级会议决定与谅解等。

1. 正文

GATS 正文的主体内容是：前言、范围与定义、普遍义务与原则、承担特定义务、逐步自由化、组织机构条款、最终条款。其中，前言提出了签订 GATS 的宗旨、目标和原则。

第一部分是范围与定义，确定了GATS的适用范围、服务贸易的定义和部门覆盖范围。GATS按照跨境交付、境外消费、商业存在和自然人移动四种提供方式界定服务贸易，同时将服务贸易部门划分为12个部门、155个分部门，在各成员提交的“承诺细目表”中，结合法律规则和义务，对单个部门及分部门分别进行谈判磋商和约束。

第二部分是普遍义务与原则，由14个条款和2项附则组成，是GATS正文的核心内容。该部分确立了服务贸易的法律原则和纪律，构成了各成员方权利和义务的基础。其中，14个条款分别对最惠国待遇、透明度、发展中国家的更多参与、经济一体化、国内规定、认可、垄断、商业惯例、紧急保障措施、支付和转让、国际收支平衡的保障限制、政府采购、一般例外和安全例外等的义务与原则进行了统一规定。

第三部分是承担特定义务。GATS从市场准入、国民待遇和附加承诺三个方面对各成员在部门和分部门中涉及的具体承诺列出了应遵守的原则和规定，为各成员的承诺细目表制定了一致标准。

第四部分是逐步自由化，具有“逐步”和“自由化”两层含义。GATS规定，各成员应在协定生效起不迟于5年启动新一轮多边谈判，以逐步提高服务贸易自由化的水平。

第五部分是组织机构条款，包括争端解决机制在内的5个条款。GATS未对服务贸易的争端解决机制做出进一步规定，而是沿用了《建立世界贸易组织的马拉喀什协定》的附件2《争端解决规则与程序谅解》。

第六部分是最终条款，由利益的否定、术语定义和附件组成。

2. 附件

作为GATS不可分割的重要组成部分，附件涵盖航空服务、金融服务、电信服务、自然人移动等多个服务贸易领域。这些附件充分考虑了服务的复杂性、多样性和服务提供方式的差异性，对特定的服务部门以附件和部长级会议的文件确立具有针对性的补充规定，并为进一步推动服务贸易自由化所做的后续谈判提供指导。

3. 承诺细目表

GATS的承诺细目表是具体反映各成员服务业和服务贸易部门开放的条件和状况的有效文件，为了便于成员间的比较分析，承诺细目表采用统一格式，见表9–1。

（1）承诺义务。

1）市场准入方面，规定了6类限制措施：①对服务提供者的数量限制；②对服务交易及其总金额的限制；③对服务活动数量的限制；④对所雇用的自然人数目的限制；⑤要求以某种形式的法人实体或合资方式进行服务贸易的限制性措施；⑥对外国资本进入的限制。

2）国民待遇方面，规定某一成员方给予任何其他成员的服务和服务提供者的待遇应不低于给予本成员相同的服务和服务提供者的待遇。

3）附加承诺方面，规定影响服务贸易但又不同于上述市场准入和国民待遇的其他义务与原则，扩展了服务贸易的特定义务范围。

（2）水平承诺和部门承诺。GATS的承诺细目表从两个部分对市场准入和国民待遇两个方面进行了规定：

第一部分规定适用于所有服务部门承诺的限制条件，即水平承诺，这是评估任一服务部门具体承诺的前提。

第二部分规定适用于所承诺的服务贸易的具体部门。

表 9–1 GATS 承诺细目表范例

	提供方式	市场准入限制	国民待遇限制	附加承诺
1. 水平承诺				
所有部门	① 跨境交付	无限制	无限制	
	② 境外消费	无限制	无限制	
	③ 商业存在	无限制	研究与开发补贴	
	④ 自然人移动	除企业之间的高层管理人员为期 4 年以上的初次流动无限制，逗留期限取决于经评估的经济需要	除市场准入栏所标明的事项外无限制	
2. 部门承诺				
会计服务	① 跨境交付	无限制	无限制	
	② 境外消费	无限制	无限制	
	③ 商业存在	只有自然人可以作为注册会计师	公司中至少有一名财产合伙人为永久居民	
	④ 自然人移动	除水平承诺部分标明外无限制	除水平承诺部分标明外无限制	

WTO 框架下，按照服务产品特征将承诺细目表涉及的服务业划分为 12 个服务部门和 155 个服务分部门（见表 9–2）。

表 9–2 服务业部门分类

服务部门	具体服务活动	合计
商业服务	11 项专业服务 +5 项计算机服务 +3 项研发服务 +2 项不动产服务 +5 项有条件租赁服务 +20 项其他服务	46
通信服务	邮政服务 + 国际快递服务 +15 项电信服务 +6 项视听服务 + 其他服务	24
建筑工程服务		5
销售服务		5
教育服务		5
环境服务		4
金融服务	4 项保险服务 +12 项银行服务 + 其他服务	17
健康与社会服务		4
旅游及相关服务		4
娱乐、文化与体育服务		5
交通运输服务	6 项海运服务 +6 项河运服务 +5 项空运服务 + 空间服务 +5 项铁路服务 +5 项公路服务 +2 项管道服务 +4 项运输辅助性服务 + 其他服务	35
其他服务		1

（3）四种服务提供方式。

1）跨境交付，即在一个成员方境内向任何其他成员方提供服务。

2）境外消费，即在一个成员方境内向任何其他成员方的服务消费者提供服务。

3）商业存在，即一个成员方的服务提供者在任何其他成员方境内以商业实体的形式提供当地化的服务。

4）自然人移动，即一个成员方的服务提供者在任何其他成员方境内以自然人的形式提供服务。

（4）三种承诺方式。GATS 承诺细目表对 155 个服务分部门的 4 种提供方式（155×4=620 种服务提供方式）进行了承诺表示。承诺表示可以分为如下三种形式：

1）无限制（Full Commitments/None），表示在所承诺的服务部门和服务贸易提供方式中，对市场准入或国民待遇无限制，开放程度最高。

2）不承诺（Unbound），表示在所承诺的服务部门和服务贸易提供方式中，继续执行、保留或增设与市场准入或国民待遇有关的限制措施，开放程度最低。

3）有限制的承诺（Commitment with Limitations），表示将取消部分现存的违背市场准入和国民待遇的限制措施，并承诺未来不再新增，开放程度介于“无限制”和“不承诺”之间。

4. 部长级会议决定与谅解

部长级会议决定与谅解包括具体部门、具体义务和具体原则在内的 11 项内容，从制度上进一步保证了 GATS 及其附件的顺利执行。

9.1.3 对 GATS 的正反评价

1. 积极方面

（1）GATS 为世界服务贸易发展创立了国际规范。自 1947 年关贸总协定诞生以来，尽管全球服务贸易迅猛发展，但由于各国产业结构和经济发展水平的显著差异，服务贸易发展极不平衡，长期以来尚未形成对管理国际服务贸易的统一规范。GATS 适应了这一迫切要求，为各国发展对外服务贸易和参与国际服务贸易竞争提供了一个广泛认可、可供遵循的国际准则。GATS 的出现是多边贸易自由化的重大突破，使传统多边贸易体制由货物贸易延伸到服务贸易，标志着国际贸易体制日臻完善。

（2）GATS 进一步推动世界服务贸易的全面增长。在“乌拉圭回合”谈判中，各方意识到服务贸易对国民经济发展的重要性，共同认为国际服务贸易壁垒会影响全球贸易的健康发展。而 GATS 的制定和实施能够抑制服务贸易领域保护主义的蔓延，加强和巩固服务贸易自由化的发展态势，从而大大推动世界服务贸易的全面增长。

（3）GATS 首次关注发展中成员的更多参与问题。GATS 考虑到发展中国家的实际情况，明确了对发展中成员的诸多保留和例外，给予发展中成员特殊和差别待遇。例如，发达国家对发展中国家承担技术援助的义务，对最不发达国家在经济贸易和财政方面给予特殊支持。这些都为发展中成员的服务贸易发展提供了必要条件，使之在激烈的国际竞争中得到保护和发展。

（4）GATS 对构建国际经济新秩序具有重要意义。在传统秩序中，发展中国家对国际事务没有发言权。当前，发展中国家已登上世界政治经济舞台，是国际法的当然主体，正在积极谋求有利于自身发展的环境和条件。GATS 是在发达成员和发展中成员的共同参与下制定的，一定程度上体现了发展中国家的诉求，反映了发展中国家的国际地位，对构建国际经济新秩序具有重要的促进作用。

2. 不足之处

目前，GATS 只为多边服务贸易体系提供了一个基础框架，更多问题还须各成员继续谈判以达成明确一致的规则，在此过程中仍要面对和解决诸多新问题，GATS 也正在不断补充和完善。

（1）GATS 的承诺范围十分有限。“乌拉圭回合”谈判达成的具体承诺，不论是涵盖的服务部门，还是在承诺中仍然保留的限制，都是服务贸易自由化的最低程度。“乌拉圭回合”中做出的所有承诺都是在现状基础上，承诺不会在所列部门中出现比谈判时更高水平的限制，说明各方愿意止步于现状，尚未真正迈出自由化的步伐。在所涵盖的服务部门上，发达国家承诺涉及的部门数量约占总量的一半。对于发展中国家，大约 1/4 的成员方的承诺细目表只对 3% 的服务部门做出了承诺。要真正实现服务贸易自由化，应在 GATS 框架下通过继续谈判逐步提升成员方具体承诺的总水平。实际上，包括基础电信、金融服务等在内的众多服务部门的多边谈判都是在“乌拉圭回合”之后进行的。

（2）GATS 的适用范围较难界定。GATS 文本条款的一部分表述过于折中，导致适用范围模糊不清，较难确定：①“肯定列表”清单中，市场准入与国民待遇不具有普遍约束力，容易引发争端；②最惠国待遇的豁免存在被滥用的可能；③政府采购与补贴等规定不够明确，影响了 GATS 内容的完整性；④ GATS 对国际服务贸易的约束只适用于承诺细目表中的具体承诺，且各国承诺细目表的设计缺乏透明度。

9.2 “多哈回合”服务贸易谈判

2001 年 11 月，在卡塔尔首都多哈举行的世界贸易组织第四次部长级会议上，新一轮多边贸易谈判正式启动，被称为“多哈回合”。由于“多哈回合”将发展作为谈判主题，以帮助发展中国家发展经济、解除贫困作为主要目标，因此该轮谈判又被称为“多哈发展回合”。

“多哈回合”主要包括 19 个议题[一]、8 个谈判专题[二]、3 个关键领域[三]和 3 个主要焦点[四]。其中，作为主要议题之一，各成员就服务贸易多边规则的制定和服务业市场准入等内容进行谈判，对于加快多哈回合整体进程和促进全球范围内的服务贸易自由化具有重要作用。

以下将对“多哈回合”做出整体描述，并从谈判背景、谈判进程、谈判内容和谈判前景四个方面对“多哈回合”服务贸易谈判的现状、遇到的瓶颈和推进的可能进行深入分析。

㊀ 19 个议题：①农业；②服务；③非农产品市场准入；④与贸易有关的知识产权；⑤贸易与投资的关系；⑥贸易与竞争政策的相互作用；⑦政府采购透明度；⑧贸易便利化；⑨ WTO 规则；⑩争端解决谅解；⑪贸易与环境；⑫电子商务；⑬小经济体；⑭贸易、债务和财政；⑮贸易与技术转让；⑯技术合作和能力建设；⑰最不发达国家；⑱特殊与差别待遇；⑲工作计划的组织和管理。

㊁ 8 个谈判专题：①农业问题；②非农产品市场准入；③服务贸易；④贸易与发展；⑤规则谈判；⑥争端解决；⑦知识产权；⑧贸易便利化。

㊂ 3 个关键领域：①农业国内支持；②农产品市场准入；③非农产品市场准入。

㊃ 3 个主要焦点：①要求美国进一步削减扭曲国际贸易的国内支持；②要求欧盟降低农产品的关税；③要求发展中国家降低非农产品关税。

9.2.1 谈判背景

伴随经济全球化日益深入并且席卷世界各个国家和地区，20 世纪 90 年代以来世界经济发生了巨大变化，国际服务贸易发展呈现出以下一些新特点：

第一，国内服务业高速增长，尤其发达国家服务业已经跃居国民经济的主导产业。以 2006 年为例，世界平均水平、发达国家以及发展中国家第三产业生产总值占各国国内生产总值的比重分别为 69.0%、72.4% 和 54.6%，且绝对值还在不断上升。相应的，第三产业就业人数占国内总就业的比重也表现出相同的发展态势。

第二，与服务业在一国国民经济中的地位提升相适应，国际服务贸易进入了迅速发展时期。服务贸易的进出口无论总量还是增长率，都有了极其显著的增加。和 1980 年相比，2009 年世界服务贸易进出口总额从 7674 亿美元增至 64 261 亿美元，是 1980 年的 8 倍有余。

第三，服务贸易地区和国别分布的不平衡性加剧。2009 年，从地区上看，欧洲、亚洲和北美占据全球服务贸易进出口总额的前 3 名，非洲和拉美位列其后，但差距悬殊。从国家上看，发达国家在服务贸易进出口方面优势明显，美、德、英、日、法、意占据前 6 位，且所占比重很大；较之发达国家，发展中国家如中国、印度等服务贸易额逐年增长，已进入进口或出口排行榜的前 20 位，不过仍然无法撼动发达国家的主导地位。这种不平衡性，一定程度上取决于发达国家为了保持在服务贸易领域的竞争优势，奉行贸易保护主义，利用服务贸易壁垒阻碍发展中国家的服务出口。

在此背景下，服务业和服务贸易重要性的显著提升使得世界各个国家和地区越来越重视服务贸易发展。为此，旨在消除服务贸易壁垒、促进国家间服务贸易往来、全面推进服务贸易自由化的多边服务贸易谈判受到各国的广泛关注和响应，“多哈回合”服务贸易谈判势在必行。

9.2.2 谈判进程

尽管“多哈回合”服务贸易谈判于 2001 年 11 月世界贸易组织第四次部长级会议上正式启动，但严格意义上的新一轮服务贸易谈判在“多哈回合”启动前已经开始了。根据 GATS 的规定，各成员就服务贸易的谈判应不迟于 5 年内进行，2000 年 1 月 WTO 正式发起新一轮服务贸易谈判，对谈判目标和原则、谈判范围、谈判方式和程序三个方面展开磋商。

由于“多哈回合”的复杂性以及各谈判议题的相互牵制，“多哈回合”服务贸易谈判进展并不顺利，特别是受到农业议题等的影响，谈判曾一度中断。综合谈判内容、谈判进展和谈判效果，“多哈回合”服务贸易谈判大致可以分为三个阶段。

1. 第一阶段（2000 年 2 月—2001 年 3 月）

这一阶段主要针对服务贸易的多边规则制定，集中在两大议题上：一是确定与谈判相关的规则和程序，包括服务贸易谈判的准则、程序以及服务贸易评估、服务贸易自由化模式等；二是 GATS 框架下的规则制定与补充，包括紧急保障措施、政府补贴、政府采购、国内管制等。

总体上看，成员方对该阶段问题基本达成共识，为进一步的服务贸易谈判提供了基础框架和原则。但是，在个别议题上，如政府补贴等，被遗留在下一阶段的谈判中。

2. 第二阶段（2001 年 4 月—2006 年 7 月）

这一阶段主要针对服务贸易的市场准入，除了解决第一阶段遗留的规则制定方面的议题，各成员侧重就服务贸易自由化领域的市场准入进行相关的具体承诺谈判。

2004 年以前，由于各成员将“多哈回合”的谈判重点放在农业问题上，服务贸易谈判进展缓慢。

（1）柳暗花明。2004 年 8 月，《多哈工作计划》明确了各成员提交具体承诺的期限，从这之后服务贸易谈判的进程开始加快。2005 年伴随农业出口补贴、棉花补贴、最不发达国家支持三个议题上各成员达成共识，服务贸易问题才得到重视，有关最不发达国家特殊待遇、服务贸易自由化评估、自主自由化待遇等方面的谈判渐次进行，谈判成效逐渐显现。

（2）峰回路转。2006 年 4 月，中国、印度、巴西等发展中成员在自然人移动方面要求发达国家在包括医疗、建筑等的 24 个领域向发展中国家的技术人员提供一定居留时间的入境和劳务许可，发达国家不予回应，两大谈判集团在该问题上形成僵持，加之在农业和非农产品市场准入谈判中的巨大分歧，“多哈回合”被迫中断。

3. 第三阶段（2006 年 8 月以后）

2007 年 4 月，各成员在“多哈回合”重启后首次就服务业举行为期两周的集中正式谈判，并以诸边和双边谈判为主要形式，对放松服务部门的市场准入限制重点磋商。2008 年 7 月的部长级会议上，32 个成员齐聚一堂，给各成员提供了信息交换的大好机会。各成员在后续谈判中都表现出在市场准入条件等问题上的缓和态度以及推进服务贸易自由化的坚定立场。

总体而言，自“多哈回合”服务贸易谈判正式启动，各成员均表示将积极参与谈判并期待在服务贸易领域取得实质性成果，尽管尚不尽如人意，仍不可否认也为“多哈回合”后续谈判打下了一定基础。

9.2.3 谈判焦点

如上所述，“多哈回合”服务贸易谈判主要包括规则制定谈判和市场准入谈判，此外还涉及服务贸易自由化评估、发展中成员特殊和差别待遇等议题。以下针对规则制定中的紧急保障措施、政府补贴、政府采购、国内管制以及市场准入中的自然人移动等进行详细说明。

1. 规则制定

（1）紧急保障措施（Emergency Safeguard Measures，ESM）。这是成员方为使本国服务贸易自由化取得稳健均衡发展所制定的政策措施。由于该问题关系重大利益、各成员分歧明显，有关 ESM 的谈判一直举步维艰。自 1995 年 3 月以来，在世界贸易组织多次会议中各成员已就 ESM 谈判提交意见，并在 GATS 框架下是否需要设立 ESM 以及如何实施进行了充分讨论。

涉及 ESM 的焦点和难点问题主要包括：ESM 的必要性、以何种模式设立 ESM、援引保障措施的理由、适用 ESM 的条件（进口、国内产业、严重损害和严重损害威胁）、不同服务提供方式下 ESM 的实施。2007 年 3 月的非正式会议提交了一份关于 ESM 的意见书，其中包含构建服务贸易 ESM 的法律规则和条款，同时阐述了其政策和经济基础，对 ESM 的规则制定具有重要作用。

（2）政府补贴。为避免不当补贴，合理的政府补贴的规则标准作为公平竞争的重要前提需要统一规范。在“多哈回合”服务贸易谈判中，各成员针对规范服务贸易政府补贴的必要性、GATS 现有规范的约束性、扭曲服务贸易补贴的概念性以及反补贴程序的适用性进行了讨论，尽管成员方积极参与，但在补贴定义等方面分歧明显，谈判进展微乎其微。

2005 年谈判取得一定突破，美国提出缩小信息交换范围，建议采用一个临时的服务贸易补贴定义。随后，智利、中国香港、墨西哥、秘鲁和瑞士提交了一份有关服务贸易补贴临时定义的文件，提议各成员自主选择五个服务部门，就此进行信息交换。不过由于对五个服务部门的选择和时限分歧较大，最终也未能获得实质性成果。

（3）政府采购。由于 GATS 没有对服务的政府采购做出开放说明，发达成员和发展中成员在这一问题上态度对立，相关谈判进展缓慢，成果乏善可陈。“多哈回合”之前，世界贸易组织已经针对政府采购的透明度、定义、范围和规则等进行过多次讨论，“多哈回合”服务贸易谈判中各成员进一步就政府采购的市场准入和国民待遇问题深入磋商。

事实上，大多数发展中国家因为某些服务部门关系国计民生或国家安全而不愿开放政府采购市场，各成员在这一问题上缺乏共同的认识基础和协调机制，政府采购谈判在短期内不会出现较大突破。

（4）国内管制。在国际贸易领域中，贸易自由化和国内管制的关系历来是各国政策制定的重点和实施的难点，然而服务的无形性和服务贸易壁垒的隐蔽性使得这一问题在服务贸易领域显得格外突出。一方面，有效合理的国内管制能够保障和促进服务贸易自由化；另一方面，国内管制不当容易形成外国服务的进入壁垒，不利于服务贸易自由化。对此，发达成员和发展中成员都保持着较高关注，但立场的侧重点有所不同。发展中成员总体上重视水平规则的建立，细节方面重视资格要求和程序，特别是与自然人移动相关的资格问题；发达成员总体上重视服务部门基础上的规则制定，细节方面重视透明度、许可要求等。

对于国内管制，“多哈回合”服务贸易谈判中成员方经过积极磋商，于 2008 年 5 月达成共识，认为有必要加强多边纪律，但对于应纳入多边纪律约束的国内管制范围则有不同意见，最终妥协提出通过研究具体国内管制措施界定范围以及制定规则。

2. 市场准入

服务贸易谈判与农业谈判、非农产品市场准入谈判并称为“多哈回合”的三大市场准入谈判，各成员主要针对金融服务、基础电信、海运服务、专业服务、自然人移动等的市场准入条件进行要价和讨论。其中，谈判共涉及 17 个服务部门的 163 个行业，是“多哈回合”服务贸易谈判的核心。《多哈宣言》提出，各成员方应在 2003 年 3 月 31 日之前完成初步报价，但没有如期实现。一方面，部分成员由于缺乏有效的内部协调，并未按期公布要价；另一方面，发达成员与发展中成员在关键问题上鲜明对立、僵持不下。

例如，在自然人移动问题上，发达成员与发展中成员的矛盾十分突出。站在发达成员的立场上，扩大自然人移动的适用范围，将普通劳务的移动纳入自然人移动的范畴，势必影响以知识、技术密集型服务业为主的发达成员的国际竞争力。因此，一方面，发达成员极力将自然人移动的范围限定在“高级专业人员”；另一方面，对自然人移动这种提供方式，多数发达成员在承诺细目表中不做承诺。站在发展中成员的立场上，由于主要利益集中在独立的人员跨界流动，并且服务贸易比较优势体现在劳动密集型行业中，因此发展中成员积极寻求自然人移动的进一步市场开放。

9.2.4 WTO 改革方案中服务贸易相关内容

在全球贸易形态、贸易格局以及技术与产业发生重大变化的今天，如果 WTO 改革停滞不前，将严重阻碍全球经济一体化进程，显著增加摩擦与交易成本，全球经济治理也将严重倒退。尤其在全球应对新冠疫情冲击的过程中，各国数字经济突飞猛进，催生了数字贸易的新业态、新模式、新应用场景等，如何规制有关数字贸易的发展也是值得思考的问题。近年来，WTO 改革中有关服务贸易的内容在以下方面有所体现：

1. 服务贸易国内规制

2021 年 12 月，世贸组织 67 个成员共同发表了《关于完成服务贸易国内规制谈判的宣言》，确认服务贸易国内规制联合声明倡议谈判顺利完成，宣布达成《服务贸易国内规制参考文件》，决定参加方在 1 年内完成各自正式核准工作。

在总则部分，《服务贸易国内规制参考文件》体现发展导向，规定给予发展中成员最长 7 年的实施过渡期；《服务贸易国内规制参考文件》还强调参加方的监管权利，明确各方有权对其境内服务提供进行管理和制定新法规等。

在具体规则要求部分，《服务贸易国内规制参考文件》提出了新的规则——包括许可证和资格要求、程序以及技术标准方面，力求使管理提供服务的授权的国内程序更清晰、更可预测、更透明，并且不过分繁重。这些谈判的结果将在“最惠国”的基础上适用，这意味着它将使世贸组织的正式成员受益。

在金融服务规则方面，考虑到金融服务的特殊性，为金融相关的许可、资质的申请与审批提供了适度的灵活监管空间。

关于男女不歧视的规定是第一个被纳入世贸组织谈判文本的规定，此类规定旨在促进妇女参与服务贸易。这是 WTO 历史上的第一次，成员将致力于确保在其服务法规中不存在男女歧视。

有关服务的国内规制新规的谈判已结束，这些新规旨在改善商业环境、降低贸易成本和减少繁文缛节，以促进全球服务贸易。这是 24 年来第一套关于服务业的规则。它涉及全球产出中一个动态且快速增长的部分。根据世贸组织和经合组织的研究，这将每年为企业，特别是小型企业节省 1500 亿美元的成本。这是对世贸组织规则制定的升级，表明世贸组织正在与时俱进。

2. 电子商务

2021 年年底，86 个世贸组织（WTO）成员宣布在电子商务谈判方面取得实质性进展，将力争在 2022 年年底前就大多数议题达成协议。在八项条款的谈判小组中，都取得了不错成绩，这些小组包括在线消费者保护、电子签名和验证、未经请求的商业电子信息、开放政府数据、电子合同、透明度、无纸化交易以及开放的互联网访问。这些领域已经取得的成果将带来重要利益，包括增强消费者信心和支持企业在线的交易。

同时，各方在其他领域也出现了提案合并，其中包括关于关税的电子传输、跨境数据流、数据本地化、源代码、电子交易框架、网络安全和电子发票以及关于市场准入的高级讨论。

3. 最不发达国家服务豁免

世贸组织最不发达国家集团强调，实施服务豁免是最不发达国家贸易部部长在 2021 年 10 月发表的声明中确定的第 12 届部长级会议（MC12）的优先事项之一。最不发达国家集团呼吁成员继续支持这一问题，以期在 MC12 会议上就改进豁免的实施达成协议。

为确保尽可能有效地实施豁免，最不发达国家集团要求服务贸易委员会监测与最不发达国家服务出口相关的数据。它还要求理事会审查向最不发达国家提供优惠待遇的成员中关于最不发达国家服务供应商和最不发达国家服务消费者的信息。此外，它要求评估促进最不发达国家使用贸易优惠的最佳做法。

9.3 区域服务贸易协议

目前，世界服务贸易发展具有越来越复杂的地区和结构差异，旨在全面推进服务贸易自由化的多边贸易谈判越发困难，“多哈回合”举步维艰正是这一问题的深刻反映。与此同时，服务贸易的区域自由化作为服务贸易自由化的另一种重要模式在推动全球服务贸易发展的道路上扮演了日益重要的角色。以下将对欧盟、北美自由贸易区和东盟在服务贸易领域的具体政策安排进行总结评析。

9.3.1 欧盟的服务贸易自由化

欧盟一直采取积极有效的措施，目标是消除国家间在货物、服务、资本和劳动力流动方面的限制，促进各贸易领域的协调发展、整体的经济增长和各成员国一体化发展。其中，服务贸易在欧盟经济中占有举足轻重的地位。2008 年欧盟服务贸易额占总体 GDP 的 65.5%，服务业就业人数占欧盟总就业的 62.9%。因此，欧盟对区域服务贸易发展和服务贸易自由化政策的制定极为重视。

随着 1993 年 1 月《马斯特里赫特条约》的生效和欧洲统一大市场的正式启动，欧盟的服务贸易自由化步伐不断加快，较短时间内基本消除了成员国之间的服务贸易壁垒。《马斯特里赫特条约》对欧盟服务贸易自由化的实施、推进和深化予以原则性规定和制度保障，体现在以下几个方面：

（1）人员流动方面，将可以自由选择居住和工作地点的自然人范围扩大至所有正在工作的自然人、学生和退休人员。

（2）资本流动方面，设立了欧盟中央银行，为完全资本流动和欧盟单一金融服务市场的建立创造了条件。

（3）共同对外方面，成员国对欧盟以外的任何国家，在政治、经济上均采取共同原则，保证盟内服务贸易自由化和对外服务贸易竞争力。

（4）运输服务方面，基本实现交通运输领域的服务贸易自由化。

在《马斯特里赫特条约》的基础上，欧盟为了建立全面的统一服务市场，陆续出台了各服务部门的开放和贸易自由化措施。

（1）金融服务领域。欧盟于 1999 年发起“金融服务行动计划”（Financial Services Action Plan，FSAP）。FSAP 包括实现一体化程度更高的金融服务市场所需要的法律与非法律措施以及相应的时间表，被视为欧盟经济增长促进战略的核心。

（2）电信服务领域。1998 年 1 月，欧盟 15 国（瑞典和英国早于统一安排）的电信基础设施与服务实施自由化，打破垄断、引入竞争，提升了区域电信服务贸易的自由化程度。

（3）运输服务领域。2001 年 9 月，针对公路运输、铁路运输、航空运输、内河与海洋运输等众多交通运输部门，欧盟提交了一份包括 60 项改革措施的行动方案，计划 2010 年建成现代、平衡、可持续发展的欧盟交通体系。

（4）旅游服务领域。2003 年 11 月，欧盟委员会提出旅游业与经济、社会和环境可持续发展的观点，强调成员国旅游政策的统一性，号召旅游业之间、旅游目的地之间开展国家、区域和地方各层次合作，促进旅游收入的增长与欧洲文化完整性的保存。

综上，在《马斯特里赫特条约》以及相继出台的各种措施下，联盟成员国之间在服务贸易市场准入、国民待遇、最惠国待遇等方面几乎已不存在障碍，欧盟区域内服务贸易自由化基本实现。

9.3.2 《美加墨协定》中的服务贸易安排

美国、加拿大和墨西哥于 1992 年 8 月 12 日签署《北美自由贸易协定》(North American Free Trade Agreement，NAFTA)，1994 年 1 月 1 日协定生效。NAFTA 服务贸易部分具有涉及面广、规定细化、操作性强的特点，其较完善的细节条款和较高的服务贸易自由化水平为世界其他区域服务贸易协议提供了成熟模板。

《美加墨协定》简称 USMCA，由美国、墨西哥、加拿大三国领导人于 2018 年 11 月 30 日在阿根廷首都布宜诺斯艾利斯签署，替代了原有的 NAFTA。USMCA 在服务贸易领域的规则，无论议题的广度还是规则的深度，都是高水平的，在一定程度上具有范本作用，这将会对未来全球服务贸易规则的构建产生一定影响。

1. USMCA 中关于服务贸易的主要内容与协议特征

USMCA 的文本广泛涉及服务贸易的领域。USMCA 突出了金融业的开放，其中金融服务章节包括对金融服务市场自由化的承诺，为美国金融机构、投资者以及金融服务跨境贸易提供公平的竞争环境；强调美国金融服务商获得国民待遇和最惠国待遇；限制金融监管者以访问数据为由，要求数据本地存储。同时，USMCA 更新了允许跨境转移数据和市场准入义务的规定；规定了有史以来最严格的透明度义务；增加了关于跨境贸易承诺的单独附件，包括将国民待遇和市场准入义务应用于扩大的跨境服务清单；为美国在墨西哥投资设立特别争端解决机制；在知识产权和数字贸易方面加强对生产者的保护，就知识产权达成了一系列现代化、高标准的共识。

第一，以“边境后”政策为主，在很大程度上扩大了协议内容所涵盖的范围。USMCA 共有 34 章节，内容是 NAFTA 的近 3 倍。范围上覆盖了知识产权、数字贸易、货物贸易、金融服务、劳动者权利、环境保护、原产地规则、纺织品和农产品部门等，是历史上涵盖最广的贸易协议，并前所未有地加入了宏观政策和汇率章节。从标准上，USMCA 进一步提高了知识产权、数据本地存储、环境保护等要求。在知识产权保护方面，USMCA 提高了现有的 WTO 标准，以生物制药数据保护为例，TPP 的规定是 8 年，而 USMCA 是 10 年。在宏观政策与汇率方面，USMCA 不仅要求限制竞争性贬值，而且要求限制钉住汇率的做法，同时要求提高透明度。具体来说，在“边境后”政策方面，USMCA 协议在劳工、环境方面做出了较大改变。劳工方面，美国、墨西哥、加拿大已同意将劳工义务纳入 USMCA，并新增有关劳工代表集体谈判附件，以确保墨西哥按照国际劳工组织的劳工权利准则保护劳工利益，禁止进口强制劳动生产的产品等。环境方面，三方达成有史以来最严格的环境保护条款，包括禁止特定情况下的渔业补贴，在入境口岸加强对含有野生动植物的货物进行海关检查，禁止捕鲨，承诺共同保护海洋栖息地、改善空气质量、减少海洋垃圾等。

第二，以 USMCA 限制部分发展中国家和政治对手的发展。虽然表面上看这一协议只涉及美国、墨西哥、加拿大三方，但其中提出的很多条款实际上对广大发展中国家相当不利。

该协议对一些进口产品显著提高了劳工的小时工资的标准，旨在削弱发展中国家廉价劳动力优势，降低发展中国家在全球分工中的地位。USMCA 显示出了明显的价值链转移目的，这对于作为全球价值链重要参与者的新兴市场可能会产生一定的影响和竞争压力。USMCA 引入了以往在贸易协议中罕见的歧视性条款，限制其所谓的非市场经济体。此外，美国无视各国发展阶段和竞争力的差异，背离“特殊与差别待遇”原则，多次指责 WTO 很多成员以发展中国家身份享受了不公平的豁免和竞争政策。USMCA 作为带有美国价值导向的方案，可能成为美国施压 WTO 改革的重要筹码，将新兴市场和发展中国家置于“利益边缘化”风险之中。

第三，“美国优先”原则，较明显地体现在了协议条款中。对墨西哥而言，美国意在限制其廉价劳动力优势，改变美国对墨西哥长期贸易赤字状况；对加拿大而言，美国着力通过新协议打开其国内市场，影响其国内规制。因此，在美墨、美加经贸关系中，美国竭力维护自身利益。而对中国等其他制造业出口大国而言，USMCA 协议通过其中的“非市场经济国家”等条款限制其产品进入北美市场，反映了美国希望带动制造业回归，从而打造以自身为中心的北美区域价值链的愿望，这将对全球生产分工及价值链参与者造成一定冲击。

2. USMCA 对国际服务贸易规则的新突破和发展

美国、墨西哥、加拿大三方以负面清单方式承诺的市场开放均已达到历史最高水平，尤其体现在金融、分销服务、商业服务、运输等部门。与此前的区域自由化成果相比，USMCA 更加体现了“新领域规则的突破”和“约束力与执行力的强化”。

（1）USMCA 对金融领域国际服务贸易规则的新发展。USMCA 可以说是当前跨境金融服务贸易规则的集大成者，美式 FTAs 金融服务规则的新范本，为跨境金融服务贸易设计了较为完整的规则体系，体现了国际上该领域的最新发展趋势，如为扩大跨境金融服务贸易开放、强调跨境金融服务贸易市场准入、采用跨境金融服务贸易正面清单管理模式、禁止金融数据存储本地化、增加跨境金融信息的自由转移条款以及优化审慎例外条款，并呈现出规则理念从金融自由化到金融开放与金融管制并行、规则内容从自愿型向强制型、规则执行从概念化向可操作化转变的趋势。总之，USMCA 是基于“贸易和投资”双重视角而扩大适用范围，以负面清单为主的制表模式，以及确保审慎监管空间的法定例外，构成对以 GATS 及其《金融服务附件》为基础的多边金融服务贸易体制的超越。相较于美国此前主导制定的 TPP 文本，USMCA 在金融服务规则上呈现出新的发展趋势，集中表现于禁止本地化要求与金融服务争端解决机制两个领域。

在体例特征方面，USMCA 表现为相对独立的金融服务章节。USMCA 金融服务规则一共由三部分组成：一是第 17 章，即金融服务章节，包含 21 个条款；二是该章的 4 个附件；三是美国、墨西哥、加拿大三方各自关于金融服务的不符措施保留清单，即金融服务负面清单，分别规定在 USMCA 附件Ⅲ所包含的 3 份文件中。在适用范围方面，USMCA 基于“贸易 + 投资”视角的“三分法”。GATS 以“四分法”——跨境提供、境外消费、商业存在与自然人移动——界定“服务贸易”内涵，据此廓清 GATS 规则的适用范围，并成为 WTO 成员做出具体开放承诺的基础。USMCA 金融服务规则采用了“三分法”来界定其涵盖的措施范围。具体而言，在 USMCA 中，金融服务规则适用于以下三种分类：第一，另一缔约方的金融机构；第二，另一缔约方的投资者，及此类投资者对该缔约方领土内的金融机构的投资；第三，跨境金融服务贸易。与前述 GATS“四分法”相比，USMCA“三分法”中的“跨境金融服务贸易”实际是将 GATS 项下涉及金融服务的“跨境提供”“境外消费”“自然人移动”这三类服务提供模式整合为一类。

（2）构建数字贸易的新规则，取代原有的电子商务概念。USMCA 首次以“数字贸易”取代“电子商务”作为数字贸易相关章节的标题，进一步明确了数字贸易的内涵，避免了“以网络交易平台为支撑的在线交易”的误解。目前，国际上对采用“电子商务”还是“数字贸易”作为标准术语尚未统一意见。TPP 第 14 章“电子商务”和 USMCA 第 19 章“数字贸易”的定义和适用范围是一致的，而美国近年来发布的官方报告也倾向于采用“数字贸易”一词。USMCA 文本体现出美国在数字贸易规则方面的核心诉求，包括“跨境数据自由流动”和“数据存储非强制本地化”，“源代码非强制本地化”和“保护加密的完整性”，对数字产品实施“非歧视性待遇”和“豁免互联网服务提供商的第三方侵权责任”。USMCA 以数字贸易为核心，在与服务贸易相关章节中设定纪律或条款，改善了原有规则无法适应数字贸易的现状。

USMCA 在涵盖此前所有高水平数字贸易纪律的基础上，新增了以下内容以进一步约束政府行为、确保公平竞争，并保护服务提供者的利益。第一，新增“提供增值服务条件”条款。该条款规定，如果一缔约方直接对增值电信服务进行规制，那么在没有适当考虑合法公共政策目标和技术可行性的情况下，不得对增值电信服务提供者提出与公共电信服务提供者同样的要求，且有关的资格、许可、注册、通知程序等都是透明和非歧视的，并且不得提出诸如对公众普遍提供等要求。第二，在“跨境服务贸易”章的定义中，以脚注的形式明确了“跨境服务贸易”章的纪律也适用于“采用电子手段”生产、分销、营销、销售或交付的服务，实现已有规则的数字化升级。尽管 WTO 专家组早已支持了这一观点，但这是第一次以文字的形式在协议中予以明确。第三，新增“网络安全”“公开政府数据”“交互式计算服务”条款。“网络安全”条款鼓励各方共同应对网络威胁带来的问题，确保对数字贸易的信心。“公开政府数据”条款要求各方在最大限度上公开政府数据，鼓励各方政府以电子形式，提升行政透明度。“交互式计算服务”条款则要求“任何缔约方在确定与信息存储、处理、传输、分配或由该服务造成的损害责任时，不得采取或维持任何措施将交互式计算机服务的提供者或使用者视为信息内容提供者，除非该信息完全或部分由该提供者或使用者创建或开发”。

（3）以排他性的“毒丸条款”限制缔约国与其他国家签订自由贸易协定的权利。USMCA 在第 32 章（例外和一般条款）第 32.10 条增设了“非市场经济国家”条款（即“毒丸条款”）。该条款规定：任何一方与非市场经济国家签订自由贸易协议时，应允许其他各方在发出 6 个月的通知后终止本协议，并以它们之间的协议（即双边协议）来取而代之。尽管该条款没有直接与服务贸易相关，但却是首次在特惠贸易协定中出现，且指向明显，未来很有可能进一步充实规则并扩展至服务规则领域。“毒丸条款”最显著的特点是排他性，目的是限定加、墨两国和其他国家签订自由贸易协定的权利。该条款非常直观地体现了当前在多边谈判无法推进、各方转向区域层面谈判的过程中，美国完全基于自身利益所展现出来的区域主义。美国希望通过这一做法，选择性屏蔽其他重要经济体，确保其理念能够不断复制、推广，在后续全球经贸规则重构的进程中掌握主导性话语权。

（4）着力保证协议规则约束力和执行力的强化。USMCA 规则在更加务实的基础上，对已有纪律加以扩展或加强，以确保协议条款的执行力，具体来说，包括以下几个方面：第一，新增“国有企业”条款，明确规定不得对国有企业给予更优惠的待遇，以此进一步保障业内的充分竞争。此外，还新增了“执行”条款，明确各方主管机构有义务保障章节内特定条款的执行，同时赋予他们制裁权。让各方电信主管机构参与协议的执行保障，将确保协议义务的可执行性。第二，新增跨境金融服务贸易“冻结”（Standstill）条款，为后续市场准入设定明确的起点，即以NAFTA达成时各方保留的限制为基准点。与一般PTAs跨境金融服务的正面清单方式的一贯做法不同的是，USMCA首次将棘轮机制[⊖]中的“冻结”要求适用于跨境金融服务，展示出提高金融服务自由化程度的雄心和决心。第三，在“跨境服务贸易”章的“国民待遇”和“最惠国待遇”的定义条款中，对政府层级做了明确性补充，将“地方政府”列出，并规定“地方政府采取的措施应当是不得低于同类情况下的最好待遇”；对于“不符措施条款”，如果一方认为其他成员的措施对其跨境服务造成实质性损害，可进行磋商，不论该措施是地方政府还是中央政府层面。

9.3.3 《中国－东盟全面经济合作框架协议》中服务贸易安排

1. 协议背景

20世纪90年代以来，全球区域经济合作蓬勃发展，区域贸易自由化更是高潮迭起，越来越多的国家和地区卷入其中。2001年11月，在文莱斯里巴加湾召开的第五次东盟和中国领导人会议上，中国正式提出中国－东盟自由贸易区（China-ASEAN Free Trade Area，CAFTA）的构想。2002年11月，在第六次中国和东盟领导人会议上，中国国务院总理朱镕基和东盟10个成员国的领导人共同签署了《中国－东盟全面经济合作框架协议》，决定2010年建成中国－东盟自由贸易区。2010年1月1日，中国－东盟自由贸易区全面启动，中国对东盟的平均关税从9.8%降至0.1%。为进一步提高本地区贸易投资自由化和便利化水平，2013年10月，李克强总理在中国－东盟领导人会议上倡议启动中国－东盟自贸区升级谈判。2014年8月，中国－东盟经贸部长会议正式宣布启动升级谈判，经过4轮谈判，双方于2015年11月就升级内容达成一致。

与此同时，随着各国服务业开放和服务贸易渐进自由化，服务业投资和国际服务贸易正在成为全球竞争与合作的新领域。目前来看，中国和东盟的服务业发展各有千秋，双方在服务产品的进出口方面竞争性与互补性并存。中国的工程承包、劳务合作等服务大量出口到东盟，而东盟在海洋运输、航空运输、金融服务、建筑工程服务等领域已将中国作为最重要出口目的地。显然，双边服务贸易逐渐成为发展中国－东盟经贸关系的重要基础和动力。近年来，随着中国－东盟自贸区建设进程不断加快，中国与东盟的服务贸易也迅猛发展，双边服务贸易总额从2007年的179亿美元增长至2014年的626.6亿美元。2014年，双边服务贸易总额为626.6亿美元，同比增长44.7%。

在此背景下，2007年1月，中国与东盟10国签署中国－东盟自由贸易区《服务贸易协议》。2011年11月，中国与东盟各国《关于实施中国－东盟自由贸易区〈服务贸易协议〉第二批具体承诺的议定书》签字生效，进一步提升了中国－东盟自贸区服务贸易自由化水平。2015年11月22日，中国商务部部长与东盟10国部长代表中国政府与东盟10国政府，在吉隆坡正式签署中国－东盟自贸区升级谈判成果文件——《中华人民共和国与东南亚国家联盟关于修订〈中国－东盟全面经济合作框架协议〉及项下部分协议的议定书》（以下简称“升级《议定书》”），中国在自贸区升级谈判中与东盟成员启动并完成了第三批服务贸易具体减让承

⊖ 棘轮机制是指协定缔约方对外资和外国服务商的自由化政策不能倒退，若外资或外商已享受国民待遇，则可长期享受；若国家政策收紧，必须对国内外投资者和服务商一视同仁。

诺谈判。

2. 主要内容

2007 年签署的中国 – 东盟自由贸易区《服务贸易协议》是中国 – 东盟自由贸易区建设中的又一重大成果，标志着中国 – 东盟自由贸易区的建设向前迈出了关键的一步，为如期全面建成自贸区奠定了更为坚实的基础。

中国 – 东盟自由贸易区《服务贸易协议》参照了 GATS，同样包括定义和范围、义务和纪律、具体承诺以及机构条款四个部分，共 33 个条款和 1 个附件，附件列示了中国和东盟 10 国的具体承诺减让表。中国 – 东盟自由贸易区《服务贸易协议》的框架与基本内容和 GATS 相似，当然也具有自身特点，具体表现在如下两个方面：

（1）“南南型”区域服务贸易协议。中国 – 东盟自由贸易区《服务贸易协议》是典型的“南南型”协议，即发展中国家之间缔结的服务贸易协议。由于发达国家的服务业发展水平较高，其积极推动全球和地区服务贸易自由化进程，但发展中国家服务业发展相对滞后，对服务贸易自由化普遍持谨慎态度。因此，一定程度上“南南型”区域服务贸易协议的自由化水平低于“南北型”。

（2）基于“肯定列表”的承诺方式。中国 – 东盟自由贸易区《服务贸易协议》承袭了 GATS 的“肯定列表”，中国和东盟 10 国仅对自身承诺部门实施开放或贸易自由化，未在清单内的则不予开放，现阶段服务贸易自由化水平相对较低。

尽管中国 – 东盟自由贸易区《服务贸易协议》相比“南北型”及发达国家之间的区域服务贸易安排自由化程度较低，但较之 GATS，CAFTA 各成员的服务业开放和服务贸易自由化水平仍有大幅提升。

升级《议定书》在服务贸易方面也有突破。具体的，中国在集中工程、建筑工程、证券、旅行社和旅游经营者等领域做出改进承诺。东盟各国在商业、通信、建筑、教育、环境、金融、旅游、运输等 8 个部门的约 70 个分部门向中国做出更高水平的开放承诺，主要包括：文莱在电信、旅游、航空等部门做出更高开放承诺，并新增教育、银行、航天运输、铁路运输等部门承诺；柬埔寨在广告、电信、金融等部门承诺中取消过渡期限制；印度尼西亚新增旅馆、餐饮、资产管理和证券管理服务等部门承诺；老挝新增计算机、建筑、教育、环境等领域 19 个分部门承诺；马来西亚在建筑和工程领域放宽外资股比限制，新增兽医服务承诺；缅甸新增教育、建筑、集中工程、城市规划、计算机等部门承诺，并在广告、印刷出版、视听、海运等分部门提升承诺水平；新加坡新增会议服务承诺，取消市场准入和国民待遇限制；泰国在教育、数据处理和数据库 、税收、研究和开发、房地产 等领域做出进一步开放承诺；越南在计算机、市场调研、管理咨询、教育、环境、旅游等部门取消过渡期限制。

双方的具体改进措施包括扩大服务开放领域，允许对方设立独资或合资企业，放宽设立公司的股比限制，扩大经营范围，减少地域限制等。

3. 全面升级

（1）升级《议定书》于 2015 年 11 月 22 日在吉隆坡正式签署，于 2016 年 7 月 1 日率先对中国和越南生效，升级《议定书》是中国 – 东盟自贸区升级谈判成果文件。此后东盟其他成员陆续完成国内核准程序，升级《议定书》生效范围不断扩大。2019 年 8 月 22 日，所有东盟国家均完成了国内核准程序，2019 年 10 月 22 日，升级《议定书》对所有协定成员全面生效。

根据2007年签署的中国–东盟自由贸易区《服务贸易协议》渐进自由化条款，中国和东盟成员在此次自贸区升级谈判中启动并完成了中国–东盟自由贸易区《服务贸易协议》中的第三批服务贸易具体减让承诺谈判。与前两批具体承诺相比，各国均做出了更高水平的承诺，进一步提升了服务贸易自由化水平。

（2）目前，中国–东盟自由贸易区90%以上的商品关税已逐步取消，而服务和投资限制性措施也已大幅取消。为了应对后疫情时代快速变化的全球经济格局，东盟和中国正在打造具有前瞻性的新伙伴关系。

2021年11月，中国–东盟建立对话关系30周年纪念峰会正式宣布建立中国–东盟全面战略伙伴关系。同时，双方将寻求升级中国–东盟自由贸易协定，以确保协定能够继续服务企业，应对新出现的全球挑战。这一伙伴关系范围广泛，包括许多新兴重点领域，如韧性强劲的供应链、数字经济等。我国将积极推进中国–东盟自贸区3.0版联合可行性研究，拓展数字经济等新领域合作，争取尽早启动谈判，与东盟合作建设更加包容、现代、全面、互惠的自贸协定。

9.3.4 《全面与进步跨太平洋伙伴关系协定》（CPTPP）的服务贸易安排

1. 协议背景

CPTPP由TPP演变而来。2018年12月30日，《全面与进步跨太平洋伙伴关系协定》正式生效。该协议是20多年来全球首个超大型区域贸易协议，它的诞生对亚太贸易格局及全球贸易规则制定都将产生重大影响。CPTPP的内容基本沿用TPP的框架，冻结或修改了20余项条款，协议标准有所降低，但由于国有企业和指定垄断、劳工、环境等条款的保留，CPTPP仍不失为高标准的自由贸易协定。

2. 基本框架

CPTPP文本内容除序言外有30章，分别是初始条款和一般定义、货物的国民待遇和市场准入、原产地规则和原产地程序、纺织品和服装、海关管理和贸易便利化、贸易救济、卫生和植物检疫措施、技术性贸易壁垒、投资、跨境服务贸易、金融服务、商务人员临时入境、电信、电子商务、政府采购、竞争性政策、国有企业和指定垄断、知识产权、劳工、环境、合作和能力建设、竞争力和商务便利化、发展、中小企业、监管一致性、透明度和反腐败、管理和机构条款、争端解决、例外和总则、最终条款（见表9–3）。CPTPP在序言中阐明，总体上CPTPP延续了TPP多数规则，使之很大程度上得以“复活”（见表9–4）。具体而言，该协定明确规定将TPP规则整体纳入其中，并在附录部分通过负面清单的形式明确了“暂缓适用”的TPP条文（见表9–5）。如果本协议与TPP之间不一致，当TPP生效时，本协议具体考察二者的不一致程度。CPTPP的内容超过一般自贸协定只为降低交易成本，它还包括了对劳动和环境标准的要求，以及在知识产权、国有企业等方面的各项开放和自由贸易要求。

表9–3 CPTPP中的主要议题

章　节	主要议题	章　节	主要议题
9	投资	15	政府采购
11	金融服务	17	国有企业和指定垄断
14	电子商务	18	知识产权

（续）

章　节	主要议题	章　节	主要议题
19	劳工	26	透明度和反腐败
20	环境	27	管理和机构条款
22	竞争力和商务便利化	28	争端解决
24	中小企业		

表 9–4　CPTPP 中保留 TPP 的主要议题

章　节	主要议题	章　节	主要议题
1	初始条款和一般定义	17	国有企业和指定垄断
2	货物的国民待遇和市场准入	19	劳工
3	原产地规则和原产地程序	21	合作和能力建设
4	纺织品和服装	22	竞争力和商务便利化
6	贸易救济	23	发展
7	卫生和植物检疫措施	24	中小企业
8	技术性贸易壁垒	25	监管一致性
12	商务人员临时入境	27	管理和机构条款
14	电子商务	28	争端解决
16	竞争性政策	29	例外和总则

表 9–5　CPTPP 更改的主要条款

章节	主要议题	更改条款
5	海关管理和贸易便利化	5.7　快运货物：冻结定期审议不计征关税固定数额条款
9	投资	9.1　定义：冻结投资协定和投资授权条款 9.19　各缔约方对终裁的同意 9.22　仲裁的进行 9.25　对附件的解释及附件 9–L 投资协议：冻结关于投资协定和投资授权的条款
10	跨境服务贸易	附录 10–B　快递服务：冻结邮政垄断所涵盖的服务提供者不得进行交叉补贴条款；冻结邮政垄断所涵盖的服务提供者不得违反国民待遇或滥用垄断地位条款
11	金融服务	11.2　范围：减小第 9 章 B 节投资者 – 国家争端解决在本章适用的范围，即取消缔约方违反第 9.6 条最低待遇标准的适用性；附件 11–E：冻结
13	电信	13.21　电信争端解决机制：冻结复议条款
15	政府采购	15.8　参加条件：冻结劳工权利条件 15.24　进一步谈判：进一步谈判日期从不迟于协定生效之日后 3 年内改为 5 年内

（续）

章节	主要议题	更改条款
18	知识产权	18.8 国民待遇：冻结对作品、表演以及录音制品的明确说明 18.37 可授予专利的客体：冻结已知产品授予专利条款；冻结授予植物专利的特例条款 冻结如下条款： 18.46 因专利局的延迟而调整专利保护期 18.48 因不合理缩短而调整专利保护期 18.50 保护为披露试验或其他数据 18.51 生物制剂 18.63 版权和相关权利的保护期 18.68 技术保护措施（TPMs） 18.69 权利管理信息（RMI） 18.79 对载有加密节目的卫星和有线电视信号的保护 18.82 法律救济和安全港 附件 18-E 互联网服务提供商（ISPs）附件 附件 18-F 互联网服务提供商（ISPs）附件
20	环境	20.17 保护和贸易：对野生动植物保护法律适用范围取消“其他适用法律”
26	透明度和反腐败	附件 26-A 药品和医疗器械的透明度及程序公正：冻结程序公正条款

为使 CPTPP 顺利通过，CPTPP 删掉了 TPP 中 1/3 的原始文本，被搁置或修订最多的是与美国有关的 22 项条款，半数与知识产权保护相关，但却保留了原有的 2/3 的内容。需要说明的是，CPTPP 成员国暂停条款的初衷是敦促协定的尽快达成并换取进入美国市场的机会。一旦美国重返 TPP，恢复暂停的条款将需要现有各方重新达成意见。

部分条款反映了个别成员国的特别关切，如电子商务、政府采购、国有企业等，因此冻结名单基本体现了各国平等协商、相互尊重、互商互谅的结果。除此之外，CPTPP 对“电子商务”章节（即对通过数字贸易创建的数据提供广泛保护）、“政府采购”章节（规定向外国投标人同等开放政府采购合同），以及“国有企业和指定垄断”章节（主要体现在限制成员国政府补贴国有企业和限制成员国政府干预市场方面）等加以保留，这是目前其他的自贸协定中所没有的。此外，其中涉及服务贸易并且独立成章的有第 11 章“金融服务”、第 13 章“电信服务”、第 14 章“电子商务”和第 18 章“知识产权 ”，同时承接了 TPP 的框架，包括许多新议题，如第 15 章“政府采购 ”、第 16 章“竞争政策”、第 17 章“国有企业和指定垄断”。

9.3.5 RCEP 的服务贸易安排

1. 协议背景及谈判历程

《区域全面经济伙伴关系协定》（Regional Comprehensive Economic Partnership，RCEP）于 2012 年 11 月在柬埔寨金边举行的东亚高峰会宣布启动谈判进程，成员包括东盟 10 国（印度尼西亚、马来西亚、新加坡、泰国、菲律宾、文莱、越南、柬埔寨、缅甸、老挝），以及中国、日本、韩国、印度、澳大利亚与新西兰等共 16 国。历时 7 年，该谈判于 2019 年 11 月正式宣告结束，15 个成员国整体上签署协定，印度宣布退出。

作为主要发展中国家之间的区域经济一体化安排，RCEP尚属首例，没有可效仿的先例。它在其16个参与成员中涉及3种不同的合作形式：一是东盟（10个成员），自20世纪90年代以来，东盟的10个成员国已承诺致力于经济一体化；二是东盟及其自由贸易协定伙伴；三是6个FTA合作伙伴。RCEP致力于整合东盟与其自贸伙伴国已经签署的5个“东盟+1”自贸区协定，以及一些东盟成员国与自贸伙伴国签署的双边自贸区协定，改变多种“东盟+*N*”模式下“意大利面碗效应”规则过多、操作易乱的现状。同时，RCEP框架下成员国的贸易自由化程度要高于目前东盟已签署的各项FTA；消除货物贸易关税障碍；扩大服务贸易，消除部分国家在服务业对外资进入的限制；创造和完善投资环境。更具操作性的是，RCEP根据成员国不同经济发展情况、适应度及可行性，保持一定的灵活性、渐进性和过渡性，构建一个现代的、高品质、有附加值的区域经济合作协定新典范。

RCEP的成功整合将有力深化中国与RCEP成员国的贸易投资和产业分工联系，对中国对外贸易活动和国内经济发展产生重大影响。因此，中国政府一直积极推动RCEP实施，同时在国内经济发展与扩大对外开放两方面取得平衡，以确保中国对外经济贸易的最大利益。

2. RCEP服务贸易规则及承诺的主要构成

RCEP协定主文本包括20章，与服务贸易相关的包括3章：第8章“服务贸易”、第9章“自然人临时移动”、第10章“投资”。

（1）第8章　服务贸易。适用范围：成员方所采取的会影响到服务贸易的4种提供模式的相关措施都要受到第8章相关规则的约束。

RCEP第8章对服务贸易进行了界定，认为服务贸易基于以下4种模式开展，即WTO框架下的《服务贸易总协定》中界定的4种服务贸易提供方式。第8章还包括3个重要的附件：附件1“金融服务”、附件2“电信服务”、附件3“专业服务”。

特别需要指出的是，RCEP认为模式3是基于服务投资行为而开展服务贸易的一种提供模式，实际上是把服务的投资规则整合到服务的贸易规则中，主要涵盖服务投资自由化规则。

（2）第9章　自然人临时移动。第9章主要规范的是与模式3和模式4相关的自然人的临时移动问题，如商务访客、跨国公司内部人员移动、自然人临时移动。

（3）第10章　投资。第10章中适用于模式3的相关条款有第5、7、9、11、12、13条这6条（见表9-6），这些条款主要规范的是与模式3相关的服务投资保护相关问题。

表9-6　RCEP框架下第10章“投资”中适用于模式3的相关条款

第5条	投资待遇	应依照习惯国际法外国人最低待遇标准给予涵盖的投资以公平公正待遇以及充分保护和安全
第7条	高管与董事会	不得对高管国籍设定要求，可对董事会成员的国籍设定要求，但不得实质性地损害投资者控制其投资的能力
第9条	转移	允许与投资相关的转移自由且无延迟地进出其境内
第11条	损失的补偿	对于因武装冲突、内乱或者国家紧急状态等造成的投资损失进行补偿
第12条	代位	承认关于投资的任何权利或者诉请的代位或转让
第13条	征收	不得对投资进行直接征收或者国有化

RCEP协定附件包括成员方所做的三类承诺：

附件二：服务具体承诺表（正面清单）（8 个国家：中国、新西兰、柬埔寨、老挝、缅甸、菲律宾、泰国、越南）。

附件三：服务和投资保留及不符措施承诺表（负面清单）（7 个国家：澳大利亚、日本、韩国、文莱、印度尼西亚、马来西亚、新加坡）。

附件四：自然人临时移动具体承诺表（15 个国家）。

基于此，RCEP 框架下与服务贸易相关的规则与承诺构成见表 9–7。

表 9–7　RCEP 框架下与服务贸易相关的规则与承诺构成

RCEP 协定主文本	第 8 章 +3 个部门附件	跨境提供（模式 1） 境外消费（模式 2） 商业存在（模式 3） 自然人流动（模式 4） （服务贸易及投资自由化相关问题）
	第 9 章	商业存在（模式 3） 自然人流动（模式 4） （与自然人临时移动相关问题）
	第 10 章（6 条）	商业存在（模式 3） （服务投资保护相关问题）
RCEP 协定附件	附件 2	基于正面清单所做服务贸易相关承诺（8 个国家）
	附件 3	基于负面清单所做服务贸易相关承诺（7 个国家）
	附件 4	自然人临时移动承诺表（15 个国家）

3. RCEP 成员方服务贸易承诺方式及水平

（1）RCEP 成员方服务贸易承诺方式（正面清单与负面清单）。RCEP 成员服务承诺主要包括两种方式，即正面清单和负面清单。正面清单与负面清单（一般评价）见表 9–8。

表 9–8　正面清单与负面清单（一般评价）

	正面清单	负面清单
规则透明度	未做承诺的部门（模式）可能存在的限制措施不需罗列 做出承诺的部门在“不做承诺”的模式上采取的限制性措施未知	现存的和将来的不符措施需要明确分类列出；指出不符措施适用的部门（模式）；指出不符措施适用于哪一级政府的措施；指出不符措施的国内出处；不符措施的具体内容 描述需要明确列出
规则稳定性	特定部门上的承诺水平可能发生逆转	有的明确阻止采取新的不符措施，“内含棘轮效应”

正面清单成员（8 个国家）要遵照第 8 章第 7 条的规定：

第一，要求成员方在其所做的“正面清单”中明确列出针对“国民待遇”“市场准入”“附加承诺”所做的具体承诺（第 7 条第 1 款）。

第二，成员方采取的限制性措施如果既与“国民待遇”也与“市场准入”不符，则这个限制性措施只需列在“市场准入”承诺那一栏，但也应该被视作对“国民待遇”义务所做的条件和限制（第 7 条第 2 款）。

RCEP 正面清单示例见表 9–9。

表 9–9 中国就“商业服务—专业服务— 税收服务”所做承诺

部门或分部门	市场准入限制	国民待遇限制	其他承诺
Ⅱ. 具体部门承诺			
1. 商业服务			
（c）税收服务（CPC 8630）	（1）没有限制 （2）没有限制 （3）允许设立外商独资子公司 （4）除水平承诺中内容外，不做承诺	（1）没有限制 （2）没有限制 （3）没有限制 （4）除水平承诺中内容外，不做承诺	

注：“（1）”表示的是针对服务贸易提供模式 1，以此类推。

“没有限制”表示在特定的服务分部门或模式上没有做出限制措施。

“不做承诺”表示在特定的服务分部门上针对特定的服务提供模式不做出承诺（不受到义务约束）。

负面清单成员（7 个国家）要遵照第 8 章第 8 条的规定：

第一，成员方需要列出与其所承担的“国民待遇”“市场准入”“最惠国待遇义务”“本地存在”义务相违背的措施。

第二，中央政府、地区级政府现在采取的和未来会采取的（会延续的或即时更新的或经过修正的）不符措施都需要列出。

RCEP 负面清单示例见表 9–10。

表 9–10 澳大利亚就“电信服务”所做承诺

部 门	电信服务
分 部 门	
政府层级	中央
有关义务	国民待遇（第 8.4 条和第 10.3 条） 市场准入（第 8.5 条）
内容描述	服务贸易和投资 外国股本总额不得超过澳大利亚电信股份的 35%。个人或关联集团的外国投资仅限于不超过 5% 的股份 澳大利亚电信的主席和大多数董事必须是澳大利亚公民，并且要求澳大利亚电信总部、主要运营基地和注册地在澳大利亚
国内立法依据	1991 年澳大利亚电信公司法（联邦）

RCEP 8 个成员所做正面清单中还纳入了负面清单因素：

第一，未来自由化规制（“棘轮机制”第 8 章第 7 条）：

1）要求基于正面列表做出承诺的成员，在其做出开放承诺的部门中用“FL”标示出进一步自由化的部门（分部门），即要求有选择地设定“未来进一步自由化”的部门（第 7 条第 3 款）。

2）标示“FL”的部门（分部门）上不得增加新的限制，在锁定既有承诺水平的同时，确保未来的逐步自由化（第7条第4款）。

第二，透明度清单条款（第8章第10条“透明度清单”）：

要求基于正面清单做出服务贸易开放承诺的成员方应准备好，发送给其他缔约方且在网上公布一份无约束力的“透明度清单”。

披露在已做出开放承诺的部门上，中央政府所采取的且与成员方所做的“国民待遇”和“市场准入”义务不符的现行的限制性措施。

在列出限制性措施时，清单还需要涵盖关键的细节：

首先，明确指出中央政府现在正在采取的与其所承担的两项义务不符的这些限制性措施适应哪些部门、分部门、贸易活动。

其次，指出不符措施与哪一项义务不符，是与国民待遇不符还是与市场准入不符。

再次，指出中央政府所采取的限制性措施国内合法的来源是什么，措施是由哪个部门主管的。

最后，需对不符性措施做出比较明确的描述。

第三，未来会转为全负面清单模式：

在不迟于协定生效之后的3年（老挝、柬埔寨、缅甸为12年），提交负面清单（不符措施拟议承诺表），并提供同等或更高水平的自由化承诺。

协议生效之日后的6年内完成（老挝、柬埔寨、缅甸为15年），实现以负面清单模式做出承诺的较高水平服务贸易自由化。

（2）RCEP成员方服务贸易承诺水平。

第一，15个成员方均做出了高于各自与东盟“10+1”自贸协定水平的开放承诺，大幅提高了成员国间的服务贸易自由化水平。

第二，除了老挝、柬埔寨、缅甸三个国家，其他各方的承诺服务部门数量均达到了100个以上。中国的服务贸易承诺水平达到了已有自贸协定的最高水平。

第三，中国的承诺水平大大高于WTO，比WTO增加了22个部门承诺，改进了37个部门，为中国所有FTA中的最高水平。

RECP框架下部分成员所做的值得关注的部门承诺见表9-11。

表9-11 RECP框架下部分成员所做的值得关注的部门承诺

	中国	日本	韩国	澳大利亚	新西兰
商业	计算机安装咨询、数据处理和制表、分时广告	城市规划、医疗、牙科、护理、计算机相关、研发、干租、广告、咨询、印刷等	建筑设计、医疗、牙科、护理、计算机、研发、干租、咨询等	除专利移民之外的法律、会计、建筑、工程、城市规划、医疗、计算机、研发、房地产、干租、广告、咨询、印刷、出版	法律、会计审计簿记、税收服务、建筑设计、工程服务、兽医、计算机、房地产、干租、广告、管理咨询、农林、人员安置、摄影、会议

（续）

	中国	日本	韩国	澳大利亚	新西兰
分销	特许经营、无固定地点的批发货零售	佣金代理、特许经营	佣金代理、特许经营	除烟草、火器、酒精外的零售和批发、佣金代理、特许经营	佣金代理、批发销售、零售
通信	—	速递服务	在线信息和数据调用	速递、除澳大利亚电信公司 外的电信	—
建筑	—	—	—	整体上全面开放	建筑物及民用工程的总体建筑、安装和组装、建筑物装修
教育	—	初级、中等、成人教育	—	整体上全面开放	部分教育服务
环境	—	整体上全面开放	—	整体上全面开放	排污、废物处理、卫生及类似服务
金融	—	人寿险、意外险、健康保险等；除存款保险外的银行服务	—	保险	—
健康	—	医院、其他人类健康服务	医院	联邦血清实验室之外的医院、人类健康服务	—
旅游	—	整体上全面开放	整体上全面开放	整体上全面开放	饭店和餐饮、导游
娱乐	体育和其他娱乐	整体上全面开放	图书馆、档案馆、博物馆等，体育和其他	整体上全面开放	—
运输	海运代理公路卡车、汽车货物运输	大部分海洋运输、管道运输	海运客运、其他运输	国际班轮外的海运、铁路运输、公路运输、管道运输	机场运营、机场管理、铁路运输、公路运输、管道运输
其他	专业设计、理发美容	—	—	整体上全面开放	洗涤、清洗和染色

中国参与的主要 FTAs 中各成员方所做服务开放承诺的部门数量见表 9-12。

表 9–12　中国参与的主要 FTAs 中各成员方所做服务开放承诺的部门数量

RCEP	中国 – 东盟	中国 – 韩国	中国 – 澳大利亚	中国 – 新西兰
中国：122 个	中国：112 个	中国：114 个	中国：120 个	中国：106 个
东盟：整体 100 个；澳大利亚：约 137 个；日本：约 148 个；韩国：约 111 个；新西兰：110 个	东盟：低于 100 个（其中，文莱、印度尼西亚、老挝、缅甸不超过 50 个）	韩国：106 个	澳大利亚：137 个	新西兰：约 110 个

4. RCEP 框架下的服务贸易规则分析

RCEP 框架下有许多值得关注的服务贸易规则，具体如下：

（1）最惠国待遇规则（第 8 章第 6 条）。最惠国待遇的适用范围扩展到了区外，引入了“第三方最惠国待遇条款”，规定缔约方给予另一缔约方的服务和服务提供者的待遇，不得低于其给予任何其他缔约方或非缔约方的服务和服务提供者的待遇。

最惠国待遇承诺情况见表 9–13。

表 9–13　最惠国待遇承诺情况

国　别	承诺最惠国待遇的部门
中国	专业服务、速递服务、建筑及工程服务、环境服务、铁路及公路运输服务等
泰国	计算机软件安装有关的咨询服务、软件执行服务、工程和基础研究服务、运营管理和供应链管理服务、与制造业有关的服务
越南	环境影响评估、食品供应服务、饮料供应服务
新西兰	污水管理、其他建筑服务、建筑设计服务、兽医服务、数据库服务、酒店服务、专业航空服务

豁免最惠国待遇的 3 种情形：①成员方对外缔结的已生效的国际协定或在 RCEP 生效前已签署的国际协定中所做承诺；②东盟成员方间缔结的货物、服务和投资一体化安排中所做承诺；③成员方给予邻国的一些待遇或利益。

（2）当地存在规则（RCEP 第 8 章第 11 条）。要求以第 8 章第 8 条做出开放承诺的缔约方不得要求另一缔约方的服务提供者在其领土内建立商业存在（建立或维持代表处、分支机构或其他形式的法人）或成为其居民，作为以除模式 3 之外 的 3 种模式（跨境交付、境外消费、自然人移动）来提供服务的前提条件。

当地存在强调的是一种非设立权，针对的是一些服务产业竞争力相对弱的发展中国家，倾向于把某种特定的服务部门上的模式 1 和模式 3 的开放挂钩的现象。例如，教育服务可以通过在线的跨境交付的方式提供，但是对于东道国而言，他们认为模式 1 是基于在线跨境交付的方式来提供服务，依托的是数据和信息的跨境移动，但是要对数据和信息的跨境移动进行监管，相对而言比较困难。所以，针对一些敏感的服务部门，现在一些国家要求：若对方希望以模式 1 的形式进入，则它们应以模式 3 的形式先进入。针对教育服务而言，有关国家可先到东道国进行投资，开设一个学校，即先存在一个学校，有关国家以模式 3 的方式进入，然后它们才被允许以跨境交付这种在线的方式进入。也就是说，许多东道国喜欢将一些敏感服务部门上的模式1的开放和模式3的开放挂钩，特别是以模式3的开放作为模式1的开放的一个前提条件。RCEP第8章第11条，其实针对的就是这样一种现象，其最重要的规则诉求是指，即使我方在对方当地没有一个商业存在，我方没有建立一所学校，但是我方依然希望对方能够允许我方的服务以跨境交付、境外消费、自然人移动的方式来准入。

（3）附件1“金融服务”（共14条）中的第3条。第3条对新金融服务进行了规范：

1）新金融服务是指未在一缔约方领土内提供，但已在另一缔约方领土内提供和被监管的金融服务。

2）东道国应该致力于允许在其领土内设立的另一缔约方的金融机构在其领土内提供该新金融服务。在提供新金融服务上，A成员应该努力给予B成员在A成员境内设立的金融机构一样的待遇。

3）提供新金融服务的条件：东道国无须修改现行法律，东道国可颁布一项新法规或其他附属措施以允许提供该服务。新金融服务的提供者应该遵守东道国的许可、法律形式等要求。

（4）附件1“金融服务”（共14条）中的第9条，即信息转移和信息处理。首次纳入“信息转移和信息处理”条款。缔约方不得阻止其领土内金融服务提供者，为进行日常营运所需的信息转移和信息处理。

一缔约方可出于监管或者审慎原因要求金融服务提供者遵守与数据管理、保护个人隐私等相关的法律法规。

（5）附件1“金融服务”（共14条）中的第10条，即自律组织。首次纳入“自律组织”条款。自律组织是指任何非政府机构，包括任何证券或期货交易所或市场、清算或支付结算结构或其他相关组织或者协会。

例如，A成员要求B成员的金融机构只有加入A国的自律组织，才能在A国境内提供某种金融服务，那么A国（东道国）应该在会员加入的问题上给予同等待遇。例如，只有加入中国银行间市场交易商协会，成为会员，才能承销债券，在获取会员资格方面，中国要对来自国内和国外的债券承销商同等对待，一视同仁。

（6）附件2“电信服务”（共23条）中值得关注的规则。

1）第5条“号码携带”。首次纳入“号码携带”条款。号码携带是指当公共电信服务的终端用户在不同的电信服务提供者之间转换时，能保留同一电话号码的能力。例如，放弃中国移动转到中国电信服务，电话号码可以不变。

规定每一缔约方都保证在技术可行的范围内提供移动服务的号码携带。

2）第19条“网络元素非捆绑”。

① 首次纳入“网络元素非捆绑”条款。

② 网络元素是指基本的电信网络元素，如交换机、用户线路、光纤等可供出租的元素。

③ 规定每一个缔约方努力保证其领土内的主导电信运营商要在非捆绑的基础上，以合理的、非歧视的和透明的条件或条款，向另一缔约方供应商提供网络元素的接入，简单来说，就是不能捆绑强买强卖，变相提高壁垒。

④ 缔约方可以依法确定在其领土内要求被提供的网络元素以及可以获得这些元素的提供者。

3）改善监管、透明度等条款。新增监管方针条款，强调市场力量，在非必要情况下无须监管（第 3 条“监管方法”）。

透明度条款规定：一方在就法律法规提案征求意见时，其领土内另一缔约方相关公共电信网络或服务提供者拥有评议机会（第 16 条“透明度”）。

（7）附件 3“专业服务”（共 23 条）中值得关注的规则。

1）加强对话和磋商：加强有关承认专业资质机构之间的对话，鼓励相关机构就共同关心的专业服务部门的专业资质、许可或注册进行磋商。

2）鼓励制定共同标准，缔约方相关机构应该在教育、考试、经验行为和道德规范、专业发展及再认证、执业范围、消费者保护等领域致力于制定共同的专业标准和准则。

3）为后续开展务实合作预留空间。鼓励缔约方相关机构之间就有共同利益的专业服务部门中相互承认专业资质、许可或注册方面的任何形式的安排进行谈判，缔约方可定期审议专业服务附件的执行情况。

（8）自然人临时移动。

1）列明各方为促进从事货物贸易、提供服务或进行投资的自然人临时入境和临时居留所做的承诺；涵盖的人员种类齐全：商务访问者、公司内部流动人员、合同服务提供者、安装和服务人员（第 2 条“范围”）。

2）对配偶及家属做出承诺：部分成员方承诺相关人员的配偶及家属可以获得相同停留期限的签证，为相关人员跨境进行贸易投资相关活动免除后顾之忧（第 3 条“配偶和家属”）。

3）更高效、更透明地处理相关申请：承诺尽快向申请人通报办理情况；致力于接受电子格式提交的申请或接受经过认证的文件复印件；公布所有与本章节相关的解释性材料（第 6 条“处理申请”、第 7 条“透明度”）。

中国对 4 类人员做出准许临时入境和居留承诺，同时对于上述人员的配偶和家属，中国承诺在对等情况下，给予临时入境和居留的权利。中国的承诺水平，无论在 RCEP 协定的 15 个成员方中，还是相较中国已有的 FTA 实践，都属于最高水平。

【专栏】

中国已进入需加快全球自由贸易区建设的关键时期

（一）加快自贸区建设是全面深化改革开放的内在要求

党的十九届五中全会明确提出要加快构建以国内大循环为主体、国内国际双循环相互促进的新发展格局。当前中国经济已进入新常态，随着人口红利逐步消失、劳动力成本上升，中国经济已告别原有的高速增长，转而进入高质量增长阶段。为应对国内经济形势的转变、全球开放浪潮的退潮趋势，中国必须坚持实施更大范围、更宽领域、更深层次对外开放。更大范围的开放意味着中国需要积极推进区域合作，更大范围参与区域经济一体化。更宽领域的开放意味着在中国不仅需要继续坚持制造业开放，还要扩大服务业开放。更深层次的开放意味着中国不仅要扩大边境开放，更要推进边境内开放，以制度型开放推进更高水平开放型经济新体制建设。

应当看到，在新发展格局下，畅通国内国际双循环，实施更大范围、更宽领域、更深层次对外开放，自贸区建设已成为重要抓手，正发挥着越来越重要的作用。对内发挥自贸试验区大胆试、大胆闯、自主改的试验田作用，努力构建更高水平开放型经济新体制，有助于加快形成国内统一大市场和高标准社会主义市场经济体系。对外通过以构建面向全球的高标准自贸区网络为目标，实现 RCEP 自贸区、高质量自贸区（中日韩 FTA）、高标准自贸区

（CPTPP）并行，有助于畅通国内国际两大市场、形成双循环发展格局。显然，加快自贸区建设已然成为中国在新发展格局下全面深化改革开放的内在要求。

（二）加快自贸区建设是应对全球经贸环境恶化的必然选择

当前中国经济发展面临的外部环境已然发生了重大变化。一方面，2008 年金融危机后，全球经济增长乏力、孤立主义与保护主义纷纷抬头，贸易与投资出现“逆全球化”趋势。另一方面，2018 年爆发的中美经贸摩擦由贸易向投资、人才、科技、金融与地缘政治领域扩展，出现长期化与持续化的特征。同时，受 2020 年新冠肺炎疫情影响，各国为保障国内供应链、产业链安全，开始让更多的产业链环节和终端留在或靠近本国市场，全球产业链、供应链正在向内收缩。在这样的背景下，原先由发达国家主导的金字塔式的国际贸易治理体系逐渐向扁平化方向发展。依靠 WTO 框架下的全球多边贸易自由化要取得进一步的突破在近期内已显得不太现实，而区域性自由贸易协定凭借其较大的灵活性与自由度，已经成为各国开展经济战略合作与竞争的重要手段。

对于多数发展中国家与新兴经济体来说，通过签订自贸协定加快推进自贸区建设在其对外开放战略中发挥着不容小觑的作用。应当看到，自贸区不仅是加强与其他国家政治经济合作的有效工具，也是在 WTO 多边体制框架规则弱化情况下的次优选择。通过自贸区建设加强区域合作，畅通区域内产业链、供应链，基于规则导向的相互间开放有助于成员间的开放共赢。当前多种因素影响下诱发的全球经贸环境的恶化为中国进一步推进深化改革、拓展开放空间提供了新的要求与挑战。显然，适应经济全球化新趋势的客观要求，加快实施自由贸易区战略，已然成为中国积极运筹对外关系、应对全球经贸环境恶化以构建开放型经济新体制的必然选择。

（三）加快自贸区建设是中国参与全球经济治理、提高制度性话语权的重要途径

当前的国际经贸规则在发达国家的主导下形成，发展中国家处于相对不利地位。而随着以中国为代表的广大发展中国家的快速发展，发展中国家对于参与全球经贸规则制定、争取话语权的积极性与紧迫性日益提高。与此同时，全球化进程中的利益分配不均、公共产品供给不足等问题加速了全球贸易格局的分化，新一轮国际经贸规则正加速重构，这也给发展中国家迎来了进一步提升在国际事务中的话语权的机遇。中国正走在从“贸易大国”向“贸易强国”转变的道路上，应努力抓住这一机遇，充分发挥全球第一贸易大国和第二大经济体的国际影响力，积极参与和引领国际经贸新规则的制定，不断寻求国际话语权，以提升在国际治理中的大国地位。层次繁多、类型复杂的贸易协定谈判是新型贸易规则重构的重要路径选择，自贸协定谈判成为贸易规则制定的重要平台。中国积极发展双边和多边自贸协定，强化与他国之间的合作对接，希望以自贸区作为参与全球经济治理、扩大国际影响力、提升在国际事务中的话语权的手段。一方面，中国正由国际经贸规则的“融入者”转变为策略上的“博弈方”。2020 年 11 月，中国参与的 RCEP 正式签署，标志着这一目前世界上经济体量最大、最具影响力的自由贸易协定成为现实。RCEP 作为中国自贸区网络建设上重要的一环，彰显了中国提升国际话语权的主动性。另一方面，中国正积极考虑加入更高贸易投资自由化和便利化标准的 CPTPP，这也再次表明了中国将在 RCEP 的基础上继续推动更高水平的制度改革与对外开放，反映了中国积极参与全球经济治理的诉求。

［引自：岳文、韩剑，我国高标准自由贸易区建设：动因、现状及路径，《经济学家》，2021 年第 7 期。］

【重要概念】

GATS；RCEP；负面清单

【思考题】

1. GATS 正文的主体内容由哪几部分组成？包括多少个附录？它们分别是什么？

2. 如何评价 GATS 的积极作用和不足之处？

3. GATS 对全球服务贸易的发展有哪些重要意义？

4. 简述 CAFTA《服务贸易协议》的内容。

5. 试比较 CPTPP 和 RCEP 的服务贸易自由化水平。

6. 结合 WTO 改革方案中服务贸易相关内容，请以“中国服务贸易未来展望”为题，写一篇 2000 字左右的小论文。

【课后阅读材料】

[1] 程大中，中国服务贸易显性比较优势与“入世”承诺减让的实证研究，《管理世界》，2003 年第 7 期。

[2] 东艳、冯维江、邱薇，深度一体化：中国自由贸易区战略的新趋势，《当代亚太》，2009 年第 4 期。

[3] 黄建忠、占芬，区域服务贸易协定的收敛研究——对“绊脚石”与“垫脚石”问题的一个观察，《厦门大学学报（哲学社会科学版）》，2014 年第 1 期。

[4] 李伍荣、周艳，《服务贸易协定》的发展路向，《国际经济评论》，2014 年第 6 期。

[5] 孟夏、于晓燕，论中国区域服务贸易自由化的发展与特点，《国际贸易》，2009 年第 9 期。

[6] 王毅，WTO 国民待遇在服务贸易和知识产权领域的适用，《法学研究》，2004 年第 3 期。

[7] 张华容，新一轮 WTO 服务贸易谈判及我国在谈判中的价值取向，《财贸经济》，2004 年第 1 期。

[8] 周念利，区域贸易安排的“双边服务贸易效应”经验研究——基于扩展引力模型的 2000—2009 年面板数据分析，《财经研究》，2012 年第 5 期。

第 4 篇

世界服务贸易

第 10 章

国际服务贸易发展

【学习目标】

1. 熟悉美、欧、日等发达经济体的服务贸易发展
2. 了解发展中经济体，尤其是“金砖国家”服务贸易发展

【引导案例】

2022 年 4 月 7 日，中国和新西兰均已完成《中国－新西兰自由贸易协定升级议定书》(简称《升级议定书》) 的国内核准程序，《升级议定书》正式生效实施。《升级议定书》将进一步促进双边贸易投资往来，推动两国经贸关系向更高水平发展。

《中国－新西兰自由贸易协定》于 2008 年 4 月签署并于同年 10 月正式生效，是中国签署的第一个涵盖货物贸易、服务贸易、投资等诸多领域的双边全面自贸协定，也是中国与发达国家签署的第一个自贸协定。在原有协定的基础上，2021 年，中国和新西兰签署了《升级议定书》。基于原有协定，对条款内容进行扩展，同时开放的深度进一步加强。《升级议定书》在原有协定基础上，在多个领域做出更大的开放承诺，进一步深化了双方各领域的务实合作。在服务贸易领域，中国在航空、建筑、海运、金融等领域进一步扩大对新西兰开放。在拓展服务投资合作方面，双方新增了服务贸易开放部门，有利于扩大双方服务贸易规模。特别是，新西兰大幅放宽对中国投资者的审查门槛，有利于中国企业赴新西兰投资，形成更加透明、稳定、可预期的投资环境。

（资料来源：央视新闻客户端，2022 年 4 月，“《中新自贸协定升级议定书》今起生效实施　两国经贸合作再上新台阶”，https://world.gmw.cn/2022-04/07/content_35639790.htm，有改动。）

10.1　发达国家（地区）服务贸易发展

在发达国家，特别是主要发达国家，服务业创造的国内生产总值占 GDP 总量的 70% ～ 80%，能够提供约 80% 的就业岗位。目前，发达国家在世界服务贸易中占据绝对重要的地位。2021 年世界贸易组织公布的国际服务贸易排行榜显示了服务出口和进口前 30 位的国家（地区）(见表 10–1)。

表 10–1　2021 年世界服务出口和进口前 30 位的国家（地区）

位次	出口国家（地区）	金额（10 亿美元）	比重（%）	增长（%）	位次	进口国家（地区）	金额（10 亿美元）	比重（%）	增长（%）
1	美国	771	12.8	9.3	1	美国	541	9.7	17.6
2	英国	417	6.9	8.1	2	中国大陆（内地）	427	7.7	14.5

（续）

位次	出口国家（地区）	金额（10亿美元）	比重（%）	增长（%）	位次	进口国家（地区）	金额（10亿美元）	比重（%）	增长（%）
3	中国大陆（内地）	394	6.5	40.5	3	德国	386	6.9	22.3
4	德国	387	6.4	21.3	4	爱尔兰	340	6.1	10.7
5	爱尔兰	337	5.6	20.6	5	法国	261	4.7	12.0
6	法国	303	5.0	19.0	6	英国	243	4.4	5.0
7	荷兰	249	4.1	10.4	7	荷兰	237	4.3	11.1
8	印度	237	3.9	16.6	8	新加坡	224	4.0	24.6
9	新加坡	230	3.8	9.5	9	日本	207	3.7	19.5
10	日本	168	2.8	3.6	10	印度	192	3.5	−2.3
11	卢森堡	140	2.3	14.8	11	瑞士	142	2.6	9.6
12	比利时	137	2.3	12.3	12	比利时	134	2.4	12.2
13	瑞士	135	2.2	15.4	13	韩国	124	2.2	12.1
14	韩国	121	2.0	35.3	14	意大利	113	2.0	20.4
15	西班牙	118	2.0	31.3	15	卢森堡	110	2.0	12.3
16	加拿大	104	1.7	10.6	16	加拿大	105	1.9	19.2
17	意大利	102	1.7	18.9	17	丹麦	82	1.5	14.0
18	丹麦	93	1.5	22.1	18	瑞典	80	1.4	7.1
19	波兰	80	1.3	21.3	19	俄罗斯	75	1.3	17.0
20	瑞典	78	1.3	13.0	20	西班牙	73	1.3	13.2
21	中国香港	76	1.3	14.2	21	奥地利	67	1.2	17.0
22	奥地利	70	1.2	8.0	22	澳大利亚	67	1.2	19.6
23	土耳其	57	0.9	60.3	23	泰国	66	1.2	6.0
24	俄罗斯	56	0.9	16.4	24	中国香港	62	1.1	41.1
25	中国台湾	52	0.9	26.2	25	波兰	49	0.9	17.3
26	澳大利亚	45	0.7	−8.3	26	挪威	41	0.7	19.6
27	希腊	41	0.7	58.8	27	中国台湾	40	0.7	32.4
28	挪威	40	0.7	16.4	28	土耳其	32	0.6	9.1
29	泰国	25	0.4	−21.7	29	希腊	26	0.5	22.2
30	中国澳门	18	0.3	58.0	30	中国澳门	4	0.1	47.7
合计		5081	84.4	16.4	合计		4550	81.8	13.7
世界		6019	100.0	16.7	世界		5561	100.0	13.6

资料来源：世界贸易组织数据库。

2021年，服务出口前30位的国家（地区）的总出口额占世界服务总出口额的84.4%，服务进口前30位的国家（地区）的总进口额占世界服务总进口额的81.8%。发达国家（地区）在世界服务贸易发展中处于支配地位。

10.1.1 美国

1. 美国服务贸易发展现状

依靠科技进步推动产业结构升级以及积极的政策干预，美国成为世界头号服务贸易强国。近年来，美国的服务业尤其是现代服务业发展迅速，服务贸易涵盖运输、旅游、通信、建筑、保险、金融、计算机及信息服务、其他商业服务和个人文化及娱乐服务等。美国服务业较高的发展水平强有力地推动了对外服务贸易的快速增长。

20世纪90年代以来，美国对外服务贸易持续增长。2021年服务贸易总额达13 125亿美元（见表10–2）。其中，服务出口的规模急剧扩大，服务贸易顺差不断增加，在2020年和2021年，受新冠肺炎疫情影响，出口额有所回落。进口额虽有所增加，但整体幅度小于出口。美国服务贸易一直呈顺差地位，部分抵消了美国的货物贸易逆差，对平衡国际收支起到了重要作用，2021年，美国服务贸易顺差已达到2299.9亿美元。

表10–2 2009—2021年美国服务进出口

年份	进出口总额（亿美元）	出口		进口		顺差（亿美元）
		数额(亿美元)	增长率(%)	数额(亿美元)	增长率(%)	
2009	8467.0	4914.0	−4.2	3553.0	−6.5	1361.0
2010	9203.0	5429.0	10.5	3774.0	6.2	1655.0
2011	10 079.0	6034.0	11.1	4045.0	7.2	1989.0
2012	10 531.0	6306.0	4.5	4225.0	4.4	2081.0
2013	10 997.0	6629.0	5.1	4368.0	3.4	2261.0
2014	11 393.0	6876.0	3.7	4517.0	3.4	2359.0
2015	12 668.7	7686.6	11.8	4982.1	10.3	2704.5
2016	12 935.6	7809.4	1.6	5126.2	2.9	2683.2
2017	13 809.4	8337.7	6.8	5471.7	6.7	2866
2018	14 256.5	8617.2	3.4	5639.3	3.1	2977.9
2019	14 674.2	8763	1.7	5911.2	4.8	2851.8
2020	11 659.4	7056.4	−19.5	4603	−22.1	2453.4
2021	13 124.9	7712.4	9.3	5412.5	17.6	2299.9

资料来源：世界贸易组织数据库。

美国对外服务贸易的整体优势带来了巨大顺差。但是，不同服务业部门发挥的作用却有所差异。2018—2019年，美国分部门服务进出口见表10–3。

表 10-3　2018—2019 年美国分部门服务进出口　（单位：亿美元）

部　门	2018 年		2019 年	
	出　口	进　口	出　口	进　口
维护及修理服务	309.7	87.2	322	90.8
运输	928.5	1082	917.5	1100.2
旅游	2146.8	1444.6	2141.3	1523
保险服务	174.7	424.9	175.7	495.5
金融服务	1120.2	313	1138.7	341.8
知识产权使用费	1287.5	561.2	1291.3	578.3
通信、计算机、信息服务	432	411.9	479.6	430.3
其他商业服务	1658.2	1118.7	1795.5	1175.1
政府	212.4	229.8	205.4	239.9
合计	8270	5673.3	8467	5974.9

资料来源：世界贸易组织数据库。

2018 年和 2019 年，美国在运输、保险服务以及政府三个部门出现服务贸易逆差，其中保险服务逆差最为突出，但在其他领域，美国存在大量顺差，特别是在金融服务、知识产权使用费、其他商业服务部门，这些服务业部门属于知识、技术和资本密集型行业，而美国恰恰在这些方面领先于世界，这些顺差抵补逆差，并最终实现当年综合顺差 2596.6 亿美元和 2492.3 亿美元，有力改善了美国的国际收支。

2. 美国对外服务贸易伙伴

从图 10-1 和图 10-2 可以看出，美国对欧盟的双边服务贸易远远超过其他国家，二者互为服务进出口的主要市场。美国服务出口的其他主要市场为爱尔兰、英国、加拿大、瑞士、中国等。美国服务进口的其他主要市场为英国、德国、加拿大、日本、百慕大群岛等。中国位于美国服务出口目的地的第 6 位。进口方面，中国是美国服务来源地的第 10 位。

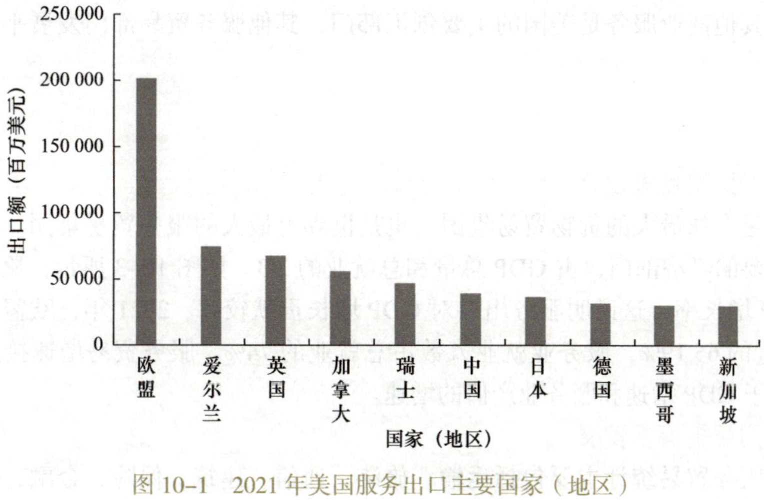

图 10-1　2021 年美国服务出口主要国家（地区）

（资料来源：美国经济分析局）

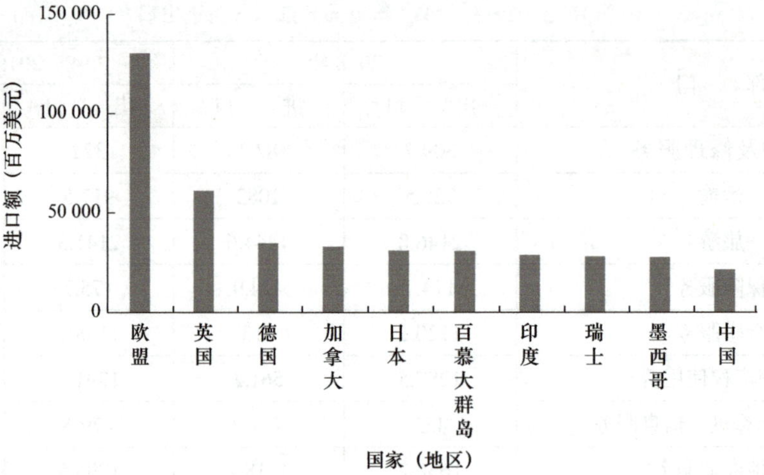

图 10–2　2021 年美国服务进口主要国家（地区）

（资料来源：美国经济分析局）

3. 美国服务贸易发展特点

（1）对外服务贸易发展平稳。2021 年，世界服务贸易总额增长 15%。其中，服务出口总额 60 190 亿美元，同比增长 16.7%；服务进口总额 55 610 亿美元，同比增长 13.6%。同时，美国继续稳居全球服务贸易第一大国，其服务贸易总额、服务出口总额、服务进口总额及服务贸易顺差保持世界第一。2021 年，美国服务贸易总额比上年增长 12.57%，其中出口增长 9.3%，进口增长 17.6%。

（2）服务贸易向多元化发展。不难发现，美国的对外服务贸易伙伴逐渐趋向多元化。美国最大的服务贸易伙伴是欧盟，对英国的服务进出口也占有相当大的比例。近年来，美国不断加强对发展中国家的服务出口，比如印度、墨西哥、巴西、阿根廷、中国、韩国、马来西亚、新加坡、泰国等。

（3）服务贸易内部结构合理。美国的众多服务业部门居于世界领先地位，比如旅游、运输、金融、教育、通信、计算机及信息服务等，这些部门为美国创造了巨额的服务贸易顺差。旅游、运输及其他商业服务是美国的主要创汇部门，其他服务贸易部门发展平衡，结构较为合理。

10.1.2　欧盟

1. 欧盟服务贸易发展现状

欧盟不仅是全球最大的货物贸易集团，也是世界上最大的服务贸易集团。据统计，服务业是欧盟最重要的经济部门，占 GDP 总量和总就业的 2/3。如图 10–3 所示，服务出口增长率总体高于 GDP 增长率，这说明服务出口对 GDP 增长贡献较高。2021 年，欧盟的服务业增加值占 GDP 总量的 65.19%，服务业就业人数占总就业的 74%。服务贸易增速接近货物贸易增速，且远远高于 GDP 增速和服务业产值的增速。

2. 欧盟部门服务贸易发展

欧盟跨境服务贸易统计主要包括运输、旅游、通信、建筑、保险、金融、计算机及信息服务、专利权使用费、其他商业服务、个人和文化娱乐服务十大行业。其中，其他商业服务可分为三个分部门：营销和其他与贸易有关的服务、营业租赁服务、杂项商业和专业技术服务。

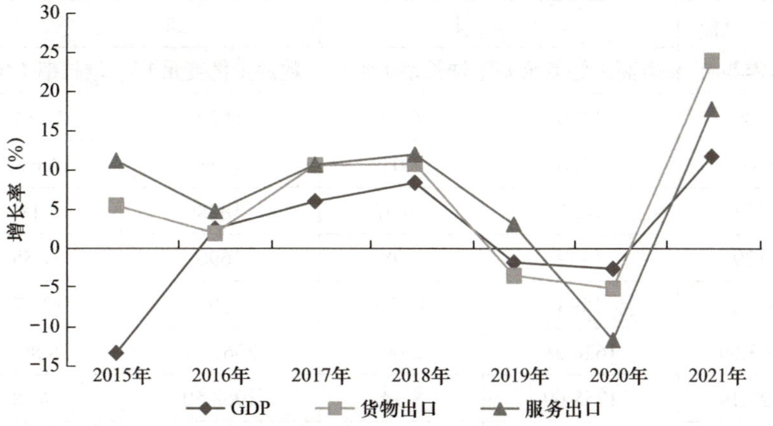

图 10-3 2015—2021 年欧盟 GDP、货物出口和服务出口增长率

（资料来源：世界贸易组织数据库）

欧盟统计局发布数据显示，2018 年，欧盟向域外出口服务 9185 亿欧元，同比增长 0.7%；进口服务 7284 亿欧元，同比增长 1.1%；当年服务贸易顺差 1901 亿欧元，同比下降 0.8%。

信息通信技术促进欧盟服务贸易顺差。欧盟服务出口以"其他商业服务"（研发、商业、专业和技术服务）为主，占欧盟对外服务出口总额的 1/4（25%），其次是运输（18%）和旅游（15%）服务。"其他商业服务"也是欧盟进口服务中最大的类别（占欧盟进口的 29%），超过了运输（18%）、旅游（15%）和专利权使用费（15%）。2018 年欧盟贸易顺差主要来自电信、计算机和信息服务（820 亿欧元）、交通（319 亿欧元）、旅游（307 亿欧元）和金融服务（321 亿欧元）。使用专利权的费用则出现 411 亿欧元的逆差。虽然交通服务是欧盟服务贸易的强项之一，但在其项下的其他运输服务优势正在逐步丧失，海运服务的盈利能力增长，空运服务保持稳定，作为传统优势部门，欧盟金融、保险服务在 2014—2018 年稳定增长，为欧盟对外服务贸易盈余做出较大贡献。值得注意的是，欧盟新兴服务部门——计算机及信息服务成长迅速，短短几年已经成为欧盟对外服务贸易盈余的主要来源之一。

3. 欧盟对外服务贸易伙伴

美国是欧盟最大的服务进出口伙伴。2018 年，欧盟服务出口的主要伙伴仍然是美国（占欧盟对外服务出口的 27%）和瑞士（13%），领先于中国（6%）和日本（4%）。欧盟服务进口的主要伙伴仍然是美国（占欧盟外服务进口的 31%），其次是瑞士（8%）和中国（4%）。2018 年，除了印度（−26 亿欧元），欧盟与所有主要伙伴的服务贸易都是顺差。截至 2021 年，最大的顺差来自瑞士（579 亿欧元），超过了美国（231 亿欧元）、中国（212 亿欧元）、日本（149 亿欧元）和俄罗斯（141 亿欧元）。

10.1.3 日本

1. 日本服务贸易发展现状

第二次世界大战以后，日本制造业得到空前发展，货物贸易竞争力大幅提升，一度成为全球最大的货物贸易顺差国。但是，日本服务贸易发展却呈现出另外一种局面，竞争力不如货物贸易。2010—2021 年日本服务贸易进出口情况见表 10–4。

表 10–4　2010—2021 年日本服务贸易进出口情况

年份	进出口总额（亿美元）	出口		进口		逆差（亿美元）
		数额（亿美元）	增长率（%）	数额（亿美元）	增长率（%）	
2010	2949	1320	6.19	1629	11.81	309
2011	3164	1426	8.03	1738	6.69	312
2012	3253	1425	−0.07	1828	5.18	403
2013	3129	1439	0.98	1690	−7.55	251
2014	3492	1593	10.70	1899	12.37	306
2015	3693.59	1626.28	2.09	2067.31	8.86	441.03
2016	3727.19	1758.69	8.14	1968.50	−4.78	209.81
2017	4062.65	1868.80	6.26	2193.85	11.45	325.05
2018	3920.53	1920.06	2.77	2000.47	8.81	80.41
2019	4024.64	2094.08	9.1	1930.56	−3.5	−163.52
2020	3483.17	1618.91	−22.69	1864.26	−3.43	245.35
2021	3464.56	1677.89	3.64	1786.67	−4.16	108.78

资料来源：世界贸易组织历年国际贸易统计。

与其货物贸易的国际地位相比，日本服务贸易相对落后，不过服务业整体竞争能力仍然很强，发展速度较快。尽管近几年日本对外服务贸易持续逆差，但逆差有缩小的态势，同时不同部门服务进出口情况差异也较大。2018 年，日本服务贸易分部门进出口情况见表 10–5。

表 10–5　2018 年日本服务贸易分部门进出口情况

部　门	出口额（亿美元）	占出口额比重（%）	进口额（亿美元）	占进口额比重（%）
总体	1920.06	100	2000.47	100
运输	289.29	15.07	383.97	19.19
旅游	411.32	21.42	201.44	10.07
建筑	92.16	4.8	82.88	4.14
保险	24.25	1.26	71.11	3.55
金融	114.74	5.98	72.63	3.63
专利权使用费和特许费	455.6	23.73	214.42	10.72
通信、计算机信息服务	45.66	2.38	154.98	7.75
其他商业服务	415.71	21.65	686.56	34.32
个人文化和娱乐	6.42	0.33	6.71	0.34
政府服务	47.02	2.45	20.11	1.01

资料来源：世界贸易组织历年国际贸易统计。

2018 年，虽然日本的两大传统服务部门中，运输服务贸易仍为逆差 94.68 亿美元，但旅游服务贸易实现顺差 209.88 亿美元，同时在一些现代服务贸易部门上表现为顺差，特别是专利权使用费和特许费表现出较强的竞争能力。

2. 日本服务贸易发展特点

近年来，日本对外服务贸易发展状态标志着其已步入增长轨道，总结起来呈现出以下一些新特点：

（1）经济复苏及服务业日趋完善，有利于服务贸易发展。进入 21 世纪，日本经济的回暖为日本服务贸易发展创造了有利条件。近年来，日本服务业保持稳定增长，占 GDP 总量的比重接近 70%，这为对外服务贸易的进一步增长打下了基础。

（2）出口增速快于进口，贸易逆差逐渐缩小。自 2000 年以来，日本服务贸易逆差不断缩小，且于 2006 年降至历史最低的 187.6 亿美元，2006—2012 年又有所增加，2012 年后又呈缩小态势。2021 年，日本服务出口和进口的年均增速分别是 3.64% 和 −4.16%，近两年来，日本服务贸易进口已经连续负增长，这说明出口增势强于进口，贸易逆差规模总体缩减。

（3）渐进式开放增强了对外服务贸易竞争力。在服务业渐进式开放模式下，日本向欧美国家学习先进经验和技术的同时，注重提升金融、保险服务的国际竞争力，努力扩大服务出口。目前，日本正加快服务业和服务贸易发展，积极调整服务贸易发展策略，获取更大贸易利益。

10.2 “金砖国家”服务贸易发展

10.2.1 “金砖国家”服务贸易发展现状

进入新世纪以来，世界服务出口总额由 2000 年的 14 813 亿美元增长至 2021 年的 60 190 亿美元，同期货物贸易由 61 882 亿美元增长至 222 838 亿美元。不过，两个近似比例的增长在不同国家和地区却表现出极大的差异，主要体现为发达国家服务贸易顺差与货物贸易逆差逐渐扩大，而以中国为代表的发展中国家货物贸易顺差和服务贸易逆差同时增加。例如，OECD 国家服务贸易顺差从 2001 年的 537 亿美元一路飙升至 2017 年的 5562 亿美元，且顺差年均增速始终保持在 15% 以上，部分年份甚至超过 50%，而作为发展中国家的代表——“金砖国家”除印度以外服务贸易逆差正在逐年扩大。

“金砖国家”服务贸易发展经历了一个迅速发展又稍有回落的过程。根据世界贸易组织的统计，巴西服务出口从 2000 年的 90 亿美元增长到 2014 年的 392 亿美元，占世界服务出口总额的比重由原来的 0.6% 增加到 0.8%，同期巴西服务进口从 156 亿美元上升到 858 亿美元，占世界服务进口总额的比重从 1.1% 提高到 1.8%，2021 年相比于 2000 年出口总额虽然有所增加，但世界占比却有所下降，为 0.6%。进口世界占比相比于 2000 年下降到 0.9%。2014 年，俄罗斯服务出口升至 649 亿美元，占世界服务出口总额的比重达到 1.3%，而服务进口为 1189 亿美元，占世界服务进口的 2.5%。2021 年出口世界占比下降到 0.93%，进口世界占比下降到 1.3%。印度服务出口从 2000 年的 160 亿美元发展至 2014 年的 1556 亿美元，其占世界服务出口也从 1.1% 上升到 3.2%，其服务进口则从 189 亿美元增长到 1469 亿美元，其占世界服务进口从 1.3% 增加到 3.1%。南非服务贸易占世界比重为 0.28%，经济体量小，且发展缓慢，与前几个国家不同，印度 2021 年服务出口世界占比仍然在上升，达到 3.94%，服务进口世界占比下降到3.5%。作为新兴市场国家代表的中国，2000—2014年服务出口从301亿美元上升到2325亿美元，占世界服务出口总额的比重由2.0%升至4.7%，服务进口从359亿美元提高到3816亿美元，占世界服务进口的比重从较低的2.5%上升至8.0%。2021年服务出口额为3940亿美元，比重增至6.5%，服务进口额为4270亿美元，占比为7.7%。

2017—2021年"金砖国家"服务出口总额见表10–6。

表10–6 "金砖国家"服务出口总额 （单位：亿美元）

年份	2017	2018	2019	2020	2021
巴西	345	354	343	286	332
俄罗斯	575	646	619	481	560
南非	165	171	159	87	91
印度	185	205	2148	2034	2370
中国	2281	2668	2836	2806	3940
世界	55 461	60 979	62 802	51 587	60 190

资料来源：世界贸易组织数据库。

2017—2021年"金砖国家"服务进口总额见表10–7。

表10–7 "金砖国家"服务进口总额 （单位：亿美元）

年份	2017	2018	2019	2020	2021
巴西	728	714	698	495	503
俄罗斯	889	947	985	645	750
南非	1919	1947	1889	1339	1590
印度	1546	1761	1794	1538	1920
中国	4677	5250	5014	3811	4270
世界	53 398	58 193	60 297	48 960	55 610

资料来源：世界贸易组织数据库。

尤其近年来，"金砖国家"服务贸易均保持较快增长，中国服务贸易总额一直处于首位，印度和俄罗斯次之，巴西和南非相对落后。从增长速度来看，中国名列首位，其次是印度和巴西，俄罗斯和南非服务贸易增长相对缓慢。

10.2.2 "金砖国家"服务贸易竞争力

1."金砖国家"服务贸易综合竞争力

（1）基于TC指数的竞争力分析。从国别来看，2015—2021年印度一直是服务贸易净出口国，且TC指数相对稳定（见图10–4），显示出印度服务贸易竞争力较强。中国TC指数均为负，说明中国一直是服务贸易净进口国，服务出口竞争力较弱。但TC指数总体呈变大状态，在2022年有望成为净进口国。俄罗斯和巴西考察期间的TC指数均为负，表明两国长期以来也是服务贸易净进口国，出口竞争力较中国更弱。俄罗斯总体水平强于巴西，近年来TC

指数一直在 −0.2 左右波动，2020—2021 年略微上升。巴西服务业缺口较大，长期处于深度服务贸易净进口状态，2017 年到达低谷，之后不断回升和增长，2021 年保持在 −0.2。

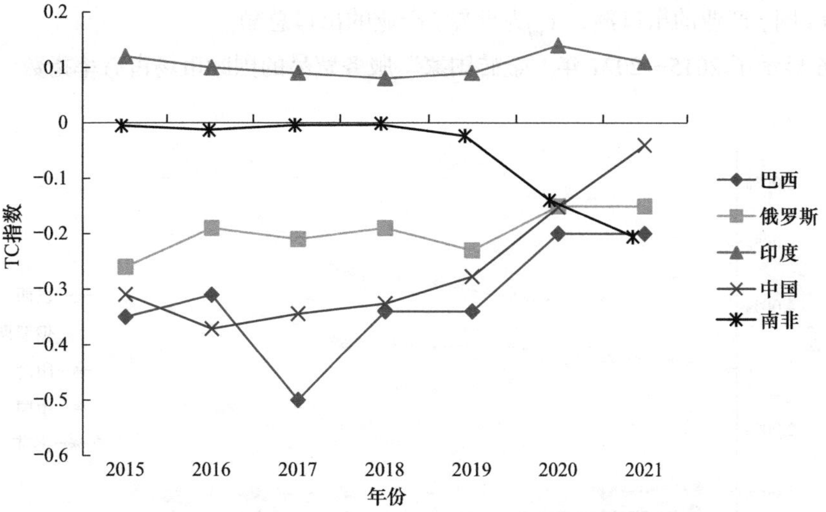

图 10–4　2015—2021 年“金砖国家”服务贸易 TC 指数

总体上，五国中印度最强，其次为中国和俄罗斯，巴西和南非较弱。五国的服务贸易竞争力状态基本反映了各国服务业发展水平。

（2）基于 RCA 指数的竞争力分析。由图 10–5 可知，只有印度显示出较强的竞争力，其余四国竞争力较弱。在考察期内，印度 RCA 指数一直稳定在 1.6 ～ 1.8，2020 年达到最高点，随后稍有回落。巴西的显性比较优势强于俄罗斯和中国，这与 TC 指数的情况有所差异，因为 RCA 指数仅描述出口相对世界平均水平的状况。

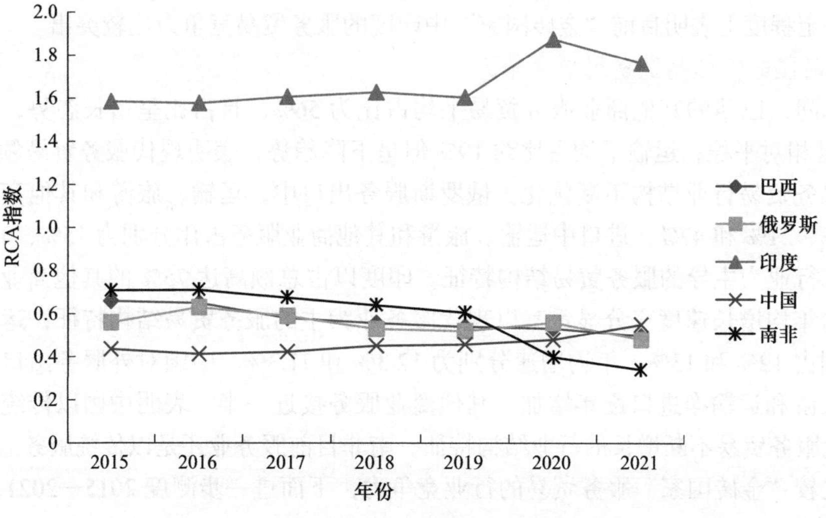

图 10–5　2015—2021 年“金砖国家”服务贸易 RCA 指数

（3）基于 MSI 的竞争力分析。国际市场占有率指数（Market Share Index，MSI），即一国某一产业或产品的出口额占世界出口总额的比重，在考虑该国整体规模的基础上，可以简明表示该产业或产品的对外竞争力。

$$MSI = \frac{X_{ij}}{X_{wj}}$$

式中，X_{ij}为i国j产业的出口额；X_{wj}为世界j产业的出口总额。

图 10–6 显示了 2015—2021 年“金砖国家”服务贸易的国际市场占有率指数。

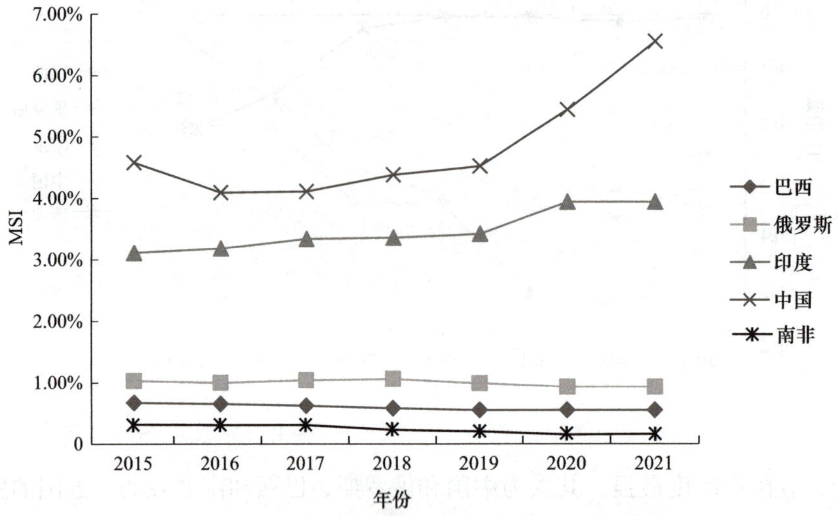

图 10–6　2015—2021 年“金砖国家”服务贸易 MSI

从 2015—2021 年各国服务贸易在世界服务贸易总额中占比的均值来看，中国最大，其次是印度和俄罗斯，再次是巴西，南非最小，仅占世界服务贸易总额的 0.2% 左右。五国服务贸易总额不足全球的 10%，相比其在世界货物贸易中占比 13.73%，服务贸易明显偏弱。其中，除印度货物贸易份额低于其服务贸易份额外，其余国家货物贸易份额均为服务贸易份额的大约两倍，一定程度上表明目前“金砖国家”中印度的服务贸易竞争力比较突出。

2. “金砖国家”服务贸易行业竞争力

考察期间，巴西的其他商业服务贸易平均占比为 56%，且占比呈增长态势，旅游平均占比约 24% 且相对平稳，运输平均占比约 19% 但呈下降趋势，表明现代服务贸易领先于传统服务贸易，服务贸易行业结构不断优化。俄罗斯服务出口中，运输、旅游和其他商业服务占比分别为 32%、21% 和 47%，进口中运输、旅游和其他商业服务占比分别为 15%、39% 和 46%，表明以传统行业为主导的服务贸易结构特征。印度以占总额高达 75% 的其他商业服务出口及其 13.4% 的年均增长速度充分显示其以现代服务业为主的服务贸易结构特征，运输和旅游服务出口分别占 12% 和 13%，年均增速分别为 12.3% 和 11.3%。中国对外服务出口中，旅游约占 32%，旅游和运输净进口逐年增加，其他商业服务接近一半，表明中国以传统服务贸易为主同时现代服务贸易不断增长的行业结构特征。南非目前服务业还是以传统服务业为主。

为了比较“金砖国家”服务贸易的行业竞争力，下面进一步测度 2015—2021 年各国各行业的 TC 指数。

由表 10–8 可知，巴西服务贸易行业竞争力水平总体偏低，但正不断增长，尤其旅游增长较快。俄罗斯传统服务贸易强于现代服务贸易，运输服务 TC 指数考察期间均为正值，显示出较强竞争力，而其旅游和其他商业服务相对较弱。印度现代服务业较为发达，其他商业服务

表 10–8 2015—2021 年“金砖国家”各行业 TC 指数

年份	巴西			俄罗斯			印度			中国			南非		
	运输	旅游	其他商业服务	运输	旅游	其他商业服务	运输	旅游	其他商业服务	运输	旅游	其他商业服务	运输	旅游	其他商业服务
2015	−0.37	−0.50	−0.30	0.16	−0.61	−0.25	−0.57	0.17	0.37	0.30	−0.62	0.06	0.02	—	—
2016	−0.28	−0.41	−0.29	0.18	−0.51	−0.24	−0.52	0.16	0.29	0.25	−0.71	0.00	0.02	—	—
2017	−0.32	−0.53	−0.30	0.16	−0.55	−0.24	−0.54	0.19	0.28	0.25	−0.74	0.05	0.02	—	—
2018	−0.36	−0.51	−0.28	0.18	−0.49	−0.22	−0.56	0.15	0.29	0.26	−0.75	0.09	0.02	—	—
2019	−0.36	−0.49	−0.28	0.15	−0.53	−0.25	−0.53	0.15	0.31	0.30	−0.76	0.11	0.02	—	—
2020	−0.24	−0.28	−0.29	0.15	−0.40	−0.23	−0.44	0.02	0.33	0.54	−0.77	0.09	0.03	—	—
2021	−0.26	−0.28	−0.19	0.08	−0.48	−0.19	−0.48	−0.28	0.35	0.72	−0.81	0.12	0.04	—	—

TC 指数近年来达到 0.3，竞争力甚至超过许多发达国家，运输和旅游出口相对比重下降。中国运输业竞争力快速增长，但旅游服务 TC 指数考察期间为负值。南非由于服务业相对不发达，数据获取较少。

10.3 发展中国家（地区）服务贸易发展

10.3.1 发展中国家（地区）服务贸易发展现状

世界贸易组织中的发展中成员大致可以分为三类：①低收入国家（地区），根据 2014 年世界银行制定的标准，人均国民生产总值 1045 美元及以下的国家和地区，符合这样条件的世界贸易组织成员有 31 个；②中低收入国家（地区），人均国民生产总值高于 1045 美元低于 4215 美元的国家和地区，比如玻利维亚、喀麦隆、埃及、加纳、肯尼亚、摩洛哥、尼加拉瓜、尼日利亚、巴基斯坦、菲律宾、塞内加尔、斯里兰卡和赞比亚等；③中高收入国家（地区），即人均国民收入在 4126 ～ 12 735 美元的发展中国家和地区。目前，全球 200 多个经济体中，有 135 个属于发展中国家和地区。

总体来看，20 多年来发展中国家（地区）服务业产值和就业人数占国内生产总值和总就业的比重现在已分别达到或接近 50%，对外服务贸易也得到了迅速发展。虽然发展中国家（地区）服务贸易在规模上与发达国家相比仍然较小，且其资本、技术密集型服务业较发达国家明显落后，但纵向来看，发展中国家（地区）的服务经济在国民经济中的地位不断上升，服务出口占世界服务出口总额的比重逐渐提高。据世界贸易组织统计，2021 年服务出口前 30 位的国家和地区中，作为发展中国家（地区）的中国大陆（内地）、印度、波兰、中国香港、土耳其、中国台湾、泰国、中国澳门分别占世界服务出口额的 6.6%、3.9%、1.3%、1.3%、0.9%、0.9%、0.4%、0.3%；中国大陆（内地）、印度、波兰、泰国、中国香港、中国台湾、土耳其、中国澳门分别占世界服务进口额的 7.7%、3.4%、0.9%、1.2%、1.1%、0.7%、0.6%、0.1%。

10.3.2 发展中国家（地区）服务贸易发展特点

1. 发展中国家（地区）服务贸易占世界服务贸易份额较小

2021 年，居前十位的服务出口国家和地区中，除中国和印度以外仍然都是发达国家。此外，同年跃居前 30 位的主要发展中国家和地区只有中国大陆（内地）、印度、波兰、中国香港、土耳其、中国台湾、泰国、中国澳门，其服务出口额加总只占全球服务出口总额的 17.6%。

2. 发展中国家（地区）现代服务业及服务贸易竞争力偏低

在服务贸易部门结构方面，发展中国家（地区）的传统服务业处于极其重要的地位。发展中国家在劳务输出、建筑承包、旅游服务等领域具有较大优势，同时其资本、技术密集型的现代服务业发展水平与发达国家相比差距较大。在金融、保险、信息和海运服务等领域，虽然发展中国家（地区）的竞争力不断加强，但短期内仍难以改变发达国家的长期垄断地位。

3. 发展中国家（地区）的内部差异导致服务贸易发展各异

由于服务业和服务贸易伴随一国国内经济发展而发展，当今发展中国家（地区）经济社会发展水平千差万别，各自对外服务贸易状况也不尽相同。中国香港、新加坡等服务贸易较为发达，几乎连年顺差；中国大陆（内地）存在大幅逆差；乌干达、乍得、卢旺达等服务贸易规模较小且连年逆差。具体而言，在服务出口方面，部分发展中国家和地区获得了一定成功，比如中国香港、新加坡的金融服务，印度的计算机及信息服务等。

4. 发展中国家（地区）较发达国家整体服务贸易逆差显著

就大多数发展中国家（地区）而言，对外服务贸易水平较低、发展缓慢。其中，服务贸易逆差的最大来源是其他商业服务、运输服务，具有一定顺差的是旅游服务，但所占比重极小。中国大陆（地区）、巴西这些世界主要发展中国家（地区）普遍存在大量服务贸易逆差。

10.3.3 发展中国家（地区）对服务贸易自由化的态度

对于发展中国家（地区）来说，国际服务贸易自由化会为发展中国家一些具有优势的服务行业的发展带来机遇。但是，在服务业越来越依靠技术知识进行国际竞争的今天，发展中国家（地区）仅依靠廉价的劳动力资源的“比较优势”在国际服务市场上已难以进一步实现服务贸易量的扩大和结构的改善。面对国际服务贸易自由化的浪潮，发展中国家（地区）遇到的更是严峻的挑战，发展中国家（地区）对服务贸易自由化的态度是发展中国家（地区）一方面正在振兴本国（地区）的服务业并积极推进服务出口，另一方面也加强了对本国（地区）新兴服务业的保护，采取了一些抵制服务贸易自由化的措施。也就是说，它们既支持服务贸易自由化发展，也为发展带来的不利影响采取了一些抵制措施，以保护发展中国家（地区）的服务贸易。

（1）服务贸易自由化的正效应。规模经济效应，竞争优势效应，经济刺激效应，经济资源充分利用效应，学习效应。

（2）服务贸易自由化的负效应。阻碍本国（地区）服务业发展效应，危害国家（地区）安全效应，国际收支恶化效应。

10.3.4 服务贸易发展对发展中国家（地区）的影响

在国际产业结构调整和转移的背景下，服务贸易自由化的浪潮不可阻挡，服务业开放与增长，以及服务贸易的迅速发展就像一把双刃剑，给发展中国家（地区）带来了巨大的影响，既有机遇又充满挑战。

1. 提高发展中国家（地区）的经济效率

由于外国服务提供者进入本国（地区）市场，发展中国家（地区）的企业能够有更多的机会选择质优价廉的服务，提高企业的经济效率。并且，发展中国家（地区）可以借此机会进口其经济发展急需本国（地区）却无法完全满足的生产性服务，从而有助于解决生产发展与服务业落后的矛盾。在此进程中，发展中国家（地区）倾向于发展自身具有竞争优势的服务业，优化资源的有效配置，并为发展中国家（地区）服务出口创造机会。

2. 促进发展中国家（地区）的技术进步

（1）服务贸易本身就是国际技术转移的重要途径。由于技术进步往往最先出现在服务领域，发展中国家（地区）可以通过引进、咨询、培训及其他技术服务获取先进技术和信息。

（2）服务业外国直接投资通常伴随技术输出和引进，同时越发激烈的国际竞争也会迫使发展中国家（地区）主动加快服务业技术进步和提高竞争力，由此带动其他部门的技术创新和增长。

3. 加大发展中国家（地区）的就业压力

发展中国家（地区）服务业劳动生产率较低、劳动密集度较高、劳动力素质较差，向其他产业部门转移较困难。所以，服务贸易自由化可能使本国（地区）服务业和与之相关的物质生产部门就业状况恶化，而且对发展中国家（地区）尚在襁褓中的高新技术服务产业造成损害，影响这些服务业部门的发展和就业。

4. 影响发展中国家（地区）的经济安全

国内服务业的市场开放将使发展中国家（地区）在一定程度上丧失部分经济自主权，而服务贸易自由化可能削弱发展中国家（地区）的经济独立性。金融、技术、计算机及信息等现代服务业的国际竞争还会抑制发展中国家（地区）相应的服务贸易发展，造成对发达国家的过度依赖。

10.4 世界服务贸易发展新形态——数字服务贸易

10.4.1 新一轮科技革命将极大改变数字服务贸易的形式和业态

当前，新一轮科技革命和产业革命正在蓬勃兴起。这一轮革命的核心是数据，围绕数据这一关键要素的创新链、产业链的各个环节正在不断取得突破，主要表现在：一是计算领域，数据计算能力不断提速，而计算能力是云服务、人工智能服务的基础，随着量子计算正在趋向突破，人类的计算能力将迈上一个新台阶；二是存储领域，数据存储的规模和效率正在呈指数级扩张，与计算能力的结合将引发生产方式的极大变革；三是传输领域，数据传输速度将极大提升，正在从第三代移动通信技术（3G）、第四代移动通信技术（4G）迈向第五代移动通信技术（5G）时代，未来有可能进入量子通信时代，连接方式也正在从互联网向包括互联网、物联网在内的万物互联转变，区块链等新技术正在创造更加安全高效的数据连接方式。

这些突破和创新将充分体现在数字服务贸易的发展中，数字服务贸易的规模、形式和业态都可能发生极大变化。

一是传统服务贸易将被极大改造。随着数据计算和传输的加速，空间和距离对服务贸易的限制作用越来越小，更多的线下服务贸易将被转移到线上，虚拟现实技术（VR）会使大量面对面才能购买的服务转移到互联网和物联网上，三维（3D）打印技术甚至可以将大量商品贸易转变成基于数据流的信息贸易。

二是数字服务贸易的形式和业态也将不断创新。区块链技术将推动线上金融服务的革命，各种新型数字货币将重塑全球支付体系，自动驾驶技术会创造基于车联网和全球定位的出行服务新业态，VR 将极大提升社交媒体的消费者感受度，从而成为人与人交往的主要场所，人工智能更是可以将人类大量活动转变成可交易的服务。

三是数字技术将与农业、工业等传统产业紧密融合，极大提升传统产业的敏捷性、精益性，智慧农业、智能制造、工业互联网等将成为普遍的生产形态。依靠数据流的增材制造（Additive Manufacturing）将使制造业摆脱对全球采购的限制，制造业和服务业的边界将更加模糊，全球制造业和物流格局都将发生深刻改变。与此同时，新一轮的科技革命可能会创造更多我们难以想象的新服务、新业态，有可能完全打破现有的数字服务贸易架构。

10.4.2 主要大国在数字服务贸易领域的竞争和博弈可能更加激烈

数字服务贸易是正在蓬勃发展的朝阳产业，孕育着极大的商机，是各国都在努力争取的经济新增长点和新发展机遇。数字服务贸易可能会带来产业结构的巨大变化，进而重塑全球经济格局，在这一过程中，大国的竞争和博弈可能更加激烈。这种竞争将突出表现在两个方面：

一是对先进数字技术的争夺。随着数字技术的飞速创新与进步，只有率先掌握了先进数字技术的国家，才能在数字贸易领域的激烈竞争中获得先发优势。目前，世界主要大国围绕人工智能、云计算、5G、大数据等前沿技术已经展开了竞争，其中美国与中国的竞争尤为激烈。美国是全球数字技术最为领先的国家，中国拥有数字经济、数字贸易的庞大市场和应用场景，且正在向数字技术的高端领域快速攀升。

二是对数字服务贸易规则的竞争。规则在很大程度上决定了竞争的走向，一个国家在数字服务贸易规则的制定中增强话语权，使规则制定更加符合自身利益，就更容易维护其优势地位。美国正在凭借其强大的政治经济影响力在全球各个层面推进“美式模板”，除“欧式模板”外，全球其他区域协定中尚未形成系统的数字贸易规则体系，更难以与“美式模板”相竞争。

10.4.3 全球数字服务贸易的保护主义倾向正在凸显

近年来，全球贸易保护主义凸显，在数字服务贸易领域也有所体现，其原因有三个：一是由于目前全球尚无统一的、各国公认的数字服务贸易规则，各国采取壁垒措施难以诉诸争端解决机制，采取保护手段很难受到约束；二是由于各国数字经济发展水平差异较大，落后国家担心一旦市场开放，发达国家会“赢家通吃”，产生严重的“马太效应”，本国市场被发达国家所控制；三是由于各国安全观不同，信息安全与国家安全相关，各国对信息安全的规制方式不同，各种规制方式之间难以充分协调和对接。在全球数字服务贸易规则构建中，规则从边境措施向边境后措施延伸逐渐成为主流，这与很多国家维护自身数字经济相关产业发展、维护国家信息安全的矛盾冲突越来越大，全球数字贸易限制性措施的数量呈激增趋势。特别是在跨境数据自由流动、数据本地化存储、数字服务市场准入与国民待遇等问题上各国分歧较大，一些发展中国家也将上述问题的让步视为与发达国家开展经贸谈判的一种手段。由于各国产业基础、利益诉求、安全关切、政策主张各有不同，在数字服务贸易方面持不同立场和态度，无所谓是非对错，但如果过于强调保护，极有可能使本国数字市场与国际市场脱节，非但不会缩小数字鸿沟，反而会使之越来越宽。

10.4.4 主要国家相互协调的数字治理体系尚需积极探索

从全球范围看，由于各国在数字贸易的理念、立场、监管方式、法律体系存在显著差异，其数字治理方式也各有不同，各主要国家相互协同的数据治理体系尚未建立起来，全球数字治理呈碎片化特点。各国在推进数字治理时主要采取了两种路径：一种是美国的“长臂管辖”。美国《爱国者法案》和《外国情报监控法》具有域外效力，提出无论数据存储地在哪里，美国数字服务提供商都要向美国情报部门提供数据信息。《澄清境外合法使用数据法案》

（又被称为《云法案》）为美国获取海外服务器数据巩固了法律基础，建立了一个可以绕过数据所在国监管机构的数据调取机制。另一种强调“数字主权”，认为数字资源是本国重要的经济资源和战略资源，对国家经济安全、信息安全、个人隐私等影响重大。在数字治理中采取兼顾保护与发展的审慎管理方式，除美国外的许多国家都采用这种方式。两种路径间不可避免地会出现矛盾和冲突，随着美国在数字贸易领域更多“长臂管辖”措施的使用，针对与反针对、制裁与反制裁将更为常见。

解决上述问题的根本是建立主要国家间相互协同的数字治理框架，并在此基础上构建全球统一的数字治理框架。美国与欧盟之间率先进行了一些尝试，2000 年，美国与欧盟达成《安全港协议》，关于数据传输标准、隐私保护等关键问题，双方经协商总体采取了折中的处理办法，初步实现了双方数字监管治理体系的对接。但受“棱镜门”影响，欧盟于 2015 年 10 月宣布《安全港协议》无效。2016 年 2 月，美国与欧盟进一步达成《隐私盾协议》，在照顾欧盟个人隐私保护的关切下，形成了一套新的数字合作监管和治理框架。2018 年，欧盟实施 GDPR 后，对个人隐私保护进一步升级，这预示着未来美欧数字合作机制可能需要再次升级或做出改变。此外，在 USMCA、日本与欧盟经济伙伴关系协定等双边和多边协定中，对数字治理的相关问题也各有规定。但从全球看，主要大国公认、相互协同、制度对接的数据治理框架还没有建立起来，未来还需要各国共同探索。

10.4.5 全球数字服务税体系有待建立

数字服务贸易正在改变全球贸易的形态和结构，也必然会影响到全球经济的供应格局和国际利益的分配格局，这对以工业经济为基础的现行税制体系及国际税收规则产生了革命性挑战。在传统国际税收规则下，税收管辖权遵循常设机构原则；但在数字经济时代，企业利用互联网和通信技术可以在其他国家进行远程营业活动，对地理上的需求大大降低，从事纯数字服务的企业甚至完全不需要在收入来源国设立营业场所。在这种情况下，传统税收管辖权所依据的企业经营和地理联系的标准难以适用，税基侵蚀和利润转移问题突出。近年来，谷歌、苹果、脸书、亚马逊等大型互联网和信息公司发展迅猛，其避税行为饱受国际社会诟病，这些企业在东道国获得了海量数据，并从中取得了高额收益，但并未为此缴纳公平的税额。据欧盟委员会测算，在现行税制下，数字经济缴纳的税率较其他经济活动低 14 个百分点，明显违背了税收公平原则。数字经济、数字贸易给传统国际税收规则，特别是税收管辖权，带来巨大挑战。

在这种情况下，欧盟委员会于 2018 年 3 月率先提出数字服务税提案，拟对全球年营业收入超过 7.5 亿欧元、欧盟年营业收入达到 5000 万欧元的大型互联网企业征税。但当时该提案在欧盟内部分歧严重，法国、英国持积极态度，丹麦、瑞典、爱尔兰等国坚决反对。2019 年 3 月，由于各国分歧较大，欧盟不得不宣布暂停在欧盟范围内推行数字税。在欧盟数字税难以推行的情况下，法国率先出台了数字税征收方案。2019 年 7 月，法国总统马克龙签署《数字服务税法案》，要求在法国提供广告服务，向广告公司销售用户数据以及提供中介服务的数字企业（无论在法国是否有商业存在）按应税收入的 3%缴纳数字服务税，但应税业务在全球年营业收入不到 7.5 亿欧元，或在法国境内年营业收入不到 2500 万欧元的数字企业，可予以免征。除法国外，英国、西班牙、奥地利、意大利、日本、新西兰、澳大利亚等国也已出台或正在考虑出台不同形式的数字服务税，目前一些欧盟国家是推进数字服务税的主力。

各国征收数字服务税遭到美国的激烈反对。美国认为，数字服务税针对的是美国在全球领先的数字服务产业，这对美国企业而言有失公允，是一种针对美国企业的歧视性税收。美国对法国数字服务税的反应尤为激烈，法国数字服务税也称GAFA税，该名称来源于谷歌（Google）、苹果（Apple）、脸书（Facebook）[㊀]、亚马逊（Amazon）等互联网巨头的首字母，针对美国企业意味明显，美国贸易代表办公室宣布，依据《1974年贸易法》第301条款，对法国数字服务税发起调查。美国是全球数字经济产业最发达的国家，其国内企业和国家利益受数字服务税影响很大，不会轻易将数字贸易在税收领域的规则制定权交给其他国家。美国坚持在OECD框架内就数字服务税问题开展多边谈判，反对单边征收。未来美国与法国等欧洲国家在数字服务税领域的分歧和冲突可能会长期持续，并可能引发国际税收领域的规则重构。

【专栏】

新冠疫情给世界服务贸易发展带来的影响

新冠疫情（简称疫情）对全球经济的冲击相当严重，美国4月失业率达到14.7%，创下“大萧条”以来最高值。基于全球化形成的经贸关联性，疫情对全球供给和需求的双重冲击，任何经济体都难以独善其身。服务业更易受到全球供求的双重冲击，同时，基于疫情防控需要而采取的管控措施，均有可能使全球服务贸易流量、流向发生改变，给全球化格局带来影响。一是短期来看，疫情影响服务贸易的规模和增速，但不会给全球贸易格局带来显著影响。全球经济几近暂停状态和各国采取的封闭边境举措，将改变服务贸易的流量与流向，改变不同国家或经济体之间的国际收支状况，进而对各国国内生产供应主体或关联产业带来冲击，抑制就业和经济增长。同时，各国疫情严重程度及防控成效的步调不一，在国际经贸交流几近停滞的情况下，很容易使部分服务贸易本土替代或产业本地化、区域化转移步伐加快，促进本土消费导向的服务经济发展。考虑到知识密集型服务供应短期内依然由发达国家主导，双边或多边服务贸易量的下降将是短期的，疫情危机后有望迅速恢复，但也不排除部分国家推进产业链、供应链全球化脱钩，冲击服务贸易格局。二是常态化的疫情防控将会造成服务贸易进口替代和全球格局变化。疫情对全球化的影响主要表现为产业链的内向化趋势，这会使一些国家打着“制造业回流”的旗号进行逆全球化打算，或将打破全球化下基于比较优势形成的价值链分工体系。与此同时，在出入境继续管控的状况下，各国更依赖于国内有效供给的增加来满足服务消费需求的增长，从而加速产品或服务的进口替代。此外，随着各国疫情防控成效的差异日益显现，基于选举政治的需要，有些国家或政客将会通过“污名化”其他国家来摆脱其国内抗疫不力的质疑与指责，甚至会基于意识形态偏见，出现针对特定族群的歧视，变相收紧出入境有关规定，阻碍后疫情时代全球服务贸易的开放合作。但是相比这些逆流，相信越来越多的国家将会选择继续扩大开放来对冲疫情带来的经济冲击，推动就业和经济增长。

［引自：聂新伟，新冠疫情对全球化影响的观察与思考——基于全球服务贸易形势的分析，《海外投资与出口信贷》2020年第4期。］

【重要概念】

“金砖国家”；指数；数字服务贸易

㊀ 现名为Meta。

【思考题】

1．试阐述 20 世纪 90 年代以来美国服务贸易迅速发展的原因。

2．对比欧盟和日本服务贸易的发展特点。

3．从总体和行业两个方面衡量“金砖国家”的服务贸易竞争力。

4．表 10–9 所列为 2015—2020 年中国对外引进和输出版权的情况，请据此计算并回答下列问题：

1）使用 TC 指数计算并分析中国版权产业的比较优势，其中图书、录音制品、录像制品、电子出版物中，哪一类比较优势或者比较劣势最为明显？

2）如何使用 RCA 指数衡量中国版权产业的国际竞争力？你还需要哪些数据？能够通过哪些渠道查找？

3）计算中国版权产业的 MSI 并对结果加以讨论。

表 10–9 2015—2020 年中国对外引进和输出版权量 （单位：项）

项目	年份					
	2015	2016	2017	2018	2019	2020
引入合计	16 467	17 252	18 120	16 829	16 140	14 185
图书	15 458	16 587	17 154	16 071	15 684	13 919
录音制品	133	119	147	125	78	79
录像制品	90	251	364	192	204	154
电子出版物	292	217	372	214	11	33
输出合计	10 471	11 133	13 816	12 778	15 767	13 895
图书	7998	8328	10 670	10 873	13 680	12 915
录音制品	217	201	322	214	290	230
录像制品	—	18	102	—	8	14
电子出版物	650	1264	1557	743	838	736

资料来源:《中国文化及相关产业统计年鉴》。

5．总结服务贸易自由化对发展中国家（地区）的影响。

【课后阅读材料】

[1] 成蓉、程惠芳，中印贸易关系：竞争或互补——基于商品贸易与服务贸易的全视角分析，《国际贸易问题》，2011 年第 6 期。

[2] 高雅倩，中国、日本服务贸易国际竞争力对比研究，华中师范大学学位论文，2020 年。

[3] 陶明、邓竞魁，新兴市场服务贸易比较研究——以“金砖四国”为研究对象，《国际贸易问题》，2010 年第 3 期。

[4] 王拓，中美比较视角下我国服务贸易发展策略思考，《国际贸易》，2016 年第 2 期。

[5] 吴贤彬、陈进、华迎，基于 SRCA 和 Lafay 指数的“金砖五国”服务贸易结构竞争力分析，《宏观经济研究》，2012 年第 2 期。

[6] 尹翔硕、申朴，论中印两国要素积累对服务贸易比较优势的影响，《复旦学报（社会科学版）》，2005 年第 5 期。

第 11 章

服务业跨国直接投资

【学习目标】

1. 了解服务业 FDI 的理论动因和发展模式
2. 掌握中国服务业 FDI 发展的有利和制约因素

【引导案例】

2015 年 5 月，服务业扩大开放综合试点在北京率先实施。2021 年 4 月试点首次扩围，将天津、上海、海南、重庆 4 省市纳入，形成“1+4”格局。

试点布局的优化彰显了服务业扩大开放综合试点作为高水平开放平台对稳外资的重要作用。商务部数据显示，2021 年，我国服务业实际使用外资 9064.9 亿元，同比增长 16.7%，占全国实际使用外资的比重为 78.9%。其中，服务业扩大开放试点示范地区服务业引资占全国的 33.4%。2022 年 1 月—2 月服务业实际使用外资 1757 亿元，同比增长 24%，占比超过 70%，其中，高技术服务业增长 74.9%。

“与现有的其他开放平台相比，服务业扩大开放综合试点增强了服务业吸收外资的能力，对稳外资做出重要贡献。”未来服务业扩大开放综合试点应继续采取边评估边推进的方式，在先行先试和差异化探索基础上，积累更多试点经验，为全国服务业开放发展提供示范，促进我国服务业高质量发展。

（资料来源：中国证券报，2022 年 3 月 23 日，“服务业扩大开放综合试点扩容加速”，https://epaper.cs.com.cn/zgzqb/html/2022-03/23/nw.D110000zgzqb_20220323_2-A01.htm，有改动。）

11.1 服务业 FDI 的理论动因

20 世纪 80 年代开始，服务业跨国直接投资逐渐从制造业投资理论中剥离出来，成为学者关注的焦点。这种研究重点上的转变主要基于两点原因：第一，服务业自身的蓬勃发展和服务产品日趋频繁的国际交换使人们认识到服务经济在国民经济中的重要地位；第二，世界贸易组织“乌拉圭回合”有关服务贸易的规则条款，强化了对服务业的关注，刺激了服务业对外直接投资（FDI）和服务贸易的发展。

不同于制造业，服务产品大多具有无形性和不可储藏性，其生产与消费须同步进行，许多服务产品提供给国外消费者只有通过 FDI 或由本土企业与外国企业达成许可转让协议后在当地生产，这就决定了服务贸易增长的主要渠道不是贸易而是对外直接投资。

11.1.1 经典 FDI 理论的服务业适用性

最早有关 FDI 理论的研究是围绕制造业国际直接投资而展开的，其中最具代表性的是垄断优势理论（Monopoly Advantage Theory）、内部化理论（Internalization Theory）、产品生命周期理论（Product Cycle Theory）和国际生产折衷理论（Eclectic Theory of International Production）。

海默的垄断优势理论认为，少数企业借助其寡头竞争优势克服了跨国经营的额外成本，与东道国企业展开竞争。垄断优势是指 FDI 的有利条件，以该理论为起点，多数观点认为可以适用于服务业 FDI 的分析。另外，内部化理论指出，一国在纵向多阶段生产过程中，因为本国生产的中间产品通过市场供应不经济或不完全，只有跨国生产中间产品，同时要求该产品主要配套于本国生产。其实，内部化理论没有从一般意义上解释最终产品的跨国生产。由于服务的不可运输性，跨国生产的服务不可能内部化地服务于本国生产，而且服务生产离不开直接消费，并不具有像制造业那样多阶段生产的特点。因此，内部化理论对于服务业 FDI 基本不适用，尤其不能用于解释针对最终产品的服务业 FDI。

对于产品生命周期理论是否适用于服务业 FDI，弗农曾经指出，如果知识的转移可以代替产品转移，传统理论就可以用于解释服务业 FDI。但是，之后的更多研究认为，在大多数劳动密集型服务业中，不存在货物从技术到资本再到劳动的要素密集度相继轮换的明显周期。货物在不同生命阶段的更迭并不影响全球销售，服务却要随生命阶段的不同时期转换生产中心。所以，主流观点认为，服务和货物在供给和需求两个方面表现出的明显差异使得产品生命周期理论不适用于服务业 FDI。

最后，撇开所有权优势和内部化，邓宁国际生产折衷理论的三要素只剩下区位优势。在区位优势理论中，FDI 区位选择包括五个因素，即市场因素、壁垒因素、成本因素、环境因素和其他因素。就市场因素而言，东道国对制造业 FDI 来说可以是生产基地，不一定是销售市场，但服务产品的无形性决定了它的 FDI 必须以东道国作为市场；就壁垒因素来看，制造业可以因出口障碍进行跨国直接投资，没有障碍则直接出口，但服务业的主动“出口”必须依靠 FDI，因为不可能像制造业那样脱离资本流动进行纯产品出口；就成本因素来看，东道国生产成本及其他成本比投资国低廉，所以跨国制造业企业在东道国进行投资，但服务业 FDI 的目标是东道国市场，它只能在东道国生产，同时根据生产数量如数销售。服务业的对外直接投资不存在同样的服务在东道国与投资国的价格比较问题，因为投资国的服务无法转移至东道国。

其实，邓宁在其后续研究中对国际生产折衷理论在服务业 FDI 的适用性做过补充说明。他在所有权优势方面补充指出了质量、范围经济、规模经济、技术与信息、声誉以及创新等企业优势对服务业 FDI 的影响；在区位优势方面强调了东道国人口众多、聚集经济以及政治体制稳定、政策法规灵活等条件；在内部化优势方面则只能弱化或消除要素投入在性质和价值方面的不确定性，以及中间产品的质量保证等。这些修正和补充的确具有一定的改进意义，但综合来看，国际生产折衷理论对于服务业 FDI 的适用性并不突出。例如，恩德维克（1989）提出，把国际生产折衷理论的三要素范式应用到服务部门会产生诸多问题。服务部门大多技术密集度较低，要确定企业的特定优势比较困难；跨国经营的非股权方式（许可证、管理合同和特许经营）在服务业中被广泛运用，这些以市场交换为基础的经营方式对于“内部化”具有重要意义。此外，国外学者从部门角度对国际生产折衷理论的服务业适用性进行了评价，较早且文献最多的当属银行业。鲁格曼（1981）指出，按照内部化理论，跨国公司创造内部市场的目的是克服外部商品和要素市场的不完全，银行业跨国公司就是通过内部化市场克服了国际金融市场的不完全。格雷等（1981）还提出，在超国家金融市场中没有当地银行，不需要所有权的特定优势作为补偿，他们重新定义了区位优势，其角度已不局限于某一特定国家，而是适应于非国家市场。

11.1.2 行业视角下的服务业FDI动因

服务业FDI动因的行业分析最先集中于银行业跨国公司，虽然跨国银行应该与制造业跨国企业有很多相似之处，但银行业的竞争优势较少取决于产品的所有权或技术，因为尽管拥有一些相对专业的银行业技术和知识，但是它们不仅很难获得专利权，也难以保持商业机密。一般而言，银行业跨国经营的决定因素主要有：①竞争优势；②提高效率；③风险多样化。首先，关于银行业的竞争优势，卡森（1990）提出，制造业跨国公司的相关信息是银行业竞争优势的重要来源，因为企业喜欢跟较少的银行进行业务往来，这样可以尽可能避免机密金融信息的泄露。其次，斯沃博达（1990）认为，到文化差异小的国家建立分支机构可以大大降低国外经营成本，因而有利于提高效率和增加竞争优势。关于运行的效率，主要是指银行的规模、国际化程度和产品及分销渠道。特瑞尔（1979）和萨比（1988）认为，规模大能使银行以相对较低的成本将其规模效益转移到国外，并形成与当地的竞争。尤萨基和沃廷斯基（1992）指出国际化程度也与效率有关，因为拥有大量地理分散的客户能够降低银行的交易费用。最后，伯格尔等（2001）认为风险多样化是金融业对外直接投资的另一个重要原因，银行在国外开展业务可以多样化收入，并以风险回报的方式获得收益。

除此之外，金德尔伯格（1985）还分析了运输业跨国公司的特点和跨国经营行为。跨国运输企业往往由多个国家的企业共同组成，这种所有权的延伸是基于经济规模、资本增长的需求，以及分担维护大量船只管理费用的愿望，当然还包括垂直和水平一体化。哈罗尼（1993）对会计、建筑和管理咨询这样的专业服务业跨国公司的各种组织形式和国外市场进入形式进行了探讨。专业性商业服务是由不同种类的附加活动组成的，这些附加活动经常会变更区位，并且其代理和供应商之间的交互程度很高，因此需要极高的专业化水平。由此，通过FDI建立海外子公司或附属机构通常是专业服务业企业的选择。特帕特拉等（1988）研究各种因素对美国广告业跨国公司的影响后发现，东道国的市场规模、公司的大小、国际化经验等对美国广告企业跨国经营有着积极影响，而地理上的相似性却显得无足轻重。邓宁和麦克昆（1981）分析旅馆业跨国公司的特点，认为旅馆与汽车租赁、快餐业和零售业的跨国经营活动一般都采取非实体资本投资，例如特许经营。这是因为旅馆业与汽车租赁、快餐和零售业等消费者服务业一样，在服务生产的同时进行消费，而且不能出口或者运输。

在以上理论分析的基础上，针对服务业内部各部门展开的经验研究也不一而足。那卡姆和吉贝尔（2000）通过对伦敦中心区服务业企业的实证研究发现，服务业跨国公司所形成的外部网络是其获取竞争优势的重要手段。古意辛格等（1992）在对北美、西欧以及日本的服务业跨国公司进行经验分析后也认为，东道国市场开放程度、市场规模、文化差距、全球寡占是服务业FDI的主要影响因素。奥康纳和赫顿（2002）通过对亚太地区生产性服务业分布的研究指出，生产性服务业主要集中在规模较大的城市。拉夫洛克等（1996）对服务业FDI动因做出较为全面的归类：相同的顾客需求、全球性顾客、全球性销售渠道、全球规模经济、有利的物流条件、信息技术的发展、政府政策和管制以及可转移的竞争优势。

11.1.3 贸易视角下的服务业 FDI 动因

主张以贸易理论解释服务业 FDI 的学者，试图将跨国公司引入国际贸易的一般均衡模型。服务业存在两种不同的 FDI 类型：一是垂直型或者产业内外商直接投资，是指发达国家企业利用其在某个产业具有的竞争优势，向发展中国家投资；二是水平型或者产业间外商直接投资，是指发达国家企业之间利用产业间的相对优势进行投资。当两个国家大小接近，但要素禀赋有较大差异时，垂直型跨国公司主导生产；当两个国家大小和要素禀赋相似，并且贸易成本适中或者较高时，水平型跨国公司主导生产。但是，国内企业会在以下两种情况中主导生产：①贸易成本较低且要素禀赋相似时；②贸易成本适中、要素禀赋相似、国家大小差距较大时。

本质上，贸易企业是现代跨国公司发展史上最早出现的一种形式，现在许多知名的跨国企业就是从当时欧洲的家族贸易企业和日本财阀的贸易企业发展而来的。当然，近年来也涌现一批新的跨国贸易企业，比如大型零售商的采购代理公司和制造业的营销派出与代理机构。小岛清和小泽（1984）曾经考察日本综合商社和综合贸易企业的跨国经营。综合商社的竞争优势由下游生产活动和上游附加经营活动共同组成，换句话说，综合商社通过参与原材料选购、产品设计和营销等垂直一体化经营，使下游生产经过几个不同步骤来培育自身的消费市场和竞争优势。

11.1.4 服务业 FDI 理论体系的创建

马库森于 1984 年通过建立横向跨国企业模型比较出口贸易和直接投资之间的成本差异。他指出，因为交通或各种贸易壁垒造成较高的成本，企业会相应选择在国外建立分支机构面向当地生产。正是因为马库森模型与服务业的较好联系，使其能够恰当地解释服务业 FDI，即服务因市场准入条件而无法通过贸易直接进入国外市场，建立商业存在就成为跨国服务提供的有效方式。之后，马库森还在原模型中加入纵向跨国企业的情况，并补充考虑了企业利用竞争优势差异在国家间进行专业化分工。

布莱纳德的研究与马库森（1984）十分接近，他发展出简化的 2×2（两个部门、两个国家）模型，考察产品在跨国生产和直接出口之间的权衡。当认识到规模经济、R&D 以及多阶段生产等因素后，相比于直接出口的高成本，跨国商业存在是服务提供的最佳模式。

马库森和维纳伯在 1998 年同样建立了一个 2×2（两个部门、两种产品）模型，他们将贸易的基础归因于比较优势和市场进入两种因素。基于此，模型分析了市场进入和交通成本在服务业跨国企业内生创建过程中的重要作用。另外，模型还颠覆了人们以往认为小国不会在企业跨国投资中获益的共识，得出小国可能在企业跨国投资中获益，而大国反而受损的结论。

马库森和维纳伯在 2000 年的研究可以认为是迄今关于服务业 FDI 理论最具创新意义的探索。他们在产品差异化理论和企业跨国直接投资内生决定理论的基础上，考察贸易成本较低且所有要素均可流动时，一国集聚各种生产要素的可能性。其中，若国家间的资本劳动比和市场规模大致相同，那么资本要素流向一国的同时还可能伴随生产者服务要素的流入，这些要素增加了服务产品的多样性，降低了流入国的生产者服务价格。这意味着一国资本要素实际报酬的提高，从而刺激了更多资本要素流入。当流入量达到一定水平时，因竞争加剧而使资本要素名义报酬被迫降低的负面损失，可能相当于因生产者服务品种增加、价格降低而带来的正向收益。损失与收益相等就是企业跨国直接投资的均衡状态。这项研究从生产要素的角度探讨了企业跨国直接投资与服务提供之间的关系，进而确定服务业跨国直接投资的合理规模与时机。

总体来看，服务业 FDI 理论的发展相对于一般企业 FDI 理论略显滞后。一方面，制造业与服务业之间的差异以及服务提供本身的特殊性，使得将传统 FDI 理论应用于服务业困难重重；另一方面，要建立针对服务业本身的 FDI 理论体系，势必需要构建符合现实的有关贸易与投资的政策模型和严格的一般均衡分析框架，而这些研究目前都还处于起步阶段。

当前，国内理论界对于服务业 FDI 的研究大多还是在结合中国服务业吸引利用 FDI 的经验分析基础上，继续经典 FDI 理论对服务业的适用性评价。吴彬（1997）运用国际生产折衷理论的分析框架解释了中国服务业 FDI 增长的原因。薛求知、郑琴琴（2002）则从需求、供给、竞争、壁垒以及声誉五个方面对服务业跨国公司在中国的发展进行了对比，指出服务业跨国公司的出现与扩张和传统制造业有着显著不同，国际生产折衷理论并不能很好地解释服务业跨国公司出现的许可证安排、价格竞争以及网络组织结构和战略联盟等新现象。李慧中（2004）从服务产品的不可存储性、不可运输性和不可分割性出发，指出内部化理论和区位优势理论不适于解释服务业 FDI，他认为不完全竞争条件下的产品差异化和规模经济最能说明当前服务业 FDI。

11.2　服务业 FDI 的模式选择

FDI 模式是跨国公司等投资主体对外直接投资所采取的基本形式，一般分为股权投资和非股权安排两种类型。非股权安排可分为特许经营、管理合同、许可证协议等，而股权投资又存在两种形式，即新建投资（又称绿地投资或创建投资）和跨国并购。新建投资是指跨国公司等投资主体在东道国境内依照东道国法律部分或全部资产所有权归外国投资者所有的企业。新建投资直接导致东道国生产能力、产出和就业的增长，早期跨国公司拓展海外业务基本上都是采用这种方式。常见的新建投资又可分为两种形式：一是建立国际独资企业，其形式有国外分公司、国外子公司和国外避税地公司；二是建立国际合资企业，其形式有股权式合资企业和契约式合资企业。跨国并购是指跨国公司等投资主体通过一定的程序和渠道，取得东道国某现有企业的全部或部分资产所有权的投资行为。跨国公司的并购动机包括开拓国际市场，取得产品商标、品牌和行销网络，保证原材料的供应和产品的销售市场、经营区域，以及资产的多元化等。

近年来，跨国公司启动新一轮全球产业布局。制造业 FDI 虽然仍是本轮产业布局调整的重心，但与此同时，服务业向新兴市场国家转移的趋势日渐明显。当前，由跨国公司主导的服务业国际转移基本表现为三个层面：一是项目外包，即企业把非核心辅助型业务委托给国外其他公司；二是业务离岸化，即跨国公司将一部分服务转移至低成本国家；三是与跨国公司有战略合作关系的服务企业，为了给跨国公司在新兴市场国家开展业务提供配套服务而将服务业进行国际转移，或者是服务企业为了开拓东道国市场和开展国际服务贸易而进行的跨国转移。其中，对于东道国而言，第二层面和第三层面的服务业转移都表现为服务业外商直接投资，即服务业 FDI。在世界范围内，服务业 FDI 经常出现的也是运用最为成功的当属非股权安排，比如国际著名餐饮企业麦当劳、肯德基。另外，在旅馆、会计、法律和其他专业服务方面采用非股权安排也十分普遍。

11.2.1 服务业跨国直接投资的组织形式

在邓宁对服务业跨国公司的不同组织形式进行的分类与总结中，首先，把以股权投资而非契约组织实施跨国经营的服务业分为三类：第一类包括金融服务业以及多数信息密集型专业服务业（管理咨询、计算机服务、数据库服务、旅游和航空运输）；第二类包括热衷于前向一体化，以确保生产效率，保证最终产品的质量以及赢得顾客信赖的企业，这类企业通常以其商标或形象著称；第三类是与贸易相关的服务业，这类企业大多归非服务业跨国企业所有，其目的是为母公司或投资国其他企业以最优条件获得资金流入或为生产、出口开拓市场。

其次，以合资或非股权协议作为外资参与方式的服务业跨国企业可以分为四类：第一类是旅馆、饭店、汽车租赁公司。在这些行业中，订约双方往往以管理合同或特许经营协议来履约；第二类是对本土化知识的需求更为迫切，而且产品也须针对客户进行专业化生产的服务业企业，包括广告业以及会计、法律服务业；第三类是为减少市场营销成本的服务业企业。许多新成立的或较小的制造业跨国公司都愿与当地销售代理或服务业企业联手，或采用特许加盟的形式；第四类是投资银行、财产 / 意外伤害保险等服务业企业，这类企业通常形成企业联盟共同分担风险。

那么，服务业跨国企业究竟应该选取哪种进入方式，才能最有效地实现企业海外扩张和跨国经营的目标？对于这一问题，众多学者从各自的视角提供了多种多样的理论阐释。较有影响力的是企业资源禀赋、企业组织控制等因素对跨国企业进入方式的影响分析，以及动态国际化战略理论。

按照现代经济学和管理学的观点，跨国企业是指从事国际性贸易和生产经营活动的企业，而跨国企业进入方式的选择受到对资源禀赋要求和控制力的影响。目前的研究一般以所有权的控制程度表示对资源禀赋的要求，在一种进入方式中，进入者的控制程度越高，对资源禀赋的要求就越高。在合资进入方式中，对资源禀赋的要求相比独资进入要低得多，因为合资双方共享资源而不是一方。在独资进入方式中，对资源禀赋的要求最高，进入者单方掌握重要资源的控制权。在非 FDI 进入方式中，对资源禀赋的要求是最低的。进一步，对资源禀赋的要求也能有效地区分和很好地解释并购方式和新建进入方式。跨国并购是为了取得一组对企业极其重要的资源，而采取新建进入方式的企业主要依靠以前所获得的优质资源。以上理论的合理推论是，拥有适当资源的企业倾向于选择新建进入，而没有适当资源的企业倾向于选择并购进入且通过自身金融资源交换被收购企业的有价值资源。

从动态战略的视角研究跨国企业进入方式已被理论界普遍接受。众所周知，企业初始的海外扩张一般采用非直接投资方式，例如许可、出口、联盟等都是企业在国际化过程中最早采取的进入外国市场的方式。随后，开始大量出现设立子公司的新建投资和并购当地企业的直接投资（格林森等，2002）。演进理论是由约汉森和瓦尔纳（1977）提出的，该理论的基本假设建立在市场非完全竞争和企业经营的目标利润最大化上。由于市场的不完全性，企业在进入新的陌生的国外市场时，会面临着诸多的不确定性，为了降低由此引发的高风险和高成本，企业不会在开始就使用资源承诺程度高的市场进入模式，而随着企业国际化经营的知识和经验的不断积累，企业对东道国市场的投入会增大，也就会选择控制程度更高的市场进入模式。

11.2.2 服务业外资选择新建投资的影响因素

1. 交易成本和经营风险

Anderson 和 Gatignon（1986）最先将交易成本范式引入跨国经营和国际市场进入模式的研究中，该理论基于成本收益分析的思路，认为企业在选择对外直接投资进入模式时以使交易成本最小化或者长期收益率最大化为目标。很多学者对交易成本理论进行了扩展分析。企业选择海外并购投资模式还是绿地投资模式进入国际市场取决于通过哪种模式获取中间品的成本更小。之后有一些研究（Cho 和 Padmanabhan，1995；Hennart 等，1996；Brouthers，2002；Larimo，2003）从其他角度考察了影响对外直接投资方式选择的因素，包括母国与东道国之间的文化距离、制度距离、东道国市场结构等外部环境因素。例如，当母国与东道国存在较大的文化距离时，并购方需花费更多的成本，用来整合被并购方的人力资源等，因此从控制成本的角度，企业会倾向于选择新建模式。

外资进入中国服务业，除具有较高准入限制和进入成本的批发零售、金融、保险、电信等部门以外，大多数现代服务业企业不需要十分庞大的开办成本，物质资本投入也较少，资产更多体现为专业人员的知识、技术和管理，以及全球化的品牌和营销网络，所以从降低交易成本和防止风险扩散的角度出发，外资更愿意采用独资进入模式。

2. 所有权优势及其战略动机

数据显示，外资服务业企业以欧、美等发达国家的服务业跨国公司居多。由于发达国家主要在新兴服务业，特别是知识密集型现代服务业上具有较强的竞争力，跨国公司为了强化其知识、技术等方面的优势，防止这些资产向外扩散，更愿意选择独资进入。同时，除了降低交易成本，企业通常还具有各种各样“非交易成本”的一体化动机。斯托夫德和威尔（1972）考察美国跨国公司后发现，跨国公司对外直接投资具有较强的控制倾向，较高的控制度使其全球整合和战略协调更容易进行。

3. 服务企业资本密集度差异

相关的实证研究显示，资本密集度与进入模式呈负相关关系，即服务企业的资本密集度越大，越倾向于采取低控制度的进入模式，因为资本密集度的提高意味着服务业企业进入国外市场时资源承诺的增加和一体化成本的提高。在其他条件不变的情况下，建立独资企业的困难加大，受公司资金实力的限制，或出于分担风险的考虑，跨国公司通常会争取合作方的资源，寻求共同控制的进入模式。对制造业企业的对外直接投资而言，取得所有权意味着投入大量资源，相应地会增加经营风险和转换成本，而对诸如咨询机构、广告公司等服务业企业来说，创建独资企业可能仅限于设立一个办公室，并不需要进行厂房、机器设备等大量固定资产投资。

4. 市场规模与吸引力

希尔等（1990）和玛德赫克（1997）研究指出，跨国公司倾向于选择高控制度进入方式的原因可以归纳为 5 个方面：①跨国公司的产品或服务在国外市场的需求面临较高的不确定性；②国外市场的吸引力很大；③跨国公司母国与东道国的文化差异较大；④跨国公司对外直接投资的资产专用性较高；⑤跨国公司对东道国本土的资金、技术和熟练劳动力的需求较低。众所周知，中国服务业市场规模巨大，且入世后服务业的对外开放不断深化，包括金融、保险、电信、交通运输等投资回报率较高的部门进一步减少了投资壁垒、优化了投资环境，从而有利于降低外资风险，并直接影响服务业跨国公司的股权安排。

11.3 服务业 FDI 的经济效应

从发达国家的经济发展历程来看，服务业在一国构建外向型经济体系、实现经济跨越式发展的过程中扮演了极其重要的角色。在某种程度上，服务业已成为经济全球化的先行产业和实现国家经济发展目标的重要手段，其在这一过程中发挥的经济导向和拉动作用主要可以归纳为以下几个方面：

第一，世界发展史中最重要的经济现象之一是劳动人口从农业到制造业，再从制造业到服务业的转移，如果把这种服务业地位的相对提升放在与经济增长同时发生的结构变化中考察，就会发现，从 20 世纪后半叶开始，发达国家经济结构的服务化逐渐向发展中国家延伸，发展中国家经济结构的工业化特征在减弱，而服务化特征在增强。其实，自从第一次产业革命的两个世纪里，发达国家经历的两次经济结构变化已经充分表明，占支配地位的农业经济转变为工业经济，随着前者比重的进一步下降，工业增长逐步放缓，而服务经济则出现了高速增长。因此，该轮以及后来发生在世界范围内的产业升级被称为“服务业革命”。

第二，凝结在服务产品中的专业技术与管理，能够减少工业产品的自然资源消耗和环境污染，改善生产流程和优化产品结构，能有效转变粗放式的经济增长方式。正是知识密集型的生产者服务业充当了最为关键的投入要素，才使得企业迅速提高劳动生产率和竞争力变成可能。当然，作为企业创造产品差异性和产品增值的基本要素之一，现代工业产品生产过程已经融入了越来越多的服务作为中间投入，这种中间投入需求的扩大又恰恰是服务业增长的主要动力。

诚然，“服务业革命”及其对工业化进程的推进正在使服务业从全球经济增长的客观结果迅速转变为世界经济发展的前提条件。服务业国际化不仅以其特有的方式推动着社会生产力的发展和一国竞争力的提升，而且从具体表征和客观趋势来看，其必将以更加基础性的作用主导现代国民经济各部门的快速发展。目前，服务业国际化的主要形式——服务业跨国公司作为世界产业调整与市场整合的最理想“黏合剂”，已经极大地扩展了服务的可贸易性，并且引领着经济全球化向纵深发展。

11.3.1 产业结构调整与内部优化效应

服务业吸引外商直接投资至少可以通过三个方面影响国内产业结构的升级和调整：一是产业部类的升级调整，即由初级农业向制造业，再向服务业的转变；二是产业部类的内部调整，即由低生产率、劳动密集型产业向高技术、高附加值产业的转变；三是行业内部的调整，即由低技术、低附加值产品或服务向高技术、高附加值产品或服务转变。具体考察服务业内部各部门受到 FDI 的影响，通过引入新的服务项目、投资工具和管理方法，有利于引进和培育暂时较为薄弱或急需发展的服务业部门，从而推动服务业部门的细分和新兴或现代服务业的发展。在世界贸易组织划分的 143 个细分行业中，目前发展中国家在商业化税收服务、民意测验服务、安全调查服务、信用查询与分析服务等行业上基本处于空白，服务业市场的开放和外资的进入，将在相当程度上弥补这些空白。另外，服务业 FDI 通过资本和“软技术”，即知识、信息、技术、组织技能、管理、营销等“一揽子”生产要素的流入，促使发展中国家服务业内部结构向技术化、集约型转变，尤其是生产者服务业跨国公司的进入，不但能够有效地为其他经济部门提供更高端的中间服务，而且可以加快专业化分工进程，并成为形成地区产业集群的重要推动力量。

11.3.2 实物资本形成与人力资本效应

1. 实物资本形成效应

促进实物资本形成历来被认为是跨国公司对发展中东道国经济发展的主要贡献之一。例如，服务业 FDI 在我国基础设施服务业发展中发挥着重要作用。由于缺乏资金用以提升发电设备的生产能力，中国正在利用外商直接投资发展发电业。此外，服务业外商直接投资对东道国资本形成的影响，不仅表现在资本流入弥补储蓄缺口，还表现在对东道国资本供给产生的间接作用上，这种间接作用可以分为产业连锁效应和示范效应（李东阳，2002）。例如，1994 年美国 AB 公司在武汉创建了百威国际啤酒有限公司，与百威啤酒配套的有供需关系的大量知名企业也相继来到武汉投资建厂，如与百威达成合作关系的包装、制罐等企业，这些企业也极大地带动了当地的就业。可见，服务业跨国公司通过前向联系和后向联系的“乘数效应”，使之对东道国的投资进一步扩大。

2. 人力资本形成效应

外商直接投资对东道国人力资本开发与形成的影响主要体现在以下几个方面：第一，跨国公司十分重视培养东道国当地的技术和管理人才，因为技术、知识和资本密集型产业的竞争优势建立在高素质人力资源的基础上，为了使其技术设备能够有效运转和经营方针能够得到有效贯彻，跨国公司必须在东道国培养掌握其经营理念、管理知识和技术能力的人才。跨国公司通过一整套成熟的员工培训计划帮助东道国人员快速提高技能和管理能力。服务业跨国公司本身具有的不断被积累、改进和创新的动态竞争优势，由于与高素质的人力资源结合在一起，不容易被模仿或通过书本、资料、操作手册等硬件而转让，这也是保持技术领先地位的重要原因。第二，通过竞争效应和示范效应可以促进管理输入和企业家能力的提高。高素质的人力资源不但能够熟练地运用技术设备，而且可以提高资源的使用效率，接受人力资源和物质资源的发展中国家服务业企业，能够迅速提高劳动生产率，促进人力资源和物质资源的有机结合。

11.3.3 FDI 的溢出效应

服务业 FDI 流入的溢出效应是指服务业吸引和利用 FDI 对国内服务业发展产生的各种影响。“入世”后，随着服务业对外开放的进一步加快，我国服务业 FDI 流入的快速增加对国内服务业的发展势必会产生巨大的溢出效应。

相比于垂直一体化，水平一体化跨国公司的进入使国外服务业企业向海外分支机构转移的技术更接近母公司的水平，更易于服务业 FDI 成为国际技术扩散的催化剂。总体来看，我国服务业开放对国内服务业发展的溢出效应表现在以下四个方面：①由于服务业本身既不能分解又不能进行内部贸易，母公司的技术须向子公司单独传递，因此能够明显提升相关服务业的水平；②服务业跨国公司的进入可以弥补中国服务业投资的不足，提升服务业在国民经济中的比重，有利于改变中国服务业企业国有资本“独大”的格局；③外资服务业以其先进的服务产品和高水准的服务品质赢得国内消费者的青睐，为东道国同行业形成示范，成为其模仿学习的对象；④外商投资服务业加剧了国内服务业在同一领域的竞争，有助于提升中国服务业的整体发展水平。查贵勇（2007）曾经就中国服务业吸引FDI的溢出效应，特别是不同要素密集型服务业分行业FDI的溢出效应进行了定量分析。研究结果显示，中国服务业FDI具有较强的溢出效应，FDI流入每增加1%，带动服务业产值增加0.1757%。对于服务业分行业而言，FDI溢出效应存在显著差异。在批发零售餐饮业、房地产业方面，FDI的溢出效应为负，但并不显著；对于交通运输业和金融保险业，FDI具有显著的正向溢出效应。另外，国内对外开放较早、多以独资方式进入的服务业FDI的溢出效应不明显，而对于那些包含资本、知识和技术的服务业部门，FDI流入通过技术示范与模仿、人力资源流动促进东道国技术进步和人力资本培育，从而推动相应服务业的发展。

值得一提的是，服务业FDI的又一重要贡献在于技术的溢出效应。制造业跨国公司一般在母公司与子公司之间建立垂直分工体系，由母公司控制核心技术，而子公司只负责制造标准化的劳动密集型产品。与之不同的是，服务业FDI由于其技术优势主要为现代服务技能和管理方法，在设立海外分支机构时无法将其彻底剥离，彼此之间多数只能构成水平分工关系，因此在国际技术转移上与制造业存在显著不同。具体来看，服务业跨国公司不仅带来了“硬技术”，更重要的是加速形成了“软技术”。这些“软技术”恰恰是中国经济发展最缺乏的生产要素，它们不仅能为出口导向的初级产业和制造业提供主要的投入品，还提供了国际市场信息并和国外建立紧密联系。因此，这一方面加剧了中国服务业竞争，导致一部分经营不善的服务业企业退出市场；另一方面，又能通过溢出效应使国内服务业在竞争中不断吸收先进的技术知识、管理和营销技能，从而提升国内服务业的国际竞争力。

11.3.4 FDI的就业效应

在世界各国就业压力日益严峻的今天，通过外商直接投资创造更多的就业机会成为一国吸引FDI的重要目标之一。一般而言，FDI对东道国就业数量的影响可以分为直接效应和间接效应两种。前者主要是指外资直接产生的就业机会的增减，即新建或者并购的企业在东道国雇用人员数量的变化；后者主要是指外资对同行业其他厂商或者上下游相关厂商雇用人员数量的影响。例如，对相关配套服务业或者制造业产品需求的增加，促进其扩大再生产，进而增加这些部门的就业机会。其中，从服务业FDI对东道国就业数量的影响方式来看，既有“就业创造效应”，也有“就业替代效应”。

1. 直接就业效应

如前所述，服务业跨国公司大多采取新建投资或跨国并购两种形式，其对就业数量的影响当然也存在着明显差别。新建投资需要雇用大量当地人员，可以直接创造就业机会。与制造业跨国公司不同，创建服务业企业可能仅限于设立一个办公室，并不需要进行厂房、机构设备等大量固定资产投资，转换成本相对较低，因此直接就业效应十分显著。从长远来看，跨国公司在中国新建投资的收入乘数效应通过强化竞争、提高效率和进行重组扩大了需求，就业相应会持续增加。另外，由于进入中国的外资服务业企业以欧、美等发达国家的现代服务业居多，且以新建独资为主，因此直接的就业创造效应更为突出。与此同时，作为服务业跨国公司进入中国的又一重要方式——跨国并购，在短期内一般不会增加就业，反而会因为解雇原有员工出现并购行为发生以后就业减少的局面。

2. 间接就业效应

外资进入对东道国就业数量的正面间接影响一般体现在两个方面：一是 FDI 对同行业其他企业就业的影响；二是对前向或者后向关联产业就业产生的影响。前者主要是指在东道国刚刚起步的新兴服务业，外资企业选择进入可能具有正的外部性，其高水平服务导致整个市场扩大、需求增多，行业发展加速，其他企业同时获得更快发展，从而增加就业人数。后者的情况比较复杂，我们先将服务业分为消费者服务业和生产者服务业。消费者服务业是指直接向最终消费者提供服务的行业，如餐饮、零售连锁等；生产者服务业是指不直接向最终消费者提供服务，向企业和单位提供服务的行业。其中，消费者服务业多数是劳动密集型的，直接就业效应明显，但产业关联效应较小；生产者服务业中相当一部分属于技术或资本密集型的高端服务业，产业关联效应表现为给其他行业的外资企业和本土企业提供优质服务，促进外资企业的大规模进入和本土企业的快速发展，形成间接就业效应。就中国的实际来看，目前外商直接投资主要集中于交通运输业、仓储及邮电通信业、房地产业、社会服务业。这些行业的产业关联度都比较高，带动效应较强。交通运输业、仓储及邮电通信业属于物流服务业，从业人数多、就业层面广，增长迅速且潜力巨大。房地产业作为一个综合性产业载体，直接涉及钢铁、有色金属、机械、建材等多个行业，对国民经济发展有较强的乘数效应，是当前就业吸纳弹性最高的行业。

除此之外，外资服务业会对就业造成负面影响——就业替代效应，也称作竞争效应，主要是指具有竞争力的外资企业抢占国内同行业的市场份额，挤占本土企业的就业，尤其是具有较强竞争力的外资企业进入后迅速扩大市场份额，导致同该企业竞争的国内企业市场份额逐渐缩小直至消失。

11.3.5 服务出口扩张与增强效应

服务业 FDI 促进了东道国比较优势的发挥和出口竞争力的提高，具体表现在以下两个方面：

第一，外包促进了企业业务的核心化。服务业的发展，特别是专业服务业机构的不断涌现使许多企业开始把过去自己从事的部分业务交给外部专业服务业机构去完成。一方面，外包可以使复杂的业务得到更专业化的操作或在经济方面获得更合算的成本；另一方面，企业可以在更具比较优势的业务领域扩大竞争优势，将更多资源和精力集中于核心业务。由于服务业跨国公司通常比东道国服务效率和服务质量更高，或是服务成本更低，它们作为出口产品生产的中间投入，提高了生产效率，降低了生产成本。

第二，服务业跨国公司在东道国的投资为东道国的出口贸易提供了良好条件。服务业外资帮助很多发展中国家实现了比较优势产品的出口，众多跨国公司在东道国设立贸易、金融办事处，就是为了促进投资国和东道国之间的商品贸易。对于那些缺乏出口条件和世界市场营销网络的发展中国家来说，外资的这种作用尤其重要。虽然目前确定服务业跨国公司对东道国出口的促进作用究竟有多大还比较困难，但有实证研究表明，跨国公司对发展中国家服务业的投资和东道国的出口存在很强的相关性。

总之，外资流入服务业不但能以直接和间接方式为服务业内部结构升级和加速成长创造条件，还进一步提升了国内服务业的规模、能级和水平，对国民经济发展形成强有力的催化和牵引作用。这不仅意味着中国能够借此充分利用和发挥自身潜在的比较优势，而且标志着竞争力增强创造出了相当可观的外部经济效益，从而更加广泛有效地动员国内资源促进服务业的发展，并进一步推动国民经济的良性循环和可持续增长。

11.4 中国服务业 FDI 的发展

改革开放以来，中国服务业外商直接投资大致经历了五个发展阶段：①起步阶段（1979—1987 年）。各方面条件均不成熟，服务业外资金额较小，主要集中在宾馆设施、旅游和房地产业，尚未真正形成全方位吸引利用服务业 FDI 的格局。②缓慢发展阶段（1988—1991 年）。虽然各项政策在此期间逐步完善，但由于引资重点在制造业，服务业外商直接投资发展相对缓慢。③起飞阶段（1992—1995 年）。社会主义市场经济体制的确立，以及沿海、沿江、沿线、沿边的全方位、多层次、宽领域的对外开放推动了服务业外商直接投资的发展。④调整阶段（1996—2001 年）。连续的政策变动使服务业 FDI 出现短暂下降，投资结构也有很大变化，房地产、社会服务业比重下降，商业、交通运输、通信及仓储业投资比重上升。⑤全面发展阶段（2002 年至今）。入世以后，中国进行渐进、有序的服务业开放，服务业 FDI 实现高速、稳定增长。进入全面发展阶段，服务业 FDI 在总量规模、部门结构，以及投资形式上都呈现出不同于一般 FDI，同时也有别于以往的诸多特征。

11.4.1 中国服务业 FDI 的发展现状

1. 总量规模与增速

如图 11-1 所示，2005 年以来，中国服务业实际利用外商直接投资总额总体呈现持续增长的趋势，具体来看，大致可以将 2005—2021 年第三季度中国服务业实际利用外商直接投资分为两个阶段：第一个阶段为 2005—2012 年，这一阶段中国服务贸易实际利用外商直接投资虽然总体呈上升趋势，但在 2006 年、2009 年和 2012 年分别有不同程度的回落；第二个阶段为 2013—2021 年第三季度，这一阶段中国服务业实际利用外商直接投资总额呈不间断持续上升趋势，从 2012 年的 1210.8 亿美元上升到 2021 第三季度的 1829.42 亿美元，尤其是在 2019 年以后，增幅显著，2021 年实现较快增长。

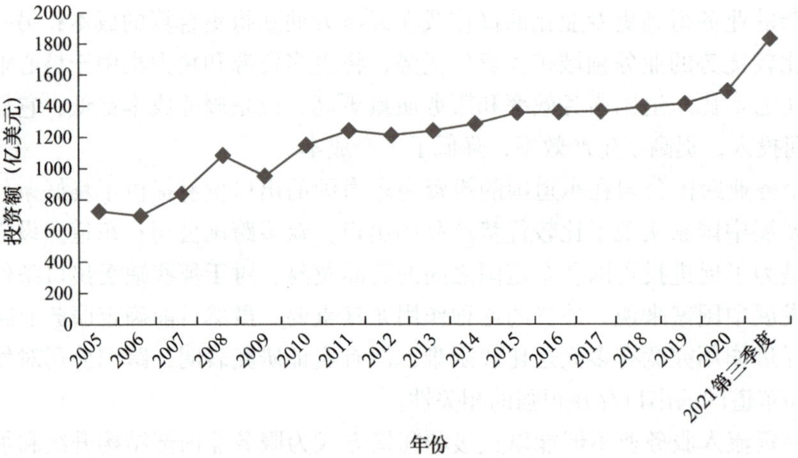

图 11-1 2005—2021 年第三季度中国服务业实际利用外商直接投资总额

（资料来源：历年《中国统计年鉴》）

2. 投资产业结构及其变化态势

从实际利用外商直接投资额来看（如图 11-2 所示），2005—2011 年，服务业（第三产业）实际利用外商直接投资额占实际利用外商直接投资总额比重高于第一产业、低于第二产业，而在 2011 年之后，服务业实际利用外商直接投资额所占比重开始超过第二产业并迅速上升，至 2020 年，服务业实际利用外商直接投资额所占比重高达 74%。

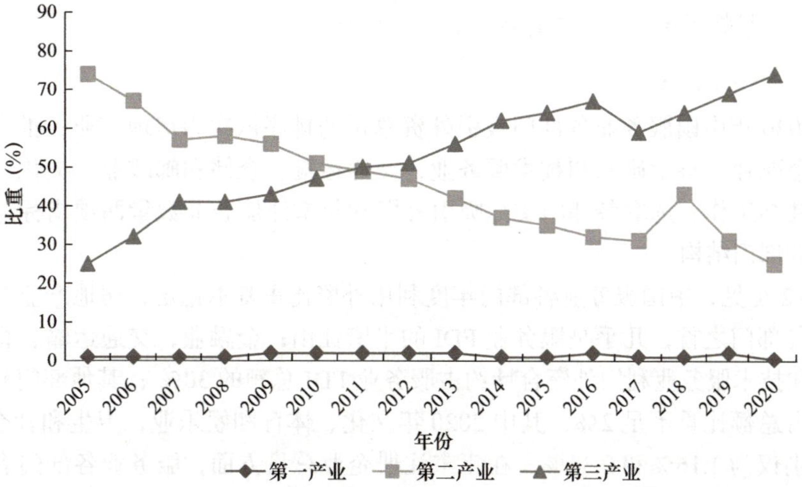

图 11-2　2005—2020 年中国三次产业实际利用外商直接投资额占实际利用外商直接投资总额比重

（资料来源：根据历年《中国统计年鉴》计算而得）

从 2005—2020 年累计实际利用外商直接投资来看（见表 11-1），服务业（第三产业）所占比重最大，为 50.90%，高于第一产业与第二产业的总和。服务业实际利用 FDI 年平均额为 500.01 亿美元，是第一产业的 40 倍之多。从三次产业实际利用外商直接投资额的增速来看，服务业增速最快，高达 39%，其他两产业出现轻微负增长，说明服务业呈现出良好的增长态势。从反映波动程度的变异系数[㊀]来看，第二产业的系数值为 0.14；其次是第一产业，为 0.48；第三产业最高，为 0.63；这反映出服务业实际利用外商直接投资额由于近年来增速较快，因此从变异系数来看，波动较大。综上可以看出，服务业与第一、第二产业相比，实际利用外商直接投资额所占比例较高，增速最快，且波动较大。

表 11-1　2005—2020 年三次产业 FDI 的比较

项　目	实际 FDI	第一产业	第二产业	第三产业
累计额（亿美元）	15 718.15	197.91	7519.11	8001.13
占比（%）	100	1.26	47.84	50.90
标准差	270.98	5.89	64.65	312.56

㊀ 由于不同年份三次产业 FDI 增长率不同，这种差异表现为 FDI 增长率时间序列数据的波动性。衡量波动程度大小的系数被称为波动系数，又称变异系数（Coefficient of Variation，CV）。变异系数通常采用标准差系数计算方法，是标准差（σ）除以平均数（$\overline{X}$）的数值，反映数组的分散程度。由于样本数据是 FDI 增长率，计算变异系数的平均数（$\overline{X}$）就是根据几何平均法计算的 FDI 年均增长率。变异系数的计算公式为 $CV=\sigma/\overline{X}$。

（续）

项　　目	实际 FDI	第一产业	第二产业	第三产业
平均值（亿美元）	982.38	12.34	469.94	500.01
增速（%）	9	−1	−1	39
CV	0.28	0.48	0.14	0.63

资料来源：根据历年《中国统计年鉴》计算而得。

3. 服务业 FDI 部门结构

2011—2020 年中国服务业各部门吸引外资总量的排序依次为房地产业，批发和零售、住宿餐饮业，金融业，科学研究和技术服务业，交通运输、仓储和邮政业，文化、体育和娱乐业，卫生和社会工作。选取各部门实际吸引外资和年末注册企业数量两项指标综合反映中国服务业 FDI 的部门结构。

由表 11–2 可见，中国服务业各部门年度利用外资比重基本稳定，房地产业 FDI 流入一直高居服务业各部门之首，几乎是服务业 FDI 的半壁江山；金融业，交通运输、仓储和邮电业与科学研究和技术服务业利用外资合计约占服务业 FDI 总额的 30%；其他部门利用外资数额相对较少，占总额比重不足 2%，其中 2020 年文化、体育和娱乐业，卫生和社会工作的 FDI 流入比重分别仅为 1.16% 和 0.34%。在年末注册企业总量方面，服务业各部门有所不同，批发和零售、住宿餐饮业最多，其次是科学研究和技术服务业，而房地产业外资企业的数量排在第三位，金融业排名落后于其利用外资额的排名，居第六位。这与房地产业、金融业的资本密集度较高、单个项目的投资数额较大有直接关系。包括计算机及相关服务业，咨询、经济鉴证类服务等知识密集型的科学研究和技术服务业，一般不需要大量固定资产投资，该领域外商投资企业数量增长较快。

表 11–2　2016—2020 年中国服务业 FDI 各部门情况

部门	项目	年　份					总计
		2016	2017	2018	2019	2020	
交通运输、仓储和邮政业	实际引资（亿美元）	508 944	261 940	472 737	453 316	499 859	2 196 796
	企业数量（家）	425	633	754	591	592	2995
批发和零售、住宿餐饮业	实际引资（亿美元）	1 623 528	1 189 722	1 066 796	1 002 162	1 266 860	6 149 068
	企业数量（家）	10 019	12 986	23 707	14 672	11 616	73 000
金融业	实际引资（亿美元）	1 028 901	792 119	870 366	713 206	648 240	4 052 832
	企业数量（家）	2476	1742	2469	865	356	7908

（续）

部门	项目	年份					总计
		2016	2017	2018	2019	2020	
房地产业	实际引资（亿美元）	1 965 528	1 685 559	2 246 740	2 347 188	2 033 057	10 278 072
	企业数量（家）	378	737	1053	1050	1190	4408
卫生和社会工作	实际引资（亿美元）	25 411	30 516	30 178	27 186	23 547	136 838
	企业数量（家）	77	114	83	111	109	494
文化、体育和娱乐业	实际引资（亿美元）	26 732	69 846	52 290	62 986	39 602	251 456
	企业数量（家）	371	476	749	804	1407	3807
科学研究和技术服务业	实际引资（亿美元）	651 989	684 373	681 298	62 986	1 793 997	3 874 643
	企业数量（家）	2444	3391	5819	5183	6252	23 089

资料来源：根据历年《中国统计年鉴》计算而得。

4. 离岸服务外包蓬勃发展

离岸服务外包是指母国企业将原来在企业内部完成的服务活动转移至外部东道国企业的过程，其实现形式一般为跨国公司将非核心服务业务通过合同方式分包给东道国企业承担，通过签订长期合同、协议等具有法律效力的文件，确保服务的稳定供应、质量以及低廉的价格。从全球离岸服务外包的市场分布来看，发包方主要集中在美国、欧洲、日本等发达国家，印度、爱尔兰、中国、菲律宾和俄罗斯等20多个国家是承包市场的主要竞争者。从业务范围来看，已经从项目外包扩大到业务流程外包（BPO），许多企业不仅将数据输入、文件管理等低端服务转移，而且将风险管理、金融分析、研发等技术含量高、附加值大的服务外包出去。外包行业涉及呼叫、共享、IT、金融、保险、医疗、人力资源、资产管理、顾客服务、销售及研发等领域。目前，离岸服务外包已经成为跨国公司生产重组和结构调整的新兴方式，外包市场近年来也得以迅速扩张，由单个项目发展成一个规模巨大的市场。据中国服务外包研究中心统计，2021年，中国企业承接服务外包合同额21 341亿元，执行额14 972亿元，同比分别增长25.4%和23.6%。其中，承接离岸服务外包合同额首次突破10 000亿元，达到11 295亿元，执行额8600亿元，同比分别增长16.0%和17.8%。对于中国来说，企业承接外包的增势十分明显，其中中国企业承接的软件外包业务表现最为抢眼。北京、上海、大连、杭州、济南、深圳、西安等城市都制定了软件外包发展规划。另外，国际项目外包市场近年来得到迅猛发展，对外承包工程继续保持良好发展态势。2021年中国对外承包工程完成营业额9996.2亿美元。

11.4.2 中国服务业 FDI 存在的主要问题

1. 近年来增速快，但波动大

由表 11–3 可知，服务业（第三产业）FDI 近年来以较快的速度增长，截至 2020 年，服务业占比达到 50.90%，超过总 FDI 的一半。服务业成为外商在中国进行 FDI 的主要产业，近年来增速较快，达到 39%，但与此同时，由于增速较快，随之而来的也有服务业总量不稳定、波动较大的情况，标准差达到了 312.56，变异系数达到 0.63，均高于第一、第二产业。

2. 服务业对外开放程度较低

一国市场开放程度越高，国际资本流动越顺畅，反之则越困难。衡量外商直接投资市场开放程度的指标一般有 3 个：一是直接投资额占国内生产总值的比重；二是作为投资主体的跨国公司进入的数量；三是国际直接投资对国内产业发展的贡献率。由实际投资额占国内生产总值的比重计算 2015—2020 年中国服务业对外开放度，见表 11–3，6 年间中国服务业实际利用外资额分别为 1262.67 亿、1260.01 亿、1310.35 亿、1349.66 亿、1381.35 亿和 1443.69 亿美元，总量虽然在不断增加，但 2015—2020 年对外开放度总体呈下降趋势，因此需要进一步扩大开放。

表 11–3　2015—2020 年中国服务业对外开放度

年　份	2015	2016	2017	2018	2019	2020
实际引资额（亿美元）	1262.67	1260.01	1310.35	1349.66	1381.35	1443.69
GDP（亿美元）	102 350.18	100 530.90	122 858.76	133 729.78	147 180.76	150 912.17
对外开放度（%）	1.23	1.25	1.11	1.01	0.94	0.96

资料来源：根据历年《中国统计年鉴》计算而得。

3. 投资部门结构不平衡

由于我国外资准入政策的限制和国内服务业发展本身的客观条件，服务业外资流入的部门分布极其不均衡。由于统计年鉴分类方法存在差异，以下仅以 2020 年为例做一对比。房地产业以及批发和零售、住宿餐饮业所占比重最大，金融业，科学研究和技术服务业，交通运输、仓储和邮政业，FDI 流入一直保持在高位。文化、体育和娱乐业，卫生和社会工作所占比重极少。具体来看，合同外资金额方面，除房地产业一枝独秀外，批发和零售、住宿餐饮业，金融业，科学研究和技术服务业，交通运输、仓储和邮政业都是中国吸引外资的重要服务业部门，实际利用外资金额的分布情况与之相似。发达国家服务业比重的上升主要由金融、不动产、商业服务业、社会团体和个人服务业拉动，与之不同的是，中国服务业引资的重点依然是传统部门，虽然近几年服务业部门结构有所调整，新兴产业带动优化升级，服务业吸引科技含量较高的投资也正迅速增加，但是尚未成为服务业整体增长的主体。

4. 服务外包国际竞争力增强

20 世纪 90 年代以来，新科技革命带来的信息技术发展大大提高了服务产品的可贸易性，知识密集型服务产品以及与信息有关的服务产品可以没有任何运输成本地进行跨国转移，服务业的离岸外移为服务业 FDI 创造了新的机会。但目前来看，发达国家仍是接受服务业离岸外移的主体。不过，服务产品可贸易性的增强促进了新的国际服务业生产体系的建立，为发展中国家吸引服务业 FDI 和扩大服务出口创造了条件。其中，印度作为服务业离岸外包的主要目的地，是承接发达国家服务产品生产转移的最主要国家。印度软件和服务业企业行业协会（NASSCOM）的数据显示，作为全球最大的软件外包承接国，同时是全球第二大软件出口国，截至 2021 年，印度占有全球服务外包市场总额的 55%，以及全球软件外包市场总额的 2/3。2018 年，印度软件外包市场规模达到 1361 亿美元。在 2021 年全球离岸服务外包目的地排名中，中国仅次于印度，排名第二，这表明近年来中国的离岸服务外包发展迅速，并跻身前列。

11.4.3 中国服务业 FDI 发展的影响因素

1. 有利因素

（1）稳定的经济增长态势。过去十余年，中国维持年均 10% 以上的经济增长速度为世界所瞩目，特别是在全球经济几经波澜，世界经济的"火车头"——美国经济前景堪忧的严峻形势下，中国依然经受住了考验，从容应对国内外一系列复杂情况，保持国民经济持续、快速、健康发展。这种良好的经济表现对全球资本产生了巨大的吸引力，考察 20 世纪 90 年代以来的年均 GDP 增速和外商直接投资企业数目可以发现，经济稳定增长时期同时也是服务业引进外资相对较活跃时期。

（2）巨大的市场潜力与前景。影响一个国家或地区投资流量的重要因素之一是市场规模。中国被公认为目前全球最具活力和市场潜力的经济体之一。世界主要跨国公司也都在关注中国这一巨大市场，而且"入世"带来的新一轮开放也强化了跨国公司在华投资的意愿。根据商务部的统计，中国外商投资企业约有一半来自世界 500 强，而服务业正是它们在华重点开拓的领域。

（3）逐步开放的资本市场。长期以来，中国的对外引资工作成绩卓著，目前中国已经成为全球资本流动最集中的地区之一。但是，中国资本市场依然存在供给不足的隐患，这意味着应该继续加大引资力度，争取更多外国企业进入，而要保持持续大量的外资流入需要进一步开放资本市场，其中的关键环节便是提升金融服务市场的自由化水平。按照中国政府的开放承诺，"入世"3～5 年内中国资本市场基本实现全面开放，尤其是取消对证券市场的各种限制为服务业跨国公司进入中国创造了有利条件。

（4）准入门槛的不断降低。如前所述，改革开放以后的很长一段时期，中国吸引外商直接投资主要集中于制造业部门，对服务业投资较少。这一方面与引进 FDI 的结构性产业政策有关，另一方面是因为中国服务业市场开放程度有限。加入世界贸易组织后，根据中国在承诺减让表中的相关承诺，服务业开放领域大大拓宽，其对外商直接投资的吸引力日渐增强。

2. 制约因素

（1）服务业基础设施发展滞后。中国服务业基础设施不仅与发达国家存在较大差距，甚至也落后于世界平均水平。

（2）城市化发展水平相对较低。根据世界银行统计，近十年来中国城市化率稳步提高，相比于 2014 年的 50% 左右，截至 2021 年，已经提高到 63.89%，但依然低于发达国家的水平（美国 83%，日本 92%，澳大利亚 80%）。城市化率偏低意味着占消费总人口很大比例的是拥有较低收入的农村居民，和城镇居民相比，农村居民纯收入中的服务消费支出比例远低于前者。因此，服务消费市场的极大差异严重影响了中国服务业国际直接投资的吸引力。

（3）服务业法律法规不完善。1979年颁布的《中华人民共和国中外合资经营企业法》是中国为外商直接投资最早提供的法律依据，而后相继出台了《中华人民共和国外资企业法》《中华人民共和国保险法》《中华人民共和国外资金融机构管理条例》《中华人民共和国民用航空法》等一批涉及服务业国际直接投资的重要法律法规。但截至目前，尚缺乏统一的包括服务业FDI的服务贸易基本法律，对一些重要服务业部门和领域的投资立法也不完备。另外，中国已有的关于外资企业的法律法规立法时间跨度大，部门利益色彩浓厚，统一性和透明度不足，相当一部分与国际经贸规则还存在不小差距。

（4）东道国开放程度。东道国的市场对外开放程度越高，即管制越少，那么服务业外商直接投资进入的障碍相应越低，这样一来既可降低外商进入成本，又可促进东道国的经济活跃度，进而吸引更多的外商直接投资，中国虽然近年来开放程度有一定扩大，但相比于发达国家来讲还是存在一些限制，降低了开放程度。

11.4.4 中国服务业FDI发展的政策建议

21世纪以来，随着国际分工的日益深化，全球产业结构迅速调整，服务业在各国国民经济中的比重不断提高，服务业对外直接投资迅猛发展。特别是2001年中国加入世界贸易组织，外资进入中国服务业获得了更广阔的发展空间。服务业FDI不仅弥补了中国服务业投入资金的不足，而且对促进服务业产值比重的增加，产业结构调整、升级和带动现代服务业的发展都具有积极作用。为进一步扩大利用外资，促进中国服务业的发展，在深入了解外商直接投资中国服务业的现状、存在问题以及可能的影响因素之后提出发展中国服务业FDI的具体政策建议，具有十分重要的意义。

1. 处理好服务业开放与合理保护之间的关系

如上所述，服务业的市场开放度是影响外资流入的重要因素，开放程度的大小直接决定着中国服务业的引资水平。“入世”以来，中国服务业开放正在逐步扩大，应抓住有利时机制定优惠政策大力引进外资。在促进服务业发展过程中，应时刻处理好开放和合理保护的关系，要结合自身发展的需要和“入世”承诺，积极、稳妥、有序地扩大服务业的对外开放，把握“渐进的”和“有管理”原则。加强对服务业开放效果的研究，特别应对外资进入金融、电信和商业等的发展前景进行预判，最大限度地在服务业FDI方面趋利避害。

2. 推进国内垄断性服务业的改革

联合国贸易和发展会议的研究报告曾指出，发展中国家有必要对服务业引进外资持谨慎态度，特别在一些垄断性行业或公用、基础设施中，如果缺乏有效监控，容易产生市场权力滥用的问题，导致私人垄断。因此，在推进国内垄断性服务业改革时，应针对不同特点，建立全国性、地方性，或全国和地方共建的规制机构，并依法加强规制执行的公开性和权威性。尽快制定新的电信法、航空法、铁路法，修改电力法及市政公用行业的地方性法规，按法定程序进行改革，并以法律法规为依据实行政府监管。

3. 建立健全服务业FDI管理体制和法律

建立健全服务业FDI的法律法规，使之与国际接轨，同时加强政策的透明度，不仅是中国需要履行的开放承诺，也是使外资流入和服务业取得更快发展的必要条件。中国管理和立法延后是服务业发展滞后和无序的一大根源，要吸引更多跨国公司进入，并获得承接国际服务外包和参与国际竞争的机会，必须创造适宜的法律环境和基础。通过建立完善的服务业FDI

政策体系，使之与产业政策、投资政策、技术政策、劳动力政策、货币金融政策、国际收支政策、贸易政策等协调配合。

4. 促进外资服务业企业的技术外溢与转移

服务业跨国公司能否在中国成功实现技术转移取决于市场竞争，以及跨国公司与国内服务供应商和消费者之间的关系等。跨国公司深化当地业务、改善当地技能以及与当地机构建立联系都将刺激中国服务供应商发展并提高其竞争力。因此，要鼓励外资与国内服务供应商和消费者之间建立广泛的联系，在竞争与合作中提高中国服务业的国际竞争力，促进中国产业结构的调整和升级。

5. 合理引导投资流向，促进部门平衡发展

中国服务业各部门发展水平上的不均衡和各行业在要素密集度、劳动生产率、服务对象、新技术应用等方面存在的差异，使服务业内部各部门对外资形成了不同程度的吸引力。服务业引进外资的根本目的在于提升服务业的整体水平，整个过程中应保持外资流向的均衡和结构合理化。一方面，应引导外资投向现代或新兴服务业，比如金融、物流、信息和法律等服务业，积极发展文化、旅游、社区服务等需求潜力大的服务业；另一方面，应引导外资投向关联效应强的服务业，通过产业间的前向关联和后向关联的传递，达到以点带面的发展效果，从而提高服务业的比重和发展水平。

6. 重视服务行业高素质人才的培养

服务业外资会选择服务业劳动力成本高的地区进行投资，原因是服务业劳动力成本高侧面反映了该地区的服务型人才专业性更强，也就能为外资企业创造更多的价值。因此，中国应该充分利用人口优势，培养一大批高水平的服务型人才。

7. 逐渐加大市场的开放度，注重生产性服务业外商企业的引入

服务业外资的进入受政府干预经济程度影响。所以，中国在确保市场稳定有效运转的同时，加大市场的对外开放，包括放宽金融服务业的监管，让更多优质的外资企业进入本国市场。近些年，中国的生产性服务业增长率不断提高，规模在不断扩大，影响生产性服务业外商直接投资流入的主要因素包括制造业 FDI 的规模、市场规模、劳动力成本、服务业发展水平、人力资本以及对外开放水平。因此，政府在引进服务业时可以稍微倾向生产性服务业，通过完善国内生产性服务业的基础设施建设，推进金融、信息技术、科学研究等生产性服务业的重点引入与发展，吸引生产性服务业 FDI 的流入。

【专栏 11–1】

服务业 FDI 增进了中国服务业的技术效率?

在引进外商直接投资的初期，资金不足是中国经济增长的重要制约因素，因此那个时期的外资具有填补国内储蓄缺口和外汇缺口的效果。但自 20 世纪 90 年代以来，随着中国居民储蓄和外汇储备的迅速增加，资金满足程度不断提高，引进 FDI 不再是为了填补资金的不足，而是希望借此提高内资企业的技术水平和自主创新能力。那么，果真如愿吗? 目前仍然缺乏足够证据表明 FDI 会显著提高东道国企业的技术水平。

技术效率是用来衡量在现有的技术水平下生产者获得最大产出的能力，表示生产者的生产活动接近其前沿边界（最大产出）的程度，即反映了现有技术的发挥程度。技术效率的测定与前沿生产函数联系紧密，1957 年剑桥大学的经济学家 Farrel 首次提出运用前沿生产函数来测定技术效率，其公式为：技术效率＝实际产出水平／前沿产出水平。通过设定非效率影响的随机前沿函数，并利用中国部分个省（自治区、直辖市）2000—2006年的非平衡面板数据和联立的最大似然估计法，估计服务业FDI对中国服务业技术效率的影响，得到以下研究结果：

首先，从生产函数的估计结果来看，劳动力投入在中国服务业产出增长中占据着不可替代的位置，中国服务业产出增长主要还是依靠劳动力投入来拉动的，属于粗放型增长。

其次，从时间上来看，东部、西部和中部服务业技术效率呈现历年稳中有升的态势；从全国的平均水平来看，服务业技术效率在2000—2006年并没有取得较大提高，各项投入并没有接近最优的产出值或者生产的前沿面；从不同地区来看，东部地区服务业技术效率历年均远高于西部和中部，西部和中部服务业技术效率历年均低于全国平均水平，中部地区技术效率略高于西部地区。

显然，服务业FDI对东部地区的技术效率产生了更大的促进作用。这是因为：第一，服务产品生产和消费不可分性的特点使得绝大部分服务业FDI属于市场导向型（UNCTAD，2004）。较大市场规模可以允许特定行业的企业达到所需规模，从而使跨国公司的垄断优势得到充分发挥。第二，各地区已经存在的服务业FDI会产生积极的影响，跟随客户是服务业直接投资特别是生产性服务业直接投资的特点之一。

最后，服务业FDI对中国各地区服务业技术效率的提高具有显著的促进作用。在其他条件不变的情况下，服务业FDI存量每提高1个百分点，各地区服务业的技术效率将提高（技术非效率下降）0.07个百分点；在其他条件不变的情况下，对外开放度每提高1个百分点，各地区服务业的技术效率将提高0.29个百分点；在其他条件不变的情况下，人力资本存量每提高1个百分点，各地区服务业的技术效率将提高0.22个百分点。

［引自：黄宁，服务业外商直接投资与中国服务业技术效率增进——基于随机前沿模型的省际数据分析，《服务贸易评论·2010年·第1辑（总第2辑）》，厦门大学出版社，2010年。］

【专栏11–2】

FDI不同产业流向对服务贸易的动态影响

我国是贸易大国，但货物贸易与服务贸易发展极不平衡。货物贸易一直保持着巨额顺差，2007年我国货物进出口总值超过2万亿美元，其中顺差高达3153亿美元；服务贸易一直保持着巨额逆差，2007年服务贸易逆差高达79亿美元。图11–3为1997—2007年我国制造业FDI（MFDI）、服务业FDI（SFDI）比重与服务贸易逆差的变动趋势。其可以划分为3个阶段：1997—1998年为SFDI比重上升阶段；1998—2004年为SFDI比重总体下降阶段；2004—2007年为SFDI比重上升阶段。与此相对应，MFDI比重与服务贸易逆差分别呈现下降—上升—下降的态势。其中，2004年SFDI比重达到1997年以来的低谷，而MFDI比重和服务贸易逆差却是1997年以来的高峰。

FDI流向与服务进出口存在着某种联动性，即SFDI比重下降（或MFDI比重上升）伴随着服务贸易逆差增加，而SFDI比重上升（或MFDI比重下降）伴随着服务贸易逆差缩小。关键的问题是，FDI不同产业流向是否真的影响了服务进出口？基于MFDI和SFDI时间序列数据，运用VAR模型及脉冲响应函数和方差分解方法，可以考察1987—2007年MFDI和SFDI对我国服务贸易的动态影响。

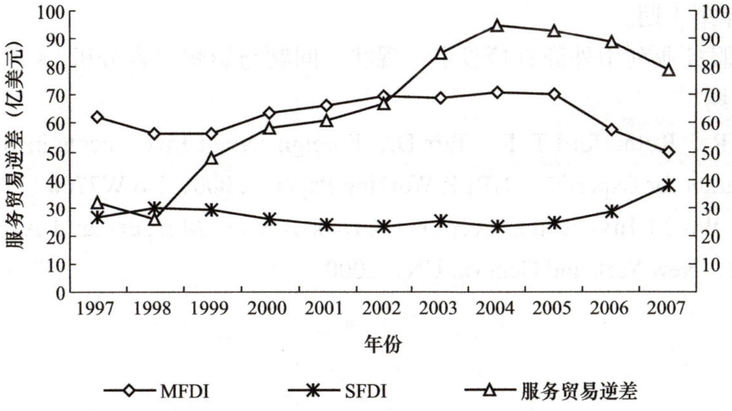

图 11–3 FDI 比重与服务贸易逆差变动趋势

在其他条件不变的情况下，长期内 MFDI 的增加会使服务出口减少，进口增加，扩大服务贸易逆差，进而降低服务贸易竞争力，体现为制造业的扩张加大了对服务的引致需求；长期内 SFDI 的增加，会使服务出口增加，进口减少，缩小服务贸易逆差，最终有助于提升服务贸易竞争力，体现为 SFDI 流入促进服务业发展，减少对国外服务进口的依赖。

从平稳数据构造的脉冲响应函数来看，短期内 MFDI 和 SFDI 的增加对服务贸易进出口均有正向作用。但是正响应持续时间不长，且短期 MFDI 冲击对出口的影响大于 SFDI 冲击对出口的影响；进口则表现出对 SFDI 一个标准差信息冲击反应较大。从方差分解来看，MFDI 对解释服务出口预测方差作用更大；SFDI 对解释服务进口预测方差贡献率更大。

［引自：邱小欢，FDI 不同产业流向对服务贸易动态影响研究——基于我国 MFDI 与 SFDI 时间序列的考察，《服务贸易评论 · 2010 年 · 第 1 辑（总第 2 辑）》，厦门大学出版社，2010 年。］

【重要概念】

内部化；绿地投资；跨国并购；技术外溢；服务外包

【思考题】

1. 试述经典 FDI 理论对服务业的适用性。
2. 服务业 FDI 的模式可分为哪几种？
3. 列举服务业 FDI 的组织形式并比较不同进入方式的利弊。
4. 阐释中国发展服务业 FDI 的优势和劣势。

【课后阅读材料】

［1］戴枫，中国服务业发展与外商直接投资关系的实证研究，《国际贸易问题》，2005 年第 3 期。
［2］王恕立、刘军，外商直接投资与服务贸易国际竞争力——来自 77 个国家的经验证据，《国际贸易问题》，2011 年第 3 期。
［3］王恕立、刘军、胡宗彪，FDI 流入、动机差异与服务产品垂直型产业内贸易，《世界经济》，2014 年第 2 期。
［4］徐宏毅、黄岷江、李程、徐硼，生产性服务业 FDI 生产率溢出效应的实证研究，《管理评

论》，2016 年第 1 期。

[5] 殷凤，中国服务业利用外商直接投资：现状、问题与影响因素分析，《世界经济研究》，2006 年第 1 期。

[6] Markusen J. R.，Rutherford T. F.，Tarr D.，Foreign Direct Investments in Services and the Domestic Market for Expertise，NBER Working Paper，2000，No.W7700.

[7] UNCTAD，World Investment Report，Cross Border Mergers and Acquisitions and Development，New York and Geneva: UN，2000.

第 12 章

国际服务外包

【学习目标】

1. 掌握外包、离岸和服务外包的概念
2. 了解国际服务外包的动因和效应
3. 熟悉全球服务外包的发展现状、特点和趋势

【引导案例】

商务部数据显示，2022 年 1—8 月，我国企业承接服务外包合同额 12 280 亿元，执行额 8314 亿元，同比分别增长 12.5% 和 12.8%。其中，承接离岸服务外包合同额 6989 亿元，执行额 4793 亿元，同比分别增长 12.5% 和 9.5%。

从业务结构看，我国企业承接离岸信息技术外包（ITO）、业务流程外包（BPO）和知识流程外包（KPO）执行额分别为 2092 亿元、815 亿元和 1886 亿元，同比分别增长 4.9%、11.6% 和 14.0%。其中，检验检测服务、信息技术解决方案服务、互联网营销推广服务、集成电路和电子电路设计服务等离岸服务外包业务增速较快，同比分别增长 77.4%、58.2%、54.9% 和 34.5%。

从区域布局看，全国 37 个服务外包示范城市总计承接离岸服务外包合同额 6303 亿元、执行额 4357 亿元，同比分别增长 13.6% 和 10.5%，分别占全国总额的 90.2% 和 90.9%。长三角地区承接离岸服务外包合同额 3256 亿元、执行额 2417 亿元，同比分别增长 10.8% 和 10.3%，分别占全国总额的 46.6% 和 50.4%。

从发包商国际布局看，我国内地承接美国、中国香港、欧盟离岸服务外包执行额分别为 1008 亿元、974 亿元和 624 亿元，同比分别增长 8.8%、16.4% 和 15.0%，合计占我国离岸服务外包执行额的 54.4%。我国承接 RCEP 成员离岸服务外包执行额 1169 亿元，同比增长 8.9%，合计占我国离岸服务外包执行额的 24.4%。

从企业性质看，民营企业承接离岸服务外包执行额 1462 亿元，占全国 30.5%，同比增长 26.3%，比全国平均增速高出 16.8 个百分点。外商投资企业承接离岸服务外包执行额 2143 亿元，同比增长 9.5%，占全国 44.7%。

从吸纳就业看，截至 2022 年 8 月底，我国服务外包累计吸纳从业人员 1452 万人，其中大学及以上学历 936 万人，占 64.4%。1—8 月，服务外包新增从业人员 57 万人，同比增长 4.4%，其中大学及以上学历 38 万人，占 67.0%。

（资料来源：央视新闻，2022 年 9 月 26 日，商务部：前 8 个月我国服务外包产业稳步发展，http://news.cctv.com/2022/09/26/ARTI5F4ZXH7mkfHGbsO5fdcK220926.shtml，有改动。）

12.1 服务外包的界定

12.1.1 外包的基本概念

外包（Outsourcing）一词最早出现在1982年《韦氏大辞典》中。1990年，哈默尔和普拉哈拉德在《公司核心竞争力》中指出，外包是企业的一种商业活动，正式提出“外包”这一概念。外包在现代经济社会活动中随处可见，起初常见于欧洲的家具业，随后蔓延到其他行业，比如汽车、旅游、软件等。目前，学术界尚未形成对外包明确统一的定义。“Outsourcing”一词意为，一个企业将原先自己生产的中间产品和服务代之以向其他企业购买的行为。如果其他企业位于国内，那么这种行为是国内外包；如果其他企业位于国外，那么这种行为是国际外包。狭义的外包和垂直一体化是两种不同的活动，前者发生在不同企业之间，后者发生在同一企业之间。因此，狭义的国际外包和垂直一体化类型的国际直接投资是两种不同的活动。和外包相关的一个名称是离岸（Off-shoring）。狭义而言，离岸活动是指一个企业将原先自己生产的中间产品和服务交给位于国外的子公司生产的活动，狭义的离岸活动就是垂直一体化类型的国际直接投资。

12.1.2 服务外包的基本概念

如果把较早出现的制造业外包看作外包发展的第一阶段，那么随着制造业外包的高速发展和规模不断扩大，以及服务贸易自由化水平的持续提升，外包发展进入了第二阶段——服务外包。服务外包最早起源于信息技术（IT）行业。20世纪90年代，网络技术迅猛发展、通信成本大幅下降，IT行业外包应运而生。大量IT企业开始提供专业性IT服务，其中部分企业还将其作为主要业务。之后，服务外包逐渐由IT行业延伸至其他服务业，比如人力资源管理、债务托收、法律等。

虽然服务外包已经广泛存在且表现出良好的发展势头，但其自身概念和界定还未真正清晰。2006年10月，商务部发布了关于实施服务外包“千百十工程”的通知，其中明确了服务外包的概念。服务外包系指发包商向客户的信息技术外包（ITO）和业务流程外包（BPO），包括业务改造外包、业务流程外包、应用管理和服务等商业应用外包、基础技术外包（IT、软件开发、技术研发、平台和管理整合）等。其中，信息技术外包是指客户将全部或部分IT业务委托专业性企业完成的模式。客户可以整合利用外部优秀的IT专业化资源，降低成本、提高效率，充分发挥自身核心竞争力和增强客户对外部环境的应变能力。业务流程外包是指企业将部分非核心的、次要的或者辅助性的业务委托外部专业服务机构，提高企业整体效率和竞争力，同时专注于企业自身具有核心竞争力的业务。

除此之外，近年来还出现了一种新的服务外包发展方式——知识流程外包（KPO）。KPO是BPO的高智能延续，是BPO最高端的一个类别。一般来说，它是指将公司内部具体的业务承包给外部专门的服务提供商。KPO的中心任务是以业务专长而非流程专长为客户创造价值。由此，KPO将业务流程外包甚至整个外包产业推向更高层次的发展，更多地寻求先进的分析与技术技能，以及果断的判断。

有关服务外包，不同的组织或机构给出了各自的定义。学者从企业价值链的视角将其界定为：服务企业或制造业企业价值链中原本自我提供的部分服务流程或服务环节以合同方式委托给外部服务供应商完成的经济活动。委托方称为发包方，受托方称为承包商 ㊀。

与制造业外包相比，服务外包具有以下一些明显特点：①服务外包的技术含量高于制造业外包。数据显示，相同贸易额中，服务外包对中国经济的贡献是制造业来料加工的 20 倍以上。②更高的技术含量要求更高水平的人力投入，服务外包提出了经验和实践丰富的从业要求。③服务外包依赖信息技术的发展，即互联网和通信技术。④服务外包不受地理因素的制约，发包方可以和任一提供高水平服务的承包方合作。⑤服务外包不是物质生产，没有污染排放，不存在高能耗、高污染等问题。当然，服务外包较难度量，外包的成果难以量化评估。另外，服务外包合同在签订和执行过程中容易出现纠纷，其对文化背景、法律体系等提出了更高要求。

12.1.3 国际服务外包的内涵

服务外包跨越国界就是国际服务外包，也称为离岸服务外包。这是对服务外包概念的进一步细化，即要求承包方不在发包方境内。例如，2004 年 IBM 公司将其 PC 部分出售给中国联想公司，意图转型为全球最大的信息技术和业务提供商，专门为其他国家的企业提供系统集成、信息解决方案等服务。如果消费服务的一方不在 IBM 公司所在国，那么该业务即为离岸服务外包。

在商务部的服务外包“千百十工程”中，“国际服务（离岸）外包”系指服务发包商向境外客户提供服务外包业务。联合国贸易和发展会议在 2004 年发布的《世界投资报告》中提到两种离岸服务方式：一是母公司在国外设立分公司，外包业务给其在其他国家设立的分公司或子公司；二是公司将服务外包业务发包给第三方服务提供者，即外国公司或本国企业在国外设立的子公司。该报告将后者定义为离岸服务外包。另外，世界贸易组织在 2005 年发布的《世界贸易报告》中提到，离岸外包有两种情形：附属离岸外包和非附属离岸外包。二者的区别在于当企业将相关业务外包给境外企业时，服务提供者与外包企业是否存在附属关系。

由上可知，目前对离岸服务外包的界定还比较模糊，没有形成一致看法。作为全球化的分工生产方式，服务外包的参与方大多是大型跨国服务业企业，自身全球化特征明显，本书将国际（离岸）服务外包定义为：公司将其生产过程中的原本自我提供的部分服务环节或流程以合同的方式交由外国服务供应商完成，该供应商可以是该公司设立的境外子公司或分公司，可以是独立的外国企业，也可以是本国其他公司在境外设立的分公司或子公司。

12.2 国际服务外包的动因与效应

12.2.1 国际服务外包的动因

随着国际服务外包的迅速发展，有关外包动因的理论分析也获得了长足的进步。学者们从不同的理论视角解释了国际服务外包存在及发展的原因。例如，资源基础理论、核心竞争力理论、价值链理论、交易成本理论、比较优势理论、规模经济理论、制度变迁理论等。按照学科类别划分，以下将主要从经济学和管理学的视角介绍国际服务外包的动因。

㊀ 江小涓. 服务全球化与服务外包：现状、趋势及理论分析［M］. 北京：人民出版社，2008.

1. 国际贸易理论的视角

事实上，国际服务外包是伴随服务进出口发生的。与一般货物贸易不同的是，服务贸易的产品是无形的，并且有时即使贸易发生了，也未必会被现有统计体系记录下来。尽管如此，国际服务外包仍然是服务产品的跨境交易，仍然可以将其纳入国际贸易理论的研究视野。

按照比较优势理论，不同国家或地区存在劳动生产率的相对差异，即“两优相权取其重，两劣相权取其轻”，该理论在解释发达国家和发展中国家之间的贸易模式时具有很强的说服力。同样的，它也能很好地解释发达国家和发展中国家之间的服务外包。具体而言，发展中国家较发达国家服务价格的差异可能引起发达国家将服务业务或流程发包给发展中国家，以降低成本、提高效率。

更进一步，现实中大量企业的国际服务外包并不是仅仅追求较低成本，比如一些发达国家的企业没有将业务流程发包给成本最低的国家。这是为什么呢？当然，这些具有最低成本的国家在技术水平、人力资本、基础设施等方面十分落后，无法满足发包方的要求。但更重要的是，这些国家或地区不能形成和发展承包的规模效应。在此，产业内贸易理论具有一定的解释力。承包的国家或地区通过不断的服务专业化逐渐形成规模经济，进而具有了其他国家或地区没有的竞争优势。如果该优势超过了较低成本带来的收益，发包方必然会选择这一国家或地区。另外，可能部分企业也没有按照产业内贸易理论描述的情形选择外包，那么是什么原因使其选择了其他国家或地区呢？一种可能是，企业认为信息成本的效益超过了规模经济的效益。应用新地理经济学，如果企业发现信息成本过高，进行贸易无利可图，会选择信息成本较低的国家或地区，转而放弃规模经济效益。就国际服务外包而言，企业选择承包方的时候会考虑信息成本。当然，最理想的情况是承包方的信息成本低且具有规模经济效益。

2. 交易成本理论的视角

交易成本理论是产权经济学的核心，该理论可以追溯到罗纳德·科斯。1937 年，他在《企业的性质》中解释了为什么企业生产某些产品，而另外一些是通过合同的方式从其他企业获得，以及企业存在的原因。科斯认为，交易成本是获得准确市场信息需要的费用，以及谈判和经常性契约的费用。交易成本由信息搜寻成本、谈判成本、缔约成本、监督履约的成本和处理违约的成本构成。当企业决定是否生产某种产品时，市场价格并不是唯一因素，还要综合考虑上述费用之后再做决策。

交易成本理论认为，企业边界是由交易成本和管理成本的边际价值决定的。交易成本是指市场对资源进行配置的成本，管理成本是指企业对资源进行组织的成本。当市场运作的成本大于管理成本时，利润最大化要求企业替代市场，企业边界扩大；随着企业规模的扩大，管理成本上升、生产效率下降，市场替代企业。国际服务外包正是后一种情况的体现。由于交易成本过高，企业早期通过延长价值链、提高管理水平，在公司内部完成产品生产。20 世纪 90 年代，技术进步和信息成本下降，企业内部管理成本上升，企业选择“市场替代企业”，即将部分业务或流程外包出去。具体到国际服务外包，企业在权衡交易成本和管理成本后，认为市场更加有利可图，从而利益驱使其将服务业务对外发包。

3. 国际投资理论的视角

目前，国际服务外包的主体是跨国公司，它们可以选择在海外设立分公司或子公司，也可以通过合资公司承接它们的服务外包。这种行为便是国际投资，所以国际服务外包可以用国际投资理论加以解释。国际生产折衷理论由约翰·邓宁在 1976 年发表于《贸易、经济活动的区位与跨国企业：折衷理论探索》一文。他认为，所有权优势（企业拥有或能够获得的、国外企业没有或无法获得的资产及其所有权）、内部化优势（企业资产的内部使用效率超过外部使用效率时，内部化可以节约或消除交易成本）以及区位优势（在海外使用企业资产会比国内创造更多利益）是企业进行对外直接投资必须同时满足的三个基本条件。

国际生产折衷理论对于国际服务外包仍然是适用的。所有权优势来源于技术垄断、规模经济、知识产权等方面；内部化优势来源于自身服务的了解和保证、知识产权的完整性、信息的安全性、减少和其他企业合作的风险等；区位优势在于服务是无形的，了解客户的特征和特殊需求才能提供更好的服务。

4. 企业竞争力理论的视角

企业竞争力理论最早能够追溯到亚当•斯密的分工理论。1776 年，斯密在《国富论》中提出，企业内部分工的性质和程度是限制规模效益的重要因素，决定了企业成长的限度。1920 年，马歇尔提出“企业内在成长论”，指出企业内部各部门之间、企业之间、产业之间存在着“差异分工”，这种分工与其各自的知识技能有关，可以认为这些就是企业竞争力的雏形。20 世纪 90 年代，企业竞争力理论得到空前的发展。哈默尔和普拉哈拉德的《公司核心竞争力》正式提出了“企业竞争力”的概念。该理论认为，企业竞争力是企业内部集体学习的能力，特别是如何协调不同生产技能和整合多种技术的能力。这种能力是企业获得长期竞争优势的能力，是企业能在竞争中取得可持续发展的核心能力。企业应该将有限资源投入到具有核心竞争力的业务上，而将其他业务以合同的形式或非合同的形式交由外部承担。

国际服务外包与企业竞争力紧密相关。企业会权衡和取舍以确定核心和非核心业务，当企业把主要精力放在核心业务上，利用核心竞争力保持企业的可持续竞争优势，而将非核心业务外包出去的时候，国际服务外包便产生了。

5. 价值链理论的视角

1985 年，迈克尔·波特提出：“每一个企业都是在设计、生产、销售、发送和辅助其产品的过程中进行种种活动的集合。所有这些活动可以用一个价值链来说明。”企业的价值创造过程是由一系列活动构成的，这些活动可分为基本活动和辅助活动。基本活动包括内部后勤、生产作业、外部后勤、市场和销售、服务等；辅助活动包括采购、技术开发、人力资源管理和基础设施等。这些互不相同但又相互关联的生产经营活动构成了价值创造的动态过程，即价值链。他同时指出：“如果企业按照价值链将业务发包出去，只要能够保证价值链中各个环节的连续性，无论内部环节还是外包环节，都能配合企业自身战略发展，这个企业就会获得成功。”

国际服务外包的产生和发展，是企业基于外部环境和自身资源与能力，不断优化和调整价值链并最终实现价值链增值及其效益最大化的战略考虑。在一个企业众多的价值活动中，并不是每一个环节都能创造价值。企业创造的价值，实际上仅仅来自企业价值链的某些特定环节，这些真正创造价值的活动就是企业价值链的战略环节。根据外部环境和自身资源与能力选择服务业务的承接方，专注于企业所擅长的业务，而将不擅长的业务交给更专业的企业，便产生了国际服务外包。

12.2.2 国际服务外包的效应

1. 宏观经济效应

以美国为例，发包方每外包 1 美元服务业务，全球获益 1.47 美元，净收益为 47 美分。其中，印度获得 33 美分，美国获得剩下的 1.14 美元。同时，服务业跨国公司利润的增加除了有助于降低通货膨胀、提高生产率，还能刺激企业和消费者的支出，活跃美国经济，形成辐射效应。曼恩（2004）曾指出，美国的服务外包有利于降低成本和价格，总体上美国经济可以从服务外包中获益。如果没有 IT 业务的外包，1995—2002 年美国 GDP 增长率每年减少 0.3%。另外，由美国信息技术协会（ITAA）发起的外包市场调查得出结论：离岸外包不仅促进了美国 GDP 增长，并且大大增加了包括 IT 部门在内的美国国内就业机会。IT 离岸外包带来的收益给美国带来了 336 亿美元 / 年的 GDP 增量，到 2008 年为止总计有 1242 亿美元的 GDP 增加。

对承包方（发展中国家或地区）来说，国际服务外包的发展有助于自身服务业水平和竞争力的提升，而且还会促进承包方的服务出口，有利于出口导向型行业的发展。以印度为例，其软件外包及其相关的服务外包产业已经成为印度的支柱产业，对拉动经济增长、促进服务出口等都做出了很大贡献。当然，不能忽视的是，印度这样的发展中国家，在承接发达国家服务外包时大多是承包非核心技术服务，业务或流程处在价值链的低端。

2. 贸易投资效应

作为服务产品的跨境交易，国际服务外包确实加深了全球化分工，扩大了服务进出口市场，一定程度上改变了国家间的传统贸易模式。国际服务外包的出现和迅速发展不仅促进了发包方的国际服务贸易，同时大大提升了承接国家或地区的服务贸易竞争力和发展水平。数据显示，2009—2014 年计算机及信息服务贸易增长 44% 以上，其他商业服务贸易增长超过 38%，均远远高于国际货物贸易的增长速度。

国际服务外包的投资效应主要体现在两个方面：①就承包方而言，服务外包会吸引资本流入，进而推动和影响该国或地区的产业扩张。如果承包方所在国家或地区能够提供优质的投资服务和环境，那么跨国公司的进入对发展中国家，特别是服务业亟待发展的国家和地区来说是有益的。②就发包方而言，发达国家跨国公司可以降低成本、提升效率，发展自身竞争力更强的核心业务。据统计，国际服务外包引发了更大规模的国际直接投资。

3. 就业收入效应

一般来说，多数学者认为承包方从国际服务外包中获得正的就业效应，即国际服务外包增加了承包方的劳动力需求，为其提供了更多就业机会，尤其是在劳动密集型的外包领域中，比如餐饮业、物流业等。但国际服务外包如何影响发包方的就业则存在较大争议。尽管服务外包可能导致本国相应的工作岗位流失、收入水平下降，但没有数据表明发包方每创造一个外国就业机会一定导致该国或地区损失一个就业机会。国际服务外包可以提高发包方（跨国公司）的生产效率和核心竞争力，反过来促使企业购买新设备和扩大规模，从而增加就业机会。

对于国际服务外包的收入效应，发包方对成本更低的国家或地区进行发包，生产成本的下降必然导致价格下降，发包方的消费者可以用更低的市场价格购买相同的服务，意味着其实际收入的增加；承包方的相应服务业吸纳了更多的就业，这些行业的收入通常高于其他行业，意味着提高了该行业的平均收入水平，当然也可能同时造成一国或地区内部收入差距的扩大。

4. 技术创新效应

国际服务外包刺激发包方进行服务创新。通常情形下，发包方只是将劳动密集型服务和高新技术服务中属于低技术密集型的部分对外发包，而在国内集中进行具有竞争力的技术创新和附加值更高的服务创新。

对于承包方来说，服务业和制造业最大的不同在于对有形产品的依赖，所以服务业的技术密集度一般表现在管理水平、组织模式等方面。现代网络信息技术的不断发展以及服务业的属性大大拓宽了服务业技术进行国际转移的种类和途径，发包方优质的技术和管理要素会通过诸多形式扩散到承包方，这无疑会加快承包方所在国家或地区的技术进步。另外，与制造业相比，服务业的技术外溢效应更大，虽然技术外溢的具体规模难以精确度量，但承包方的项目内容和发包方处于基本相同的分工水平，这种分工使得承包方容易学习发包方先进的技术和管理经验。从宏观层面来看，技术外溢必将推动承包方所在国家或地区的技术和产业升级，提高整个国家或地区的福利水平。

12.3 国际服务外包的发展现状、特点与趋势

12.3.1 国际服务外包发展现状

作为国际服务贸易和国际投资领域的新现象，目前国际服务外包还没有统一的框架对其统计和分析，现有数据主要来源于联合国贸易和发展会议、部分咨询公司（ISG、加特纳等）、中国服务贸易指南网和中国服务外包研究中心等。

1. 国际服务外包市场总体发展情况

2019 年全球离岸服务外包规模为 13 964.6 亿美元，较上年增加 835.4 亿美元，同比增长 6.4%（见图 12–1）。目前全球服务外包行业已经逐步摆脱了经济危机对其产生的消极影响，正处于产业恢复和快速发展时期。根据《2021 全球服务外包发展报告》，印度 2021 财年信息技术和业务流程外包行业出口额超过 500 亿美元，比上一财年增加 10% 以上。2021 年第四季度的 TPI 指数显示：2021 年全球服务外包的年度收益达到 931 亿美元，同比增长了 2%，5 年复合增长率达到了 5.1%；仅 2021 年第四季度全球服务外包市场合同总值达到 216 亿美元，环比增长了 30%。根据商务部数据，近些年全球离岸服务外包市场规模呈稳健上升趋势，服务外包市场发展前景良好。

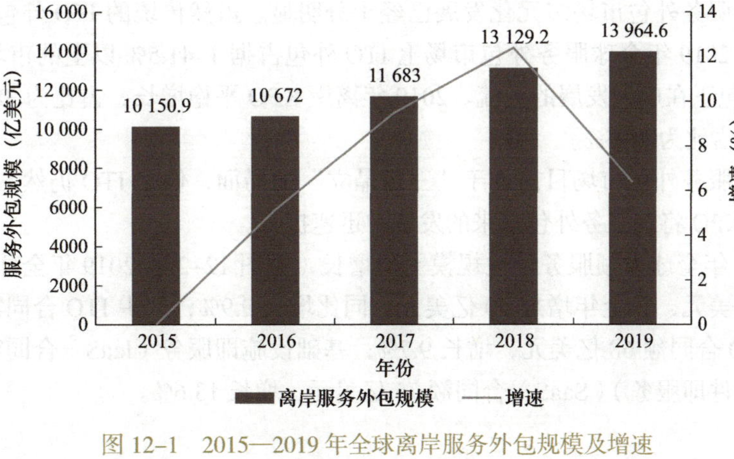

图 12–1　2015—2019 年全球离岸服务外包规模及增速

（资料来源：商务部）

然而，受到欧洲债务危机、美元持续贬值和全球性通货膨胀的影响，从整体上来看，全球服务外包行业仍然处于不景气时期。TPI 指数显示，2021 年全球服务外包市场合同金额为 794 亿美元，同比下降 11%，ITO 合同金额为 624 亿美元，同比下降 3.7%，BPO 合同金额为 170 亿美元，同比下降 31%。因此，全球服务外包仍然没有恢复到经济危机以前的发展水平。

2. 国际服务外包市场结构

2016 年，在全球信息技术（IT）服务市场中，美洲是规模最大的市场，占据了 51.7% 的份额，增长率为 32%；欧洲、中东和非洲地区（EMEA）占据了 31.3% 的份额，增长率为 1.7%；亚太地区是增速最快的市场，占据了 17% 的份额，增长率为 6.8%。在全球 BPO 市场中，美洲依然是规模最大的市场，占据了 62% 的份额；欧洲、中东和非洲地区占据了 21% 的份额，增长率为 2%；亚太地区份额为 16%，但增速最快。在全球 IT 离岸服务外包市场中，美国占比 67%；其次是英国，占比 9.2%；整个欧洲、中东和非洲地区发包金额占比达到 23%，亚太地区则接近 10%。

从承接国来看，服务外包承接国数量激增，但是发展的层次是不一样的。从发达国家来看，服务外包承接大国澳大利亚、新西兰、爱尔兰、加拿大等国国内服务外包行业成熟，已经形成了一定的产业规模和发展优势，但是和发展中国家相比，人力资源优势已经不复存在，因此其在最近几年的发展中明显落后。许多国家已经跌出 2010 年 Gartner IT 外包排行榜的 30 强。

从发展中国家来看，最近几年承接服务外包的发展中国家数量激增，已经成为全球服务外包市场上重要承接方。拉美、亚太地区的服务外包行业发展极为迅速，正在成为服务外包行业发展的重要引擎。亚太地区已经成为全球最具吸引力的服务外包投资地，中国、印度、菲律宾承接了全球服务外包 60% 以上的份额。拉美的巴西、墨西哥等国也是世界上重要的服务外包承接国。2017 年，美国管理咨询公司 A.T.Kearney 通过金融吸引力、人才技能和可获得性、商业环境三个方面对 55 个国家进行分析研究，发布了全球离岸服务外包目的地指数排名，印度、中国和马来西亚保持前 3 位。

12.3.2 国际服务外包发展特点

1. 服务外包手段增多，多元化发展趋势明显

目前，全球服务外包市场多元化发展已经十分明显。虽然传统的 ITO 外包在最近几年的发展依然良好，2019 年全球服务外包市场上 ITO 外包占据了 41.5% 以上的市场份额。但是，BPO 和 KPO 外包正在成为发展的主流。2019 年离岸 KPO 平稳增长，占比为 38%；离岸 BPO 也呈上升态势，占比为 20.5%。

因此，全球服务外包市场目前处于“三足鼎立”的局面，但是 ITO 仍然占有决定性的优势，而 BPO 和 KPO 将在服务外包未来的发展中迅速扩张。

2017—2019 年全球大额服务外包规模平稳增长（见图 12-2）。2019 年全球大额服务外包合同额为 556 亿美元，较上年增加 50 亿美元，同比增长 9.9%；其中 ITO 合同额 209 亿美元，下降 0.9%；BPO 合同额 68 亿美元，增长 9.7%；基础设施即服务（laaS）合同额 204 亿美元，增长 22.2%；（软件即服务）（SaaS）合同额 75 亿美元，增长 13.6%。

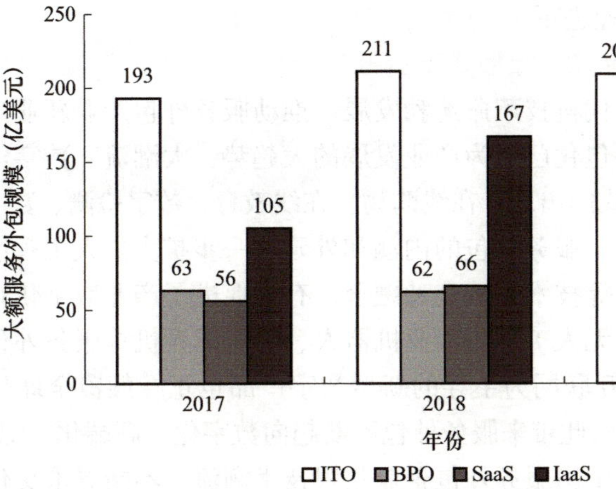

图 12-2 2017—2019 年全球大额服务外包规模

（资料来源：商务部）

2. 承接地发生重大变化，发展中国家独占鳌头

受到经济危机的影响，全球经济一片萧条。为了降低开支、提高效率，发包企业在选择服务外包承接企业时重点考虑外包成本，因此拥有大量廉价而优质劳动力，国内产业发展良好的发展中国家就成为其首选之地。这就造成了近几年服务外包的承接地发生了重大变化，发展中国家正在成为全球服务外包新的发展基地。

比如，印度依托丰富的软件技术人才和语言优势，优惠的产业支持政策、完善的知识产权保护制度及覆盖广泛的全球交付中心，持续加快自动化和数字化转型，信息技术及商业流程管理（IT-BPM）产业发展将继续保持全球领先地位。根据印度软件和服务业企业行业协会（NASSCOM）报告，2017 财年印度 IT-BPM 产业规模达 1540 亿美元，同比增长 8%，高于同期印度 GDP 增速。其中，离岸市场规模达 1170 亿美元，同比增长 83%，约占印度服务出口额的 47%。印度 IT-BPM 产业现有企业超过 16 000 家，创造直接就业岗位 386 万个，较 2016 财年增长 46%。

与此相对，因为成本、人力资源等方面的劣势，发达国家的服务外包行业的竞争力则逐年下降。2010 年 Gartner IT 外包排行榜中，又有 7 家发达国家被挤出了榜单，截至 2021 年，30 强中的绝大部分都是发展中国家。2010 年 TPI 离岸外包 10 强中，发展中国家已经与发达国家平分秋色，各占一半，印度已经成为全球第一。因此，发达国家的服务外包行业已经不占优势。目前全球服务外包行业承接地已经进入新的发展状态，发展中国家独占鳌头。

3. 服务外包向高端扩展，KPO 得到快速发展

目前，新的服务外包方式——KPO 已经在世界上大行其道，成为行业发展新的增长点。KPO 外包涉及的领域大多为企业的核心技术、对员工的素质要求较高、业务流程复杂，是目前服务外包中的知识密集型产业。目前全球 KPO 产业已经从最初的 12 亿美元发展到拥有 100 亿～ 120 亿美元、年均增长率有望达到 30% ～ 40% 的产业，其未来的发展更是不可限量。

KPO 业务的快速发展导致国际服务外包行业开始向高端扩展。KPO 涉及知识产权、股票、金融和保险、人力资源、生物工程等领域的核心业务流程，外包这些流程，无疑会推动行业摆脱低端化、缺乏科技含量的困境，使服务外包行业向科技密集型方向发展，推动整个行业进一步向高附加值、高科技行业进军。

4. “数字 +” 服务外包新业态、新模式不断出现

以数字技术为代表的新一代科技革命蓬勃发展，推动服务外包产业新业态、新模式不断涌现，制造业服务化和服务外包化已成为产业发展的大趋势、大潮流。数字经济的发展促使更多 “服务 +” 新业态、新模式的出现，在线购物、在线教育、数字检测、数字医疗等数字化服务外包新需求不断得到满足，服务外包的内涵和外延进一步扩大。人工智能、区块链、生物科技、清洁能源、智能制造等技术领域交叉融合，有力促进了产业数字化转型，也催生出大量的服务外包业务新需求。无人工厂、工业机器人、物流无人机等服务外包新模式不断出现，同时，以 3D 打印和工业互联网为主导的新型数字产品也正在颠覆全球价值链的全球分布体系和全球贸易利益分配，由此带来服务外包不断趋向数字化、高端化、绿色化和标准化。在转向数字化业务的过程中，中国服务外包企业紧跟技术潮流，不断寻求交付方式、商业模式、服务产品和运营管理理念的创新突破。近年来，中国服务外包企业海外并购步伐也在不断加快。例如，博彦科技收购印度 ESS 公司和美国高端商业 IT 服务企业 TPG 公司；软通动力并购加拿大商业智能数据商 Abovenet 国际有限公司；文思海辉收购纽约的 Blue Fountain Media（BFM）等。领军企业的境外分支机构遍及美国、日本、芬兰、英国、瑞典等地。服务外包头部企业的高成长性也成为拉动中国开放型经济发展的重要引擎。

12.3.3 国际服务外包发展趋势

服务外包是经济全球化的必然产物，作为一种崭新的生产组织方式，外包由制造业发展到服务业，由本土外包发展到离岸生产，这些都是经济全球化不断深入的表现。随着国家和地区间经贸关系的进一步加强，国际服务外包将迎来新一轮的快速发展，同时也必须面对前进道路上的一些阻力和挑战。

1. 服务外包产业已经进入产业上升期，未来发展将十分迅猛

近年来，受到经济危机的影响，全球服务外包产业的发展受阻，许多国家的服务外包产业陷入停滞，甚至出现了倒退。从爱尔兰、希腊等国蔓延到整个欧洲的债务危机更使全球服务外包产业发展雪上加霜。比如，波兰、爱尔兰、印度等服务外包承接大国都受到了重大损失。但是，随着全球经济的复苏，服务外包行业正在重新实现快速发展。目前，这种发展势头已经十分明显，许多国家的服务外包行业都实现了大幅增长。

比如，根据 WTO 数据，2017 年爱尔兰电信、计算机和信息服务出口 851.6 亿美元，同比增长 18%。爱尔兰生产了欧洲市场 43% 的计算机、60% 的配套软件，被称为欧洲的 “软件之都”，也是全球最大的电信、计算机和信息服务出口国之一；菲律宾计划在 2022 年实现以下目标：创造 180 万个直接就业机会和 760 万个间接就业机会，73% 为中高端就业，业务规模达到 400 亿美元，在全球离岸服务外包市场占 15% 的份额；2017 年俄罗斯软件及 IT 服务公司营业额达到 143 亿美元，同比增长 19%。其中，出口额 88 亿美元，同比增长 16%；2017 年巴西电信、计算机和信息服务出口额 21.9 亿美元，相较于 2013 年的 7.1 亿美元增长了 2 倍多，年均增长 32.6%。因此，服务外包行业正在走上产业发展的上升期，亚太、拉美、EMEA 国家的服务外包产业快速发展，无疑将引领全球服务外包产业进入新的发展阶段，带动其迅猛发展。

2. 产业发展的国际格局短期内不会变化，但是已经有所改变

美日欧凭借巨大的国内市场、发达的科技和创新能力以及数量众多的大型公司的优势，

仍然是全球服务外包市场上重要的需求方。比如，美国是全球主要的软件生产和出口大国，国内软件公司占据了 2/3 以上的世界软件市场，目前其提供了大约 70% 的全球服务外包合同；日本拥有索尼、夏普、佳能等国际 IT 巨头，国内信息服务产业销售额已经超过 1000 亿美元；据高德纳、国际数据公司等咨询机构分析，欧洲、中东和非洲地区在 IT 服务市场占比约为 31.3%，在业务流程管理服务市场占比约为 21%。ISG 对大额合同的监测显示，2016 年该地区大额合同发包规模为 147 亿美元。

因此，在未来相当长的时间内，全球服务外包的主要需求方仍然是美、日、欧等发达国家，其仍能通过需求控制服务外包行业。但是，这种产业格局正在改变。目前以印度、中国为代表的新兴国家快速崛起于世界，其国内市场巨大、产业发展迅速。如果这些国家通过发展，国内需求能得到进一步释放，则很可能成为新的服务外包需求方，打破现在的产业垄断格局。

比如，印度 IT 行业发展迅速，目前已经开始与中国、蒙古国等周边国家合作，共同发展服务外包行业，其国内的离岸自建中心发展迅速，保持着 21% 的年复合增长率；中国国内市场巨大，国内服务外包行业的发展主要依靠自身的需求，在未来，随着市场规模的壮大，中国将成为世界上重要的服务外包发包国。

因此，随着新兴国家的兴起，产业格局有可能得到修正，出现多极化的发展趋势。

3. 服务外包承接方不断向新兴发展中国家扩展，导致承接国之间竞争加剧

国际服务外包的承接国能从服务外包中获取很多好处。比如，可以使承接国的经济和科技创新力得到提升，产业分配格局、出口结构等得到优化，吸引外资，促进服务业的发展，提升国家的国际形象和技术实力等。这导致国际服务外包的承接国数目急剧增加，竞争日益激烈。2010 年的 Gartner IT 外包排行榜中，新西兰、爱尔兰、加拿大、新加坡等许多成熟的国际服务外包的承接国最终没有进入榜单，这不仅说明国际服务外包的承接地正在向多元化发展，更加说明国际服务外包承接地之间的竞争日趋激烈。

受经济危机的影响，许多公司为了进一步降低企业运营成本、研发新的技术，把相当多的业务外包给成本低廉的发展中国家。同时，企业对承接地信息安全、知识产权、产业成熟度等因素的重视程度降低，对人力资源的重视程度提高。这些因素都促成了服务外包行业向发展中国家进一步扩充，导致服务外包承接国数量急剧增多。

【专栏】

中国服务外包发展现状

“十三五”时期，面对错综复杂的国际环境和严峻的全球新冠疫情形势，中国服务外包产业对国民经济和社会发展的贡献稳步增大，主要呈现以下八个特点：

一、“十三五”目标圆满完成

离岸执行额首次突破 1000 亿美元。“十三五”时期，中国服务外包加快转型升级，实现稳中提质，服务外包执行额累计 7110.6 亿美元，年均增长 12.6%，比第三产业增加值增速高 5.9 个百分点。其中，离岸服务外包执行额累计 4414.1 亿美元，年均增长 10.4%，比服务出口增速高 5.3 个百分点；在岸服务外包执行额累计 2696.6 亿美元，年均增长 16.8%，比第三产业增加值增速高 10.1 个百分点。离岸服务外包成为中国服务出口增长主引擎。2015—2020 年，离岸服务外包对中国服务出口累计增长的贡献率达 66.4%，对可数字化服务出口累计增长贡献

率达66.5%。

二、结构优化取得重要进展

信息技术外包（ITO）、业务流程外包（BPO）和知识流程外包（KPO）齐头并进。服务外包供给侧结构性改革深入推进，部分优势领域不断巩固，一些关键领域实现突破，多数新兴领域加快发展，劳动密集型业务逐步向高技术转型，知识密集型业务逐步向高附加值升级。服务外包产业结构从ITO为主导逐步向ITO、BPO、KPO齐头并进的局面转变。

三、市场主体稳步发展壮大

企业数量快速增长。2016—2020年，全国新增服务外包企业数量分别为4996家、4173家、5533家、5619家和6026家，年增超过5000家。截至2020年年底，中国服务外包企业数量达60 574家，比2015年增长76.7%，年均增长12.1%。同时，企业实力不断增强。2020年，中国“承接服务外包全部执行额500强企业”中，有71.4%的企业服务外包业务实现正增长；“承接离岸服务外包执行额500强”企业中，有70.8%的企业服务外包业务实现正增长。中国“服务外包500强企业”入围门槛大幅提高，“全部执行额500强企业”入围门槛由2015年的3634万美元提高至2020年的5745万美元，“离岸执行额500强企业”入围门槛由2528万美元提高至4104万美元。

四、稳定就业发挥新作用

服务外包成为大学生就业“容纳器”。“十三五”时期，全国新增服务外包从业人员共计545.9万人，对全国就业增长的贡献率达8.3%。众包、众创催生城市就业新形态。区块链、大数据、云计算、人工智能等数字技术加速发展，推动众包、众创等服务外包新模式广泛应用，促进就业创业向多样化、灵活化延伸。

五、国际市场合作成绩斐然

服务外包贸易伙伴“朋友圈”不断拓展。2020年，中国与世界224个国家和地区有服务外包业务往来，比2015年增加18个。其中，承接服务外包执行额超过1亿美元的国家和地区达73个，比2015年增加13个。承接美、日、欧等重点贸易伙伴业务稳定增长。“十三五”时期，中国内地承接美国、欧盟（27国）、日本及中国香港四大重点贸易伙伴服务外包执行额累计2651.8亿美元，年均增长10.6%。

共建“一带一路”合作成果丰硕。中国与“一带一路”沿线国家顺应全球治理体系变革内在要求，积极对接政策，整合要素资源，推动服务业开放包容发展。截至2020年年底，中国与172个国家和国际组织签署了206份共建“一带一路”合作文件，一大批有影响力的标志性项目成功落地，服务外包合作潜力持续释放、合作更加深入。

六、科技创新成为增长引擎

综合创新能力明显提高。2020年，服务外包示范城市新认定技术先进型服务企业和高新技术企业占服务外包企业比重平均为21.9%。每万人拥有软件著作权登记量平均为35.6件，同比提高14.3%。服务外包企业就业人员本科及以上学历人数占比平均为44.7%。企业国际认证数量大幅增长。新技术、新业态和新模式加速涌现，带动企业获得国际认证数量不断增长。业态融合不断加深，服务外包加速向国民经济各行业拓展，与现代服务业、先进制造业和智慧农业深度融合，业务从单个项目外包逐步向行业解决方案升级。服务外包加快传统领域数字化转型进程，提高了传统领域的生产和服务效率，降低了企业运营成本，促进了国民经济和社会管理的高质量发展。

七、服务外包示范城市引领支撑作用不断发挥

示范引领效应明显。2016—2020 年，全国 31 个服务外包示范城市承接服务外包执行额由 999.3 亿美元增长至 1465.6 亿美元，年均增长 10.0%。2020 年，有 25 个服务外包示范城市离岸服务外包实现正增长，数量与 2019 年持平；22 个服务外包示范城市在岸服务外包实现正增长，比 2019 年增加 2 个。服务外包重点发展领域执行额占比平均值为 84.1%，较 2019 年增加 1.8 个百分点。

八、促进体系基本建立

政策体系更加完善。"十三五"时期，中央财政累计拨付国家外经贸发展专项资金（服务贸易）67.9 亿元，鼓励服务外包企业开展研发、设计和品牌建设，支持服务外包企业建立国际（离岸）接包中心和研发中心，取得国际通行的资质认证，积极开拓国际市场；为服务外包企业提供共性技术支撑，大力建设云服务、检验检测、统计监测、信息共享、品牌建设推广、人才培养和引进、贸易促进、知识产权等公共服务平台。

［引自：中国服务外包发展报告 2020，http://data.mofcom.gov.cn/upload/file/12.pdf。］

【重要概念】

Outsourcing；Off-shoring；ITO；BPO；KPO；服务链；国际服务外包

【思考题】

1. 服务外包的发展方式有哪几种？它们之间有什么区别和联系？
2. 试从经济学视角阐释国际服务外包的动因。
3. 国际服务外包通常会对一国经济发展带来哪些影响？
4. 试述近年来全球服务外包的发展特点。

【课后阅读材料】

［1］孟雪，反向服务外包对我国生产率的影响——生产性服务业的实证分析，《国际贸易问题》，2011 年第 7 期。

［2］卢锋，《服务外包的经济学分析：产品内分工视角》，北京大学出版社，2007 年。

［3］施锦芳、闫飞虎，金砖五国承接离岸服务外包竞争力及影响因素分析，《宏观经济研究》，2016 年第 3 期。

［4］苏秦、杨青青，各国吸引离岸服务外包的有效性研究——基于 DEA 的对比分析，《国际经贸探索》，2010 年第 8 期。

［5］王永贵、马双、杨宏恩，服务外包中创新能力的测量、提升与绩效影响研究——基于发包与承包双方知识转移视角的分析，《管理世界》，2015 年第 6 期。

［6］于立新、陈昭、江皎，中国服务外包产业竞争力研究——基于部分试点城市的分析，《财贸经济》，2010 年第 9 期。

［7］吕延方、赵进文，中国承接服务外包影响因素分析——基于多国面板数据的实证检验，《财贸经济》，2010 年第 7 期。

［8］姚战琪，工业和服务外包对中国工业生产率的影响，《经济研究》，2010 年第 7 期。

［9］中国服务外包研究中心、中国国际投资促进会、中欧国际工商学院，《中国服务外包发展报告（2009）》，上海交通大学出版社，2010 年。

第 13 章

中国服务贸易

【学习目标】

1. 熟悉中国服务贸易的发展现状、特点和问题
2. 掌握中国服务贸易领域的入世承诺
3. 了解中国发展服务贸易的条件、政策和战略

【引导案例】

2022 年中国国际服务贸易交易会（以下简称服贸会）克服疫情等不利因素影响如期顺利举办，为公众呈现了一届安全、精彩、难忘的盛会。

15.2 万平方米的展览展示、128 场专题论坛、65 场推介洽谈、线下参展企业 2400 余家、线上参展企业 7800 余家、累计入场 25 万余人……本届服贸会亮点纷呈、成果丰硕，参展参会企业数量、国际化程度、成交规模和观众人数均超过上届水平，为各参与方提供了务实的合作平台和巨大的市场机遇，为全球服务贸易恢复发展注入了新的活力。

阿联酋、瑞士等 10 个国家首次以国家名义设展，以国家或国际组织总部名义设展办会的数量，比上届增加 13 个，整体国际化率达到 20.8%，覆盖 27 个服务贸易 30 强国家和地区，服贸会的国际“朋友圈”进一步扩大。

本届服贸会共吸引 507 家“世界 500 强”及行业龙头企业线下参展。集中展出国产大飞机 C919、核电自主化成果“国和一号”、南沙港全自动化码头沙盘模型等行业领域重大成果，60 余家企业和机构携带人工智能、金融科技等领域的百余项新产品、新技术、新成果首发首秀，数量超过上届。运用大量 AR（增强现实）、VR（虚拟现实）等沉浸式互动技术，为观众带来了身临其境的体验感。

本届服贸会以“服务合作促发展　绿色创新迎未来”为主题，举办了 7 场高水平高峰论坛、100 多场专业论坛和行业会议，汇聚政府官员、专家学者和业界精英，聚焦前沿领域，交流最新观点，广泛凝聚各国和各行业务实合作、共赢发展的强烈共识，为推动全球经济贸易复苏增长贡献了智慧和力量。

服贸会作为重要的国际经贸交流平台，为推动中国服务贸易高质量发展发挥了重要作用。服贸会是中国扩大开放、深化合作、引领创新的重要平台，为促进全球服务业和服务贸易发展做出了积极贡献。服贸会十年，见证了中国服务贸易快速增长的历程。我们有理由相信，服贸会这块“金字招牌”一定会越擦越亮，为推动中国服务贸易高质量发展，促进全球服务业和服务贸易发展繁荣发挥更大的作用。

（资料来源：中国日报网，2022 年 9 月 6 日，安全、精彩、难忘——2022 年服贸会圆满闭幕，再创佳绩!https://baijiahao.baidu.com/s?id=1743224856433372834&wfr=spider&for=pc，有改动。）

13.1 中国服务贸易发展现状与趋势

近年来，全球竞争的焦点从制造业向服务业转移，提升服务业发展水平和服务贸易国际竞争力成为各国共同面对的紧要问题。改革开放以来，中国国内服务业和对外服务贸易获得了前所未有的快速发展，日益成为国民经济的重要组成部分。根据商务部统计，中国服务贸易额从 1982 年的 47 亿美元增长至 2021 年的 8212 亿美元，40 年间增加了近 174 倍。2021 年服务出口增幅大于进口 26.6 个百分点，带动服务贸易逆差下降 67% 至 2112.7 亿元，同比减少 4816.6 亿元，为 2011 年以来的最低值，占世界服务贸易总额的比重也由 0.6% 提升到 6.8%。虽然 2009 年受到全球性金融危机的影响，世界服务贸易增长放缓，但从世界贸易组织发布的数据看，中国服务进出口额占全球服务贸易总额的比重不仅没有降低，还从 4.2% 上升到 12.08%。与此同时，中国服务业开放领域得到进一步拓宽，现阶段基本覆盖了《服务贸易总协定》160 多个服务部门中的 100 多个。当然，由于中国服务业发展起步晚、底子薄，国内服务业水平相对滞后于其他产业，尤其与发达国家相比还有很大差距，因此中国对外服务贸易尚处于初级阶段，规模、质量和结构等方面存在的问题十分突出，提升服务贸易发展水平仍然有相当广阔的空间。

13.1.1 中国服务贸易发展现状

从服务贸易绝对额看，中国对外服务贸易的总体规模持续扩大。1982 年中国服务进出口总额仅为 44 亿美元（占世界比重 0.6%），其中出口 25 亿美元（占世界比重 0.7%），进口 19 亿美元（占世界比重 0.5%），2008 年这一数字已达 3045 亿美元，其中出口 1465 亿美元（占世界比重 3.9%），进口 1580 亿美元（占世界比重 4.6%）。2009 年中国服务进出口总额共 2868 亿美元，较上年有所减少，但占世界的比重提高了 0.2 个百分点，这主要是 2008 年全球金融危机的影响所致。2014 年中国服务进出口总额已达到 6043 亿美元，几乎是 2008 年的 2 倍，占世界比重 6.3%（见表 13–1）。2021 年中国服务贸易持续快速增长，服务进出口总额达 52982.7 亿元，占国内生产总值比重为 53.3%，服务贸易逆差缩窄到 2112.7 亿元。

表 13–1 中国历年服务进出口状况

年份	中国出口额（亿美元）	世界出口额（亿美元）	中国出口占世界比重（%）	中国进口额（亿美元）	世界进口额（亿美元）	中国进口占世界比重（%）	中国进出口总额（亿美元）	世界进出口总额（亿美元）	中国进出口占世界比重（%）
1982	25	3646	0.7	19	4028	0.5	44	7674	0.6
1983	25	3543	0.7	18	3829	0.5	43	7372	0.6
1984	28	3656	0.8	26	3963	0.7	54	7619	0.7
1985	29	3816	0.8	23	4011	0.6	52	7827	0.7
1986	36	4478	0.8	20	4580	0.4	56	9058	0.6
1987	42	5314	0.8	23	5439	0.4	65	10 753	0.6
1988	47	6003	0.8	33	6257	0.5	80	12 260	0.7

（续）

年份	中国出口额（亿美元）	世界出口额（亿美元）	中国出口占世界比重（%）	中国进口额（亿美元）	世界进口额（亿美元）	中国进口占世界比重（%）	中国进出口总额（亿美元）	世界进出口总额（亿美元）	中国进出口占世界比重（%）
1989	45	6566	0.7	36	6855	0.5	81	13 421	0.6
1990	57	7805	0.7	41	8206	0.5	98	16 011	0.6
1991	69	8244	0.8	39	8510	0.5	108	16 754	0.6
1992	91	9238	1.0	92	9471	1.0	183	18 709	1.0
1993	110	9413	1.2	116	9596	1.2	226	19 009	1.2
1994	164	10 332	1.6	158	10 438	1.5	322	20 770	1.6
1995	184	11 849	1.6	246	12 015	2.0	430	23 864	1.8
1996	206	12 710	1.6	224	12 697	1.8	430	25 407	1.7
1997	245	13 203	1.9	277	13 056	2.1	522	26 259	2.0
1998	239	13 503	1.8	265	13 350	2.0	504	26 853	1.9
1999	262	14 056	1.9	310	13 883	2.2	572	27 939	2.0
2000	301	14 922	2.0	359	14 796	2.4	660	29 718	2.2
2001	329	14 945	2.2	390	14 941	2.6	719	29 886	2.4
2002	394	16 014	2.5	461	15 793	2.9	855	31 807	2.7
2003	464	18 340	2.5	549	18 023	3.0	1013	36 363	2.8
2004	621	21 795	2.8	716	21 328	3.4	1337	43 123	3.1
2005	739	24 147	3.1	832	23 613	3.5	1571	47 760	3.3
2006	914	27 108	3.4	1003	26 196	3.8	1917	53 304	3.6
2007	1216	32 572	3.7	1293	30 591	4.2	2509	63 163	4.0
2008	1465	37 313	3.9	1580	34 690	4.6	3045	72 003	4.2
2009	1286	33 500	3.8	1582	31 450	5.0	2868	64 950	4.4
2010	1702	38 197	4.5	1922	36 133	5.3	3624	74 330	4.9
2011	1821	42 583	4.3	2370	40 422	5.9	4191	83 005	5.0
2012	1904	43 499	4.4	2801	41 523	6.7	4705	85 022	5.5
2013	2106	46 250	4.6	3291	43 400	7.6	5397	89 650	6.0
2014	2222	48 615	4.6	3821	47 405	8.1	6043	96 020	6.3
2015	2186	56 653	3.9	4355	54 291	8.0	6542	110 944	5.9
2016	2095	55 363	3.8	4521	52 739	8.6	6616	108 102	6.1
2017	2281	50 663	4.5	4676	49 149	9.5	6957	99 812	7.0
2018	2668	53 232	5.0	5250	50 456	10.4	7918	10 3688	7.6
2019	2836	23 140	12.3	5014	20 638	24.3	7850	43 778	17.9
2020	2805	50 098	5.6	3812	47 214	8.1	6617	97 312	6.8

资料来源：中国服务贸易指南网、商务部、联合国贸易数据库、中国青年网。

从服务贸易绝对额的增速看，中国服务贸易发展尤其迅速。20 世纪 80 年代以来，除个别年份外，中国服务出口增速一直高于同期世界平均增速和世界服务贸易主要出口国家（地区）增速，同时中国服务出口增速变化与全球变化趋势基本一致。20 世纪 80 年代和 90 年代，中国服务贸易总额年均增长速度分别为 10.8% 和 20.9%，服务出口增速分别为 11.1% 和 18%。进入 21 世纪后，2001—2014 年中国服务出口年均增速为 16.1%，而同期世界平均水平仅为 9.1%，中国是世界平均水平的 2 倍左右（见图 13–1）。随着中国在世界经济中的地位日益突显，中国参与世界服务贸易水平也逐渐提升。如图 13–2 所示，中国服务贸易出口额呈上升态势。

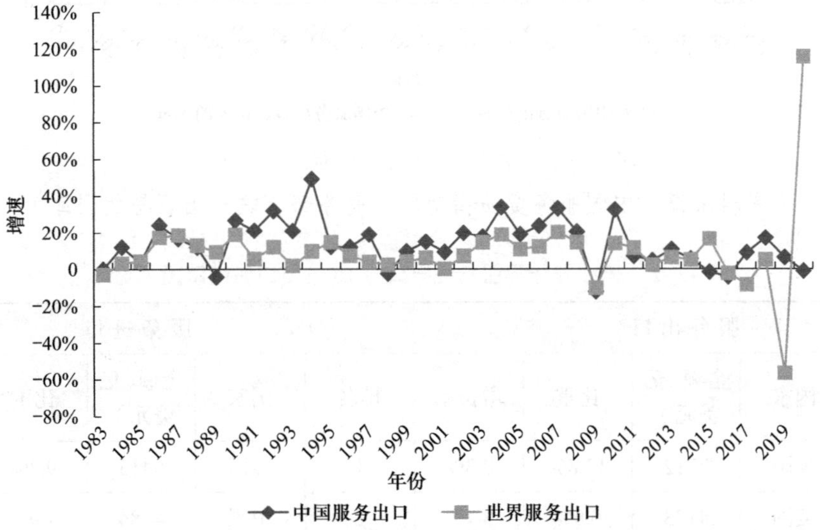

图 13–1　1983—2020 年中国服务出口与世界增速对比

（资料来源：中国服务贸易指南网、商务部、联合国贸易数据库）

根据商务部国际贸易经济合作研究院在 2021 全球服务贸易大会上发布的《全球服务贸易发展指数报告（2021）》，2021 年中国服务贸易排名居全球第 14 位。中国服务出口世界排名由 1982 年的第 28 位上升到 2021 年的第 4 位，进口世界排名由第 40 位上升到第 2 位，其实无论从进出口的绝对额、增速和占比来看，中国对外服务贸易的确获得了极大的提升，但不容回避的是由发达国家主导的世界服务贸易发展格局仍未改变。由表 13–2 可知，2021 年世界服务出口排名前 5 位的分别是美国、英国、德国、中国和爱尔兰，其中美国占比 12.8%，遥遥领先。服务进口排名前 5 位的分别是美国、中国、德国、爱尔兰和法国。很明显，当前国际服务贸易主要集中在欧洲、北美和东亚，其中欧盟服务贸易总额占比最大。根据世界银行数据统计，2021 年欧盟 27 国服务进出口占世界的比重为 38.2%。2021 年全球服务贸易发展指数排名前 10 位的分别为美国、卢森堡、爱尔兰、英国、新加坡、法国、德国、中国澳门、荷兰和日本。商务部国际贸易经济合作研究院发布的《全球服务贸易发展指数报告（2021）》指出，美国是世界上服务贸易规模最大的国家，从服务贸易发展指数来看，美国在地位指数和产业基础指数等项中位列第一，其余各项指标均位列前茅，综合实力突出。卢森堡则得益于高度国际化的服务产业和较少的人口，其规模和结构指数位居第一，其余指标均位列前茅。虽然新兴经济体的服务贸易规模也在不断扩大，但现阶段发达国家主导的服务贸易发展格局短期内很难改变。

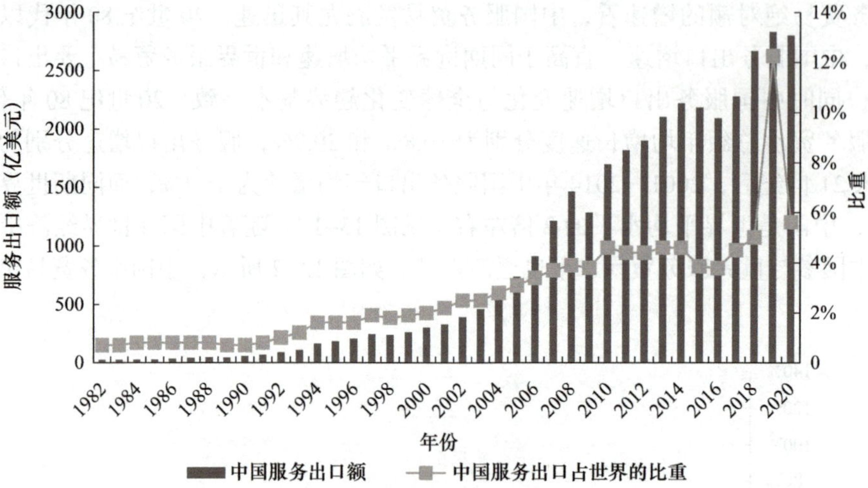

图 13-2 1982—2020 年中国服务出口状况

（资料来源：中国服务贸易指南网、商务部、联合国贸易数据库）

表 13-2 2021 年世界服务进出口前 10 位出口和进口国家统计

服务出口					服务进口				
排名	国家	金额（亿美元）	比重	增长率	排名	国家	金额（亿美元）	比重	增长率
1	美国	7712	12.8%	9.3%	1	美国	5413	9.7%	18.6%
2	英国	4173	6.9%	8.1%	2	中国	4384	7.9%	14.9%
3	德国	3867	6.4%	21.3%	3	德国	3860	6.9%	22.3%
4	中国	3384	5.6%	47.9%	4	爱尔兰	3440	6.1%	−2.3%
5	爱尔兰	3372	5.6%	21.3%	5	法国	2581	4.6%	9.5%
6	法国	3024	5.0%	18.6%	6	英国	2428	4.4%	14.5%
7	印度	2407	4.0%	18.5%	7	新加坡	2236	4.0%	9.7%
8	新加坡	2297	3.8%	9.6%	8	日本	2084	3.7%	5.2%
9	荷兰	1934	3.2%	6.5%	9	荷兰	1642	3.0%	2.3%
10	日本	1700	2.8%	3.8%	10	瑞士	1423	2.6%	12.4%

资料来源：世界银行。

13.1.2 中国服务贸易发展特点

1. 以传统服务贸易为主，现代服务贸易加快发展

由表 13-3 可知，传统服务业部门占中国对外服务贸易的比重较大，现代服务贸易比重较小。传统服务贸易中旅游、运输服务贸易一直居于主导地位，2006—2014 年二者占比之和均超过 50%。但是，自 2015 年至今，运输服务贸易占比逐年上升，而旅行占比呈下降趋势。现

代服务贸易中，金融、保险、咨询、计算机及信息服务等所占比重较低，其中金融服务贸易占比在 2008 年前后有所下降，计算机及信息服务比重在波动中呈上升态势。

表 13–3　2006—2021 年中国服务贸易分部门状况

年　份	2006	2007	2008	2009	2010	2011	2012	2013	2014
运输	28.9%	29.7%	29.2%	24.5%	26.9%	27.7%	26.5%	24.5%	22.5%
旅游	30.4%	26.7%	25.3%	29.1%	27.8%	28.9%	32.2%	33.4%	36.7%
通信	0.8%	0.9%	1.0%	0.8%	0.7%	0.7%	0.7%	0.6%	0.7%
建筑	2.5%	3.3%	4.8%	5.4%	5.4%	4.4%	3.4%	2.7%	3.4%
保险	4.9%	4.6%	4.6%	4.5%	4.8%	5.4%	5.1%	4.8%	4.5%
金融	0.5%	0.3%	0.3%	0.4%	0.8%	0.4%	0.8%	1.2%	1.7%
计算机及信息	2.4%	2.6%	3.1%	3.4%	3.4%	3.8%	3.9%	4.0%	4.5%
专利权使用费和特许费	3.6%	3.4%	3.6%	4.0%	3.8%	3.7%	4.0%	4.1%	3.9%
咨询	8.5%	8.9%	10.4%	11.2%	10.4%	11.2%	11.4%	11.9%	11.6%
广告宣传	1.3%	1.3%	1.4%	1.5%	1.4%	1.6%	1.6%	1.5%	1.5%
电影音像	0.1%	0.2%	0.2%	0.1%	0.1%	0.1%	0.1%	0.2%	0.2%
其他商业服务	16.1%	18.0%	16.1%	15.2%	14.6%	12.1%	10.2%	11.3%	9.6%

年　份	2015	2016	2017	2018	2019	2020	2021
加工服务	3.1%	2.8%	2.6%	2.2%	2.5%	2.6%	2.5%
维护和维修服务	0.8 %	1.1%	1.2%	1.2%	1.8%	1.7%	1.4%
运输	18.9%	17.3%	18.7%	19.0%	19.2%	22.9%	31.7%
旅行	45.1	46.2%	42.2%	39.9%	36.4%	22.3%	14.9%
建筑	4.1%	3.2%	4.7%	4.4%	4.8%	5.0%	4.9%
保险和养老金服务	2.1%	2.6%	2.1%	2.1%	2.0%	2.7%	2.6%
金融服务	0.8%	0.8%	0.8%	0.7%	0.8%	1.1%	1.3%
知识产权使用费	3.5%	3.8%	4.8%	5.2%	5.2%	7.0%	7.1%
电信、计算机和信息服务	5.7%	5.9%	6.7%	8.9%	10.3%	14.2%	14.6%
其他商业服务	15.0%	15.3%	15.0%	14.8%	15.7%	18.9%	17.7%
个人、文化和娱乐服务	0.4%	0.4%	0.5%	0.6%	0.7%	0.7%	0.6%
别处未提及的政府服务	0.6%	0.6%	0.7%	0.8%	0.7%	0.9%	0.6%

注：2015 年商务部对项目进行了重新分类，项目名称有所变化。下同。

资料来源：商务部。

2. 服务贸易进出口结构不断优化

从服务贸易产品结构看，首先，知识密集型服务贸易稳定增长。2021 年，知识密集型服务进出口额 23 258.9 亿元，增长 14.4%。其中，知识密集型服务出口额 12 623.9 亿元，增长 18%；出口增长较快的领域包括个人、文化和娱乐服务，知识产权使用费，电信、计算机和信息服务，分别增长 35%、26.9%、22.3%。知识密集型服务进口 10 635 亿元，增长 10.4%；进口增长较快的领域是金融服务和保险服务，增速分别达 57.5% 和 21.5%。其次，运输服务进出口大幅增长。2021 年，运输服务进出口额 16 821.5 亿元，增长 61.2%，其中运输服务出口额 8205.5 亿元，增长 110.2%，进口额 8616 亿元，增长 31.9%，成为服务贸易十二大领域中增长最快的领域。再次，金融服务与电信、计算机和信息服务进出口额增速分别为 31.1% 和 19.3%。最后，受疫情影响，旅行服务进出口额继续下降。2021 年，中国旅行服务进出口额 7897.6 亿元，下降 22.5%，其中出口额下降 35.7%，进口额下降 20.9%。

（1）服务贸易出口结构。中国服务出口近年来有较大幅度的增长，其中所占比重逐渐提升的有保险、金融、计算机及信息、咨询等；运输、旅游、其他商业服务出口占比有所下降，比如旅游服务出口从 2006 年的 37.1% 下降到 2014 年的 25.6%，减少了 11.5 个百分点（见表 13–4），运输，知识产权使用费，以及电信、计算机和信息服务出口占比近年来呈上升趋势。

表 13–4　2006—2021 年中国服务贸易出口结构

年　份	2006	2007	2008	2009	2010	2011	2012	2013	2014
运输	23.0%	25.7%	26.2%	18.4%	20.1%	19.5%	20.4%	17.9%	17.7%
旅游	37.1%	30.6%	27.9%	30.9%	26.9%	26.6%	26.3%	24.5%	25.6%
通信	0.8%	1.0%	1.1%	0.9%	0.7%	0.9%	0.9%	0.8%	0.8%
建筑	3.0%	4.4%	7.1%	7.4%	8.5%	8.1%	6.4%	5.1%	7.1%
保险	0.6%	0.7%	0.9%	1.2%	1.0%	1.7%	1.7%	1.9%	2.1%
金融	0.2%	0.2%	0.2%	0.3%	0.8%	0.5%	1.0%	1.4%	2.1%
计算机及信息	3.2%	3.6%	4.3%	5.1%	5.4%	6.7%	7.6%	7.3%	8.5%
专利权使用费和特许费	0.2%	0.3%	0.4%	0.3%	0.5%	0.4%	0.5%	0.4%	0.3%
咨询	8.6%	9.5%	12.4%	14.5%	13.4%	15.6%	17.6%	19.3%	19.8%
广告宣传	1.6%	1.6%	1.5%	1.8%	1.7%	2.2%	2.5%	2.3%	2.3%
电影音像	0.1%	0.3%	0.3%	0.1%	0.1%	0.1%	0.1%	0.1%	0.1%
其他商业服务	21.5%	22.1%	17.8%	19.2%	20.9%	17.7%	14.9%	19.1%	15.5%

（续）

年 份	2015	2016	2017	2018	2019	2020	2021
加工服务	9.3%	8.9%	7.9%	6.5%	6.9%	6.1%	5.1%
维护和维修服务	1.7%	2.4%	2.6%	2.7%	3.6%	2.7%	2.0%
运输	17.7%	16.1%	16.3%	15.9%	16.2%	20.2%	32.3
旅行	20.6%	21.2%	17.0%	14.8%	12.2%	5.9%	2.9%
建筑	7.6%	6.1%	10.5%	10.0%	9.9%	9.0%	7.7%
保险和养老金服务	2.3%	2.0%	1.8%	1.8%	1.7%	1.9%	1.3%
金融服务	1.1%	1.5%	1.6%	1.3%	1.4%	1.5%	1.3%
知识产权使用费	0.5%	0.6%	2.1%	2.1%	2.3%	3.1%	3.0%
电信、计算机和信息服务	11.8%	12.7%	12.2%	17.6%	19.0%	21.7%	20.2%
其他商业服务	26.7%	27.6%	27.0%	26.2%	25.9%	26.7%	23.4%
个人、文化和娱乐服务	0.3%	0.4%	0.3%	0.5%	0.4%	0.5%	0.5%
别处未提及的政府服务	0.5%	0.6%	0.7%	0.7%	0.5%	0.9%	0.4%

资料来源：商务部。

1）服务出口仍以传统服务部门为主，传统服务贸易占比过高。虽然中国传统服务贸易及新兴服务贸易均实现了快速增长，但传统服务贸易占服务贸易的比重仍然过高，并且持续增长，中国服务贸易进出口排名前三的行业分别是运输、旅游和咨询服务，并且运输和旅游行业的逆差规模不断扩大，成为服务贸易逆差的主要来源部门，而中国电信、金融、专业服务等行业与发达国家相比尚不具备竞争优势，服务贸易结构失衡问题在短时期内很难扭转。

2）部分现代服务贸易部门增长较快。2001—2014 年，中国服务出口总额年均增长 15.8%。其中，咨询服务出口年均增长 34.7%，金融服务出口年均增长 34.2%，计算机及信息服务出口年均增长 32.8%，这些成为增长最快的服务业部门。另外，保险服务出口年均增长 25.8%，建筑服务出口年均增长 25.2%，广告宣传服务出口年均增长 24.8%，这些服务业部门表现为中等增速状态。运输服务出口年均增长 17.6%，通信服务出口年均增长 15.8%，电影音像服务出口年均增长 14.8%，专利权使用费和特许费出口年均增长 14.4%，旅游服务和其他商业服务出口分别增长 9.4% 和 12.5%，属于缓慢增长的服务业部门。2015—2021 年，运输、知识产权使用费、金融都在不同程度上有所增长，其中运输部门较为明显，成为较快增长部门。

（2）服务贸易进口结构。中国服务进口近年来也有较大幅度的增长，其中所占比重逐渐上升的有旅游、计算机及信息等；运输、保险、咨询、其他商业服务进口占比有所下降，比如旅行进口从 2015 年的 57.4% 下降至 2021 年的 26.0%，由最初的过半占比下降了约 30 个百分点。通信、专利权使用费和特许费、金融服务进口占比基本不变（见表 13-5）。

表 13–5　2006—2021 年中国服务贸易进口结构

年　份	2006	2007	2008	2009	2010	2011	2012	2013	2014
运输	34.3%	33.5%	31.9%	29.5%	32.9%	33.9%	30.6%	28.7%	25.2%
旅游	24.2%	23.0%	22.9%	27.6%	28.6%	30.6%	36.4%	39.1%	43.1%
通信	0.8%	0.8%	1.0%	0.8%	0.6%	0.5%	0.6%	0.5%	0.6%
建筑	2.0%	2.3%	2.8%	3.7%	2.6%	1.6%	1.3%	1.2%	1.3%
保险	8.8%	8.3%	8.1%	7.1%	8.2%	8.3%	7.4%	6.7%	5.9%
金融	0.9%	0.4%	0.4%	0.4%	0.7%	0.3%	0.7%	1.0%	1.4%
计算机及信息	1.7%	1.7%	2.0%	2.0%	1.5%	1.6%	1.4%	1.8%	2.2%
专利权使用费和特许费	6.6%	6.3%	6.5%	7.0%	6.8%	6.2%	6.3%	6.4%	5.9%
咨询	8.4%	8.4%	8.6%	8.5%	7.9%	7.8%	7.1%	7.2%	6.9%
广告宣传	1.0%	1.0%	1.2%	1.3%	1.1%	1.2%	1.0%	1.0%	1.0%
电影音像	0.1%	0.1%	0.2%	0.2%	0.2%	0.2%	0.2%	0.2%	0.2%
其他商业服务	11.2%	14.1%	14.6%	11.9%	8.9%	7.7%	7.0%	6.3%	6.2%

年　份	2015	2016	2017	2018	2019	2020	2021
加工服务	0	0	0	0.1%	0.1%	0.1%	0.2%
维护和维修服务	0.3%	0.4%	0.5%	0.5%	0.7%	0.9%	0.9%
运输	19.6%	17.8%	19.9%	20.6%	20.9%	24.8%	31.3%
旅行	57.4%	57.8%	54.5%	52.7%	50.1%	34.4%	26.0%
建筑	2.3%	1.8%	1.8%	1.6%	1.9%	2.1%	2.3%
保险和养老金服务	2.0%	2.9%	2.2%	2.3%	2.1%	3.2%	3.8%
金融服务	0.6%	0.4%	0.3%	0.4%	0.5%	0.8%	1.3%
知识产权使用费	5.1%	5.3%	6.1%	6.8%	6.9%	9.9%	11.0%
电信、计算机和信息服务	2.6%	2.8%	4.1%	4.5%	5.4%	8.7%	9.4%
其他商业服务	9.1%	9.6%	9.2%	9.0%	9.9%	13.2%	12.5%
个人、文化和娱乐服务	0.4%	0.5%	0.6%	0.6%	0.8%	0.8%	0.8%
别处未提及的政府服务	0.6%	0.6%	0.7%	0.9%	0.7%	0.9%	0.8%

资料来源：商务部。

1）传统服务业部门进口规模仍然较大。旅游、运输、其他商业服务进口占服务总进口的近 70%。究其原因，目前中国服务业市场对外开放程度较低，不过近年来服务贸易开放水平也在不断提高。如果以服务进出口占国内生产总值的比重来衡量服务贸易开放度（Open

Degree in Services），1985年该数值为1.7%，2001年“入世”时为5.4%，2021年为4.63%。与同期发达国家服务贸易开放度相比，中国这一数值依然偏小。

2）部分现代服务业部门进口比重出现小幅上升。2015—2021年，保险和养老金服务，金融服务，知识产权使用费，电信、计算机和信息服务等部门的服务进口比重均得到了不同程度的增长。其中，知识产权使用费较为明显。这也和中国知识密集型产业的发展紧密相关。高附加值服务进出口的快速增长为资本技术密集型企业发展提供了助力，推动了中国经济转型升级，随着中国服务业进一步开放，金融、咨询等目前处于劣势的现代服务业进口将持续扩大。

3. 服务地区结构不平衡

地区结构不平衡主要表现在中国服务进出口集中于沿海发达地区，地区分布不平衡。中国服务贸易主要分布在北、上、广等东部地区，2018年东部沿海11个省市服务进出口合计45 037.6亿元，占全国比重为86.6%。服务贸易的快速发展在促进东部地区对外贸易结构调整、服务业就业及提升营商环境方面都发挥了重要作用。东部地区尤其是技术更为先进的城市将会进一步促进服务贸易的发展，从而形成更为开放的环境与服务贸易快速发展的良性循环。然而，中西部地区由于基础设施相对落后、开放水平不足等导致服务贸易发展滞后，中国虽然通过自贸区建设、服务贸易创新试点、西部大开发、东北振兴等一系列与中西部地区相关的服务业扩大开放战略，但西部地区的经济发展水平及劳动和自然等因素导致其不能沿用东部地区服务贸易发展模式，所以在未来很长时期内西部地区在服务业开放水平及服务贸易规模方面仍将与东部地区存在差距。

13.1.3 中国服务贸易存在的问题

在全球服务贸易自由化进程加快的背景下，中国服务贸易无论发展速度还是发展规模都取得了不小成绩，然而目前对外服务贸易依然存在整体水平不高、贸易逆差较大、国际竞争力较弱、管理体制滞后等诸多问题。

1. 服务贸易发展落后于货物贸易，但发展速度较快

目前，中国服务贸易规模继续扩大，但总体发展水平落后于货物贸易，这一情况与世界多数国家基本一致。

虽然中国服务贸易总体发展水平落后于货物贸易，但在增速上却要快于货物贸易。图13-3显示了1983—2021年中国服务贸易和货物贸易的增速对比，服务贸易增长速度整体高于货物贸易，尤其是在20世纪90年代以来，由于市场经济体制的进一步开放、服务领域门槛的降低，服务贸易得到进一步发展，持续保持正增长。2020年，由于新冠疫情影响，服务贸易受到较大影响，但之后，服务贸易迅速回温，发展势头迅猛。

2. 服务贸易整体竞争力不强，部门竞争力差异较大

从2015—2021年中国服务贸易各部门TC指数来看（见表13-6），TC指数长期大于0的有加工服务、建筑、维护和维修服务、金融服务，以及电信、计算机和信息服务等；从数值上看，加工服务的TC指数平均值最高，每年均超过0.9，甚至达到1，其次是维护和维修服务，平均达到0.62；TC指数值较高的部门有加工服务，维护和维修服务，电信、计算机和信息服务等；TC指数值较低的部门有运输、旅行、知识产权使用费，以及个人、文化和娱乐服务。

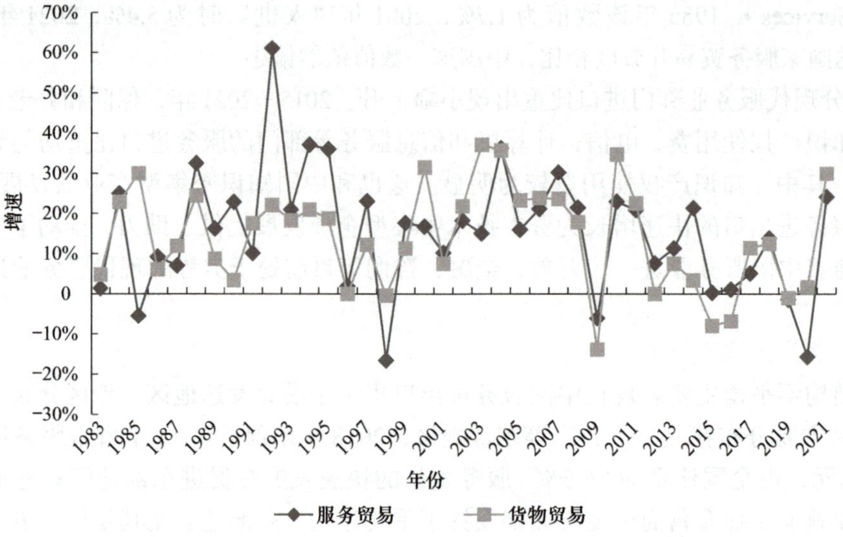

图 13-3 1983—2021 年中国服务贸易和货物贸易增速比较

（资料来源：商务部）

表 13-6 2015—2021 年中国服务贸易各部门 TC 指数

年 份	2015	2016	2017	2018	2019	2020	2021
加工服务	1.00	1.00	1.00	0.97	0.97	0.97	0.92
维护和维修服务	0.70	0.71	0.68	0.69	0.67	0.50	0.38
运输	−0.05	−0.05	−0.10	−0.13	−0.13	−0.10	0.02
旅行	−0.47	−0.46	−0.52	−0.56	−0.61	−0.71	−0.80
建筑	0.54	0.54	0.71	0.72	0.68	0.62	0.54
保险和养老金服务	0.07	−0.18	−0.10	−0.12	−0.11	−0.25	−0.49
金融服务	0.29	0.58	0.68	0.53	0.47	0.30	0
知识产权使用费	−0.82	−0.80	−0.49	−0.53	−0.50	−0.52	−0.57
电信、计算机和信息服务	0.64	0.64	0.50	0.59	0.56	0.43	0.36
其他商业服务	0.49	0.48	0.49	0.49	0.45	0.34	0.30
个人、文化和娱乐服务	−0.14	−0.11	−0.33	−0.09	−0.33	−0.23	−0.23
别处未提及的政府服务	−0.09	0	0	−0.13	−0.17	0	−0.33

资料来源：根据商务部数据计算而得。

运输服务是传统的劳动密集型行业，近年来其贸易竞争力呈下降态势，2015—2020 年，从 −0.05 降至 −0.10。相比发达国家运输服务的技术、资本密集型发展势头，中国运输服务的贸易竞争力还有待进一步提高。旅行服务一直是中国服务贸易中所占比重最大的行业，但近年来的竞争力在进一步降低，平均值为 −0.59。在保险和养老金服务、知识产权使用费、旅行中，中国都处于比较劣势，2021 年其 TC 指数分别为 −0.49、−0.57、−0.80，这表明近年来该服务部门几乎只有进口没有出口。因此，现代服务业的出口规模虽然有所提高，但相对其他国家贸易竞争力仍然较弱。

3. 服务贸易长期逆差，并有进一步扩大的趋势

表 13–7 显示，虽然中国服务贸易持续平稳发展，世界占比逐渐提升，但服务贸易存在长期逆差。

表 13–7 中国服务贸易差额 （单位：亿美元）

年份	2007	2008	2009	2010	2011	2012	2013	2014	2015	2016	2017	2018	2019	2020	2021
服务贸易差额	−77	−115	−296	−220	−549	−897	−1185	−1599	−2169	−2426	−2395	−2582	−2178	−1004	−327

资料来源：商务部。

近年来，中国服务贸易逆差出现不断扩大的态势。2000 年逆差达到 58 亿美元，2007 年逆差为 77 亿美元，然而 2009 年逆差较 2007 年增加了近 3 倍，2014 年较 2007 年更是增加了近 20 倍。直至现在，服务贸易差额仍在不断扩大，但呈好转趋势，2021 年逆差差额为 327 亿美元，中国服务贸易得到进一步发展。

13.1.4 中国服务贸易发展趋势

1. 服务贸易的进出口规模将继续扩大

随着服务贸易在世界经济中的地位不断提升，各国积极推进多边服务贸易自由化进程，特别是发达经济体利用服务业发展的领先优势，通过谈判开放服务业市场和促进服务进出口。另外，区域贸易自由化的蓬勃发展使其服务贸易自由化水平超过了 GATS。多边和区域贸易自由化背景下，中国服务贸易必将进入快速发展的通道。由图 13–4 可知，1983—2021 年，除个别年份服务贸易进出口总额下降外，服务贸易进出口规模基本保持持续增长态势，且绝大多数年份增长率为正值，最高达到 60%。

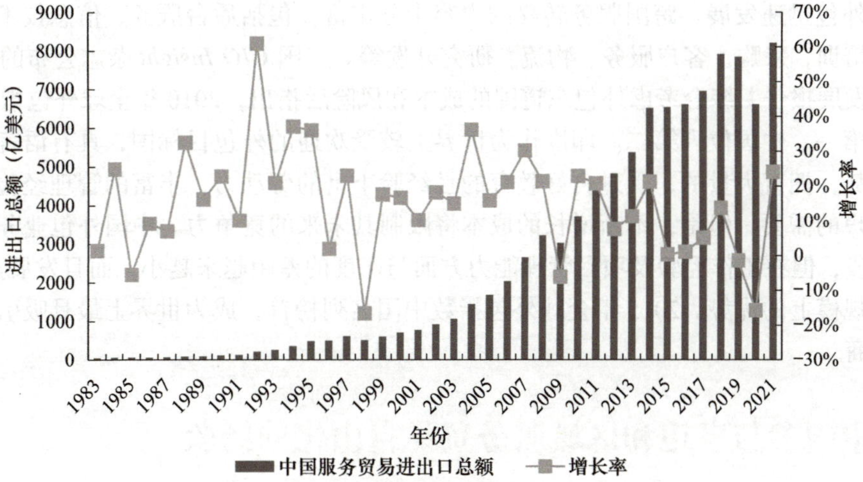

图 13–4 1983—2021 年中国服务贸易进出口规模变动

（资料来源：商务部）

2. 商业存在形式的服务贸易稳定增长

全年外商直接投资（不含银行、证券、保险领域）新设立企业 47 643 家，比上年增长 23.5%（见表 13–8）。实际使用外商直接投资金额 11 494 亿元，增长 14.9%，折 1735 亿美元，增长 20.2%。其中，“一带一路”沿线国家对华直接投资（含通过部分自由港对华投资）新设立企业 5336 家，增长 24.3%；对华直接投资金额 743 亿元，增长 29.4%，折 112 亿美元，增长 36.0%。全年高技术产业实际使用外资 3469 亿元，增长 17.1%，折 522 亿美元，增长 22.1%。

表 13–8 2021 年中国外商直接投资分行业状况

行 业	企业数（家）	比上年增长	实际利用金额（亿美元）	比上年增长
总计	47 643	23.5%	11 494	14.9%
农、林、牧、渔业	491	–0.4%	55	38.4%
制造业	4455	19.4%	2216	2.8%
电力、热力、燃气及水生产和供应业	465	78.9%	249	14.9%
交通运输、仓储和邮政业	693	17.1%	351	1.3%
信息传输、软件和信息技术服务业	4053	15.1%	1345	18.8%
批发和零售业	13 379	23.7%	1098	34.1%
房地产业	1125	–5.5%	1571	11.7%
租赁和商务服务业	9290	23.7%	2193	19.3%
居民服务、修理和其他服务业	522	16.8%	31	44.6%

资料来源：国家统计局《2021 年国民经济和社会发展统计公报》。

3. 服务外包是服务贸易新一轮增长点

在生产客服化、服务流程数字化和模块化以及国际竞争日趋激烈等因素的共同推动下，国际服务外包迅速发展。跨国服务转移的内容十分丰富，包括后台服务、信息技术、人力资源管理和培训、采购、客户服务、物流、研究开发等。美国 *CIO Insight* 杂志公布的《2010 年全球外包发展报告》综合考虑外包东道国的成本和风险后指出，2010 年全球外包指数（GOI）印度名列第一、中国位列第二。印度作为世界上较受欢迎的外包目标国，具有语言文化上的相容性优势，拥有大量的、受过良好教育的且经验丰富的劳动力，丰富的管理经验，并且熟悉全球客户的需要。但是，不断增长的成本将限制其未来的竞争力。中国外包业务虽然还处于发展阶段，但在工作经验及项目管理能力方面与印度的差距越来越小，而且发展速度很快，具有绝对规模上的优势。2015 年全球外包指数中国名列榜首，成为世界上最具吸引力的外包业务提供商。

13.2 中国参与多边和区域服务贸易自由化的经验

由于服务业和服务贸易发展水平是一国经济发展水平的重要标志，其日益成为影响各国内外经济政策制定的重要因素。随着世界经济发展和新一轮国际产业结构调整，服务业和服务贸易在各国经济中的地位还将不断上升，服务贸易整体发展将继续趋于活跃。为顺应这一形势，各国纷纷将加快发展服务贸易作为自身对外经济战略的指向，并成立了服务贸易管理和促进的专门机构。此外，区域和多边贸易安排也都加强了对服务贸易有关问题的关注，将其列为主要谈判议题。在此背景下，中国积极参与多边和区域服务贸易自由化进程，在服务业和服务贸易开放进程中趋利避害。2012—2019 年，得益于服务业不断对外开放，中国对全球服务进口增长贡献率达 15.7%，拉动全球服务进口增长 5.5 个百分点。2020 年受新冠疫情影响，中国服务进出口同比虽然大幅下降（−15.7%），但降幅低于全球 3.5 个百分点。在全球跨国直接投资大幅下降的情况下，中国服务业利用外资同比增长 13.9%。但是，中国服务业开放与服务贸易协同发展的良性互动尚未形成，仍存在一些难点问题，如服务业开放仍然不足，导致服务贸易持续发展动力不足；服务贸易发展不充分导致服务业实际开放度较低；服务业开放试点平台对服务贸易发展的重视程度仍有待提升；服务业开放政策、服务贸易发展政策尚缺乏有机统一，在战略、体制机制、政策等方面的统筹设计、一体促进、协同发展仍有较大发展空间等。

13.2.1　中国有关服务贸易的“入世”承诺

自“乌拉圭回合”开始，服务贸易被正式纳入多边贸易谈判框架，而《服务贸易总协定》的签署更是使多边服务贸易自由化步入高速发展的轨道。中国加入世界贸易组织有关服务贸易的开放承诺主要遵循 2001 年《“入世”议定书》（以下简称“议定书”）附件 9“服务贸易具体承诺减让表”，承诺表由两个部分构成，水平承诺㊀（适用于减让表中所有服务部门）和具体承诺（针对特定服务部门）。

根据盛斌（2002）的研究，在 149 个服务分部门中，中国对其中 82 个部门做出了约束性承诺（占比 55%），如果排除视听、邮政、速递、基础电信、金融、运输服务等 46 个敏感部门，中国的承诺比例将上升到 63%。以总体减让水平与 WTO 中的发达经济体（25 个）、发展中经济体（77 个）和转型经济体（4 个）相比，中国有关服务贸易开放承诺的数量略高于转型经济体，略低于发达经济体，远远高于发展中经济体，是 WTO 中做出减让最多的发展中国家（地区）（见表 13-9）。

表 13-9　中国与 WTO 不同类型经济体开放承诺的比较

类　型	对 149 个服务分部门的承诺比例	对除视听、邮政、速递、基础电信、金融、运输服务外 149 个服务分部门的承诺比例
中国	55%	63%
发达经济体	64%	82%
发展中经济体	16%	19%
转型经济体	52%	66%

资料来源：盛斌，中国加入 WTO 服务贸易自由化的评估与分析，《世界经济》，2002 年第 8 期。

㊀ 在附件 9 水平承诺的部分，中国主要限制商业存在和自然人移动两大提供方式的服务贸易。

附件 9 同时对 11 大类服务部门的市场准入和国民待遇的具体承诺进行了规定。比如在市场准入承诺上，金融服务部门的证券服务业的市场准入承诺主要针对商业存在：自加入时起，外国证券机构在中国的代表处可以成为所有中国证券交易所的特别会员；自加入时起，允许外国服务提供者设立合资公司，从事国内证券投资基金管理业务，外资占比最多可达 33%。中国“入世”后 3 年内，外资占比应增加至 49%。中国“入世”后 3 年内，将允许外国证券公司设立合资公司，外资拥有不超过 1/3 的少数股权，合资公司可从事（不通过中方中介）A 股的承销、B 股和 H 股及政府和公司债券的承销和交易、基金的发起。此外，附件 9 还具体规定了商业、通信、建筑、分销、教育、环境、金融、健康、旅游、娱乐、运输等服务部门的市场准入和国民待遇。

在服务部门的市场准入方面，中国对分销、建筑、教育、环境服务部门做出了较大的承诺，简单平均承诺比例为 75% ～ 90%，平均覆盖率均超过 50%。在敏感服务部门中，中国对通信、金融服务也做出了较大的减让，简单平均承诺比例和平均覆盖率均超过了 2/3。商业和旅游服务部门承诺了一半的减让，而运输服务部门的承诺较低，平均覆盖率不足 20%，健康和娱乐服务部门未做任何承诺。国民待遇的部门承诺结构与市场准入十分相似。

13.2.2 多边和区域服务贸易自由化对中国的影响

毫无疑问，多边和区域服务贸易自由化将对中国服务贸易发展产生正反两方面影响。一方面，服务贸易自由化有利于中国服务提供者获得更加广阔的市场；另一方面，服务贸易自由化导致外国服务提供者进入中国，从而加剧服务业和服务贸易竞争。

1. 积极影响

（1）促进竞争、提高效率。服务贸易自由化的必然要求之一就是有条件开放国内服务业市场，这将导致大量外国服务企业进入中国，企业间竞争加剧，促使国内服务业企业为应对国际竞争而转变经营机制、改善经营作风，加快技术进步和创新，强化企业的竞争意识、市场意识和人才意识，增进企业对人才和人力资本投资的重视，提高服务部门技术标准化、服务综合化和专业化水平。在此基础上，服务贸易自由化带动经济效率的提升主要体现在以下几个方面：①由于外国服务提供者进入，中国企业有更多机会选择质优价廉的服务，提高了企业的整体经济效益；②中国能够更多进口经济发展急需、本国不能满足的生产性服务，有利于解决生产发展与服务业落后的矛盾；③有助于中国发展自身具有比较优势的服务业，进口暂不具优势的服务，促进资源的有效配置，为服务出口创造更多机会。

（2）加快服务业技术进步。由于服务产品不同于有形商品，具有无形性、不可储存性等特点，容易引起服务贸易通过外国直接投资完成，而伴随国内服务业开放程度的加深、服务贸易自由化水平的提升，外国服务提供者大量涌入国内，必将引进外国先进的资金、技术和管理经验，进而推动国内服务业升级和创新。此外，由于服务业外国直接投资往往伴随国际技术转移，在服务竞争不断加剧的同时，国内服务业通过技术引进，缩短技术创新的前期成本，不断提高核心竞争力，由此带动其他相关部门的技术进步。

（3）促进服务企业“走出去”。外国服务业企业的进入为国内同领域的服务提供者提供了难得的学习机会，二者在竞争的同时，也能为国内了解其他国家有关服务业的立法和管理措施，快速获取全球服务贸易市场状况创造机会。此时，国内服务业优势得到进一步增强，尤其是在具有传统优势的服务部门，比如国际工程承包、海洋运输服务、旅游服务等方面形成较强的竞争能力。随着各国服务业开放和服务贸易发展，国内优势服务提供商的出口会进一步增加，未来极具潜力的服务部门将获得更多机会。

（4）协调服务业均衡增长。在不断开放的国内服务业市场中，先进外国企业和大量国内企业并存的局面增加了服务业竞争压力，促使服务业扩大投资，创造出更多就业机会。当然，服务经济规模的扩大同时也有助于优化三次产业结构。值得一提的是，外国服务提供商较高的技术水平和管理能力有助于打破国内服务业垄断，弥补国内缺乏竞争优势服务部门的出口实绩，使国内生产能力和资源得到充分利用，从而提高服务业和服务贸易发展质量以及服务经济在国民经济中的比重。

2. 消极影响

（1）阻碍国内服务业发展。外国服务提供商因服务业开放而不断抢占国内服务市场，中国服务业企业不得不面对更加激烈的竞争，其正常发展会遭遇较大冲击。此外，当前国内服务业在基础设施、人员素质、管理水平、信息交流等方面都较国外处于劣势，将难逃在竞争中被淘汰的命运。对于那些劳动密集程度较高的服务部门，服务市场的进一步开放和服务贸易自由化更会造成不利影响。

（2）扩大服务进出口逆差。外国技术、资本密集型服务业跨国公司凭借其在组织规模、管理水平及营销技术上的竞争优势，利用服务业开放和服务贸易自由化的契机夺取中国服务业企业的原有市场份额。这种状况的延续将使服务贸易逆差出现加剧态势。因为现代服务业多以技术、资本密集型为主，其所占比重远远高于劳动、资源密集型服务，而中国现在以传统服务业为主、技术及资本密集型服务业落后的局面可能迫使服务出口的扩大低于进口。

（3）加剧服务业发展失衡。随着"入世"承诺的完全兑现，中国不仅已经取消服务贸易的地域限制，而且在服务贸易行业领域和部门上的限制也逐步取消。不过，现阶段外商直接投资普遍集中在回报率较高的沿海地区和部门，一定程度上加剧了中国服务业发展的不平衡。第一，从服务行业上看，投资集中于高附加值的部门，比如基础电信、金融、保险等；第二，从地区分布上看，投资集中于经济比较发达的东南沿海和中心城市，在发展相对滞后的中西部地区和广大农村，投资仍然很小。所以，服务业开放和服务贸易自由化可能造成中东西部差距和城乡差距有所扩大。

（4）影响经济安全和风险。服务产品的特定属性决定了服务业国际化必然依靠直接投资而非商品进出口，开放国内服务业市场会引起直接投资形式和大量外国法人实体的进入，在一定程度上影响了国内对于重要服务业的控制力。不充分竞争会抑制国内现代服务业的发展，使部分高新技术产业形成对发达国家的较高依赖。此外，在服务业深入开放的进程中，不可避免地伴有外国文化的流入，无论是通过新闻、影视、音像、娱乐、教育等哪种服务部门，这些都将对中国传统的道德规范、意识形态和价值观念产生潜移默化的作用，可能带来消极影响。

13.2.3 发展服务贸易自由化对中国的意义

首先，多边和区域服务贸易自由化有利于为国内经济发展提供稳定的外部环境。多边和区域服务贸易自由化已然成为当前全球服务贸易发展的主流。虽然理论界对于多边和区域服务贸易自由化存在分歧，但从实践中可以看出，越来越多的国家逃避多边谈判的困境，转而寻求区域贸易安排发展对外服务贸易。《"十四五"服务贸易发展规划》中提出了未来服务贸易发展的主要目标：服务出口增速高于全球平均增速；知识密集型服务贸易年均增长 8% 左右；服务出口竞争力明显增强，向价值链高端持续攀升；等等。

其次，中国签署的自由贸易协定中的服务贸易部分对中国服务进出口的规模扩大和质量提升将起关键作用，而且能在有效保护本国重点服务业的前提下，通过对话和开放式谈判，为政府和国内企业在服务贸易领域的信息交流、技术转让等提供机会，从而客观上推动本国服务业和服务贸易的发展。

最后，多边和区域服务贸易自由化为更多国内服务业企业的发展壮大提供了契机，很多企业也因此走出国门。一方面，外国服务提供商的进入帮助国内企业了解其他国家有关服务立法和管理措施；另一方面，服务贸易市场准入和国民待遇的相关条款有效地促进了国内服务企业“走出去”，在公平、开放的环境中参与国际竞争。

13.3 中国服务贸易政策与发展战略

对外服务贸易发展是服务业进步的标志，扩大服务出口，不仅有利于改善贸易收支，优化中国外贸出口的整体结构，而且对于提升中国的国际分工地位，促进中国产业结构调整，都具有重要的现实意义。中国政府十分重视服务业和服务贸易发展，其已经上升为国家层面的政策选择和战略。2021 年，商务部等 24 部门联合印发《“十四五”服务贸易发展规划》，首次将“数字贸易”列入服务贸易发展规划，并提出打造数字贸易示范区。在文化贸易领域，中国先后发布出台《国务院关于加快发展对外文化贸易的意见》《关于推进对外文化贸易高质量发展的意见》等政策，推动文化产业发展，提高文化开放水平，培育外向型文化企业。服务贸易发展规划及政策对于提升服务贸易整体对外开放水平、促进服务贸易规模增长、推进服务贸易结构优化、提升服务贸易整体国际竞争力具有积极作用。

13.3.1 中国发展服务贸易的潜力和制约因素

1. 中国发展服务贸易的潜力

（1）服务业的发展潜力较大。服务业是服务贸易的基础。长期以来，中国服务业发展严重滞后影响了服务贸易的发展。“十三五”时期，中国服务进出口额累计达 3.6 万亿美元，比“十二五”时期增长 29.7%。2020 年，克服新冠疫情影响，中国服务进出口 6617.2 亿美元。规模保持世界第二位，全球占比提升至 6.9%。其中，服务出口 2806.3 亿美元，比 2015 年增长 28.4%，年均增速 5.1%，高于全球 5.3 个百分点；服务进口 3810.9 亿美元，比 2015 年下降 12.5%；服务贸易逆差 1004.6 亿美元，比 2015 年下降 53.7%。近年来，中国服务业快速发展，年均增速高于中国经济的平均增速，服务业在 GDP 中的比重呈现上升态势。此外，世界经济发展逐渐形成以服务经济为高端、服务贸易为重点、服务业转移重组为特点的新形势。结合国内巨大的服务提供能力和国际产业转移的良好机遇，中国服务业和服务贸易将持续快速增长。

（2）服务业 FDI 大幅增长。2021 年 1—11 月，全国新设立外商投资企业 43 370 家，同比增长 29.3%；从来源地看，新设立日资、韩资、美资和欧资企业分别增长 32.1%、31.6%、30.2% 和 28.9%；从行业看，新设立制造业和服务业外资企业分别增长 24.1% 和 30.1%，新设立高技术产业外资企业增长 25.4%，占新设立外资企业总数的 28%。这主要是因为外商直接投资看重中国服务业开放进程，未来服务业领域的外商投资比重还将逐步增加。当前，发达国家已经完成从以制造业经济为主向以服务经济为主的转变，其投资进入其他国家服务业市场的动力更强，外国投资在服务贸易领域势必展开服务外包和承接服务外包的竞争。同时，这也离不开2021年8月中国跨境服务贸易领域的第一张负面清单——《海南自由贸易港跨境服务贸易特别管理措施（负面清单）（2021年版）》的实施，比如放宽外国个人申请开立证券账户或期货账户的限制、允许外籍人员参加全国注册验船师职业资格考试等。中国在加入《区域全面经济伙伴关系协定》（RCEP）时，也承诺在协定生效后6年内尽早完成跨境服务贸易领域向负面清单的转换。

（3）服务贸易进出口持续增长。中国货物贸易保持快速增长，直接拉动与其密切相关的运输、保险等服务贸易部门的进口增长，而且随着经济全球化的深入和中国对外开放水平的进一步提高，金融、保险、会计、法律、教育、咨询等国内服务业需求将继续扩大，通过国际市场和外国在华附属机构将实现更大规模的服务进口。目前，与外国企业在华设立大量公司形成鲜明对比的是，中国企业在境外设立保险、分销、运输等服务业公司还十分少见。随着"走出去"战略的深入实施，更多的中国企业将在境外设立分支机构。同时，以服务外包为特征的新一轮国际产业转移也为服务出口提供了又一途径。另外，中国已经形成一批优势产业，在旅游、建筑、其他商业服务、运输等部门的国际市场排名都比较靠前。特别是，中国持续高速的货物贸易增长对与货物贸易相关的服务出口产生了极大的带动作用。

（4）服务贸易行业结构优化。运输、建筑等传统服务贸易平稳增长，金融，个人文化娱乐，电信、计算机和信息服务，知识产权使用费，以及其他商业服务等知识密集型服务贸易快速增长，成为服务贸易增长的主要推动力。2020年，知识密集型服务进出口2947.6亿美元，占服务贸易总额比重达44.5%，比2015年提升17.1个百分点；服务外包离岸执行额1057.8亿美元，比2015年增长63.7%，成为"稳外贸"的重要力量。

2. 中国服务贸易发展的制约因素

（1）服务业发展严重滞后。一国服务业发展水平可以用服务业产值占GDP的比重来衡量。1998年中国的这一数字为32.1%，不仅远远落后于发达国家60%～80%的平均水平，而且低于发展中国家45%～55%的平均水平。2021年国内生产总值的第三产业增加值比重为53.3%，经过几十年的发展，目前略高于发展中国家50%的平均水平。服务业总体上供给不足，服务水平低；传统服务业仍处于粗放式、低附加值的发展阶段；现代服务业起步较晚、竞争力较弱。总之，与发达国家和世界整体水平相比，中国服务业发展存在很大差距。

（2）服务贸易总体水平低，出口结构不合理。根据世界贸易组织的统计，2021年，中国服务出口额占世界的比重为6.6%，排位第三；服务进口额占世界的7.7%，保持较高比重，服务贸易总体水平低，较多依赖进口。虽然中国服务贸易发展已经取得相当进展，然而和世界服务贸易的平均发展水平相比，目前存在出口结构不合理等问题。例如，运输、旅游服务一直都是中国服务贸易的支柱部门，放眼全球甚至发展中国家，这些劳动、资源密集型服务部门早已被金融、保险、咨询等技术、资本密集型服务部门超越。

（3）服务贸易法律法规不健全，管理相对落后。中国已先后颁布了《中华人民共和国海商法》《中华人民共和国商业银行法》《中华人民共和国保险法》《中华人民共和国广告法》等一批涉及服务贸易的重要法律法规，但同发达国家成熟的服务贸易法律体系相比，差距依然很大。当前，中国服务贸易立法在不少领域存在空白，而且已经颁布的有关服务贸易的法律法规与通行的国际经贸规则在操作上还存在一定距离。此外，中国服务贸易管理也相对落后，主要体现在中央和地方政府在服务业政策规定方面的差别性、服务业各有关部门责权不明确、行业垄断等。当然，中国对服务业的界定、统计范围以及划分标准等与发达国家及国际惯例有些许出入，也可能增加管理对外服务贸易的难度。

（4）服务贸易领域人才匮乏。国内服务业企业无论在组织规模、管理水平、经营效率和营销手段上都与同领域的外国企业存在较大差距，更重要的是，国内服务贸易行业的人才极其匮乏，且大部分集中在劳动密集型行业，以知识技术为基础的现代服务业发展滞后。在绝大多数国家和地区，第三产业被认为最能吸纳劳动力就业，而中国第三产业就业还未表现出明显增长，这固然与中国正处于工业化中后期，工业化进程迅速，第二产业的市场化程度较高有关，但还是衬托出中国服务业发展相对滞后的现实。如果不能改变服务贸易行业人才匮乏的现状，将严重影响中国分享服务贸易自由化的应有收益。

13.3.2 中国发展服务贸易的政策选择

《国务院关于加快发展服务贸易的若干意见》明确了中国服务贸易发展的总体目标。在当前全球服务业加快转移重组和国内大力发展服务业和服务贸易的背景下，中国服务贸易在发展的同时也面临机遇和挑战。面对来自发达国家、新兴经济体和发展中国家日趋激烈的竞争，加之自身总体发展水平较低、统计体系不健全、管理体制落后、部门结构不平衡、地区分布过于集中等诸多问题，中国发展服务贸易应在充分利用各方面有利因素的基础上，抓住机遇、用好政策，推动中国服务贸易快速、健康和可持续发展。

1. 完善管理体制机制，促进行业组织发展

首先，要明确对外服务贸易的管理机构，加强服务业和服务贸易各管理部门间的协调，建立以服务贸易主管部门为核心，各有关部门密切配合的部际联系工作机制。主管部门应根据需要，抓紧完善相关服务贸易发展指导目录，进一步明确行业发展重点及支持方向。其次，要遵循市场经济规律，加快培育社会化、专业化、规范化的全国性服务贸易管理组织，整合行业资源、加强对外宣传、提升行业形象，充当政府和企业之间沟通的桥梁。

对服务业的管理并非通过政府经济或行政手段直接干预服务业市场，而是在相关政策引导下进行法制化管理，利用半官方和非官方的行业协会或同业组织引导进行自我约束和管理。与此同时，还应根据不同地区服务贸易的发展特点和优势，以长三角、珠三角、环渤海地区和中西部地区重点城市为依托，建设国家级“服务贸易示范区”，培育服务出口主体和增长带，借其辐射作用引导和促进中国服务贸易快速发展。

2. 健全服务贸易统计，构建出口促进体系

是否具备符合国际通行准则的服务贸易统计体系，进而科学有效地开展服务贸易统计，是服务贸易政策效果能否显现的重要条件。第一，应该加快建立统一、全面、协调的服务贸易统计调查制度和信息管理制度，完善服务贸易统计调查方法和指标体系，构建政府统计、行业统计、企业统计和社会抽样调查互为补充的服务贸易统计调查体系，健全服务贸易统计信息发布制度。第二，应该加强对服务贸易结构变化及其对国民经济影响的分析，不定期发布服务进出口报告、行业报告和国别市场报告等。与此同时，政府应构建服务出口促进体系。例如，政府应及时发布政策法规、行业资讯、企业动向、市场动态、贸易机会、统计数据、研究分析等信息，也可以通过设立服务出口促进机构、举办国内服务业综合性展会、加强与

境外服务贸易促进机构的合作等，积极推动国内服务业企业“走出去”。

3. 加快服务业立法和服务贸易的法规建设

加快服务业立法，建立系统的服务贸易法规体系至少涉及以下几方面的内容：

1）建立健全既符合本国经济发展目标又不违背国际通行准则的法律法规。

2）在立法方面为涉外服务经济提供透明、便利和公平的法律环境，比如提高政法服务水平、提升办事效率、简化审批环节、转变政府职能、强化对商会及行业协会的管理等。

3）立法应为服务预警和防范安全提供保障，比如建立情报监测系统、完善反不正当竞争法和反垄断法等。

4）在立法上保障服务业海外投资的权益，使企业快速“走出去”并获得收益。

5）以法律法规对服务市场准入、服务贸易税收、服务业投资等相关领域形成条款，增加服务贸易管理的透明度。

4. 注重服务人才培养，加速企业自主创新

首先，需要造就一批精通业务、熟悉规则、掌握外语、涉外工作能力强的服务贸易复合型人才。在人才培养方面，应鼓励和引导高等院校建立与发展服务贸易相适应的学科专业，支持高等院校、职业院校、科研院所和有条件的服务业企业建立服务贸易实习实训基地，鼓励创建服务人才培养基地。可以考虑对符合条件的服务出口企业聘用的中国籍人员，按规定给予商务出入境便利。其次，通过对现有人员的短期培训，使之尽快熟悉《服务贸易总协定》及中国发展服务贸易面临的挑战和机遇。再次，鼓励教育、科技、人事和劳动保障等部门按照服务贸易发展需要，调整、完善以及规范职业资格和职称制度，设置相应的职业资格和职称。最后，应落实各项吸引和培养服务出口人才的政策措施，建立健全激励机制，加大力度引进金融、保险、信息、中介等行业急需人才。与此同时，还应为服务业企业进行自主创新给予扶持，提高服务业研发和基础设施的投入。政府应积极引导企业参与全球服务业竞争，继续开放服务业市场，有效利用外资，有序承接现代服务业转移，改进外汇与资本流动管理，支持服务业企业到境外投资。

5. 夯实服务业基础，提升服务业发展水平

对外服务贸易的基础是国内服务业，各国服务贸易的竞争实际上是服务业的竞争，服务业发展对服务贸易竞争力具有决定性作用。随着服务业在各国国民经济中逐渐取代其他经济部门而居于主导地位，国际服务贸易顺势蓬勃发展起来。当然，发展服务贸易反过来又会推动国内服务业进步。服务业和服务贸易相互影响、协同发展。服务业发展对国民经济的拉动作用越来越明显，比如服务业对就业的影响不仅表现在增加就业岗位，而且能够提升就业质量、改善就业结构。近年来，服务业在吸纳第一、二产业劳动力转移上发挥了突出作用，服务业增加值占 GDP 的比重每增加 1 个百分点，可以为 48.2 万人提供就业机会。

6. 提升服务贸易内外开放水平，兑现承诺

一般而言，服务贸易对内全面开放，有利于国内服务提供商短时间内迅速发展起来，而对于外国服务提供商应有条件兑现承诺并加以适当限制。当前贸易自由化趋势使制定和实施促进服务业发展的政策空间越来越小，但政府仍可在许多方面影响服务业发展，比如税收和市场准入管制、基础设施规划和管理、服务提供和购买限制等。坚持服务业开放和服务贸易自由化并不是无条件的，应注重在开放中逐步培育和增强自身竞争力。在此过程中，需要坚持服务贸易政策透明，同时运用多种手段和渠道为国内服务出口企业和海外进口商提供全方位的信息服务。

7. 出台配套支持服务贸易发展的政策措施

1）借鉴高新技术产业税收优惠政策，采取适用于服务贸易的税收鼓励措施，比如可将企业实际发生的研究开发费用按有关规定享受所得税抵扣优惠。

2）实行有利于服务业发展的土地政策，在制定城市和土地规划时，应给予服务贸易发展以政策偏向，比如在年度土地供应上适当考虑服务贸易发展需求等。

3）鼓励各类金融机构在不影响信贷风险的前提下，利用金融支持手段帮助服务贸易企业，比如保险公司可在国家出口信用保险政策范围内为服务出口项目提供保险支持等。

4）整合服务领域的财政扶持资金，综合运用贷款贴息、经费补助和奖励等多种方式促进服务贸易发展，比如鼓励外国资本、民间资本和社会资本进入服务贸易领域，拓宽服务业企业融资渠道，多方筹集服务贸易发展资金。

5）刺激服务业企业的技术创新，推动有竞争力的企业形成一批拥有自主知识产权并具有较强竞争力的大型服务贸易企业或企业集团。

13.3.3 中国发展服务贸易的战略思考

在世界经济向服务经济的转型浪潮中，各国服务贸易竞争日益激烈，服务贸易逐渐成为全球经济发展的新动力。中国如何抓住机遇，加快发展服务贸易，对于中国从经济大国迈向经济强国、从贸易大国走向贸易强国、从制造经济转向服务经济无疑具有重大的战略意义。

1. 研究制定高水平的全国和地方服务贸易发展规划

《服务贸易发展“十二五”规划纲要》提出了“十二五”期间中国发展服务贸易的总体目标、发展重点和政策措施，为了适应加快服务贸易发展的迫切要求。2015 年，商务部启动了《服务贸易发展“十三五”规划》编制工作。2016 年，国务院决定开展服务贸易创新发展试点，用 2 年时间在天津、上海、海南、深圳、杭州、武汉、广州、成都、苏州、威海 10 地和哈尔滨、江北、两江、贵安、西咸 5 个国家级新区开展服务贸易创新发展试点，重点对服务贸易管理体制、发展模式、便利化等 8 个方面的制度建设进行探索，有序扩大服务业开放准入，推进外贸转型，增强服务业竞争力。

2. 对外服务贸易渐进开放，对内服务业适度保护

国内服务贸易提供商加快实施“走出去”战略，推动以商业存在提供方式为主的服务贸易发展。第一，主动构建境外服务贸易集群或合作区，发展贸易分销、物流航运、研究开发、远洋运输、现代物流、金融保险、法律服务、知识产权服务、信息咨询、人力资源、休闲旅游等服务。第二，有序扩大自然人移动提供方式下的服务出口，发挥中国劳动力资源优势，密切跟踪国际市场动态，鼓励中医药、汉语教育、文化、体育、工程承包等领域的企业和专业人才“走出去”。第三，提升现代服务业企业的服务提供能力，顺应技术进步和全球产业结构调整趋势，稳步增加相应部门的服务出口，增设境外经营和分支机构，获得品牌授权、先进技术以及营销网络，增强服务贸易的国际竞争力。第四，促进优势企业和大型服务业集团到境外设立机构，鼓励从事银行、保险、证券、期货、基金、信息、旅游、教育、文化传媒和中介服务。第五，在严格控制风险的基础上，主动支持国内有条件的金融企业开展跨国经营，为中国企业进入外国市场和参与国际竞争提供金融保障。

加入世界贸易组织至今，中国已经主动或被动地加快了服务业开放的步伐，开放领域延伸至当今各个服务行业。但是，结合中国实际国情，在对外服务贸易渐进开放的同时，对内服务业采取适度保护十分必要。

首先，开放中的适度保护是维护国家经济利益和安全的必要举措。所谓开放中的适度保护，是指在国家宏观调控下，服务业企业积极参与国际分工和竞争，拓展国际服务市场，实施“走出去”战略。按照世界贸易组织和《服务贸易总协定》的灵活性原则采取适度保护是合法的，而为提高服务经济市场化程度，维护中国服务业的初期发展采取适度保护是合理且可取的。

其次，根据服务贸易自由化理论，中国并无现行的可参照的开放模式。中国服务贸易自由化进程应把握好基本步骤和顺序：①货物贸易与服务贸易相配合，只要逐步实现本国货物贸易自由化，便更容易推动服务贸易自由化；②放松本国服务业管制应该适度，由于国内服务业市场化水平不如制造业，应渐进推动服务贸易自由化；③部分实现服务要素自由流动，逐步开放本国运输、建筑和旅游等服务部门，最终完全开放国内服务业市场。

最后，保护只是保证本国服务业健康发展的手段，提高本国服务业的国际竞争力才是根本目的。一方面，中国应尽快研究与实际情况相适应，最有利于国民经济发展的服务业开放路径及合理的限制措施，使现阶段因扩大服务业开放造成的损害减少到最低；另一方面，中国应打破不合理的服务业和服务贸易管理体制，提高服务经济竞争力，壮大服务经济规模，实现中国服务贸易平稳、健康和可持续发展。

【专栏】

抓住“一带一路”契机打造服务贸易强国

随着内外环境的深刻复杂变化，我国对外开放也面临升级的巨大挑战。在这个进程中，服务贸易能否得到快速发展，尽快从服务贸易大国走向服务贸易强国，成为我国外贸发展方式转变的重大任务。2015年政府工作报告也明确提出“提高服务贸易比重”的基本要求。

应当说，促进服务贸易发展，提高服务贸易在贸易总额中的比重，需要多方面的政策调整与体制创新，也需要实施的重要平台。在这方面，我国“一带一路”对促进服务贸易发展有着巨大的空间。这就要求我们不仅要关注“一带一路”对产能“走出去”的作用，也要关注“一带一路”在发展服务贸易中的重要作用。

一、我国还不是一个服务贸易强国

“入世”以来，我国服务贸易规模迅速扩大。服务贸易总额从2001年的719亿美元增长至2014年的6043亿美元，首次超过了6000亿美元，同比增长12.6%。但无论从规模还是从比重来看，我国还不是一个服务贸易强国。

比如，从规模上看，2013年美国服务贸易额为11 323.1亿美元，是我国同期的2.1倍。与货物贸易相比，2013年我国服务贸易进出口总额在全球服务贸易中的占比为6%，仅为货物贸易占比的1/2。从国际比较看，2013年全球服务贸易占全球贸易的比例达到20%，我国服务贸易在贸易总额中的比例仅为11.5%，低于全球平均水平8.5个百分点。从结构上看，尽管2014年我国高附加值服务进出口快速增长，金融、通信、计算机和信息服务进出口增速分别达到59.5%、24.6%和25.4%，但运输服务、旅游、建筑服务出口等传统服务仍然占有比较大的比重。我国技术密集型服务贸易总额比重还较低。因此，尽管我国已是一个服务贸易大国，但还不是一个服务贸易强国。

国际经验表明，只有货物贸易与服务贸易同步推进，才能提升一个国家和地区的整体国际竞争力。因此，要从服务贸易大国走向服务贸易强国，未来几年是关键时期。

二、“一带一路”为服务贸易大发展提供机遇

从现实情况看，要扩大服务贸易，既要关注欧美等传统发达大国，更要关注新兴市场。其中，尤其要关注“一带一路”沿线国家和地区。

一方面，“一带一路”将成为我国服务贸易发展的重要平台。以服务外包为例，2014 年 1—11 月，我国服务外包合同金额和执行金额分别为 918.4 亿美元和 689.5 亿美元，同比增长 10.5% 和 29.2%。其中，承接“一带一路”沿线国家和地区服务外包合同金额和执行金额分别为 106.1 亿美元和 80.5 亿美元，同比增长分别为 22.3% 和 31.5%；承接东南亚 11 国的服务外包执行金额 43.2 亿美元，同比增长达 50%，均超过了服务贸易的平均增长速度。

另一方面，“一带一路”将为我国成为服务贸易规则的“引领者”创造机会。从世界范围看，新的服务贸易规则正在形成过程中，尚未定型，这恰恰给我国创造了迎头赶上的好机遇。“十三五”时期，我国有条件以自贸区为平台，以“一带一路”沿线国家和地区为重点，逐步形成立足周边、辐射“一带一路”、面向全球的高标准自贸区网络。在自贸区内探索建立适应中国特点的、平衡各国利益的、高标准的服务贸易规则，在国际规则制定中发出更多中国声音、注入更多中国元素。这次我国倡导筹建亚投行，得到英、法、德、意等老牌发达国家的明确回应，就是一个重要的标志。

三、抓住机遇实现服务贸易占比 20% 的目标

未来几年是我国加快“一带一路”的关键期，也是我国加快服务贸易的关键时期。做好“一带一路”这篇文章，完全可以实现服务贸易占比达到 20% 的目标。

一是把服务贸易作为“一带一路”进程中双边多边自由贸易的战略重点。大力发展服务贸易，使其成为新时期我国对外贸易的新增长点。加快服务贸易结构转型升级，大力发展新兴服务贸易，将成为破解当前服务贸易发展困境、释放服务贸易发展潜力、提升服务贸易国际竞争力、推进双边多边自由贸易区进程的重要突破口。

二是在“一带一路”中打破服务贸易壁垒。这就要求实行更加开放的服务贸易市场准入机制。凡国家法律法规未明令禁入的服务业领域，全部向外资开放，并实行内外资、内外地企业同等待遇；推进生产性服务业领域有序开放，放开建筑设计、会计审计、商贸物流、电子商务等服务业领域外资准入限制。实行服务业外商投资登记备案制。逐步把服务业外商投资审批制改为登记备案制，除国家规定的重大和限制类项目外，对外资企业投资项目的审批，逐步实施备案制度，政府重点把好环境安全评估、事后监管“两道关”。加快双边、多边和区域服务贸易协定的规模和范围，加快与有关国家的自贸区谈判，充分利用各种层次的区域经济合作机制发展与相关国家、地区的服务贸易。

三是以“一带一路”为重点区域，助推服务业企业“走出去”。重点改革服务业企业“走出去”的审批制度。大幅缩小民营企业对外投资项目的审批范围；尽快将核准制改为备案制；实施“一站式服务”和“一站式审批”。加快构建服务业企业“走出去”的金融服务体系，形成服务业企业“走出去”的公共服务平台。

［引自：匡贤明，抓住“一带一路”契机打造服务贸易强国，《第一财经日报》，2015 年 3 月 26 日。］

【重要概念】

水平承诺；具体承诺

【思考题】

1. 试述当前中国对外服务贸易的发展特点。
2. 中国服务贸易发展的现有问题及未来趋势是什么？
3. 简述中国入世的服务贸易承诺及其产生的影响。
4. 中国发展服务贸易会面对哪些有利和不利因素？
5. 如何从政策层面推动中国服务贸易的发展？

【课后阅读材料】

[1] 姜义茂，服务贸易发展的基本规律和我国的战略抉择，《财贸经济》，2007年第7期。
[2] 李江帆，《中国服务贸易研究报告 No.1》——推动我国服务贸易发展的战略研究，《财贸经济》，2012年第1期。
[3] 卢现祥、马凌远，中国服务贸易出口潜力研究，《中国软科学》，2009年第9期。
[4] 蒙英华、蔡洁，服务业对外开放与服务贸易政策体系构筑，《国际贸易问题》，2007年第2期。
[5] 毛艳华、李敬子，中国服务业出口的本地市场效应研究，《经济研究》，2015年第8期。
[6] 孙立行，探讨“后危机时代”中国的服务贸易发展策略，《世界经济研究》，2011年第6期。
[7] 涂远芬，中国双边服务贸易成本的测度及影响因素分析，《国际商务（对外经济贸易大学学报）》，2016年第1期。
[8] 王珏，分层次：发展我国服务贸易的一种思路，《经济管理》，2009年第11期。
[9] 许统生、黄静，中国服务贸易的出口潜力估计及国际比较——基于截面数据引力模型的实证分析，《南开经济研究》，2010年第6期。
[10] 赵景峰、陈策，中国服务贸易：总量和结构分析，《世界经济》，2006年第8期。
[11] 周念利，基于引力模型的中国双边服务贸易流量与出口潜力研究，《数量经济技术经济研究》，2010年第12期。

参考文献

[1] 陈宪，程大中. 国际服务贸易［M］. 2 版. 上海：立信会计出版社，2008.
[2] 庄惠明，孔令强. 试析马克思的劳动价值理论与现代服务价值理论述评［J］. 生产力研究，2007（19）：4-5；93.
[3] 黄宁，蒙英华. 跨境交付与商业存在的互补性研究：基于美国双边服务贸易出口数据的考察［J］. 国际贸易问题，2010（10）：72-80.
[4] 梅冠群. 全球数字服务贸易发展现状及趋势展望［J］. 全球化，2020（4）：62-77；134.
[5] 蒙英华. 服务贸易提供模式研究［M］. 北京：中国经济出版社，2011.
[6] 杨锦权，王迎新. 国际服务贸易提供方式：一个理论的研究视角［J］. 财贸经济，2007（5）：33-38；128.
[7] 褚峻，杨绰，王雷. 现代服务产业分类方法研究［J］. 统计与决策，2021，37（1）：45-49.
[8] 杨晓娟，李兴绪. 数字贸易的概念框架与统计测度［J］. 统计与决策 2022，38（1）:5-10.
[9] 岳云嵩，陈红娜. 数字贸易发展趋势、特征和国际比较：基于 FATS 视角的分析［J］. 上海经济研究，2021（10）：77-87；101.
[10] 岳云嵩，张春飞. 数字贸易统计测度分析［J］. 国际贸易，2021（8）：70-77.
[11] 王晓东，贾怀勤. 运输服务贸易统计数据的正向调整［J］. 统计研究，2012，29（12）：8-13.
[12] 贾怀勤. 发展服务经济与实体经济关系之思考［J］. 国际贸易，2012（6）：58-60.
[13] 杨丽琳. 对《国际服务贸易统计制度》中服务贸易统计框架的分析与评价［J］. 统计研究，2012，29（3）：3-9.
[14] “中国国际服务贸易统计研究”课题组. 中国国际服务贸易统计建设的背景与基本框架［J］. 统计研究，2007（3）：88-91.
[15] 王亚菲. 国际服务贸易统计研究中的有关问题：基于 GATS 的观点［J］. 统计研究，2006（5）：53-59.
[16] 贾怀勤. 服务贸易统计制度和方法研究的回顾与思考［J］. 国际贸易问题，2005（7）：63-68.
[17] 贾怀勤，服务贸易四种提供方式与服务贸易统计二元构架的协调方案：《国际服务贸易统计手册》“简化方法”评述［J］. 统计研究，2003（3）：9-13.
[18] 马克思，恩格斯. 马克思恩格斯全集：第二十三卷［M］. 中共中央马克思恩格斯列宁斯大林著作编译局，译. 北京：人民出版社，1972：157.
[19] 马克思，恩格斯. 马克思恩格斯全集：第四十六卷　上册［M］. 中共中央马克思恩格斯列宁斯大林著作编译局，译. 北京：人民出版社，1979.
[20] 马克思. 政治经济学批判大纲：第二分册［M］. 刘潇然，译. 北京：人民出版社，1978.
[21] 钱伯海. 社会劳动价值论［M］. 北京：中国经济出版社，1997.
[22] 中共中央党校研究室. 28 位专家学者谈劳动价值论的再认识［M］. 北京：中共中央党

校出版社，2001.
[23] 蔡宏波，朱祎，王晓文. 服务贸易理论与实证研究新进展 [J]. 上海商学院学报，2021，22 (2)：3–19.
[24] 李翀. 基于动态比较优势的我国对外服务贸易发展战略研究 [J]. 中山大学学报（社会科学版），2015，55 (1)：181–192.
[25] 许和连，成丽红. 动态比较优势理论适用于中国服务贸易出口结构转型吗：基于要素结构视角下的中国省际面板数据分析 [J]. 国际贸易问题，2015 (1)：25–35.
[26] 崔凡，邓兴华. 异质性企业贸易理论的发展综述 [J]. 世界经济，2014，37 (6)：138–160.
[27] 陈启斐，王晶晶，岳中刚. 扩大内需战略能否扭转我国服务贸易逆差：来自我国和 23 个 OECD 国家的面板数据分析 [J]. 国际贸易问题，2014 (2)：86–95.
[28] 张慧，黄建忠. 服务贸易的货物贸易条件效应研究：基于伯格斯模型的分析与扩展 [J]. 财经研究，2012，38 (5)：49–58.
[29] 胡超，张捷. 制度环境与服务贸易比较优势的形成：基于跨国截面数据的实证研究 [J]. 南方经济，2011 (2)：46–60.
[30] 殷凤. 中国服务贸易比较优势测度及其稳定性分析 [J]. 财贸经济，2010 (6)：81–88.
[31] 李慧中，许卫权. 国际服务贸易动因及开放市场影响的经济学分析 [J]. 世界经济文汇，2001 (2)：38–41.
[32] MARREWIJK C，STIBORA J，DE VAAL A，et al. Producer services, comparative advantage, and international trade patterns [J]. Journal of International Economics, 1997，42 (1)：195–220.
[33] ETHIER W J. National and international returns to scale in the modern theory of international trade [J]. The American Economic Review，1982，72 (3)：77–93.
[34] 夏杰长，姚战琪，齐飞. 中国服务贸易竞争力的理论与实证研究 [J]. 中国社会科学院研究生院学报，2014 (3)：40–49.
[35] 谢孟军. 中国服务贸易竞争力提升的科技驱动因素研究 [J]. 技术经济与管理研究，2021 (6)：14–19.
[36] 王粤. 服务贸易：自由化与竞争力 [M]. 北京：中国人民大学出版社，2002.
[37] 岳云嵩，李柔. 数字服务贸易国际竞争力比较及对我国启示 [J]. 中国流通经济，2020，34 (4)：12–20.
[38] 马盈盈. 中国服务业制度开放的福利效应评估（2014 ~ 2019）：基于量化模型的结构估计 [J]. 国际经贸探索，2022，38 (3)：82–97.
[39] 齐俊妍，高明. 服务贸易限制的政策评估框架及中美比较：基于 OECD-STRI 数据库的分析 [J]. 国际经贸探索，2018，34 (1)：4–18.
[40] 王小梅. 服务贸易壁垒的经济学分析 [J]. 世界经济研究，2005 (6)：55–60.
[41] 俞灵燕. 服务贸易壁垒及其影响的量度：国外研究的一个综述 [J]. 世界经济，2005 (4)：22–32.
[42] 赵瑾，等. 国际服务贸易政策研究 [M]. 北京：中国社会科学出版社，2015.
[43] 程大中. 中国服务贸易显性比较优势与“入世”承诺减让的实证研究 [J]. 管理世界，2003 (7)：29–37.
[44] 东艳，冯维江，邱薇. 深度一体化：中国自由贸易区战略的新趋势 [J]. 中国投资（中

英文），2009（11）：119.
[45] 黄建忠，占芬. 区域服务贸易协定的收敛研究：对“绊脚石”与“垫脚石”问题的一个观察 [J]. 厦门大学学报（哲学社会科学版），2014（1）：127–137.
[46] 李伍荣，周艳.《服务贸易协定》的发展路向 [J]. 国际经济评论 2014（6）:111–130;7–8.
[47] 孟夏，于晓燕. 论中国区域服务贸易自由化的发展与特点 [J]. 国际贸易，2009（9）：54–58.
[48] 王毅. WTO 国民待遇在服务贸易和知识产权领域的适用 [J]. 法学研究，2004（3）：115–127.
[49] 张华容. 新一轮 WTO 服务贸易谈判及我国在谈判中的价值取向 [J]. 财贸经济，2004（1）：85–88.
[50] 周念利. 区域贸易安排的“双边服务贸易效应”经验研究：基于扩展引力模型的 2000—2009 年面板数据分析 [J]. 财经研究 2012，38（5）：105–113.
[51] 高雅倩. 中国、日本服务贸易国际竞争力对比研究 [D]. 武汉：华中师范大学，2020.
[52] 张建惠. 中国服务业利用 FDI 的影响因素研究 [D]. 广州：广东外语外贸大学，2017.
[53] 王拓. 中美比较视角下我国服务贸易发展策略思考 [J]. 国际贸易，2016（2）：56–61.
[54] 徐宏毅，黄岷江，李程，等. 生产性服务业 FDI 生产率溢出效应的实证研究 [J]. 管理评论，2016，28（1）：22–30.
[55] 王恕立，刘军，胡宗彪. FDI 流入、动机差异与服务产品垂直型产业内贸易 [J]. 世界经济，2014，37（2）：71–94.
[56] 王恕立，刘军. 外商直接投资与服务贸易国际竞争力：来自 77 个国家的经验证据 [J] 国际贸易问题，2011（3）：79–88.
[57] 戴枫. 中国服务业发展与外商直接投资关系的实证研究 [J]. 国际贸易问题，2005（3）：64–70.
[58] 施锦芳，闫飞虎. 金砖五国承接离岸服务外包竞争力及影响因素分析 [J]. 宏观经济研究，2016（3）：35–45.
[59] 王永贵，马双，杨宏恩. 服务外包中创新能力的测量、提升与绩效影响研究：基于发包与承包双方知识转移视角的分析 [J]. 管理世界，2015（6）：85–98.
[60] 孟雪. 反向服务外包对我国生产率的影响：生产性服务业的实证分析 [J]. 国际贸易问题，2011（7）：65–79.
[61] 于立新，陈昭，江皎. 中国服务外包产业竞争力研究：基于部分试点城市的分析 [J]. 财贸经济，2010（9）：87–92.
[62] 苏秦，杨青青. 各国吸引离岸服务外包的有效性研究：基于 DEA 的对比分析 [J]. 国际经贸探索，2010，26（8）：40–46.
[63] 姚战琪. 工业和服务外包对中国工业生产率的影响 [J]. 经济研究，2010，45（7）：91–102.
[64] 吕延方，赵进文. 中国承接服务外包影响因素分析：基于多国面板数据的实证检验 [J]. 财贸经济，2010（7）：89–97.
[65] 卢锋. 当代服务外包的经济学观察：产品内分工的分析视角 [J]. 世界经济，2007（8）22–35.

